陕西师范大学一流学科建设基金资助
陕西师范大学优秀学术著作出版基金资助

陕西师范大学西北历史环境与经济社会发展研究院学术文库

西安学与中国古都学论集

Collection of Xi 'an Studies and Ancient Chinese Capital Studies

李令福◎著

中国社会科学出版社

图书在版编目（CIP）数据

西安学与中国古都学论集／李令福著．—北京：中国社会科学出版社，2020.11
ISBN 978－7－5203－5820－0

Ⅰ.①西…　Ⅱ.①李…　Ⅲ.①都城（遗址）—中国—古代—文集　Ⅳ.①K928.5－53

中国版本图书馆CIP数据核字（2019）第290482号

出 版 人　赵剑英
责任编辑　张　林
特约编辑　宋英杰
责任校对　韩海超
责任印制　戴　宽

出　　版　中国社会科学出版社
社　　址　北京鼓楼西大街甲158号
邮　　编　100720
网　　址　http://www.csspw.cn
发 行 部　010－84083685
门 市 部　010－84029450
经　　销　新华书店及其他书店

印刷装订　北京君升印刷有限公司
版　　次　2020年11月第1版
印　　次　2020年11月第1次印刷

开　　本　710×1000　1/16
印　　张　27
字　　数　416千字
定　　价　158.00元

前　言

1987年，笔者来到古都西安攻读研究生，硕士与博士阶段均是以农业历史地理作为自己的研究方向。留在陕西师范大学工作以后，笔者感觉中国历史地理研究所老师的研究方向较为集中，便开始有意识向西安城市历史地理靠拢。

不过要实现研究方向的成功转变颇为不易。1993年，史念海先生组织召开西安历史地理学会年会，主题聚焦在“西安学”的研究方面，笔者撰写《唐都长安城的绿化》一文算是从事西安城市历史地理学的开端。1995—1996年，跟随史先生编绘《西安历史地图集》，笔者负责初编春秋战国秦时期及唐大明宫的10幅图，还协助杜甫亭老师编绘前序4幅环境变迁图。为配合历史地图集的阅读与利用，史先生主编《古都西安丛书》，笔者负责《秦都咸阳》的编撰工作。

其后笔者参与中日合作历史地理课题的研究，对关中水利开发与环境产生兴趣，就把科研精力集中到水利科技史方面，相关成果参见2004年人民出版社出版的《关中水利开发与环境》及2019年中国社会科学出版社出版的《关中水利科技史的理论与实践》。

2004年《秦都咸阳》终于编撰完成，加上研究关中水利时已涉及汉唐长安城都市水利，此后还相继承担西安市现代城市建设的相关横向课题。经过十余年的努力，可以说至此基本完成了向“西安学”研究的学术转变。其后在此专题上发表了多篇论文，而且出版了《唐长安城市布局及地理基础》与《唐长安城郊园林文化研究》两本专著。1999年开始，笔者做了三届中国古都学会的秘书长，在每年举办的学会年会与《中国古都研究》的编辑中得到学界前辈的指导，从而在中国古都学领域也撰写了一些学术论文，发表自己的看法。

本书为笔者集合十几年研究城市历史地理与文化名城保护专题论文的基础上修改增补而成，内容以古都西安历史地理为主，还涉及沙漠古都统万城、中原古都洛阳与郑州以及中国古代都城变迁的基本规律。

全书共分为七章，第一章论述秦都咸阳城市兴起的历史地理背景、扩建过程、城郊范围、厩苑、禁苑与壁画艺术等。通过文献考证与考古资料论述秦都咸阳从“山水俱阳”的渭河北岸扩展到“渭水贯都”的历史过程，证明其大都无城的非城郭性质，并绘出了秦都咸阳城郊分布平面示意图。这是笔者撰写《秦都咸阳》所作前期研究的主要成果。

第二章是本书的重点内容，主要分析了秦汉隋唐都城布局思想从天文到地理的演变过程，并论述其深层的历史地理原因。笔者认为秦都咸阳从山南水北扩展到渭水贯都，其宫庙布局具有“法天思想”；西汉都城长安也是“法天”的，具体就是南为南斗形、北为北斗形。在前人研究的基础上本书对汉代斗城提出了自己的解释。隋设计首都大兴城则利用了《周易》的六爻观念，用六爻卦象比附城市梁洼相间的地形开展都城重要建筑的布局建设，颇具立体效果与文化意义。唐代在狭义龙首原上修建了大明宫，改变了隋大兴城的中轴对称布局，使唐长安城市重心偏向东部。本章主要是笔者在 21 世纪初为曲江新区管委会完成课题《曲江历史文化资源的整合与评价》的学术收获及后续研究成果。

第三章主要研究唐长安城南别业园林的兴盛及其原因，还对重要园林的构成要素与布局特点进行了复原探索。具体就是何将军山林、杜佑庄园、中国最早的“人间天堂”员庄、裴度宅、岑参别业、郑谷庄、韩愈庄等十几个园林，不少还画出了平面布局图。这是 2010 年西安航天基地管委会委托课题的研究成果。他们希望恢复唐代园林，要求不仅归纳出构园要素，而且要明确布设形态。这也让笔者对唐代园林有了更深入的思考与探索，显示出社会实践对学术研究的促进作用。

第四章研究了与西安城市发展相关的地理基础、卫星城、关中城镇体系及古城墙功能等内容，利用了对比研究与城市形态学的方法，在西安历史地理学相关专题上做了探索。

第五章主要是围绕赫连勃勃古都统万城及历史名城榆林文化生态建设展开研究的学术成果。世纪之交开始的中日合作“统万城绿色都市恢复计划”，在沙漠古都开展了十几年的绿化治沙工作，笔者作为中方主要代表几乎参与了所有活动。2008 年笔者参与西安建筑科技大学榆林市规划课题的前期工作，开展榆林历史文化的整合与评价，编写出《重镇榆林》。本章主要内容就是这两个项目的产出成果。在多年实地调研基础上对统万城就是今白城则村的前世、现实与未来展开研究，认为其前世为统万城与夏州，是匈奴人的大夏首都与唐宋重镇；近代为白城则，走西口的人们依城而居，“文化大革命”中始迁无定河畔；现为小康村，未来将建成文化生态建设前沿基地的新农村。

第六章为中原古都洛阳与郑州的专题研究。第一节利用文献与考古资料考证了白居易履道里宅园的景观建设及布局特色。这是唐代园林布局研究由西京向东京的扩展，是笔者与硕士研究生褚清磊合作的成果。二三两节论述了郑州列入“中国八大古都”的原因、过程及启示，评价了古都郑州的特殊历史地位及其现代发展战略。2004 年 11 月 5 日，中国古都学会年会通过了郑州列入“中国八大古都”的决议。笔者作为亲历者对这个学术认定也有自己的看法，第二节的文字就是笔者多年思考的答案。

第七章论述了中国古代都城变迁的规律及其启示。主要以陕西省委大讲堂的讲稿修改而成，认为周秦汉隋唐时代，以洛阳与长安的东西二京制为主，沿黄河与渭河的东西向线为中华政治主轴，长安为都时代国家相对更加强盛。元明清民国至今，以南京与北京的南北二京制为主，沿大运河的南北向轴线为中华政治主轴，北京为都时代不仅时间相对较长，而且国家相对更加强盛。整体而言，中国传统时代都城的最佳选择有两个，前半期是长安，后半期为北京。这一趋势也被认为是中国古都发展的“西安时代到北京时代”。

本书在中国古都学尤其是以古都西安为研究对象的西安学方面，具有学科理论、研究方法与学术观点上的探索及创新。关于古都西安的专题研究在西安市城市与文化建设上显示出现实意义，比如在曲江、航天城、西咸新区、大明宫及昆明池等地的规划设计中起到了历史借鉴作用。

回忆自己三十余年历史地理学的研究经历，第一个十年主要专攻农业历史地理学，论文结集为《中国北方农业历史地理专题研究》。第二个十年研究的重点偏重于关中水利科技史，相关论文结集为《关中水利科技史的理论与实践》。第三个十年基本是城市历史地理与文化名城保护方面的探索，由于研究对象集中在中国古代的都城尤其是西安市，内容颇具特殊性，遂使用学界新出术语“西安学”（也有学者称为长安学）与“中国古都学”命名这本论文集，曰《西安学与中国古都学论集》。

是为前言，并以此纪念笔者历史地理学研究的第三个十年。

目　录

第一章

山水俱阳到渭水贯都:秦都咸阳

第一节　秦都咸阳兴起的历史地理背景

背山面水的咸阳位居关中平原的中部，控制着东南趋向函谷关与武关的交通大道，是秦人东进逐鹿中原的理想指挥中心。锐意变法，志在一统天下的秦孝公选择咸阳作为都城有着深刻的历史地理战略眼光，而最终咸阳也成就了秦人扫灭六国的重任。

一　秦都咸阳的自然地理环境

秦都咸阳最初兴建于今咸阳市东渭城区窑店镇，正位于渭水北岸，九嵕山之南，按古人的阴阳观念，山之南、水之北这些日照时间较长的地方属“阳”，而咸阳具有“山水俱阳”的地理特点，故名。①到了昭襄王时，咸阳逐渐向南扩展，越过渭水成为横跨渭水两岸的大都会。秦人之所以选择咸阳作为最后的都城，自然地理条件优越显然是一个重要因素。这里所说的地理条件优越，包括从宏观上看咸阳所在的关中平原在全国有利的地理形势，也包括从微观上看咸阳地区在关中平原所独具的地理特征。都城系国家安危所在，其防守要看大形势，不在近郊。关中平原在全国的重要地位已有学者详细论述，这里只论与咸阳具体相关的地理条件。

---

①《元和郡县图志》卷1《京兆府·咸阳县》谓咸阳在北山之南，而《长安志》引《三秦记》则谓在九嵕山之南。实际上北山是今礼泉、泾阳、三原诸县以北东西向山脉的泛称，也包括九嵕山，两说并不矛盾。

1. 地理位置与交通条件——关中腹地与交通枢纽

秦都咸阳位居关中平原中部。关中平原包括渭河中下游地区，南倚秦岭山脉，北临北山山系，东部宽阔，有三四百里，逐渐向西减少为百十里宽；西起宝鸡以陇坻为界，东至潼关以黄河、华山为限，东西八百余里。《三辅黄图》所谓“北至九嵕、甘泉，南至鄠杜，东至河，西至汧渭之交，东西八百里，南北四百里”，基本也是指关中平原的范围而言。

关中是一个平原、台原、谷地、山地相连且相对封闭的地貌单元，整体地形西高东低，渭河自西向东横穿中部，由河床向南北两侧地形逐渐增高，为不对称的阶地与台原。阶地地势平坦，台原地面广阔，自古有“八百里秦川”之称。

关中的地理位置十分优越。第一，它位于中国地形大势第二阶梯——黄土高原的东南部，雄踞黄河中游，对下游各地形成居高临下之势，古人云“自古帝者必居上游”，就是说国都要能够起到高屋建瓴的作用。杜佑《通典·州郡典》曰：“夫临制万国，尤惜大势，秦川是天下膏腴，关中为海内之雄地。”因而就有了“秦川自古帝王都”的美谈。

第二，关中处于我国华北、西北、西南和华中几大地区的交界之地，地理位置十分重要。它西北通戎狄，西南连巴蜀，东北接三晋，东南达荆楚，东出函谷关与中原相接，为天下之雄。《战国策·秦策》就有类似的说法，其中苏秦说秦惠王曰：关中“西有巴蜀、汉中之利，北有胡貉代马之用，南有巫山黔中之限，东有崤函之固，沃野千里，地势形便，此所谓天府，天下之雄国也”。

秦都咸阳不仅位居关中盆地的中部，而且也处于关中四通八达交通的枢纽位置，号称“天下辐辏，并会而至”，而这也是秦咸阳城市兴起的基本地理条件。

横贯关中东西的交通大道滨渭而行，其形成很早，可以追溯到新石器时代。渭河两岸仰韶文化遗址的分布有以下特征：在秦咸阳以东渭河南岸比较密集，而在其西部则多分布在渭河北岸。这种差异说明了这条大道当时已经形成，而且同后来的路线一样，是在咸阳附近跨渡渭河的。[①] 咸阳以东通往函谷关的大道沿渭河南岸延伸，在咸阳以西，渭河南岸与秦岭之间在先秦时代水道纵横，有碍行旅，而渭河北岸则是咸阳原与周原连绵相接，较为平坦，容易开辟成道路；而且渭河在咸阳附近呈现西南东北的转折，大道由此渡渭最为便捷，咸阳自古是重要的渡口，“咸阳古渡”正反映了这一情况（见图 1—1）。

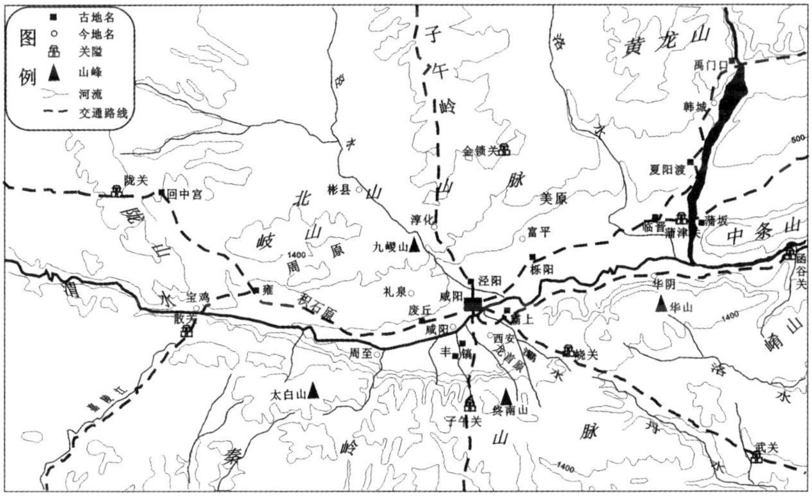

图 1—1　秦都咸阳在关中的地理形势及交通条件示意图

到了春秋时期，沿渭河北岸东出蒲津关的道路业已开辟，而且也是经过咸阳附近的。秦穆公二十四年（前 636 年），秦穆公令公子挚送晋国公子重耳回国，当时秦晋公室常常联姻，结成所谓的“秦晋之好”，公子挚的母亲是重耳的姐姐。公子挚送其舅舅由当时的国都雍城一直送到了渭阳，然后歌咏相别。《诗·国风·秦风》载其诗歌曰：“我送舅氏，曰到渭阳。何以赠之，路车乘黄。”渭阳即渭水之北，朱熹在《诗集传》中说：“渭之阳，盖东行送之于咸阳之地也。”如此看来，咸阳不仅是控制关中东西干道的渡口，而且也控制东出蒲津趋向三晋的

① 史念海：《古代的关中》，载《河山集》，生活·读书·新知三联书店 1963 年版。同时该文还详细分析了东西干道在咸阳附近渡渭的地理原因。

道路。

沿霸水与丹水谷地东南行穿越秦岭的道路是沟通关中与荆楚的最便捷通道，秦人后来在此路线上设置峣关、武关，说明秦人对此道路特别重视。这条道路受地形限制，只能在灞河下游与函谷道相交，也离秦都咸阳很近。秦徙都咸阳之前，已在峣关外的商地筑塞，预做攻楚的准备[①]，徙都咸阳没过几年，封商鞅于此，开始了沿此道路东南攻楚的战争。可见，东出函谷与南下武关两条大道的交点也是确立咸阳城址的交通条件。

秦都咸阳可以控制东出函谷、蒲津，东南下武关，西至岐雍的多条重要交通干线。秦统一全国以后，以这几条干线为基本框架，兴修驰道、直道，形成了以咸阳为中心的全国统一的交通网。咸阳的交通枢纽位置是秦定都于此的重要地理条件之一。

2. 山原形势与军事地位——名山环峙形胜地

秦都咸阳兴建于咸阳头道原畔，北倚九嵕山，后又逐渐扩展到渭水南岸的龙首原上，阿房宫更“表南山之巅以为阙”。从远郊形势来看，咸阳东控崤华，西挟陇坻，名山环峙，四塞为固，易守难攻，军事地位尤为重要。

咸阳附近分布有许多黄土台原，对咸阳城的选址与建设影响很大。所谓黄土台原是关中渭河两侧呈阶梯状倾斜的台状地，具有高而平的原面和明显的台坎；其组成物质下部为第三系或第四系早期的洪积冲积湖积物，表层为后来的风成黄土或冲积黄土。台原土质深厚肥沃，水草较丰美，同时又地形高亢，不受河水泛滥之灾。秦都咸阳的主要宫殿如咸阳宫、仿六国宫、章台宫、兴乐宫、阿房宫等都建筑在渭北的咸阳原与渭南的龙首原畔，而灞浐之间的白鹿原则成为咸阳东南侧的军事形胜之地。

咸阳原在今咸阳市区北部，是渭河与泾河的分水岭。唐朝李吉甫《元和郡县图志》记载：“原南北数十里，东西二三百里。”[②] 泾河与渭河

---

① 在秦迁都咸阳前的秦孝公十年（前352年），“城商塞”，见《史记》卷15《六国年表第三》。

② 《元和郡县图志》卷1《关内道·咸阳县》。

夹处，东头很窄，只有三里。地势西北高，东南低，中南部略有起伏，海拔由527米下降到422米，有头道原与二道原之分。南缘与渭河阶地有陡坎相接，高差在20米左右。原面开阔，地下水深20—50米。由于秦时宫殿建筑盛行高台基址，故咸阳头道原地区就成为宫殿与墓葬的最佳选择（见图1—2）。

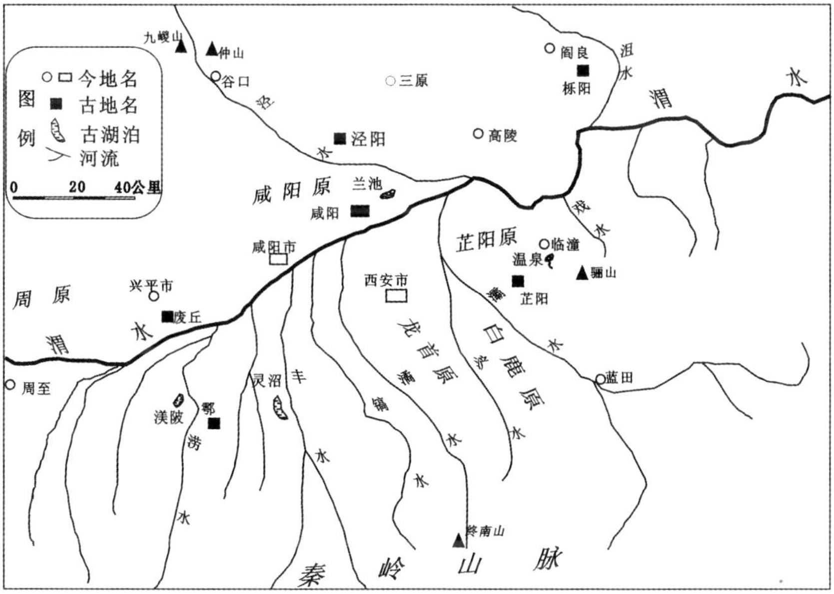

图1—2　秦都咸阳周边山川地形示意图

咸阳原随时代的不同或原上主要地名的变更出现不少异名。秦时又称“池阳原”，亦谓之“咸阳北阪”。其后由汉至唐，原的名称屡有变异，其中也有一些只是地区性的称谓，已经很难考证清楚了。①

龙首原，又叫龙首山，是指从南山北麓伸向渭河的诸高冈梁原的统称。长60里，呈南北走向，南起樊川，北至渭水南岸。《水经注》引辛氏《三秦记》曰：“龙首山长六十里，头入渭水，尾达樊川。头高二十

① 汉朝改秦咸阳故城为渭城，更其名曰渭城北阪，西汉后期因五个西汉皇帝陵邑分布于此原之上，又多习称五陵原。晋时因平陵置始平县，亦称始平原，后因咸阳更名石安，又称石安原。隋唐时称洪渎原，亦多称其为毕原。

丈，尾渐小，高五六丈，土赤不毛。昔有黑龙从山出，饮渭水，其行道因成土山。”是说，古时候有条黑龙从终南山出来，要到渭河饮水，它所经过的地方形成了一条土山，形状如龙，故名。其实，它是由多条山岗构成的，其中最北部的一条土岗似龙头高昂，在今西安市区北部，故又有单指此为龙首原者。由于秦宫多高台建筑，而此原又不太高，疏原为台基，不假板筑，省力又壮观。故秦咸阳章台、兴乐、阿房渭南诸宫等都是建于龙首原北麓，汉唐也是倚龙首原营建都城。可知龙首原对秦咸阳与汉唐长安的布局营建影响甚大。

白鹿原位于今西安市东南灞水与浐水之间，北起西安东郊纺织城，南至秦岭北麓。南北长约二十公里，东西宽约六七公里，东南稍高，向西北倾斜。传说周平王时有白鹿游于此，古代视白鹿为吉祥动物，为纪念白鹿的降临，故取名白鹿原。[①] 其地势高亢，海拔高 600—700 米，为古代咸阳东南的制高点，又控制着函谷关与武关两条交通要道，故成为咸阳附近的战略要地。白鹿原与其东的芷阳原分据灞水两岸，居灞河渡口之上游，故谓之霸上。刘邦即是由武关道攻入关中，屯兵于霸上，然后西取咸阳，并向东取函谷关，以扼项羽之师。此地为历代兵家必争之地，军事地位很重要。

秦都咸阳所在的关中四面环山，山谷中设关置隘，东有崤山、函谷关，南有终南山、峣关与武关，北倚北山山脉，西控陇坻，四塞为固，金城千里，为天下形胜。

关中东部的崤山位于今河南灵宝市一带黄河南岸，为秦岭向东伸延的支脉。中有谷道，东西相通一二百里。因为黄河北岸横亘着险峻的中条大山，故崤山谷道就成为关中东通中原的唯一道路。谷道两边是悬崖陡壁，苍松翠柏遮天蔽日，使其更显险要。春秋秦穆公时秦军劳师远道东出崤山，想偷袭郑国，不成，还至崤谷，遭晋人伏击，全军覆没。这场著名的秦晋崤之战击溃了秦穆公争霸中原的野心，只得退而经营后方，称霸西戎。战国时秦占据崤山之后，为控制东西交通，在今河南省灵宝市东北弘农河畔的王垛村置关。关城在山谷中，而谷道又深险如函，于

---

① 《水经注》卷 19《渭水下》。

是命名为函谷关。[①] 崤山、函谷为秦国的东方门户，闭关以守，一夫当关，万夫莫开，号称天险；启关东进，直指中原腹地，六国佥受其害（见图1—1）。

终南山，也称中南山，据说是因为古人以国都作为天下之中，而此山在周秦之都的南方，故有此称。终南山是丰镐南部一个著名的山峰，同时又是横亘关中南边的山脉总称。它东西绵延八百余里，山坡北陡南缓，山势巍峨壮丽，为秦国南部的天然屏障，故后人通称为秦岭。南山有许多峪口可以沟通荆楚与汉中、巴蜀，其中东南趋向楚国的大道上，秦人设置有峣关与武关，成为防卫京师的要塞。峣关设在今陕西省商州市西北牧护关附近，因近峣山而得名；又因其位于秦时蓝田县境内，亦称蓝田关。武关设在陕西省丹凤县东南的丹水河谷地，是历代兵家必争之地。战国时苏秦游说楚威王："（秦）一军出武关，一军下黔中。若此，则鄢、郢（楚国都城）动矣。"[②] 可见武关在战略上的重要地位。

北山是关中盆地北部一系列山脉的总称，耸立于咸阳北部的有九嵕山、仲山与嵯峨山。九嵕山在今礼泉县东北，东隔泾水河谷与仲山相接，最高峰海拔1271米，今名笔架山。《太平寰宇记》谓九嵕山："山高六百五十丈，周回十五里。"后来的唐太宗李世民看中这块风水宝地，卜为葬地，称昭陵。仲山在今泾阳县西北约35公里，海拔高1614米，东北隔冶峪河与嵯峨山西麓相接。嵯峨山三峰耸立，最高峰海拔1423米。北山构造上属鄂尔多斯地台南缘的断褶带，山体走势南陡北缓。从关中盆地望去犹如一条气势磅礴的黄龙，首饮黄河，尾衔西天，为咸阳北方屏障。

陇坻，又称陇山、陇坂，指今六盘山脉。位于今陕西陇县西北，南北延伸于陕甘宁边境，北连朔漠，南带汧渭。山势陡峻，海拔2000米左右，为秦中与陇西高原的分界。张衡《西京赋》谓"右有陇坻之隘"，即指关中西部的这个天险。

咸阳所在的关中南有秦岭，西有陇山，北面有北山接黄土高原，东

---

① 史念海：《关中的历史军事地理》，载《河山集》第四集，陕西师范大学出版社1991年版。

② 《战国策》卷14《楚一·苏秦为赵合纵说楚威王》。

有崤华，四面都有天然地形屏障，犹如一座规模庞大的天然城堡，再加上人们在险要处立关设隘，所以战国时就有了“四塞之国”的说法。汉初娄敬说“秦地被山带河，四塞以为固”，而张良则谓“金城千里”，意思都是说关中具有易守难攻的军事地理形势。[①] 咸阳居关中之中部，守险在数百里之外，“阻三面而守，独以一面东制诸侯”，进可以并天下，退足以封函谷，确保都城安全。这一点早在战国时就有人看到了，范雎就曾说：“秦四塞以为固，北有甘泉、谷口，南带泾渭，左陇蜀，右关阪，此霸王之业也。”

3. 水文、植被与经济地位——八水环绕天府国

咸阳附近河湖水系密布，原隰相间，物产丰富，得到了“陆海”与“天府之国”的美誉。这种水文经济状况奠定了秦立都于此的物质基础。

咸阳初建于泾渭之间，而后扩展至渭南，东有灞浐，南有潏滈，西有沣涝，形成了“荡荡乎八川分流”，横贯环绕的局面。

渭河发源于甘肃省东部渭源县鸟鼠山，东流至宝鸡进入陕西境，东西横贯关中盆地，于潼关县汇入黄河。渭河是黄河的最大支流，在关中盆地的流域面积达 330 平方公里。渭河是条羽状河流，像一棵大树的主干，而关中其他诸河则如这棵大树上的大小枝条。渭河在咸阳附近属游荡性河型，战国秦代时期的渭河流路与今日有着显著的不同，在秦都咸阳以南大致向北偏移了七八里，这在后面各章节中会有详细论述。古代渭河水量丰沛，咸阳以下河段可以航行大船，春秋时期著名的泛舟之役，秦由雍都向晋国运送粮食，其中部分就是走的渭河水路[②]（见图 1—2）。

---

① 秦汉时代的关中有广义与狭义之分。广义指函谷关以西的秦国故地，也包括汉中、巴蜀之地，《史记·货殖列传》曰：“故关中之地，于天下三分之一”，《汉书·地理志》则写作：“故秦地天下三分之一”；狭义指今陕西关中盆地，《史记·货殖列传》谓：“关中自汧（今陕西陇县）雍（今陕西凤翔）东至河华（今黄河华阴）。”由于汉时在四周山上广置关隘，于是“关中”之“关”就有了具体所指，或以二者之间释之，如潘岳《关中记》谓：“东自函谷，西至陇关”，《三辅旧事》则以为：“西以散关为界，东以函谷为界”；或以四关甚至五关之中释之。徐广曰：“东函谷，南武关，西散关，北萧关。”胡三省注《资治通鉴》则曰：“西有陇关，东有函谷关，南有武关，北有临晋关，西南有散关。”今天多是以汉时关中的狭义概念来使用的。

② 秦穆公十三年（前 647 年），“晋旱，来请粟……卒与之粟。以船漕车转，自雍相望至绛”，见《史记》卷 5《秦本纪》。

泾河是渭河最大支流，发源于宁夏六盘山东麓，东南流经陇东高原，由长武进入陕西，至高陵县南注入渭河。泾河为多泥沙河流，战国时已是渭清泾浊，秦于谷口凿渠引水，修郑国渠，引泾注洛，淤灌其下游盐碱沼泽地四万余顷，使其下游平原得到开发，成为供应京师衣食之需的农业基地。

灞河原名滋水，春秋时秦穆公为显示其称霸之功，改称霸水。它发源于秦岭北麓，循白鹿原之东，接纳西南流来的浐水后，北流入渭。关中东西交通在渭河南岸的道路必须横渡灞河，灞河渡口或桥梁以上灞河两岸古称霸上，为咸阳战略要地。

潏水原称泬水，发源于终南山大义峪，流经路线基本同今天的皂河。滈河位于潏水之西，今名太平河，先入镐池，池水北出注入渭河。古时候二河水量丰沛，曾为秦在上林苑营建的阿房宫的水源，杜牧《阿房宫赋》歌之曰："二川溶溶，流入宫墙。"

沣河也称丰水，发源于终南山的沣峪，北流注入渭河，周文王所建的丰京就在沣水西岸。涝河又称潦河，发源于户县西南秦岭北坡，北流入渭。沣涝二水都是秦上林苑中的重要河流，今天仍是西安市的较大河流。

咸阳城附近除了有密如蛛网的河流外，还有繁若群星的池泽，上林苑的牛首池、滮池、滈池、皇子陂，宜春苑中的隑州（后称曲江池），兴乐宫中的酒池，咸阳东郊的兰池等很早就见于文献记载。它们既提供了咸阳附近地区的生产与生活用水，又为秦离宫苑囿带来了秀丽的风景。

战国秦时，咸阳附近植被良好，《诗·小雅·鹿鸣》一则曰："呦呦鹿鸣，食野之苹"，二则云："呦呦鹿鸣，食野之蒿"，三则说："呦呦鹿鸣，食野之芩"。鹿在原野上觅食的苹、蒿、芩等皆为草本植物，可证丰镐周围的黄土台原上应是稀树草原景观。

当然这也不能否认咸阳附近分布着大面积茂密的森林这个事实。《禹贡》曰："终南敦物"，《诗经·秦风》云："终南何有？有条有梅。"都是说终南山林木资源特别丰富。而广大的河流阶地及冲积平原上也都生长着较大范围的森林。从《诗·小雅·甫田之什·车辖》与《诗·大雅·荡之什·桑柔》可以证明，丰镐附近有平林，也有中林，而泾水西边则有棫林。秦咸阳附近的许多离宫就以树木命名，如长杨宫、五柞宫等，还有以树种为名的地方，如樗里等。大量天然森林植被的存在为野生动物的生存创造了条件，这也是秦都咸阳以后在渭南建成上林苑囿的自然基础。

良好的自然环境提供了丰富的动植物资源，《荀子·强国篇》就称颂咸阳附近："山林川谷美，天材之利多。"《汉书·地理志》称秦汉时代的咸阳渭南部分物产富饶："其民有先王遗风，好稼穑，务本业，故《豳诗》言农桑衣食之本甚备。有鄠、杜竹林，南山檀柘，号称陆海，为九州膏腴。"颜师古注曰："言其地高陆而饶物产，如海之无所不出，故曰陆海。""陆海"物产的丰富可以就近满足国都经济的多种需求，其中竹与粟两项尤为当地大宗物产，司马迁曾说：一个人能在渭川拥有千亩竹林或千棵栗树，其经济收入就会与千户侯相等。[①]

秦定都咸阳的另一重要条件是经过人们的辛勤劳作，咸阳周围水利发达，土壤肥沃，人民殷富，经济繁庶。《禹贡》在综合评价全国各大区农田状况时把各地土质分成九等，而关中所在的雍州，"厥土唯黄壤，厥田上上"，被鉴定为全国最好的。同时，关中地势平旷，河流众多，也有利于农田水利工程的兴建。《诗·大雅·鱼藻之什·白华》曰："滮池北流，浸彼稻田"，说明很早以前渭水南岸就有了灌溉事业，并种有水稻。战国时代郑国渠的开凿不仅改良了大片荒凉盐碱地，而且开始了大范围的农田水利灌溉事业，受益面积四万余顷，"收皆亩一钟，于是关中为沃野，无凶年，秦益富强，卒并诸侯"。[②] 苏秦早在秦定都咸阳不久时即赞颂关中"田肥美，民殷富，战车万乘，奋击百万，沃野千里，蓄积多饶，地势形便，此所谓天府，天下之雄国也"。[③] 富饶发达的关中是秦咸阳立都的物质基础。

二 秦人东进与定都咸阳

秦人具有勇敢进取不断开拓的精神，能够审时度势迁徙自己的都城以适应政治军事形势的变化。于是秦春秋时称霸西戎，战国时崛起关中，

① 《史记·货殖列传》曰："渭川千亩竹"，"秦千树栗"，"此其人皆与千户侯等"。
② 《史记》卷29《河渠书》。
③ 《战国策》卷3《秦策一·苏秦始将连横》。

最后完成了统一六国的历史使命。秦定都咸阳就是秦人在变法图强，欲东出函谷逐鹿中原形势下所作出的理想选择。

1. 入主关中与秦人卜居雍城

据《史记·秦本纪》，秦为颛顼帝的后裔，商代末期，秦之先祖中潏一支归于周室，迁居渭水上游的天水地区，“在西戎，保西垂”，成为周王室镇守西部边境的部族，部族活动中心在西犬丘。至西周中叶，因非子善于养马，为周王室主马政立下大功，周孝王打算让他继承大骆为“適嗣”，但因“申侯之女为大骆妻，生子成为適”，故申侯极力反对此举。孝王只得“分土”封非子“为附庸，邑之秦”，亦“不废申侯之女为骆適者，以和西戎”。这就形成了以成与非子各为宗主的两个支系，也出现了西犬丘与秦并立的两个城邑。

西犬丘是秦人世代相承的宗邑，至少从非子起，每当西犬丘遭犬戎攻击出现危险或陷落时，秦人就会不分宗系，不论彼此，能够团结一致去保卫它，甚至为此而献身，体现了秦人内部极其牢固的民族凝聚力。《史记·秦本纪》载，非子传三世至秦仲，“秦仲立三年，周厉王无道，诸侯或叛之，西戎反王室，灭犬丘大骆之族”。秦仲奋起反抗，也被戎人杀死。秦仲的儿子庄公誓报父仇，率兄弟五人与周王室所与兵七千人合力猛攻，终于击破西戎，收复了西犬丘。宣王鉴于大骆一系已经覆灭，遂将西犬丘划归庄公，封其为“西垂大夫”，庄公也从秦邑移居西犬丘。

西犬丘，也叫西垂①，到了秦迁都关中后改称西邑，战国秦时称西县。由于为秦历代祖先大宗所居，成为秦人在陇西的最重要政治中心。秦襄公始列为诸侯也居于此，并“立西畤，祠白帝”。后人解释曰：“畤，止也，言神灵之所依止也”②，说明了西犬丘在秦人心目中的地位非常重要。秦王朝建立后，《史记·封禅书》曰：“西亦有数十祠”，仍然是一个宗教神圣之地。

---

① “西垂”一名有广狭两义。广义泛指西方边陲边境之地，非具体地名，如中潏“在西垂，保西垂”，“西垂大夫”者也；狭义指一具体城邑，与西犬丘同义，如《秦纪》载：“襄公既侯，居西垂”，死后“葬西垂”，文公也是“居西垂宫”。

② 《史记》卷15《六国年表第三》，又见《史记》卷5《秦本纪》及其后《索隐》。

西犬丘的具体地点现已可以大致判定。早几年在甘肃省礼县永坪乡大堡子山发现的秦早期墓葬群，以其形制之巨大，墓葬规格与出土文物等级之高引起海内外考古文物与历史学者的广泛关注。虽然对墓主为谁大家尚有争论，但把它作为秦先公陵区即西垂陵区的学术认定是公认的。[①] 近年考古工作人员又在礼县大堡子山秦公陵园附近，发现了大型的周代城址，总面积约 25 万平方米。城内目前已钻探出夯土建筑基址 26 处，已探明规模最大的一座建筑基址南北长 102 米，东西宽 17 米，平面形状呈“回”字形；另一座东西长 70 米，南北宽 13.5 米，形制与前者基本相同。城内还有秦公大墓、车马坑及祭祀坑等古代遗存。[②] 有这些考古发现，再结合当地优越的地理环境，可推知西犬丘即在今礼县永坪乡大堡子山一带，这也与文献记载方位一致。

秦邑所在，徐日辉曾撰文认为秦亭在张家川县城南的瓦泉一带。[③] 瓦泉位于清水（秦水）的岸边，从文献上来讲符合秦邑位于清水县东北的记载。同时这一带发现了大量的秦墓，出土了大量的文物。

秦人在同西戎的斗争中逐渐发展壮大起来，庄公之子襄公立二年（前776年），“徙都汧”。[④] 汧城是秦人由陇西涉足关中所建立的第一个都邑。经过考古工作者的辛勤努力，汧城具体位置也已基本清楚，它位于今陕西省陇县县城东南 13 里左右的磨儿塬上。这里不仅有城墙遗迹与春秋早期的陶罐、陶鬲等遗存，而且其附近的边家庄有八座以青铜礼器为基本组合的春秋早期大型秦墓。[⑤] 汧城所在为汧河谷地，宜于农牧，又

---

① 礼县大堡子山秦公陵墓文物是被人盗掘出土的，最早由李学勤与韩伟先生分别在纽约、巴黎看到并分别撰文进行介绍和论析。见李学勤《最新发现的秦公壶》与《探索秦国发祥地》，分别刊于《中国文物报》1994 年 10 月 30 日与 1995 年 2 月 19 日；韩伟《中国文物仍流失海外：北京猿人下落有新说》与《论甘肃礼县出土的秦金箔饰片》，分别刊于《文博》1994 年第 5 期与《中国文物》1995 年第 6 期。其后有陈昭荼、王辉、陈平、卢连成诸先生对礼县秦先公墓地主人及其相关问题展开的探讨，具体论文名称和发表刊物，此不赘述。

② 早期秦文化联合考古队：《2006 年甘肃礼县大堡子山 21 号建筑基址遗迹发掘简报》，《文物》2008 年第 11 期。

③ 徐日辉：《秦亭考》，载《秦州史地》，陕西人民美术出版社 1994 年版。

④ 《帝王世纪》曰：“秦襄公二年徙都汧”，见《史记·秦本纪》襄公二年下《正义》引《括地志》。

⑤ 《陕西陇县边家庄五号春秋墓发掘简报》，《文物》1998 年第 11 期；张天恩：《边家庄春秋墓地与汧邑地望》，《文物》1990 年第 5 期。

有汧山为屏、河谷作通道，进能直指岐雍之地，退可入保陇西，确实是入关与犬戎争战的理想据点（见图1—3）。

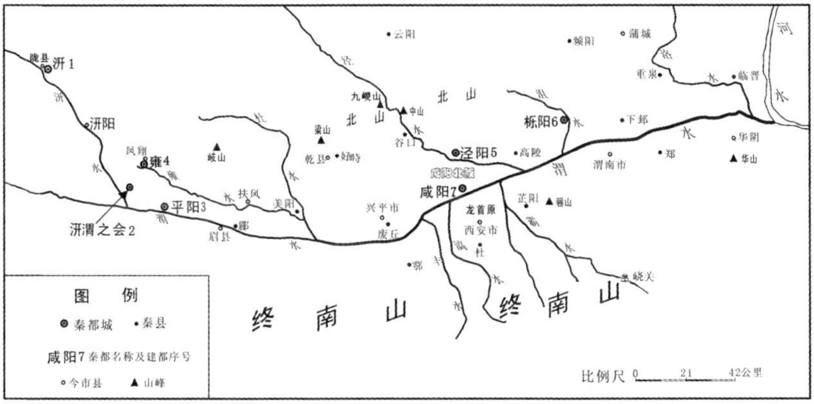

图1—3　关中地区秦人都邑与迁徙路线示意图

其后不久，由于周幽王无道，招致西夷犬戎的入侵，丰镐被攻陷，幽王也身死骊山之下戏地，平王东迁洛邑建立了东周。秦襄公将兵救周与护送平公东迁，立下了大功，被周封为诸侯，“于是始国，与诸侯通使聘享之礼”。周室东徙以后，关中大部分地区被戎族控制，平王赐秦岐西之领地，并对秦襄公说：“戎无道，侵夺我岐丰之地，秦能攻逐戎，即有其地”，这就为秦人伐戎占领整个关中找到了合法的理由。①

秦人随后开始了对关中诸戎的征伐，不断地向东开拓领土，而都邑也随之逐渐东移。据《史记·秦本纪》，襄公十二年（前766年），“伐戎而至岐”。惜其当年死去，没能在关中站稳脚跟。其子文公在西垂即位，立三年（前763年），“文公以兵七百人东猎。四年，至汧渭之会……乃卜居之，占曰吉，即营邑之”，建立了秦人入关的第二个都邑。

汧渭之会，顾名思义当为汧水、渭水相汇处。但其具体所在，却由于地理的变迁和文献的疏略，至今仍然没有相对统一的认识。有学者认为在今眉县附近，也有学者认为在今宝鸡市和宝鸡县的交界处。后者在具体地望判断上又有不同的看法，或曰宝鸡市东卧龙寺，或曰汧水以东

---

①《史记》卷5《秦本纪》。以下凡不注出处者皆同此。

的千河镇魏家崖，或曰汧河西岸的李家崖。

魏家崖一带地形高平，其西为汧河，其南为渭河，在此建都，进可攻，退可守；考古人员在此也找到了一些秦人建都的线索，发现过不少秦时的金器、铜器和陶器。① 从现有资料来判断，笔者比较赞同秦“汧渭之会”在千河镇魏家崖的说法。这里与雍地诸戎直接对峙，实为文公进取犬戎的前哨重地。其后，至“十六年，文公以兵伐戎，戎败走。于是文公遂收周余民有之，地至岐，岐以东献之周”。整整用了12年时间，秦人才彻底击溃诸戎在岐雍的势力，完全占据岐山以西的封地。

秦宪公承文公之位，立二年（前714年），又有迁都之举，“徙居平阳”，建立了秦人入关后的第三个都邑。平阳故城在今宝鸡县杨家沟乡、阳平镇一带，这里南临渭水，北倚凤翔塬，为渭北第一级台地，土肥水美，实为建都立邑的好去处。迁都平阳的当年，宪公“遣兵伐荡社”。秦人势力推进到关中中部今三原、咸阳、西安一带。其后武公立，元年（前697年），“伐彭戏氏，至于华山下”。秦人势力范围已经扩大到关中东部的华山脚下。

秦在东进关中的过程中，选择了汧、汧渭之会、平阳这三个都邑，受当时军事形势所迫均设置在汧、渭两河的河谷台地上，虽然易守难攻，但地窄土狭，发展的空间不大，更缺乏控制整个关中的气势，所以都是临时性的。经过四世80余年对关中诸戎的征伐，秦人取得了关中的大部分土地，于是选择建立一座地势开阔，既可固守又利于控制关中全局的大型都城就势在必行！

当秦人走上雍岭，眼前展现出一片辽阔的原野。这里位处周原西部，不仅地势较高，向东具有俯冲之势，还位居西去汧陇、南下巴蜀的交通枢纽；加之西周时代为周王畿腹地，人文荟萃，有深厚的经济文化基础。这样，秦人入关后第四个都城——雍都就应运而生了。德公元年（前677年），“初居雍城大郑宫”，其后至献公二年（前383年）东迁栎阳为止，秦人实质上都雍城294年，建都时间最长。

雍城是一座经过精心设计的都城，总体格局由城区、秦公陵园与国

---

① 焦南峰、田亚岐：《寻找“汧渭之会”的新线索》，《中国文物报》2004年3月5日。

人墓地组成。城区位于今陕西省凤翔县城南，南垣之下雍水自西北向东南流去。雍城的平面似方形，单边长度均超过3000米，总面积约11平方公里，其规模之大超过了当时作为全国政权象征的东周洛阳王城。雍水之南为国人墓地，再南的三畤原便为秦公陵园区。经过考古人员的辛勤工作，已探明秦公陵园区内大小陵园13座，各种类型的大墓43个。其中规模最大的一号墓，连墓道全长300米，墓主似为秦景公。

雍城内许多考古发现在全国颇具典型性，意义重大，同时也为我们研究秦都咸阳的城市设施提供了参考，如城北部“市”遗址的发现为研究先秦市的形制提供了实证，城西部凌阴遗址的发现在全国还是罕见的，马家庄以北由祖庙、昭庙、穆庙、中庙、围墙等组成的宗庙遗址是目前发掘出来保存最完整的大型先秦礼制性建筑，而秦公陵园是迄今发现的范围最大、内涵最丰富的先秦诸侯陵地。①

雍城是秦国历史上极为重要的一座都城，司马迁在《史记·秦本纪》中记述德公居雍后，接着说，“后子孙饮马于河”，《正义》也说“卜居雍以后，国益广大，后代子孙得东饮马于龙门之河”。确实，秦国建都于雍，既占据了有利的地理条件，又吸收了西周的文化遗产，使秦国的政治、军事实力和社会经济得到了比较迅速的发展，征服了周围许多部族，建立起一个强盛的奴隶制国家。后来孝公曾说：“穆公自岐雍之间，修德行武，东平晋乱，以河为界，西霸戎翟，广地千里，天子致伯，诸侯毕贺，为后世开业，甚光美。”秦穆公十五年（前645年），秦晋两国发生了著名的“韩原之战”，秦大败晋军，还生俘了晋惠公夷吾。后秦穆公应周天子与自己夫人（晋惠公之姐）的请求，释放了晋惠公，“夷吾献其河西地”，从此秦国的领土扩展到黄河岸边。

秦穆公既得全有关中，更欲效齐桓、晋文故事称霸中原。但是晋国在殽山与彭衙两次打败秦军，虽然后来秦军在王官及鄗之战中取得了胜利，但穆公也自知无力染指中原，乃“用由余谋伐戎王，益国十二，开地千里，逐霸西戎，天子使召公过贺缪公金鼓”。秦国向西北征伐戎国，扩张领土，巩固了后方，秦穆公也因此成为春秋五霸之一。

---

① 韩伟、焦南峰：《秦都雍城考古发掘研究综述》，《考古与文物》1988年第5、6合期。

2. 东争河西与献公迁都栎阳

随着春秋战国时代铁制农具的普及与牛耕的推广，社会生产力得到较大的提高，新兴的地主阶级逐渐发展壮大，开始建立自己的新型政权。在齐国，田氏夺取了政权，而在中原，韩赵魏三家越来越强，最后瓜分晋国形成三大独立的专制政权。这样，经过春秋以来的长期兼并战争，逐渐形成了齐、楚、燕、韩、赵、魏、秦七个势力范围强大的国家，史称“战国七雄”。

新兴地主阶级为巩固和扩大既得利益，对旧有的经济基础与上层建筑进行了自上而下的社会改造，首先在中原各国掀起了大规模的变法运动。这些变法虽带有很大的妥协性，有些甚至失败，但符合历史发展和人民根本利益的革新措施在不同程度上打击了旧贵族，建立了新秩序，像魏文侯用李悝实行变法，废除世卿世禄制度，推行“尽地力之教”与“平籴法”，颁布封建法典，使魏国经济迅速得到发展，成为战国初年最早富强起来的国家。齐威王任用邹忌为相，“谨修法律而督奸吏”，招收流民开荒，发展农业，也使“齐国大治”，“田野辟，民人给，官无留事，东方以宁”，成为与魏抗衡的东方强国。楚悼王以吴起为令尹主持变法，废除了旧贵族的特权，使楚国开始走向富强，也曾“南收杨粤，北并陈蔡”。①

战国初期，地处关中的秦国却变化不大，经济改革远远落后于中原各国，比如鲁国“初税亩”实行186年以后，秦国才开始实行相同性质的“初税禾”；同时，由于世卿世禄制度的存在，国政大权落入宗室贵族手里，连国君的废立也完全由“庶长”掌握，故孝公在求贤令中说：“会往者厉、躁、简公、出子之不宁，国家内忧，未遑外事。三晋攻夺我先君河西地，诸侯卑秦，丑莫大焉。”所谓“不宁”与“内忧”自然是指国家内政人事出现摩擦，怀公立四年（前425年），遭庶长与大臣围攻，被迫自杀，而后拥立怀公之孙灵公。灵公死，太子献公居中不得立，反从晋国迎立怀公之子简公。其后又拥立惠公只有四岁的儿子出子，政权实际上落入母后与宦官之手。出子立二年（前385年），庶长改“杀出子及其母，沈之渊旁”，而从晋地迎来了灵公之子献公。其间所置国君，有

---

① 杨宽：《战国史》，上海人民出版社1980年版。

怀公、简公、献公三人来自晋国，也可知秦在外交上受制于人。

由于政局动荡，内乱迭起，秦国经济文化处于落后状态，中原各国很瞧不起秦，“夷翟遇之”，连诸侯间的会盟也不让秦参加。更有甚者，由于军事上的劣势，秦人被动挨打，大片国土被人侵占。灵公六年（前418年），魏国在河西筑少梁城（今陕西韩城市南少梁村），以图控制黄河渡口。秦国虽然派兵击之，但没有作用。其后二年，魏人终于建成少梁城，在黄河以西建立稳固的军事据点。秦简公时，魏开始向河西大规模扩展，先是围攻繁庞（今韩城市南），移当地秦民，又夺秦临晋与元里二城，并进行重新扩建。临晋在今陕西大荔县东，原名王城，为秦灭大荔戎后改称；元里在今陕西澄城县南。接着又西南攻秦，向南直攻到渭水南岸的郑县（今陕西省华县），并在洛阳（一说洛阴）与郃阳筑城。洛阳在今陕西大荔县西洛河岸边，郃阳在今陕西郃阳县东南黄河侧畔。[①] 这样魏人就抢占了黄河与洛水之间大片的秦国领土，并在这里设置河西郡，任名将吴起守之。秦惠公十一年（前374年），秦倾全国之力，出兵50万来攻魏阴晋城，竟被吴起五万锐卒，“兼车五百乘，骑三千匹击败”。[②]

面对魏国咄咄逼人的军事压力，秦人也早有抵抗之举。秦灵公很注重东方的防务，为了直接面对敌人，曾经东迁都城至泾阳。[③] 当魏军越过黄河开始修筑少梁城时，秦军即来攻击，使其当年并没有成功。当然，由于秦国本身内乱削弱了战斗力，在魏军第三次大规模攻势下只有节节败退，一直退到洛水西岸。秦简公七年（前408年），在洛水西岸修筑重泉城作为防守的军事据点，居中调动；同时，“又堑洛”，沿洛水西岸筑起长城作为防线，才基本阻止魏国的西进步伐。[④]

---

① 《史记》卷14《魏世家》。

② 《吴子·励战》。

③ 《史记·秦本纪》后附《秦纪》，据说是秦史官所记最原始的秦国史，其说“灵公居泾阳”，不会无因。从当时形势与秦人的传统分析，泾阳应该是秦人的一座临时都城，其地望在今陕西省泾阳县西北三里。

④ 据史念海先生的调查与研究，堑洛是利用洛河西岸天然地形，削成陡壁以作防守，这在当时时间紧迫形势危急的情况下确实是一个省工又有效的防御方法。当然在有些平坦地段仍是筑起高墙防守的，今天在洛河西岸仍有不少“堑洛”长城的遗存。见《黄河中游战国及秦诸长城遗迹的探索》，载《河山集》（二集），生活·读书·新知三联书店1981年版。

秦献公是灵公的太子，因内乱曾被迫流浪到魏国，他亲眼见到魏国革新变法国力日强的情形，也真切感受到落后保守就要挨打削地的痛苦，于是锐意改革秦国内政。献公元年（前 384 年），他上台伊始就发布了“止从死”的法令，废除了自秦武公（前 697—前 678 年在位）以来实行长达294 年的人殉制度。次年，修筑栎阳城，把都城迁到这里，使都城靠近秦魏前线，以便与魏人争夺河西失地。同时，献公还颁布了一些新的社会经济法令，推广县制，设置了蓝田、栎阳、蒲、善明氏等县；“为户籍相伍”，控制人口，加强国君对地方的行政权力；又“初行为市”，实行集中市制，不仅有利于手工业与商业的发展，而且也便于国家的管理。①

栎阳城位于今西安市阎良区武屯东北，是秦在今西安市境内建立的第一个都城。献公把栎阳作为临时都城主要是为了便于指挥对东方魏国的战争，因为旧都雍城偏处关中西部，容易贻误战机，而都城离前线较近，则能够及时注意敌人的动向，达到攻守得当，而且足以显示其必胜的信心和昂扬的斗志。同时，栎阳东临沮水（今称石川河），用水便利；栎阳城交通便利，《史记·货殖列传》称其“北却戎翟，东通三晋”，位于渭河北岸交通枢纽，可以兼顾东与北两方面的利益。

有关栎阳城形制的文献记载甚少，仅可从北宋学者宋敏求《长安志·栎阳县》中了解其“东西五里，南北三里”的大致规模。根据 1980 年中国社会科学院考古研究所栎阳发掘队的勘探与试掘，栎阳城呈长方形，东西长约 2500 米，南北宽约 1600 米，与文献记载基本相符。三条东西向干道横贯全城，东西城墙相应各辟有三个城门；三条南北向干道只有两条通向城外，南北城墙似相应各辟有两个城门。城东南二三里外为墓葬区域，据《水经注·渭水》记载，秦孝公陵在栎阳城附近。秦都栎阳平面布局见图 1—4。②

当时正值战事频繁，献公、孝公又锐意变法，没有大规模修建栎阳城及其城内建置，但城内宫室、市场、手工业作坊及居民住宅建筑还是齐备的。唐李泰《括地志》云：“秦栎阳宫在雍州栎阳县……秦献公所

① 马非百：《秦集史·国君纪事十三·献公》，中华书局 1982 年版。
② 《秦汉栎阳城遗址的勘探和试掘》，《考古学报》1985 年第 3 期。

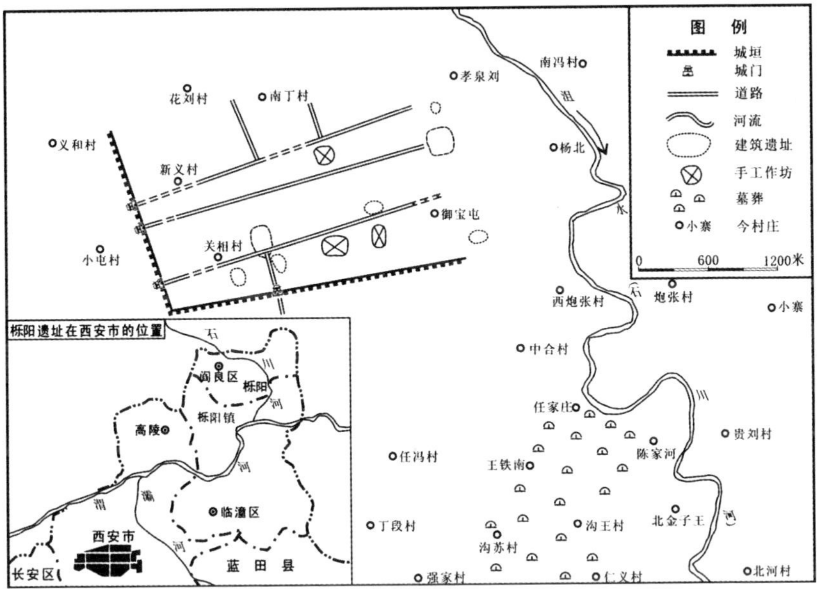

图 1—4　秦都栎阳遗址平面图

造。”献公既居栎阳，当然城中要修宫室，名叫栎阳宫也未尝不可。1980年陕西省眉县文化馆征集到一件铜鼎，自身有铭文曰“栎阳高平宫金鼎”，当是栎阳城中高平宫之物。高平宫可能是栎阳宫这个组群宫室中的一个。据徐卫民博士研究，栎阳宫建在城的中部。①

栎阳城中有市的设置，还有不少手工作坊。就已勘探和试掘的部分遗址及出土遗物判断，栎阳城内的手工业包括冶铁、制陶等生产部门，作坊规模中等，主要布置于城之东南部。

自秦徙都咸阳至秦亡百余年间，栎阳作为秦都咸阳的东北门户，仍然保持着较高的农业与手工业地位。《云梦秦简·仓律》记载，一般县城仓储谷物万石一积，只有栎阳两万石一积，仅次于都城咸阳。又，传世或新出土的秦惠文王（前337—前311年在位）的相邦樛斿戈、昭王十四年的相邦冉戈与秦二世元年丞相斯戈上都有栎阳工师的铭文，说明栎阳一直是秦代军工生产的重要产地。秦末楚汉相争之际，项羽三分关中，

① 徐卫民:《秦都城研究》，陕西人民教育出版社2000年版，第102页。

栎阳曾作为塞王司马欣的都城。汉王二年（前 205 年），汉王刘邦率军进占关中，扫灭三秦，乃安排太子守栎阳，“令诸侯子在关中者皆集栎阳为卫”。刘邦又以栎阳为都城，向东挺进，完成了统一全国的大业。直到高祖七年（前 200 年）长乐宫成，“自栎阳徙都长安”。[①] 汉高祖由栎阳徙都长安后，汉太上皇仍留居栎阳。由此可知，栎阳是秦汉时代关中的重要都市之一。

秦献公迁都栎阳及其初步改革确实收到了显著效果，秦国出现了积极向上的新局面，对魏国的军事战争形势也开始向有利于秦国的方向发展。献公十九年（前 366 年），秦军主动出击魏韩联军，初战告捷。隔了一年，秦军伐魏，赵救之，战于石阿（今山西运城西南）。秦大获全胜，“斩首六万”，使关东诸侯震惊，连徒具“天子”虚名的周显王也给予祝贺，并赐以“伯（霸）”的称号。其后秦军连年攻击魏之少梁城，在献公二十三年（前 362 年），俘虏了魏国守卫河西的高级将领太子痤，收回了庞城。魏国被迫采取防御措施，在洛水东岸，“魏筑长城自郑滨洛以北，有上郡”。[②]

尽管秦献公的改革取得了一定的成功，自厉公以来秦国积贫积弱的局面有所改观，但献公还没有完全实现自己的抱负就死去了，当时秦国仍没有从根本上摆脱困难的处境。从国内来说，旧制度没有彻底废除，旧贵族势力仍相当强大，新兴地主阶级的社会经济制度没有健全推广，经济发展举步维艰；从国外来说，魏国在惠王的领导下仍然是当时最强盛的国家，河西仍在魏国手中，一旦魏兵西出长城，冲破秦的“堑洛”防线，就会直逼泾渭地区，不但新都栎阳难保，就是旧都雍城也将岌岌可危。继位的秦孝公（前 361—前 338 年在位）充分认识到这一点，认为没能收复河西失地，“诸侯卑秦，丑莫大焉”，自己也是“常痛于心”。于是即位的当年（前 361 年），就公开发布“求贤令”，表示要继承献公未竟之志，重振穆公之业，继续发奋图强。他提出无论是国内臣民还是外

---

① 《汉书》卷 1《高帝纪》。

② 史念海先生实地考察后指出，魏长城南起今陕西华阴市东南，北渡渭河，沿洛河东岸向北延伸，在大荔县许原的长城村，曲而东北，经澄城、郃阳两县北抵韩城市南黄河之滨，有些地方为双重城垣，至今不少遗址仍存于地面。见《黄河中游战国及秦诸长城遗迹的探索》，载《河山集》（二集），生活·读书·新知三联书店 1981 年版。

来宾客，“有能出奇计强秦者，吾且尊官，与之分土”。这道广泛招揽人才的求贤令很快传播开去，当时在魏国的商鞅看到孝公礼贤下士立志变法的决心，就带着李悝的《法经》赶到了秦国。

商鞅是卫国没落贵族的后裔，故又称卫鞅，因当时国君的儿子称公子，其后裔又称公孙，故而卫鞅又称作公孙鞅，所谓商鞅乃是其入秦变法有功封于商邑（故城在今陕西省商州市东八十五里）而得名的。商鞅“少好刑名之学”，年轻时热心学习和钻研李悝、吴起等人的法家学说，得到了法家的精髓。由于得不到魏王的赏识和重用，跑到秦国来大展身手。他先在朝廷上舌战保守派的代表甘龙、杜挚，阐述了变法的意义，坚定了孝公变法的决心，也打击了权贵们反对的气焰。后在栎阳市门“徙木赏金”，向秦国百姓显示其执法如山、令出必行的原则，才从容不迫地颁布了第一部变法令。

首先，废除原有的世卿世禄制，按军功确定爵位与等级；其次，实行奖励耕战政策以富国强兵，重视耕织，抑制工商业，按军功行赏，严禁私斗；最后，改革户籍，实行编户制与什伍连坐法，鼓励兄弟分家。[①]这样就打破了僵化保守的旧思想，从政治经济上摧毁了奴隶制贵族存在的基础，确立了新兴地主在秦国的统治，发展了社会经济，壮大了军事实力，秦国出现了蒸蒸日上的新局面。在与魏国争夺河西的战斗中逐渐居于优势地位。孝公七年（前355年），秦孝公与魏惠王在杜平（今陕西澄城县东）相会，谋求和平收复河西之地，未获成功。次年，秦向魏展开大规模军事进攻，“战于元里，斩首七千，取少梁”，取得了变法以来对魏战争的第一次胜利。其后商鞅乘魏国与齐赵大战中原之机，亲自率军攻陷魏都安邑（今山西夏县）与军事要塞固阳（今内蒙古固阳），秦军威复振，打得魏军只有招架之功。之后商鞅转而经营国内事务，大刀阔斧地进行第二次变法，而这次变法的一个重要举措就是把国都从栎阳迁到咸阳。

3. 逐鹿中原与孝公迁都咸阳

秦孝公变法图强的目的不仅在于收复河西之地，更在于富国强兵东进中原与六国争雄。据《史记·商君列传》记载，当商鞅入秦初次见到

---

① 《史记》卷68《商君列传》，又参见马非百《秦集史·人物传三之二·公孙鞅》。

秦孝公时，为试探孝公他大讲五帝之道，孝公根本不感兴趣，听得直打瞌睡。商鞅第二次求见孝公时改为宣扬儒家仁政王道思想，孝公仍然听不进去，而且十分生气地对推荐商鞅的大臣景监说："你的客人太迂腐了，我怎能用他呢！"商鞅因此摸透了孝公的思想，知道孝公不愿意实行德政王道，而是希望秦国尽快富起来称王称霸。于是商鞅第三次、第四次见到孝公时，就畅谈自己最精通的"霸道"，也就是法家学说中的富国强兵求霸之术，这下子可抓住了秦孝公的心。孝公对商鞅的此番理论非常感兴趣，听着听着就不自觉地把身体都靠了过去，两人谈得特别投机，连续谈了好几天，孝公还觉得没有谈够。这个故事说明了孝公任用商鞅进行变法，其志不仅在于河西一隅，更在于关东六国。

实际上，秦孝公的这种称霸思想也有一定渊源。据《史记·封禅书》记载，秦献公十一年（前 374 年），周太史儋见秦献公曰："秦始与周合，合而离，五百岁当复合，合十七年而霸王出焉。"① 这是周太史对献公变法秦人复兴所作的箴言。据《正义》的解释，秦与周都是黄帝的后裔，西周时秦为周守西土，是其"合"也。因非子为周王养马有功，周封之为附庸，邑之秦，始有秦之称，是"合而离"也。"五百岁当复合者"，是说从非子邑秦开始至秦孝公二年（前 360 年）周显王致文武祚于孝公，复与之亲近，秦人历二十九君正五百年也，是"复合"也。"十七年霸王出"是指秦孝公十九年（前 343 年）周显王致伯，"是霸出也"，由孝公三年（前 359 年）算起正十七年也。而后秦惠文君改称秦王，是"王者出焉"。②

还有其他一些解释，多是秦人当继周有天下的意思。周史官所作的这种秦人不久当有霸王出甚至取得天下的预言，更令立志变法的孝公踌躇满志。故汉人贾谊《过秦论》就说出了孝公志在天下的雄心："秦孝公据殽函之固，拥雍州之地，君臣固守，而窥周室，有席卷天下、包举宇内、囊括四海之意，并吞八荒之心。"

① 《史记》卷 5《秦本纪》也有几乎相同的记载。

② 张守节《正义》曰："秦周俱黄帝之后，至非子末别封，是合也。合而离者，谓非子末年，周封非子为附庸，邑之秦，是离也。五百岁当复合者，谓从非子邑秦后二十九君，至秦孝公二年五百岁，周显王致文武胙于秦孝公，复与之亲，是复合也。十七年霸王出焉者，谓从秦孝公三年至十九年，周显王致伯于秦孝公，是霸出也；至惠王称王，王者出焉。"

当时，商鞅主持变法，秦国力渐强，在河西夺取了一些失去的领土，确立了对魏作战的优势，同时魏国把国都从河东的安邑迁往大梁（今河南开封），到中原扩张势力，这也减轻了在河西对秦的威胁。秦人基本上实现了变法图强的第一阶段目标，而为了逐鹿中原与六国争雄的更高目标，今后军事斗争的焦点应该由河西转移到函谷关外的中原与武关外的江汉流域。同时，还应看到商鞅前期的变法多在破除旧制度与耕战方面，如何建立新制度，完善和巩固新兴地主阶级在秦的统治还需要新的改革措施。秦国的这种长远目标与变法现实，促使秦人考虑要建设一个能够照顾全局的新兴城市作为都城。在这种情况下，咸阳就应运而生了。

秦都咸阳最初兴建于今咸阳市东渭城区窑店镇，其后扩展到渭河南岸的今西安市范围。从位置上看，咸阳较栎阳偏西。秦人都城由栎阳向西转移到咸阳，是经过认真比较后作出的重要选择，咸阳在地理条件、交通位置、军事形胜方面较栎阳确实具有很大的优势。

从地理条件上分析，栎阳处于石川河西岸，地势稍低，又东近“泽卤之地”，生活生产条件不甚理想。而咸阳位于关中平原中心地带，倚北山而临渭水，原隰相间，田野开阔，河川环绕，水源丰富，有营建大都市的优越自然条件；同时，渭河南岸更有大片早已开发的良田沃土，是一个物产富饶的天府之国，更兼山川秀丽、草木繁盛、可供游乐，为咸阳今后的发展提供了广阔的空间地理条件。

从交通位置上分析，栎阳处于渭水以北，距离渭水还有一段距离，无法控制渭河航运。固然它正当东越黄河通往三晋的大道上，北趋戎翟也很便利，可是由栎阳去函谷关却不那么便当，东南去武关则更显得迂远。随着对魏争夺河西之地重要性的下降，时过境迁，栎阳难以保持都城的地位是理所当然的。咸阳正位于东出函谷与西去雍陇大道的渭河渡口上，直接控制着贯通关中平原东西的主干道，东出函谷关，与诸雄逐鹿中原更加近便，这条交通线对秦统一全国具有决定性意义。咸阳还控制着东南翻越秦岭到达荆楚的武关大道，可以与强楚争夺中南的战略要地，对其统一全国有重要作用。与此同时，咸阳在东向三晋与北通戎翟两方面的交通优势并没有削弱，在渭北跨黄河至三晋的蒲关道是经过咸阳附近的，而北越泾河趋向鄂尔多斯也很方便，秦始皇为北逐匈奴，修建北至九原（今内蒙古包头西）的道路名曰直道，南面直通咸阳城。还应看到，沿渭河东下黄河的漕运码头也在咸阳附近，因咸阳上游的渭河水浅沙多，已不太适合航行。总之，咸阳正当水陆津要，为关中的交通枢纽，“天下辐辏，并会而至”，具备进退战守的军事意义和立国守成的政治作用，无疑符合营建照顾全局的大都市的条件。

在军事形胜方面，栎阳位居平原，近郊少险可凭。而咸阳山环水绕，平原与河流构成一道道天然军事防线，如东南近郊骊山、芷阳原、白鹿原与戏水、灞水等自然川原，其旁的戏亭、鸿门、芷阳、霸上等皆成为屯军御敌的重要场所。论其近郊攻防地形条件，整个关中内部无出其右者。还应看到，咸阳在西周旧都丰镐近旁，周人以丰镐为根据地统一天下，并建都于此，治理全国数百年，秦人也认为“此帝王之都也”，建都于此处有一种心理优势。

还有一个原因，从秦孝公与商鞅这些变法革新者的角度思考，雍都是贵族旧势力盘踞的旧都，又偏处关中西部，而栎阳是献公东争河西营建的临时都邑，建立新都咸阳可以完全摆脱旧势力，避免其干扰，减少改革的阻力，更便于新法的迅速推广。更为重要的是变法者标新立异，希望营建一个新型的地主阶级都市，而这种宏伟的都市蓝图应该放在崭新的土地上进行设计描绘，正可谓一张白纸好画最新最美的图像。确实，商鞅在咸阳大筑冀阙，营建高台宫殿，进行里亭规划，都与雍都、栎阳完全不同。可以说，迁都咸阳不仅是秦人变法自强的结果，更是商鞅继续深入变法的一个环节。

由于咸阳所在地区的自然环境在关中最为优越，故秦人在变法图强、有志中原之时把都城选定于此。这与周人有志东进灭商，由周原迁居丰镐所走过的路线基本相同。稍有不同的是，周人直接迁往渭河南岸的丰，而秦人初以渭北为建都基础，其后才逐渐扩向渭河南岸。这当然是与秦人迁都咸阳时的历史背景有关。当时秦人虽走上变法富强之路，在对魏国的战争中居于主动进攻的有利位置，但魏国占据的河西大片领土仍未夺回。秦在关中仍有强敌驻扎于东北方的渭河北岸，时刻要对这些魏军做好攻防准备，定都渭北和栎阳一样可以照应黄河西岸，故不能贸然渡渭。而周人之所以直接迁居渭河南岸，乃因为其敌人主要集中于渭南，如此更容易直接对敌。

第二节　秦都咸阳城的扩建过程与城郊范围

从社会历史发展来讲，咸阳为秦都城经历了战国时期的秦国到我国第一个统一的中央集权秦王朝这两个阶段。从其城市发展过程来看，秦都咸阳分为商鞅创建、昭王拓建与秦始皇扩展的三个阶段，最终形成了“渭水贯都以象天汉，横桥南渡以法牵牛”的宏伟壮观局面。秦都咸阳的建设缺乏统一规划思想的指导，城郊范围处于不断扩展变化之中，在这一点上可以说是一个开放性城市，就是其在被复仇主义烈火焚烧的时候仍然是个没有完全建成的城市。本节主要研究秦咸阳城的扩展过程、城市形态和城郊范围。

一　从山南水北到渭水贯都——秦都咸阳的扩建过程

秦都咸阳在它存在的近一个半世纪经历了从战国时期的秦国到统一天下的秦帝国这两大时代，两个时代都对咸阳进行了扩建，加上孝公时商鞅的创建，秦都咸阳的建设过程共分成三大阶段，最后形成“渭水贯都”“横桥南渡”的宏大规模。

1. 商鞅的创建——渭北冀阙、宫廷

咸阳最初兴建于今咸阳市东渭城区窑店镇，位处渭水北岸与九嵕山之南。按古人的阴阳观念，山之南、水之北属“阳”，咸阳具有“山水俱阳”的区位特点，故名。宋敏求《长安志》引辛氏《三秦记》就是这么解释的：“咸阳，秦都也，在九嵕山南，渭水北。山水俱阳，故名咸阳。”唐人说法不同，但实质都是相同的，李吉甫《元和郡县图志·关内道·咸阳县》谓：“在北山之南，渭水之北，故曰咸阳。”实际上北山是今礼泉、泾阳、三原诸县北部东西向山脉的统称，也包括九嵕山在内，故两种说法并不矛盾。

秦初建咸阳城的史实主要记录于司马迁的《史记》中，其中《秦本纪》载：“（孝公）十二年，作为咸阳，筑冀阙，秦徙都之。”《秦始皇本纪》所附《秦纪》云：“（孝公）其十三年，始都咸阳。”《商君列传》谓：“以鞅为大良造，将兵围魏安邑，降之。居三年，作为筑冀阙宫廷于咸阳。”这些记载基本上说明了秦都咸阳营建的时间、主持人、首期重要工程等。

史籍所载时间相差一年，《秦本纪》是秦孝公十二年（前350年），而《秦纪》则是孝公十三年，《商君列传》所说时间与《秦纪》相同，因《史记》明载商鞅为大良造在孝公十年，后三年应是十三年。这种差异是秦咸阳城营建与迁都时间不同造成的，并不矛盾。《史记·正义》曰：“十二年作咸阳，筑冀阙，是十三年始都之”，就是说孝公十二年开始营建咸阳城，次年正式迁都于此。基于此，本书就把秦都咸阳之兴建时间定于孝公十二年，把其定都时间定于孝公十三年。

秦都咸阳的营建是由中国历史上著名的变法改革者商鞅主持的。商鞅当时是秦国的大良造，掌握军政大权，深受秦孝公信赖，他主持设计与兴修咸阳城是完全正常的。后来商鞅自诩治秦之功时也说：“始秦戎翟之教，父子无别，同室而居。今我更制其教，而为其男女之别，大筑冀阙，营如鲁卫矣”①，明确地提出自己营建咸阳的事实，而且把它提高到与改革变法并列的高度。

咸阳的首期营建工程史籍提到了两个，即冀阙与宫廷，其中尤以冀阙为标志性建筑，商鞅自己也颇为自豪地用“大筑冀阙”来代表咸阳城的修建。

冀阙是修建于咸阳宫廷外侧的高大门阙，除具有神圣的象征意义外，商鞅又赋予它具体的实用功能，在其上公布新颁法令，让官民来此学习，使之成为宣传新法的地方。《史记·正义》云：“冀犹记事，阙即象魏也”；《史记·索隐》解释说：“冀，记也。出列教令，当记于此门阙。”都对其公布法令的功用说得很明确。实际上，阙的这种教化功能早已存在，《周礼·天官·大宰》有云：“正月之吉，始和，布治于邦国都鄙，乃悬治象之法于象魏，使万民观治象，挟日而敛之。”意思是说，大宰在正月朔日，布王治之事于天下，至正岁又书治象之法于象魏（阙），使万民来观，十天后收藏起来。《周礼·天官·小宰》有与此相关的记载：“正岁，帅治官之属，而观治象之法，徇以木铎曰：‘不用法者，国有常刑。’”意思是，正岁时，小宰率其属官及万民至阙下，观看学习大宰所

① 《史记》卷68《商君列传》。

悬当年治政新法，其时小宰徇以木铎，警示众人说：不能遵守法令者，将受到惩罚。商鞅是法家，主持秦国的变法革新运动，当然特别重视普及法令，在文化不发达、宣传媒体缺乏的秦国，利用阙这种大型建筑来作为宣传道具确实具有巨大的轰动与持久效应。况且阙原本还具有某种神圣庄严的意义，商鞅又把冀阙造得雄伟高大。

阙的产生很早，最初往往配合建筑群体的入口来使用，于是城阙、宫阙成为最普遍的形式。《诗经》中已有“城阙”的出现，《三辅黄图·杂录》则说：“阙，观也。周置两观以表宫门，其上可居，登之可以远观，故谓之观。人臣将朝，至此则思其所阙。”为体现其神圣庄严，阙多建筑得巍峨壮观，外表装饰得奇异瑰丽，令人肃然起敬。郑司农云：“阙，高巍巍然。”《古今注》谓：“其上皆丹垩，其下皆画云气仙灵，奇禽怪兽，以昭示万民焉。”

阙的神圣意义使其成为身份等级的标志物之一，据说双阙本是周天子京城的象征，诸侯国不能设置，只能建单阙。春秋战国时期，周王室衰微，鲁昭公在国都建置双阙，被认为是诸侯僭于天子。秦建咸阳，公然“大筑冀阙，营如鲁卫”，表明其所建立的冀阙像鲁卫那样是双体结构，而且巍峨高耸，十分壮观，也表明了秦孝公有统一天下的雄心壮志。

冀阙作为咸阳这个变法者之都的标志性建筑，确实具有特殊的意义。它建立于咸阳宫廷之外侧，处于宫室与万民的连接点上，除了表征宫廷的神圣外，最主要的功能是宣传新法。商鞅在咸阳实行的第二次变法之所以推进很快，迅速深入人心，史称秦国“境内之民皆言治，藏管（仲）、商（鞅）之法者家有之”，甚至连妇女儿童也能言“商君之法”，应该与冀阙这个特殊建筑有关，怪不得商鞅自己对“大筑冀阙”也那么自豪。

商鞅初建的咸阳宫廷，其后称作咸阳宫。据史书载，当时咸阳“因北陵营殿”，陵即大土山，也就是说建在咸阳北坂上，今天考古钻探发现的咸阳宫城遗址即在头道原上。1973 年年底至 1974 年年初，考古工作者对现存于地面以下夯基密集的聂家沟一带的塬上塬下，进行了旨在寻找城垣的大面积钻探。钻探表明，在这一带的地面以下，遗存着一处东西向长方形的夯土城垣。学者推测这就是咸阳初建时的咸阳宫城。

探求的城垣基本如下，除暴露于沟坎断崖者外，墙基全部遗存于地面以下，现存基面距地表 0.8—3.5 米，夯层厚 0.1—4.6 米不等。墙基呈东北—西南向的长方形，钻探实测周长为 2747 米。其大致面貌参见图 1—5。

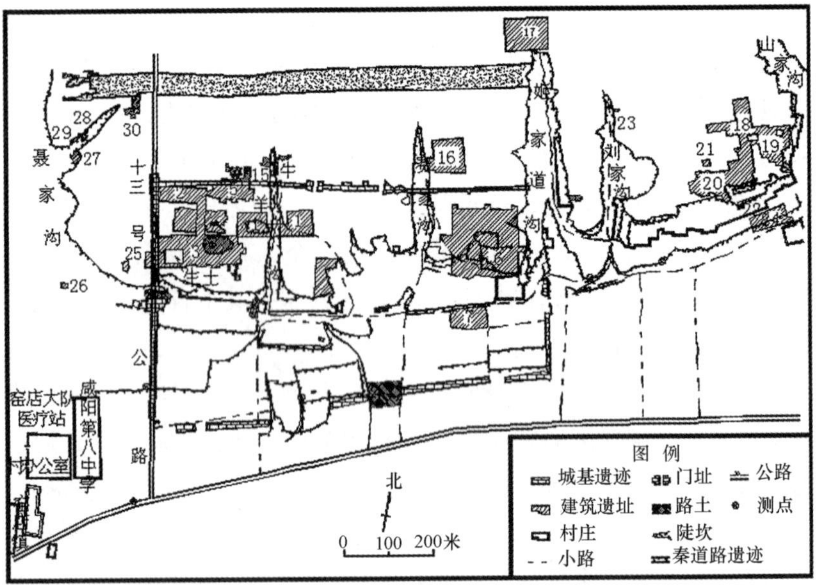

图 1—5　秦都咸阳宫城垣范围及其建筑遗址分布图

东墙位于姬家道沟的南端，南起芦苇坑西缘，北迄沟口稍北。墙基仅存南半部 256 米，复原长 426 米。

南墙东起东墙南端，与东墙呈 97°斜角向西南延伸至 13 号公路终止。全长 902 米，整个墙基保存情况很差。早在西汉时期，南墙西段就被许多砖瓦窑和灰坑所破坏。

西墙位于今 13 号公路东侧，南接南墙，呈 82.5°斜角北行，与北墙西头相接，全长 576 米，整个墙基几乎全被 13 号公路所压。墙基呈阶梯式，由塬下向塬上逐步升高。在由北向南 173 米处的墙下，安装着东西走向的圆筒形陶管排水道一处，管道距地表 1.9 米，管口直径 55 厘米。

北墙西接西墙，呈 93°斜角东行，至姬家道沟西断崖止，现存长 843 米。墙基除暴露于姬家道沟西断崖外，西经赛家沟和牛羊沟坎上也都有出现。夯墙为“五花土”版筑，其间杂有少量木炭渣和秦筒瓦、板瓦残块。夯层上部较薄，一般层厚6—8厘米，最薄层为3.5厘米，质坚硬；下部则厚达10厘米，质较松。现存墙基总厚一般为2.6—3.5米，最深（厚）处6米，夯窝直经约8厘米。墙基以上的堆积层中包含着红烧土、木炭、夯土块、秦汉粗细绳纹的筒、板残瓦和云纹瓦当残块。

由于宫城墙遭到严重破坏，其城门自然也不例外，据初步探悉，现存城门仅有南门和西门各一处。

南门位于西墙以东496米、东墙以西330米处，恰在南墙中部偏东。残存门址距地表45厘米，门宽7.2米。地层堆积共四层，上层为耕土，厚45厘米；下三层均为路土，第一层路面距地表45厘米，路层厚50厘米，其间杂有小石块和沙子，是为近代通道；第二层距地表95厘米，路层厚70厘米，内含瓦面抹光、瓦沟为布纹的筒瓦残块，以及砖块、木炭等遗物，是为汉以后之路面；第三层距地表1.65米，路层厚1余米，钻探中未发现此层任何遗物，应为与城墙同时代之遗迹。当地长者云，此处地形原北高南低，呈坡状，1971年，附近工厂修筑公路在此取土时，发现未加工的大型河卵石6块，至今尚留存一块，直径70厘米、厚35厘米，表面平整，此石应为城门之遗物。

西门位于今牛羊村之正西，南距西墙转角277米，北距西墙转角282米，适在西墙的正中部位。现存门基距地表约1米，门宽17—18米，门道长3.85米。城门左（南）右（北）两侧有夯土门墩各一，右侧已被群众取土破坏，仅存部分残迹；左侧保存较好，仅东南角和西侧中间被破坏。门墩为长方形夯台，从西侧破坏部分观察，墩基由南向北呈阶梯形，下宽上窄，计南北30米、东西（即门道）长38.5米。西南角现存高2.1米，门道偏西遗存路土二层，上层距地表约1米，路层厚4—5厘米，下层距地表2.20米，路层厚35厘米。在紧靠门墩的东南（城墙里侧）部位，钻探出草泥土和秦砖瓦残块，推测为城门南侧的建筑遗存。

在钻探西墙和北墙时，发现城墙内外均有与夯墙同一方向的城壕遗存。西城壕在西墙北段的墙体内外，壕深2—2.6米，西北角较深，为2.4—3米。墙外部分地段，壕深达4米余，宽1.8—2.4米。城壕内堆积为二层，上层厚约1米，内含汉以后之砖瓦残块，个别地段砖瓦特多，致使探孔无法下伸；下层发现有黑色胶泥淤土，内含秦细绳纹筒、板残瓦，并杂以红烧土块、木炭及夯土块。城壕底部均为生黄土，此层为秦文化层堆积。

北城壕在牛羊沟以东约 150 米处，墙基内外两侧，城壕深一般为 2.4—3 米，个别地段深达 4.2 米，牛羊沟西至西墙转角约 250 米之墙基内外，壕深一般为 2—2.6 米，壕宽 2.7 米左右。壕内有淤泥，其底为生土。①

20 世纪 80 年代考古工作者还发掘了宫城内牛羊沟旁的三处建筑遗址，并从地层学与器物学角度证明其初建于战国时期，也就是秦定都咸阳的初期，同时对出土遗物进行的 C^{14} 与热释光年代测定数据也证明了这一点。

一号建筑遗址是多层高台建筑，由殿堂、过厅、露台、卧室、盥洗室、浴室、回廊等组成，有取暖用的壁炉，冷藏用的窖穴，有蓄水、排水设施，室内通风采光较为合理。二号建筑遗址在一号的西北方，是以夯土为台基的大型台榭式工程，台上有方形殿堂，台下有一周迴廊贯通。迴廊中有插立旌旗之类的竖管 11 处，为其他殿址所未见，据此推测这里可能为处理政务的宫室。三号遗址在一号的西南方，亦属高台基建筑，规模宏大，但破坏严重。仅发掘了总面积的 9%，清理出廊道两条，屋宇两室。过廊东西壁均饰壁画，能辨认出车马出行图、仪仗图、麦穗图、殿堂图等。从建筑布局与出土器物分析，这三座建筑遗址似为咸阳宫的一部分，并不是主体建筑。②

从三处建筑遗址的遗存和发掘资料分析，秦都咸阳初建时的宫廷建筑有一个最大的特征，就是普遍采用了高台基建筑方式。

秦人好大喜功，有营建大型土木工程的传统，秦穆公在雍都始大宫室，西戎使者由余观之不禁感叹："使鬼为之，则劳神矣；使人为之，亦苦民矣。"雍城、栎阳两都范围的宫殿基址已经发现多处，虽皆夯土，但皆不太厚，算不上完整意义上的高台基建筑。到了商鞅兴修咸阳宫廷时，才开始了秦人"高台榭，美宫室，以鸣得意"的历史。高台基建筑的营

---

① 陕西省考古研究所编著：《秦都咸阳考古报告》第二章《城址调查与现存状况》，科学出版社 2004 年版。

② 陕西省考古研究所编著：《秦都咸阳考古报告》第五章《宫城内宫殿遗址的发掘》，科学出版社 2004 年版。

造方法是，先建夯土台基，按建筑平面大小堆土行夯，达到单间宫室要求高度后为一层，其上依次夯筑第二层与第三层，皆按房间进深面积收缩，最高可达十几米；其后在各层夯土台基上按预留面积或开挖空间设立梁架结构，建成宫室。这样建成的每个房间都坐落在夯土台基上，除顶层外，各层布设的房间至少有一边，有时也可有两边或三边的墙壁用夯土台作支撑；上下层房间不直接重合，却房檐相叠，外观上构成金字塔式的两三层或更高层的群体建筑，显得特别高大宏伟。

高台基建筑方式是木结构建筑技术不太发达时代建构高大多层组合式宫殿的最佳选择，它依靠高大结实的夯台取得层叠巍峨、空中楼阁的效果，让人望而生畏，起到从视角上加强君主集权的目的，也反映出以商鞅为代表的新兴地主阶级追求崇高、唯我独尊的思想意识。在实用方面，它宜于防水，利于通风，显示出卫生功能的优越性；而且在防御上也可以达到最佳境界，因其居高临下，便于瞭望，适于守卫。

从冀阙、咸阳宫廷两大主体建筑的特征来看，咸阳城兴建伊始就不同凡响，显现出变法革新者横空出世的气魄，昭示出咸阳城的前途未可限量。

2. 昭王的拓建——渭南宫台庙苑

孝公二十四年（前 338 年），孝公卒，其太子驷继位为惠文君（前 337—前 311 年在位）。商鞅因功高震主而遇害，但商鞅虽死，秦法未败。惠文君及其后继者，“蒙故业，因遗策”，继续贯彻秦孝公时制定的招纳贤士、富国强兵、向东称雄的基本国策，使秦国社会经济快速发展，在兼并战争中不断取得重大胜利，而都城咸阳也在商鞅初建基础上获得较大发展。到昭王（前 306—前 251 年在位）时代，渭河南岸已建成兴乐宫、甘泉宫、章台、诸庙、上林等王室建筑，咸阳城市建设已经跨越渭河，扩向渭南。

惠文君即位后频繁向魏国用兵，连取大捷，六年（前 332 年），魏国被迫将渭水南岸的阴晋城交给秦国，秦人改名宁秦（在今陕西省华阴市西岳庙东侧）。两年后，魏国又献出原占领的河西之地，又过了两年，“魏纳上郡十五县”。至此，黄河以西全为秦有。秦的西北方面缺少强敌，此时秦南有秦岭与楚相隔，东依黄河、函谷关天险，在战略上处于进可攻、退可守的不败之地。惠文君十三年（前 325 年），改称王，即惠文王。

惠文王又越过秦岭，西举巴蜀，南兼汉中，开疆扩土，秦益强盛。公元前316年，秦人乘巴蜀相互攻击之机，派司马错伐蜀，先后灭蜀、苴与巴国，占据了今四川、重庆的广大地区。后又用张仪计谋，数败楚军，攻取楚人汉中之地，使秦国本土与新占巴蜀连成一片，奠定了强盛的后方基地。

除开拓疆土外，惠文王在咸阳都城建设方面也有大的举措，其“取岐雍巨材，新作宫室”，“广大宫室，南临渭，北临泾”，在商鞅初建咸阳的基础上，进一步完善充实了渭北咸阳的城市建置。有人根据《三辅黄图·序》，认为惠文王“复起阿房，未成而亡”，其咸阳城已经“南临渭，北逾泾，至于离宫三百”。不仅说阿房宫是惠文王初修的，而且把咸阳城范围扩大到泾水以北。此观点实际上很难成立，似为传抄致误。①

惠文王之后的武王（前310—前307年在位）孔武尚力，发兵攻占了韩国的重镇宜阳（今河南宜阳县东北），打开了通向中原之路。武王到达洛阳，实现了“通三川，窥周室”的愿望。可他乐极生悲，在洛阳与力士竞举龙纹之鼎，绝膑身亡，享国仅四年。

继武王之位的昭王在位56年，秦国东进趋势已不可阻挡，大败楚国，数困三晋，长平之战坑杀赵卒40余万，东方六国的有生军事力量基本上被摧毁。至此，由秦完成统一天下的宏伟大业几成必然。

伴随着对外战争的顺利发展，秦都咸阳也开始跨越渭河，向南扩展。渭河以南地面开阔，交通便利，众水环绕，风景优美，营建大都市的自然地理条件超过渭北。秦初都咸阳时尚不能不防备屯驻于河西的魏军，故暂局促于渭北，现形势大变，秦人顺应地理环境向南发展也就顺理成章。

昭王时代，渭水南岸至少已建成兴乐宫、甘泉宫、章台、诸庙、苑囿等秦王室重要建筑。

《史记·孝文本纪》《正义》引《三辅旧事》云：“秦于渭南有兴乐宫，渭北有咸阳宫，秦昭王欲通二宫之间，造横桥。”据此推断，兴乐宫

---

① 《三辅黄图·序》云：“惠文王初都咸阳，取岐雍巨材，新作宫室。南临渭，北逾泾，至于离宫三百。复起阿房，未成而亡。”此序有误，见本章第三节关于咸阳城郊范围的论述。

至迟应建于秦昭王时代。秦兴乐宫建于咸阳渭南的长安乡，即今西安市北郊的龙首原北部，程大昌《雍录》曰：“长安也者，因其县有长安乡而取之以名也。地有秦兴乐宫，高祖改修而居之，即长乐宫也。”汉长乐宫是对秦兴乐宫的旧殿改修而成的，《关中记》与《三辅黄图》都说：“长乐宫，本秦之兴乐宫也。”考古学者已经勘察出汉代长乐宫的遗存范围，其位居汉长安城东南，占有今西安市未央区未央乡与汉城乡的大片土地，秦兴乐宫就在其南半部。

甘泉宫，始建年代不详，但秦昭王时已经存在也是可以肯定的。《后汉书·西羌列传》记载，昭王即位时，义渠王来咸阳祝贺，与当时执掌朝政的昭王母亲宣太后私通，生有二子。昭王三十五年（前272年），“宣太后诱杀义渠王于甘泉宫，因起兵灭之，始置陇西、北地、上郡焉”。宣太后精明强干，风流大胆，史称战国四后之一，其不为私情所惑，毅然诱杀情夫义渠王，为秦立下奇功。《史记·秦始皇本纪》载秦王政九年（前238年），因嫪毐叛变而贬王太后出咸阳宫廷。次年，秦王政接受齐人茅焦的劝说，把太后从雍城接回来，“入咸阳，复居甘泉宫”。《史记集解》引徐广曰：“表云咸阳南宫也。”从秦昭王母亲宣太后到始皇母亲帝太后皆居甘泉宫来看，甘泉宫是太后居住的宫殿，而且无疑也位于渭水南岸。现代学者根据《关中记》“桂宫，一名甘泉”的记载，判断西汉桂宫即是在秦甘泉宫基础上兴建的，遗址位于汉长安城中部偏西。①

章台是秦都咸阳在渭河南岸的主要宫室建筑之一，在秦昭王七年（前300年）即已建成，因为《史记·樗里子列传》记载此年死去的秦国名相樗里疾“葬于渭南章台之东”。昭王时章台成为朝廷政治外交活动的重要场所。《史记·楚世家》载，昭王初年，楚怀王被骗至武关，遭秦兵掳掠，“西至咸阳，朝章台，如蕃臣，不与亢礼”。秦昭王在章台以蕃臣之礼节接见楚王，挟胁其割让巫、黔中之地。楚王不许，被留居于灵台，后回国无门，竟死于秦国。《史记·廉颇蔺相如列传》记载，赵王得和氏璧，秦恃强凌弱，诈称愿以十五城换取之。蔺相如不畏强秦，毅然出使

① 何清谷：《关中秦宫位置考察》，载《秦文化论丛》（2），西北大学出版社1993年版，第167页。

秦国，“秦王坐章台见相如，相如奉璧奏秦王”，相如勇敢机智地与秦昭王周旋，最后完璧归赵。这一著名历史事件的主要舞台就在章台。《史记·苏秦列传》记有苏秦游说楚威王的话：“今乃欲西面而事秦，则诸侯莫不西面而朝于章台之下矣”，说如果楚王也屈服于秦国，则东方各国无不西面而朝拜于秦国章台之下。这些都把章台当作了秦人宫廷的代名词，说明章台已经与一般的离宫别馆性质不同，它已经成为咸阳都城的重要组成部分。

章台属于战国时流行的高台宫殿建筑，《史记·秦始皇本纪》明载其在渭南，其具体位置，刘庆柱先生从文献与考古发掘两方面进行了论证，认为今仍存在的汉未央宫前殿基址即是章台故址。因为《论衡·实知篇》云，樗里子葬于渭南章台之东，“长乐宫在其东，未央宫在其西，武库正直其墓”，说明樗里子墓在秦章台、汉未央宫之东，则章台正与汉未央宫位置重叠。未央宫中汉朝时有章台街，以张敞下朝后“走马章台街”著称。考古工作者曾于未央宫前殿建筑基址之下发现有被叠压着的秦砖、瓦、瓦当等建筑材料，推测为秦章台之遗物。①

据《史记·秦始皇本纪》，秦国的“先王庙或在西、雍，或在咸阳”。在咸阳的先王庙即建于渭河南岸。史籍所见最早的是昭王庙，位于樗里疾的居室之东。樗里疾居于渭南阴乡樗里，故昭王庙必在渭南，推测具体位置在汉长安城南部的微偏东地方。

昭王时秦有五苑，为秦王室贵族狩猎游乐之处。据《汉书·地理志》，盩厔县“有长杨宫，有射熊馆，秦昭王起”，明确记载长杨宫、射熊馆为秦昭王兴建。又据《三辅黄图》卷6引《列士传》，秦昭王时已有兽圈，为集中畜养百兽的地方，相当于今日的动物园。其具体位置虽不明确，却可知必在渭水以南、灞水西岸一带。长杨宫游猎区与兽圈后来成为秦上林苑的重要组成部分。

昭王时代，渭南的宫台庙苑王室建筑已经粗具规模，又建有渭河大桥连接南北，基本形成《史记·秦始皇本纪》所载的“诸庙、章台、上林皆在渭南”的咸阳城市布局。

---

① 刘庆柱、李毓芳：《秦都咸阳“渭南”宫台庙苑考》，载《秦汉论集》，陕西人民出版社1992年版，第56页。

3. 始皇帝的扩建——大一统秦帝国都城的渭水贯都规模

秦昭王五十六年（前251年），在位56年的秦昭王去世，其后短短数年间，秦国先后有三位国君相继登位，他们分别是孝文王、庄襄王与秦王政。孝文王享国不过三天，庄襄王在位也仅仅三年（前249—前247年在位）。秦王政于公元前246年即王位，当时才13岁，九年后才正式亲政，执掌大权，他就是历史上叱咤风云、并吞六国、开创中国中央集权大一统帝国的千古一帝秦始皇。秦都咸阳也由战国时七雄之一的国都上升为中国历史上第一个统一大帝国秦王朝的首都，成为当时全国政治、经济与文化的中心，市政建设不断扩展，盛况空前，影响深远。

在秦王政亲政前的十余年时间内，秦国经历了太后干政、权臣弄事的非常政局。初期，太后委政于吕不韦，继续对中原各国用兵，灭东周君，消除了周王室的残余，后来形成太后重用嫪毐、嫪氏与吕氏争权的局面。嫪毐以私通太后得宠，其势力恶性膨胀，被封为长信侯，可以任意使用王室的宫室车马衣服苑囿，朝廷大小事务皆决之。至秦王政亲政前，秦国政坛上吕氏与嫪氏两大集团的权势之争已十分激烈，以致咸阳城内从执法的高官到驾车的小吏都在议论："与嫪氏乎？与吕氏乎？"

秦王政九年（前238年），秦王政22岁，按秦国制度，他到雍城祖庙举行冠礼，然后就可以从太后手中接过大权，亲理国事。嫪毐害怕秦王亲政后权势被削，乃铤而走险，决定先发制人进行武装叛变，纠集死党企图奔袭雍城杀害秦王政。秦王获悉后，马上调发军队包围叛军，大战于咸阳，嫪毐兵败溃逃，至好畤县（今陕西乾县）被擒身亡，其宗族及追随者皆被消灭。事情并没有到此完结，接着秦王政又对吕氏集团进行了清算，先以荐举嫪毐的罪名，下令罢免吕不韦的相国职务，并把他从京师咸阳驱逐到其封邑居住。后又亲赐诏书，令吕不韦与亲属徙处蜀地。吕不韦自感难免一死，饮鸩自尽。至此，秦王政初出茅庐就显示出非凡的政治才能，不仅结束了太后干政的局面，而且陆续清除了嫪氏与吕氏两大集团，牢牢地控制了秦国的军政大权，为实现其统一天下建立专制帝国的抱负创造了条件。①

秦王政独掌大权后，继承了秦人招贤纳士、重用客卿的传统，使秦

① 《史记》卷6《秦始皇本纪》。其下引此不注出处。

国军政人才济济一堂，虽然郑国事件一度给其人才政策蒙上阴影，但只是一个插曲。原来，韩国在秦强劲攻势下施行疲秦之计，遣水工郑国来秦，劝秦兴修引泾入洛的大型水利工程。王政十年（前237年），此阴谋被发觉，秦王大怒，“欲杀郑国”。秦宗室大臣皆说，诸侯人来事秦，大多从事间谍活动有害于秦，“请一切逐客”，即把东方六国所来之客卿全部驱逐出境。秦王纳其议。楚人李斯也在驱逐之列，他在出咸阳时上书谏止此举，这就是著名的《谏逐客书》。王政读此书后大悟，立即“除逐客令，复李斯官”，并宽宥了郑国，“卒使就渠”。渠成后命名为郑国渠，经济效益特大，为秦统一奠定了物质基础。此风波平息后，关东客卿在秦依然得到重用，如大梁人尉缭向秦王献破坏诸侯合纵之谋：“愿大王毋爱财物，赂其豪臣，以乱其谋。不过三十万金，则诸侯可尽。”秦王善之，任其“为秦国尉，卒用其计策”。当时活跃在咸阳秦朝廷的著名客卿人物，除上述李斯、郑国、尉缭外，还有齐人蒙骜、茅焦，魏人姚贾、李信等，他们都对秦国军政建设起到过重要作用。

秦王政亲理朝政后，勤于国事，“躬操文墨，昼断狱，夜理书”。其对法家思想情有独钟，当他读到法家著名思想家韩非所著《孤愤》《五蠹》等文章后，大为赞赏，由衷感慨道：“嗟乎，寡人得见此人，与之游，死无恨矣。”于是急攻韩国，韩急，遣韩非出使秦都咸阳。后秦王听信李斯、姚贾之言，下韩非于云阳狱中。韩非虽死于狱中，但其提出的思想主张如法术势相结合、四方权力集于中央、“以法为教，以吏为师”等无不为秦王政所施行。

秦王政即位时，秦国已控制大半个中国的疆土，其军队装备精良，战无不胜，追亡逐北，志在天下。因此，当他君临朝政并稍做准备以后，便以旷代政治家的远大眼光，“奋六世之余烈，振长策而御宇内”，用金戈铁马把六国君王无情地扫进历史的角落。从秦王政十七年（前230年）灭韩开始，经过十年，秦王政以首都咸阳为指挥中心，以秋风扫落叶之势迅速消灭六国，尔后马不停蹄拓疆到周边地区，构筑起当时世界上广土众民罕有其匹的大一统帝国。

秦王政十七年（前230年），秦派内史腾率师攻韩，“得韩王安，尽纳其地”，韩国亡。十八年，秦兵分两路攻赵，名将王翦率上地郡兵主攻井陉关，杨端和率河内郡兵进围赵都邯郸，次年秦破邯郸，俘赵王，赵国亡。二十年，因燕太子丹派荆轲来咸阳献图行刺，王政大怒，令将军王翦、辛胜攻燕，次年攻取燕都蓟城。燕王喜退守辽东郡，至二十五年，秦将王贲、李信率军攻下辽东，俘燕王喜，燕国亡。二十二年，秦军主力结束灭赵攻燕的军事行动，由将军王贲率领进围魏都大梁，决引黄河、鸿沟之水灌注大梁，三月后城坏，魏王假请降，魏国亡。二十三年，王翦率六十万秦军伐楚，次年俘获楚王负刍，楚国亡。二十六年，秦将王贲从燕故地南下，长驱直入齐都临淄，齐王不战而降，齐国亡。

秦王政采取大规模的军事行动完成了扫灭六国、统一天下的雄伟大业，其后又废除分封制，从中央到地方建立了新的皇帝制、三公九卿制、郡县制等行政制度，来加强中央集权统治，改称秦始皇。还实行了一系列巩固统一的政治经济文化措施，统一法律，统一货币，统一度量衡，统一文字，实行车同轨、书同文、行同伦，把秦文化传布到全国。秦王朝这种大一统的中央集权制的建立，开创了中国历史的新纪元。正如《史记·秦始皇本纪》所说："海内为郡县，法令由一统。自上古以来未尝有，五帝所不及。"而作为秦王朝首都的咸阳城也一跃而成为全国的政治、经济与文化中心。

为了政情的迅速上行下达及有效地征发各地物质财富，秦统一六国后的第二年（前220年），秦始皇下令在全国范围内修治驰道。据《汉书·贾山传》，秦驰道"东穷燕齐，南极吴楚，江湖之上，滨海之观毕至。道广五十步，三丈而树，厚筑其外，隐以金锥，树以青松"。形成了以首都咸阳为中心的全国陆路交通网，具体来说，咸阳至三川郡为函谷关大道以通东方，咸阳至南阳郡为武关道以达东南，咸阳至汉中、蜀郡为秦蜀栈道，咸阳至北地、陇西郡为回中道以通西方，咸阳经云阳林光宫北达九原郡为直道。驰道、直道交通网四通八达，遍布全国各地，像神经脉络那样与咸阳这个中枢首府连接起来，秦王朝中央集权的加强与巩固，秦始皇五次巡游全国各地，咸阳物质文化财富的集中与各项巨大工程的建设能够顺利进行，都有赖于此。

早在统一之前，咸阳秦王室的生活就因为众多的外来物质文化产品而相当丰富多彩。据李斯《谏逐客书》，秦王当时拥有"昆山之玉""随和之宝""夜光之璧""犀象之器""太阿之剑""江南金锡""西蜀丹青""骏良駃騠""宛珠之簪""傅玑之珥""阿缟之衣""锦绣之饰""郑卫之女”，还有《郑》《卫》《桑闲》《昭》《虞》《武》《象》等异国之乐。这么多来自北方草原的快马、东方中原的音乐、南方的珍禽与西域异邦的宝物，反映出咸阳已经成为中国物质文化交流的中心都市之一。后来随着秦对六国的征服，各地物质、精神财富及各种人才更源源不断地汇集到京师，使咸阳成为全国最大的物质文化中心。始皇帝二十六年（前221年），“徙天下豪富于咸阳十二万户”，每破诸侯，掠夺其王室财富，所得诸侯美人钟鼓甚多，皆运之咸阳，还征召东方文人学者来京充当博士，逼迫各地百姓70余万人来咸阳修治阿房宫与骊山。

秦始皇建立起千古伟业，志高意满，为夸耀其功，对首都咸阳进行了更大规模的扩建。《三辅黄图·咸阳故城》记载：“始皇穷极奢侈，筑咸阳宫，因北陵营殿，端门四达，以则紫宫，象帝居。渭水贯都，以象天汉；横桥南渡，以法牵牛。”说明秦统一天下后对都城咸阳进行了全面改造，在渭水南北两岸扩建旧宫，营建新殿，使首都咸阳的城市规模盛况空前。

在渭河北岸，秦始皇扩建咸阳宫，凭借咸阳原高亢的地理形胜，大兴土木，使其规制更加宏伟，宫殿正门与渭北宫区东西南北的大道相连，成为人间帝王居住与主宰臣民的政治中枢，就像天帝常居的紫微宫那样。

《史记·秦始皇本纪》记载，在长达十年的统一战争中，“秦每破诸侯，写放（仿）其宫室，作之咸阳北阪上，南临渭，自雍门以东至泾渭，殿屋复道周阁相属”。《后汉书·皇后纪》亦云：“秦并天下，多自骄大，宫备七国。”仿六国宫的位置史籍明言在“咸阳北阪上”，可知应在渭北北阪宫殿区内，即今咸阳市东侧的渭城湾到杨家湾之间的原隰之间。其与咸阳宫同处一区，目前很难弄清其具体所在。

兰池宫也因秦始皇帝的出游而始载史册，很可能是始皇帝为游览兰池而建。唐代学者李吉甫所著《元和郡县图志》卷1《京兆府·咸阳》曰：“秦兰池宫，在（咸阳）县东二十五里。”唐时咸阳县城在秦杜邮亭处，在咸阳宫城西十里，当今咸阳市东三姓庄附近。唐1里合今523米，25里折今13公里强。按其方位、里程，兰池宫应在今柏家嘴一带。而此处正有大型夯土基址多处，并采集到刻有“兰池宫当”字样的瓦当。文献记载与出土实物均证明兰池宫当在此处。

始皇帝除在渭北扩建咸阳宫，修建各具特色的仿六国宫殿与风景秀丽的兰池宫外，渭南地区更成为其规划建设的重点，先是修建了信宫

（极庙）与甘泉前殿，最后甚至决定把皇宫从渭北迁出，在渭南上林苑中兴建新的施政中心——朝宫（阿房宫）。

据《史记·秦始皇本纪》，始皇帝二十七年（前220年）也即秦统一全国后的第二年，“作信宫渭南，已更命信宫为极庙，象天极。自极庙道通丽山。作甘泉前殿，筑甬道，自咸阳属之”。信宫是一个重要的宫殿，故《三辅黄图》曰：“信宫，亦曰咸阳宫。”后改为极庙，成为始皇帝的生前宫庙。信宫（极庙）在渭南的具体地望尚不得确证。据专家推测，汉长安城中的北宫可能是在极庙的废墟上建立起来的，而汉北宫的位置已经勘测出来，在汉武库以北、桂宫之东一段距离内，相当于今西安市北郊施家寨一带。此与史籍所载渭南昭王庙的地点相近，故这一推测是有道理的。[①]

秦始皇在渭南甘泉宫、兴乐宫中都有诸多新的建置，在甘泉宫中新修其宫主体建筑甘泉前殿，并筑甬道与渭北诸宫相连，在兴乐宫中则兴修了鸿台、酒池之类辅助建筑。

秦始皇三十五年（前212年），始皇帝嫌渭北咸阳宫太小，遂开始在渭南上林苑中动工营建一座规模更为宏伟的组群建筑，并决定建成后作为新的朝宫，来体现统一帝国的非凡气魄。《史记·秦始皇本纪》详细地记载了朝宫修建的时间与地点、指导思想与总体设计、主体建筑的规模与进展状况：“（始皇）三十五年……始皇以为咸阳人多，先王之宫廷小，吾闻周文王都丰，武王都镐，丰镐之间，帝王之都也。乃营作朝宫渭南上林苑中。先作前殿阿房，东西五百步，南北五十丈，上可以坐万人，下可以建五丈旗。周驰为阁道，自殿下直抵南山。表南山之颠（巅）以为阙。为复道，自阿房渡渭，属之咸阳，以象天极阁道绝汉抵营室也。阿房宫未成；成，欲更择令名名之。作宫阿房，故天下谓之阿房宫。隐宫徒刑者七十余万人，乃分作阿房宫，或作丽山。发北山石椁，乃写蜀、荆地材皆至。”至秦二世覆亡前，仍在陆续修建，尚未完全竣工。由此可见其设计规模极其宏伟，如果不是秦王朝二世而亡，那么咸阳的中心区域一定会转移到渭水南岸。

---

① 何清谷：《关中秦宫位置考察》，载《秦文化论丛》（2），西北大学出版社1993年版，第166页。

阿房宫是一自成规模的宫殿群，可惜其前殿还没建成秦王朝就灭亡了。但其周边宫室建筑已经建成不少，有些已经开始使用，承担起中央政府的相关行政工作职能。据现有考古调查资料，阿房宫周边范围南起西安市丰镐路南王寺村，北至陇海铁路北的新军寨，南北长超过五公里；东至滈河岸，西至纪阳村，东西宽约四公里。这里位处西周镐京之北，地势高平，水源丰沛。始皇帝选择这片原地营建阿房宫，作为规模恢宏的帝都中心，别具匠心。

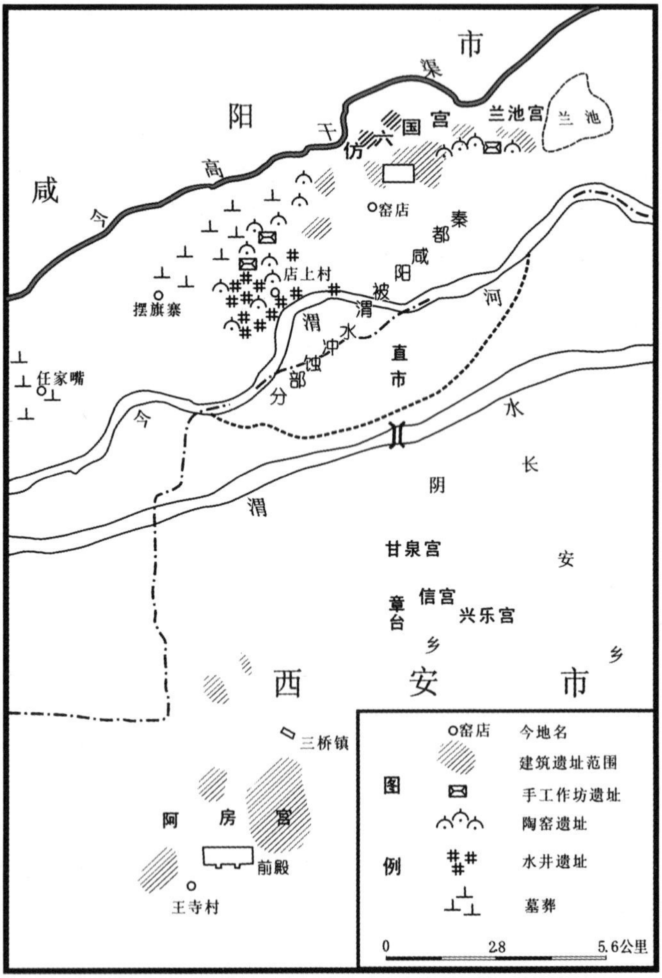

图 1—6 秦咸阳城平面布局示意图

咸阳兴修于渭水北岸，为战国时秦的都城，后来秦统一全国，咸阳也升格为中国第一个大一统中央集权秦帝国的都城，且随着渭南章台、兴乐宫、甘泉宫尤其是阿房宫这样的宫殿与昭王庙、极庙等礼制性建筑的兴修，又通过渭桥、复道、甬道、阁道把它们与渭北连接起来，在秦汉人的都市观念中，渭南已经被视作都城咸阳不可分割的一部分，甚至还把皇家陵园与上林苑这样的郊区设施也划入都城之范围。司马迁在《史记》中就认为秦初统一全国时，咸阳已扩向渭河以南，“诸庙、章台、上林在渭南”，是秦都咸阳的重要组成部分。《三辅黄图》描述秦都咸阳规模时说：“渭水贯都，以象天汉；横桥南渡，以法牵牛”，也认为秦都咸阳已经横跨渭水南北两岸。秦都咸阳规模巨大，基本范围见图 1—6。

二　秦都咸阳的非城郭性质

有学者认为秦都咸阳市是城郭制的城市，而且还具体论证出其是西城东郭的布局。这种观点在学界影响很大，直到现在很多学者都在沿用，值得在此专门提出论辩。最早提出秦都咸阳西城东郭说的是咸阳市博物馆的逸人先生，后来杨宽先生把此观点发扬光大，更加详细地展开论述。[①] 此说的主要依据有两个：一是由文献推知成都城市布局是按照咸阳模式的，而成都城则是少城（小城）大城西东连接的；二是模仿都城咸阳的秦始皇陵园也是坐西朝东的，西面建筑陵寝与陵墓的双重城墙可以看作小城，而东面包括兵马俑坑在内的部分则为外郭。其实，只要仔细分析，这两个证据都是很难成立的，而且这种西城东郭的观点也与 30 多年有关秦都咸阳的考古成果不相符合。所以，本节首先对此观点进行深入的考辨，并论述秦都咸阳是非城郭制的城市。

1. 从战国秦成都的城市布局推测

秦成都城市布局是秦都咸阳西城东郭说建立的最重要证据，其推理

---

① 逸人：《汉唐长安城建筑设计思想初探》，载陕西省文物局 1982 年印刷《陕西省文物考古科研成果汇报会论文选（一九八一）》；杨宽《中国古代陵寝制度史研究》与《中国古代都城制度史研究》，两书由上海古籍出版社 1984 年与 1993 年出版，其中前书与后书的上编均是首先译成日文在日本刊行，学术影响很大。

过程共分两部分，首先从古代文献中得出“成都布局确是按照咸阳模式的”的结论，其次由秦成都少城大城西东连接推断秦都咸阳的构造必定是西城东郭。实际上，其推理的每一部分都不够严密，致使其结论失去了说服力。

首先，从古代文献中很难得出“成都布局确是按照咸阳模式的”这样的结论。古代文献关于秦成都与咸阳相关联的记载共有5则，现详细摘引如下，供大家分析。

晋人常璩《华阳国志》卷3《蜀志》曰：

> （秦）惠王二十七年，（张）仪与（张）若城成都，周回十二里，高七丈；郫城周回七里，高六丈；临邛城周回六里，高五丈。造作下仓，上皆有屋，而置观楼射兰。成都县本治赤里街，若徙置少城内［城］，营广府舍，置盐铁市官并长丞，修整里阓，市张列肆，与咸阳同制。

《太平寰宇记》卷72引扬雄《蜀王本纪》曰：

> 秦惠王遣张仪、司马错定蜀，因筑成都而县之。成都在赤里街，张若徙置少城内，始造府县寺舍，令与长安同制。

《太平御览》卷193引《郡国志》曰：

> 成都郡，秦惠王二十七年张仪筑，以象咸阳，沃野千里，号曰陆海。

北魏郦道元《水经·江水注》曰：

> 秦惠王二十七年，遣张仪与司马错等灭蜀，随置蜀郡焉，王莽改之曰导江也。仪筑成都，以象咸阳。

明人董说《七国考》卷14《秦琐征·小咸阳》曰：

扬雄云：秦使张仪作小咸阳于蜀。按《郡国志》，秦惠王二十七年使张仪筑城，以象咸阳，沃野千里，号曰陆海，所谓小咸阳也。

经过详细考证，笔者认为上述文献中，以《华阳国志》与《蜀王本纪》的记载最为准确，因为它们成书年代最早，记载也最为明确，而且二文内容并无矛盾之处，可以相互印证补充。《蜀王本纪》所说的“与长安同制”实际上等同于《华阳国志》的“与咸阳同制”，因为在汉代人的心目中，“长安，故咸阳也”①。而《蜀王本纪》所说“始造府县寺舍”就是《华阳国志》中的“营广府舍”。相对而言，《郡国志》与《水经注》属晚出文献，对史料进行了节略的转述，使其具有了双重意义。《七国考》则是利用后者进行的判断，故含义也不太明确。

由上述对文献的判断可以得出如下结论，秦成都“与咸阳同制”的不是规模大小，不是城市布局，而是“营广府舍，置盐铁市官并长丞，修整里阓，市张列肆”，是指政治、经济上推行的秦国制度，它表示成都是秦人建立的咸阳式的新型城市，不仅包括新建的府舍市里，而且还包括设置各级行政与经济管理长官，甚至还有市场的形制，都“与咸阳同制”。② 杨宽先生在不同的论著中也有类似的结论，如在1980年再版的《战国史》中说：“秦惠王时蜀守张若在成都建设城市，‘市张列肆，与咸阳同制’，还设置有盐铁市官”；③ 在《中国古代都城制度史研究》中也认为：“成都‘与咸阳同制’，就是包括把县治‘徙置少城内城，营广府舍，置盐铁市官并长丞，修整里阓，市张列肆’。”④

但是，为了得出自己的结论，杨宽先生置最早最明确的史料而不顾，却用一句模棱两可的话语把人们引到了后来的省略文献上，他说“《郡国志》所说张仪筑成都‘以象咸阳’，就是《华阳国志》所说‘与咸阳同制’”。“以象咸阳”与“咸阳同制”字面意义上并没有大的

---

① 《史记》卷93《韩信卢绾列传》。又，汉魏时也有称咸阳为长安者，如《三秦记》即说：“始皇都长安，引渭水为长池。”

② 李令福：《秦成都“与咸阳同制”考辨》，《陕西师范大学学报》1998年第1期。

③ 杨宽：《战国史》，上海人民出版社1980年版，第101页。

④ 杨宽：《中国古代都城制度史研究》，上海古籍出版社1993年版，第102页。

差异，但其前面具体修饰的部分却差异很大，故两者绝对不能等同起来。细读上引史料原文，这一点非常明确。同时，杨先生还利用《七国志》的记载，认为“成都既然有‘小咸阳’之称，可知成都布局确是按照咸阳模式的”。其实，成都又称“小咸阳”并非在于成都与咸阳城市布局相似，而是因为蜀地物产富饶，商业较发达，成都为其盐铁商贸中心，其富可比咸阳。这一点也从《郡国志》引文可知，即把《郡国志》句读为：“成都郡，秦惠王二十七年张仪筑。以象咸阳沃野千里，号曰陆海”也未尚不可。这也正符合《七国考》所谓“小咸阳”得名的原因分析。

“成都布局确是按照咸阳模式的”，是杨先生第二段推论的大前提。如上所论，这个前提是很难成立的，则其最终结论当然不能与实际相符。现在退一步讲，假若这个前提能够成立，看其“秦都咸阳西城东郭”的最终结论是否正确。笔者认为答案依然是否定的。

秦成都城的布局是比较清楚的，张仪既筑成都大城，一年后又筑少城，大城在东，少城在西，且相互接连，少城东垣用的即是大城西墉。这在古代文献中有明确记载，如左思《蜀都赋》曰：“亚以少城，接乎其西。”李膺《益州记》亦曰：“少城惟西、南、北三壁，东即大城之西墉。”现代学者刘琳利用文献与考古资料考证出秦成都大小城的具体分布，见图1—7所示。[①] 杨宽先生由此即推断出成都的祖型咸阳也是小城大郭相接连的布局，更具体地说是西城东郭的形式。这里明显遗漏了一个必要的论证步骤，即为什么少城是内城的性质，大城具有外郭的性质，仅用面积大小作为区分标准显然是说不过去的。

城郭的划分标准很明确，正如《吴越春秋》所说：“筑城以卫君，造郭以居民。”[②] 这是一般诸侯国的形制。而秦筑成都时，蜀侯仍然是存在的，同时又设置了郡县，即秦对蜀的统治方式是分封制与郡县制并行，谭其骧先生《秦郡新考》与刘琳先生《华阳国志校注》均持此观点。[③]

---

① 刘琳：《成都城池变迁史考述》，《四川大学学报》1978年第2期。

② 《太平御览》卷193引。

③ 谭其骧：《长水集》，人民出版社1987年版，第2页；刘琳：《华阳国志校注》，巴蜀书社1984年版，第194页。

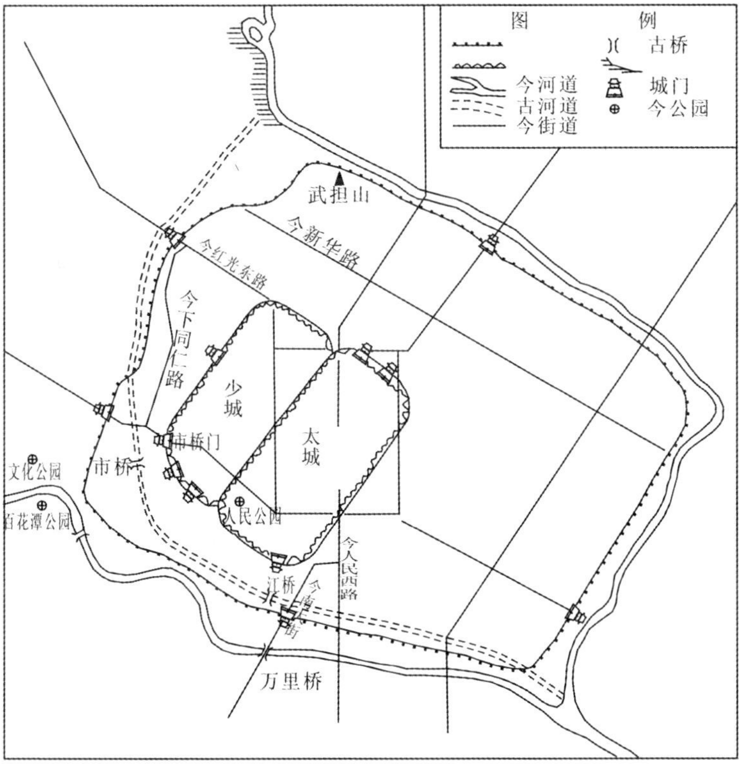

图 1—7　秦成都城布局平面图

张仪等筑成都城，先筑大城，内设蜀侯、蜀郡与成都县之官署。由于当地盐铁交换活动迅速发展，商贸之民集于大城西墉之外，民户渐繁，故有少城之续筑，即少城原为保护商民、整齐市场而设。张咏《创设记》引《图经》曰筑少城“以处商贾”。[①] 直到汉晋时代，少城一直是工商发达之区，左思《蜀都赋》：“亚以少城，接乎其西。市廛所会，万商之渊。列隧百重，罗肆巨千。贿货山积，纤丽星繁。”由是可知，成都大城乃为捍卫官寺，与国都相比具有内城性质，而少城乃“以处商贾”，为工商发达之区，具有外郭城之性质。从建筑时间上看，大城在先，少城于后，也符合先城后郭的建筑顺序。

① 《蜀中名胜记》卷 4 引。

秦所筑成都大城少城性质既明，则可知即使秦都咸阳与成都城市布局相同，也无法得出“西城东郭”的结论。

2. 从秦始皇陵园的布局推测

杨宽先生还从秦始皇陵园的布局推测秦都咸阳的建筑格局。在《中国古代陵寝制度史研究》第190页中，他根据《吕氏春秋·安死篇》所载：“世之为丘垄也，其高大若山，其树之若林，其设阙庭，为宫室，造宾阼也，若都邑”，从而推断说：“看来秦始皇陵园的布局就是按照国都咸阳设计的，也就是和张仪等人设计的成都城差不多，把双重围墙的陵寝造在陵园的西部，陵墓造在陵园的西南角，就是按照咸阳和成都小城（即宫城）造在大城西边布局的。”在《中国古代都城制度史研究》中，也把秦始皇陵园双重夯土城垣“内外城”（或曰大小城）说成是“双重小城”，具有咸阳宫城的性质，而“陵园东部直到兵马俑相当于咸阳东面的大郭，三个兵马俑坑象征着咸阳守卫东郭门一带的屯卫军”。两书观点是基本相同的。

笔者认为，这种推论缺乏充足的理由，也难以成立。首先，从陵园建设“若都邑”这个原则来看，笔者同意秦始皇陵园的建筑项目诸如寝殿、城垣、门阙、苑厩、驻军等参照了秦都咸阳的现实制度，所谓“事死如事生”。但是，这些应该属于“仿照”或“象征”的性质，正如一直领导秦始皇陵考古工作的秦史专家袁仲一先生所说：秦始皇陵地宫象征咸阳宫，双重夯土城垣象征京师的内外城，兵马俑坑象征守卫京师的宿卫军，马厩坑象征京师的宫廷厩苑，珍禽异兽坑象征上林苑，铜车马坑象征宫廷的乘舆等。①

但这绝不是都城布局结构的机械缩小与位置移动。这也很好理解，一是秦都咸阳与秦始皇陵所处的地理环境各具特色，其布局形制在很大程度上受其制约，比如秦都咸阳渭北部分，地势北高南低，因此宫城只有建在北部才有利于防守，而始皇陵位于骊山北麓，地势南高北低，故地宫及寝殿位于陵园南端。二是秦都咸阳随时代发展而不断地扩展，据《史记·秦始皇本纪》，始皇初并天下，“徙天下富豪于咸阳十二万户。诸庙及章台、上林皆在渭南。秦每破诸侯，写仿其宫室，作之咸阳北阪上，

---

① 袁仲一：《秦始皇陵考古纪要》，《考古与文物》1988年第6期。

南临渭。自雍门以东至泾渭，殿屋复道周阁相属，所得诸侯美人钟鼓以充入之"，秦都咸阳发展成"渭水贯都"的规模。始皇帝三十五年（前212年），又兴建了兰池宫、信宫、甘泉前殿等宫室，更在上林苑中开始修建规制空前宏大的朝宫（阿房宫），准备修成后迁政治中心于此。秦始皇陵园的建设虽然也随着时代发展增加新的内容，比如兵马俑坑的建置就不是原来规定的"章程"，而是在秦统一战争胜利大局初定时筹建的。但是其绝对不可能也没有必要与秦都咸阳的不断扩展在空间上保持一致，在内容上逐一对应。三是陵园以礼制性地下建筑为主，这也决定了其无法完全效法实用性地面建筑为主的都城的布局形制。例如都城内为保障皇家贵族百官的生活需要而应有手工业作坊与商品交易市场，故相应地形成了面积广大的外郭城区，而在陵园地下建置中都城外郭区的一切对于皇帝来说全都会显得无关紧要，即使皇帝陵园布局"若都邑"也只要照搬都邑中的宫城部分即可达到"事死如事生"的目的。实际上前述《吕氏春秋》所谓陵园"若都邑"的都是地上建筑，即"设阙庭，为宫室，造宾阼"，意思只是说明原来陵上没有大型建筑，而今天却像都邑那样出现了高大的门阙、坚固的城阼与雄伟的宫室，其中绝没有陵园制度模仿城郭制都城的含义。

其次，杨宽先生把陵园的"双重小城"视作具有宫城性质，不仅与成都少城形制大不相同，而且在先秦时代中国都城史中也无法找到如此形制的宫城。秦始皇陵园的布局经过考古工作者的努力已经基本搞清楚，如图1—8所示。其中杨先生所谓的"双重小城"呈南北长方形，平面布局像个"回"字，同时，内城还被城墙分成南北大体相等的两区，北区又以城墙隔成东西两部分。这种内外城相套中间又隔成若干区域的格局是与上节所述的成都小城无法类比的，同时，在已知的夏商西周与春秋战国各时代的宫城布局中，均未见到如此的格局。①

实际上，秦始皇陵园这种长方形"回"字式城墙形制倒可以在先秦的陵寝制度上找到渊源。1950年在河南辉县固围村发掘出的战国魏王陵园即是横长方形"回"字式墙垣的格局。② 1978年在河北平山县战国中

① 曲英杰：《先秦都城复原研究》，黑龙江人民出版社1991年版。
② 《辉县发掘报告》，科学出版社1956年版。

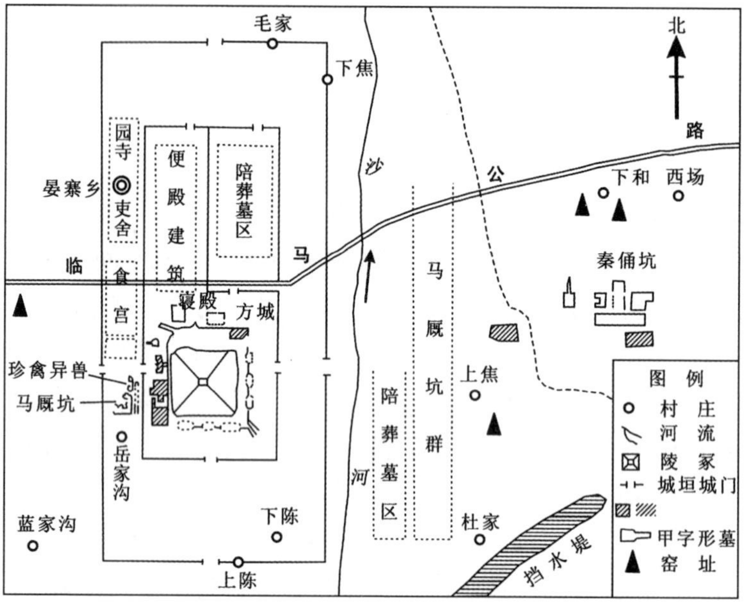

图1—8 秦始皇陵园遗址平面布局示意图

山王陵的发掘中，出土的一个铜版上雕刻有王陵的平面图，学者称为《兆域图》（见图1—9①），其所绘陵园也是长方形“回”字式的。它们都与秦始皇陵园布局相同绝不是偶然的，说明秦始皇陵内外双重城垣的布局是承袭战国时期诸侯王陵园制度的。

这一情况在秦国自身的陵园发展过程中也是非常清楚的。在秦都雍城附近发现的属于春秋与战国初期时代的秦先公陵区形制已经基本探明，整个陵区围有一个大的隍沟，其中13个独立的陵园四周也都围以双层的或单层的隍沟，不少构成了长方形或略近正方形“回”字式格局。② 同样，在临潼县范家乡发现的秦东陵，其中的三座秦公陵园各自都以宽10米、深6米的隍沟包围着。由此看来，秦始皇陵园的双重城垣只是春秋以来秦公王陵双重隍沟的延续，只不过由地下之隍沟变成了

① 河北省文物管理处：《河北省平山县战国时期中山国墓葬发掘简报》，《文物》1979年第1期。

② 《凤翔秦公陵园钻探与试掘简报》，《文物》1983年第7期。

地上之城垣。

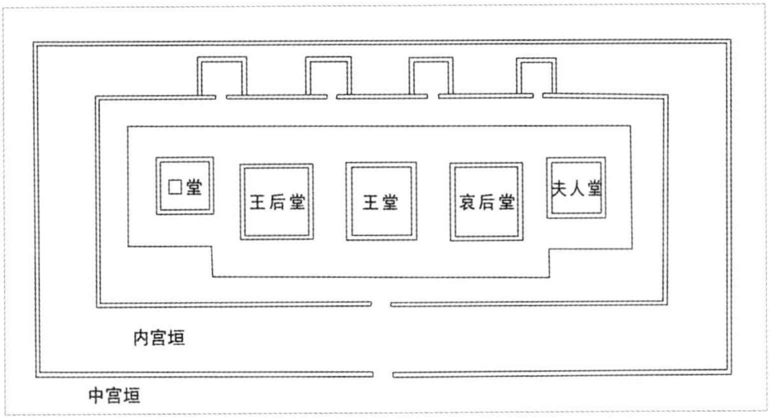

图 1—9　中山王陵兆域图（原图部分文字被省略）

总之，陵寝制度的发展是有其独特规律的，秦始皇陵双重夯土城墙之形制是在继承前代陵园形制基础上变革发展而形成的，绝不是模仿秦都咸阳之宫城布局的。

最后，杨宽先生说“兵马俑坑正当在大郭的东门之内”，似乎认为秦始皇陵在内外城垣之外还会有一个范围更大的外城垣，而且具有都城的郭城性质。在中山王陵出土的铜版《兆域图》中，内外城垣还具体注明各自的名称，曰“内宫垣”与“中宫垣”，以此推定，似乎应该有个“外宫垣”，虽然图版中没有画出来。兆域图上的城垣与始皇陵的区外城基本相同，故有人推测秦陵也应有个外城垣，并指出兵马俑坑东边千余米处有个双阙的夯土台基，可能是外垣的东门。需要说明的是，目前的考古资料还没有发现外垣夯土围墙的任何踪迹，所谓的双阙夯土台基现在还很难肯定。而且，即使有一个外城垣，它也绝不具有外郭城性质，由《兆域图》所谓内、中宫垣推测，应叫作“外宫垣”，整个陵园只具有都邑之“宫城”性质，绝无有如杨先生所说的外郭城性质。

综上所述，从秦始皇陵园布局是无法推测出秦都咸阳西城东郭的布局的。

3. 西城东郭说与考古成果不相符合

“筑城以卫君，造郭以居民”①，说明了春秋战国时期多数国家的都城建置为适应城市规模不断扩大而采用了城郭制度，同时外郭城也是判断古代都市范围的重要依据。所以，秦都咸阳考古工作站自成立以来一直把寻找咸阳外郭城作为一个重要课题。几十年来多次大范围地踏勘与发掘，虽然收获很大，共发现各类遗址遗迹 230 余处，出土和采集文物 5000 余件，但“地上地下至今仍未发现有外郭城的任何遗迹”。② 这不能不使人反思咸阳有无外郭城的问题。杨宽先生考证秦都咸阳布局都是从其他地区的文献与考古资料进行推断的，所得结论是否正确应该落实到实地进行检验才能知道。把秦都咸阳西城东郭的观点放到咸阳故城地区则无论如何也不符合 30 多年来的在此区考古发现的大量与秦都咸阳密切相关的各类遗址遗物的事实，此又可知其观点无法成立。

第一，考古工作者在咸阳市东窑店镇以北的塬上发现了 20 多处大型秦代宫殿建筑遗址，范围西起毛王沟东至柏家嘴，北起高干渠南至咸铜铁路，东西 12 里，南北 4 里。在牛羊村至姬家道之间夯土高台宫殿建筑遗址分布最密集，规模也最大，而且发现有东西近二里、南北约一里的宫城，宫城内存在有大型夯土的建筑基址近十处，其中有三座重要的遗址已经科学发掘。从地层学与器物学角度可以证明已发掘的三处宫殿初建于战国时期，也就是秦定都咸阳初期，同时对出土遗物进行的 C^{14} 与热释光年代测定数据也证实了这一点。③ 从建筑规模、器物特征与测定年代分析，这三座宫殿应为咸阳宫的构成部分，同时这也与《三辅黄图》所记秦咸阳“因北陵营殿”是一致的。而建立秦都咸阳西城东郭说的学者置这么多的考古材料而不顾，先设置了这样一个前提：“咸阳南靠渭水，因为渭水不断北移，故城遗址受到冲决，目前已经看不到城址踪

① 《太平御览》卷 193 引《吴越春秋》。

② 陈国英：《秦都咸阳考古工作三十年》，《考古与文物》1988 年第 5、6 合期。文中还记有其“踏查范围，东自红旗乡，西至仁家嘴，南起渭河，北迄泾水，计东西 15 公里，南北 11 公里”。又参见陕西省考古研究所编著《秦都咸阳考古报告》，科学出版社 2004 年版。

③ 《秦都咸阳第三号宫殿建筑遗址发掘简报》，《考古与文物》1980 年第 2 期；《陕西省考古研究所三十年来研究工作的主要收获》，《考古与文物》1988 年第 5、6 合期；陕西省考古研究所编著：《秦都咸阳考古报告》，科学出版社 2004 年版。

迹”。“秦都咸阳的布局，既然由于遗址的被冲决，无法用考古方法来查明，那么，只有依据文献及其他考古资料来探索了。”[①] 由上述众多的考古勘察成果可知，这种秦都咸阳完全被渭水冲蚀而去的前提是站不住脚的。[②]

第二，考古工作者在今长陵车站附近的长兴村、滩毛村与店上村等渭河北岸的断崖上发现了大面积的手工作坊遗址，现存有许多制陶窑址以及大量制成品和半制成品的盆罐等陶器，附近还有数以百计的水井与不少排水管道。水井三五成群，排列密集（具体考古遗址分布见图1—6）。这些足以说明此区是秦都咸阳重要的手工业作坊区与市民居住区。同时，在长陵车站附近还发现了三处铜器与铁器“窖藏”，曾长期从事秦都咸阳考古工作的著名考古学家刘庆柱先生依据窖藏中的遗物与商业活动关系密切的特征，推断这是一处商业区。[③] 连杨宽先生自己都承认：“今咸阳市东北约二十华里的长陵车站附近滩毛村一带，发现有冶铜、制陶作坊遗址。”而按其西城东郭的观点，东部郭城应该分布“有市区、手工业以及官僚、地主和一般市民的居住区”，则此区应为外郭城区，秦都咸阳宫城范围应位于长陵车站以西才行。而这与文献记载的咸阳宫位置相距甚远。据《太平寰宇记》卷25：“长安，盖古乡聚名，在渭水南，隔渭水北对秦咸阳宫，汉于其地筑未央宫”，是说渭北咸阳宫与汉未央宫南北相直。汉代未央宫前殿今天仍巍然屹立，位于今西安市北西马寨与大刘寨村之间，其北的咸阳宫无论如何都应在长陵车站以东才对。这一点由秦渭桥的位置也可以得到证明，据《史记·孝文本纪》正义引《三辅旧事》：“秦于渭南有兴乐宫，渭北有咸阳宫，秦昭王欲通二宫之间，造渭桥。”秦渭桥汉时仍然存在，因位于汉长安城横门外故习称横桥，《三辅黄图》曰：“长安城北出西头第一门曰横门……门外有桥曰横桥”，“渭桥在长安北三里，跨渭水为桥”。横门遗址在西安市六村堡乡相家巷附近，其北三里为秦渭桥所在，咸阳宫又在渭桥以北，与西城东郭说要

---

① 杨宽：《中国古代都城制度史研究》，上海古籍出版社1993年版，第101页。

② 秦都咸阳如果被渭水全部冲蚀而去，则宫殿应该修建在滨渭地带，而渭北滨水地带却是土薄沙厚，这样的地质条件无法支撑大型宫殿的建筑。

③ 刘庆柱：《论秦咸阳城市布局形制及其相关问题》，《文博》1990年第5期。

求的长陵车站以西的位置相差甚远。

第三，按照西城东郭说的理论，整个咸阳城是坐西朝东的，这不仅与秦都咸阳实际发展方向不相符合，而且也不利于宫城的安全防卫。据《史记·秦始皇本纪》，秦始皇在统一天下过程中，“每破诸侯，写放其宫室，作之咸阳北阪上”，而在渭南修筑了信宫（极庙）、甘泉前殿与阿房宫，其都城向南向北不断扩展，其中尤以向渭南的扩展趋势成为主流。虽然同时在东边也有修筑兰池宫之举，但此宫建于风景秀丽的兰池之畔，并不是处理政务之宫，不影响秦都咸阳南北发展成“渭水贯都、横桥南渡”的局面。在渭河以北，宫殿向北部塬上扩展，可保证其地势居于全城制高点，有利于皇宫的安全防卫。如果都城向东扩展，渭河西南向东北的流向致使越向东滨渭的范围越狭小，增多的城市设施就要向北部塬上发展，对宫城形成居高临下之势。这样不仅对皇家宫室的安全构成了极大的威胁，而且其上市民的生产与生活垃圾会随水汇流而下，造成对宫城区的污染。这是无论如何也不允许发生的事。

根据笔者的初步研究，秦都咸阳是一个以宫殿为主体的城市，根本没有修筑外郭城，采用的不是城郭制度。由于地势地质的影响，渭北咸阳形成坐北朝南的布局，宫殿区分布在北阪高阜之上，临渭低地由于土薄沙深，不适宜修建大型宫殿，而发展成为手工业、商业重地与居民区。①

4. 秦都咸阳没筑外郭城

我们从古代文献记载与秦建咸阳建设的时代背景上分析看，咸阳似乎从来没有存在外郭城。

先从文献记载来看，最权威的《史记·秦本纪》记秦徙都咸阳曰：“（孝公）十二年，作为咸阳，筑冀阙，秦徙都之。”《史记·商君列传》同，其他文献也查不到定都咸阳以后有筑城的记载。而《史记》记述各国首都建城曰“营邑”或“治”，如《周本纪》“营周邑于洛邑”，《齐太公世家》“治临淄”等。即在秦都咸阳之前的秦人都城，《史记》也说得明白，《秦本纪》载，文公四年，至汧渭之会，“乃卜居之，占曰吉，即

① 李令福：《秦都咸阳形制若干问题的探索》，中日历史地理合作研究论文集第1辑《汉唐长安与黄土高原》。

营邑之”，“德公元年，初居雍城”。咸阳如筑有外郭城，咸阳市绝对应该包括城内，那么在城垣高耸、城门严守的情况下，惠王、昭王时代二次“狼入咸阳市”的记载就难以理解了。[①]

然则《史记》及其他史籍中还多次提到咸阳有城与城门，这应该如何解释呢？笔者认为，秦都咸阳虽不筑郭城，但却筑有宫城。宫城已由考古工作人员探查出来，在今咸阳市窑店镇牛羊村与姬家道北面，呈长方形，图1—6中有标志。经过对北墙中段的试掘，从出土遗物可判定此夯土墙垣应是战国时期修建的咸阳宫城。[②]

文献所载的城与城门均系指宫城而言，这从文献内容本身也可以找到证据。史籍记载秦都咸阳的城门共有三个，全都是指宫城门。《史记·项羽本纪》：“章邯恐，使长吏欣请事，至咸阳，留司马门三日。”《集解》曰：“凡言司马门者，宫垣之内，兵卫所在，四面皆有司马，主武事。总而言之，外门为司马门也。”很明显，此司马门指宫廷之外门。《史记·绛侯周勃世家》还记有一个“棘门”，《正义》也明言：“孟康云：‘秦时宫门也’，《括地志》云：‘棘门在渭北十余里，秦王门也。’”

《史记·白起列传》记载的“西门”稍微复杂，但仔细分析，也绝对不是指咸阳外郭城门。原文谓“武安君既行，出咸阳西门十里，至杜邮……秦王乃使使者赐之剑，自裁”。其中说杜邮在咸阳西门外十里之地，那么，找出杜邮的位置即可推定此西门的大致位置。唐人《括地志》曰：“今咸阳县，古之杜邮，白起死处”，《史记·索隐》也曰：“杜邮，今在咸阳城中”，《史记·正义》与《元和郡县图志》等唐人著作皆认为唐代咸阳县城正建在秦杜邮亭上。如此，考证出唐咸阳县的位置则即是秦杜邮的地望。据《元和郡县图志》，唐咸阳县城北距汉义陵八里，西北距渭陵七里，西北距康陵九里，西北距延陵十三里。[③] 汉朝这四个皇帝陵位置今天仍很明确，以上述四个间距在陕西省民政厅1987年编制的五万分之一《咸阳市行政区划图》上量算，唐咸阳县城应位于今咸阳市渭城

---

① 董说：《七国考》卷13引《洪范五行传》。

② 陈国英：《秦都咸阳考古工作三十年》，《考古与文物》1988年第5、6合期；陕西省考古研究所编著：《秦都咸阳考古报告》，科学出版社2004年版。

③ 《元和郡县图志》卷1《京兆府·咸阳县》。

区渭城乡三姓庄附近，也就是说秦杜邮地望亦即在此。据笔者实地调查，三姓庄西有当地人所谓的白起墓，这也从另一侧面证明了上述判断。由此处向东十汉里，汉十里约折今 4170 米，基本与今考古人员勘查出的咸阳宫殿区西界相当。如果把此文献中的西门看作外郭城西门，则与今考古资料不相符合，在今长陵车站附近发现了大量的水井与手工作坊遗址，证明此处为秦咸阳手工业发达地区，按“造郭以居民”的原则，咸阳如筑郭城，现应在此以西。而长陵车站遗址发现处距三姓庄不足千米，不到秦汉里程的三里。[①] 这有力地说明文献所说的城或城门绝不是指外郭城，而应指宫城。

从秦迁都咸阳的社会历史背景分析，秦迁都咸阳之初，魏国仍据有黄河以西的不少土地，即在关中东部拥有军事据点，秦与魏国的战争也是互有胜负，如孝公十八年（前 344 年）魏国联合宋卫鲁等国西向攻秦，秦无力应付，只得派商鞅说服魏惠王称“王”，来讨好魏国。[②] 但当时魏国的注意力在关东，旋即东徙其都于大梁，与齐国、赵国争战，后多次被齐国军队打败，大伤元气，已很难构成对秦人的威胁。新都咸阳是由临时都城栎阳后撤修建的，地理位置上向西南转移了不少，前有长城与洛水，后有军事重镇栎阳与泾水作为首都的防卫线，咸阳的军事压力不会太大。更重要的是秦人变法图强，蓬勃激昂，国力也不断增强。自献公锐意改革，在军事上积极进取，旨在收复河西失地，重振雄风，当时已东渡洛水，对魏国采取了攻城略地的攻势。孝公继承献公遗志，任用商鞅变法图强，大力推行耕战政策，逐步走向富国强兵的道路。在这种精神风貌下，秦人不可能为修建咸阳城而兴师动众，劳民伤财。

惠王以后，秦国对东方六国的优势慢慢确立并逐渐扩大，席卷天下、囊括四海的宏图大业已成为秦人为之奋斗的目标。各诸侯国对秦只有招

---

① 文献中有关杜邮与咸阳城的距离还有两种不同说法，一是《史记·樗里子甘茂列传》所说的“去咸阳七里”，二是《水经·渭水注》所说的“去咸阳十七里”。秦汉时代，“十”与“七”字形相近，容易混淆，据《汉官旧仪》卷下：“设十里一亭，亭长，亭侯；五里一邮，邮间相去二里半。”杜邮也称亭，具有邮亭性质，故上述诸说中当以“出咸阳西门十里”为确。当然，即使用最短间距七里之说，仍不改变上文的结论。

② 《战国策·齐策五》。

架，并无还手之力，几次合纵攻秦，皆未能攻入函谷关即已鸟散。特别是昭襄王与秦王政时代，秦对六国犹如秋风扫落叶，最后秦终于灭掉六国，统一天下。这一段时间内，秦军东出关外，转战各地，自然无暇更无必要修筑以防御为目的的咸阳外郭城！

秦王政统一全国，自以为功过三皇，德超五帝，始改称皇帝。秦始皇好大喜功，北逐匈奴，修长城；南征百越，凿灵渠；“表河以为秦东门，表汧以为秦西门”，后来甚至“立石东海上朐界中，以为秦东门”，修阿房宫“表南山之颠以为阙”。[①] 此时他心目中规划的咸阳城是多么恢宏、庞大，更不会用一条人工的墙垣来限定都城的范围。

总起来说，根据现在的资料来分析，笔者认为秦都咸阳仅修筑有宫城，似乎从来没有修建过外郭城。

三 秦都咸阳的城郊范围

在研究秦都咸阳的时候，首先应该确定的就是秦都咸阳的具体范围，历史文献关于秦都咸阳城位置、规模、范围的记载很多，且有很大差异。现代学者因对秦都城内涵理解的不同也产生了不同观点，或在渭北寻找咸阳城，或承认咸阳城为渭水贯都的规模，却在范围大小上又有不同说法。今特叙述古籍文献记载与现代学者的观点，分析其合理成分，希望寻找出最符合实际的观点。

1. 渭北咸阳城的范围

秦都咸阳最初兴建于今咸阳市东渭城区窑店镇，位处渭水北岸，九嵕山之南。著名考古学家刘庆柱先生根据实地调查、钻探与发掘资料，结合历史文献记载，于 1976 年首先考证出秦咸阳城的大致范围：“东自柏家嘴（若包括兰池和兰池宫遗址应自肖家村），西至毛王沟；北由高干渠，南到西安市草滩农场附近（秦代渭河北岸，由于河道变迁现已变成渭河南岸）。都城东西 6 公里（若以肖家村记，为 7.5 公里），南北 7.5 公里。”[②] 后来刘先生又作了进一步的补充和修正，认为：“秦咸阳城的范围东自柏家嘴村，西至长陵车站附近，北起成国渠故道，南至汉长安城

① 《史记》卷 6《秦始皇本纪》。

② 刘庆柱：《秦都咸阳几个问题的初探》，《文物》1976 年第 11 期。

遗址以北约 3275 米（因渭河北移，今渭河北岸距汉长安城遗址北部约 6500 米，估计原来秦咸阳城南部约有南北 3225 米宽的地段已被河水冲毁）。推断秦咸阳城东西约 7220 米，南北约 6700 米。”在上述范围之内，近 30 年来，考古工作者进行了大面积的考古勘查和发掘，发现了大量与秦咸阳城密切相关的各类遗址、遗迹，出土和采集了反映秦咸阳城的历史遗物数千件，它们从考古学角度，为上述有关秦咸阳城故址地望和范围的推测提供了佐证。[①] 除西界向外扩展了三汉里外，其余三面基本没有改变，只是更加具体细致。

在《秦都咸阳几个问题的初探》《论秦咸阳域布局形制及其相关问题》两篇论文中，刘先生还进一步在咸阳内部布局形制及郊区池苑、陵墓的考证基础上，把渭北咸阳城的基本范围完全划定。他认为，咸阳北阪是秦都咸阳的宫殿和官署建筑区，宫城——咸阳宫（城）在这一建筑区的东西居中位置。宫城东西两侧的宫殿建筑中有历史上著名的仿六国宫室建筑，咸阳城西南部有规模很大的手工业作坊区、市民居住区和市场，其东是王室或皇室使用的池苑风景区——兰池和兰池宫。秦国君、贵族和市民墓葬一般都在咸阳城以外，属郊区建设，王陵、帝陵分布于城之西北和东南郊，市民墓区在西北郊。《秦都咸阳几个问题的初探》文后附绘有《秦都咸阳遗址平面图》[②]，把自己的研究成果在地图上标示出来，使人耳目一新。

刘先生的研究结论是秦都咸阳研究历史上最具影响力的重大成果，他突破了只引用历史文献作相对界定的传统史学模式，把考古资料与文献考证相结合，首次明确了秦咸阳城的四至范围，并标在图上，基本达到了定量化。其后的中外学者相关论著几乎毫不例外地引用刘先生的观点和地图。

随着研究的发展，现在不少学者开始承认秦都咸阳兴盛时已扩展为横跨渭水南北两岸的都城，但笔者认为刘先生上述观点仍然有其内在的

---

① 刘庆柱：《论秦咸阳城布局形制及其相关问题》，《文博》1990 年第 5 期。

② 此图乃据《秦都咸阳几个问题的初探》文观点绘制，依后来刘先生自己修正的观点，咸阳城西界应向西扩展三汉里，包括长陵车站一带；又图中标示的“推测秦咸阳宫遗址范围”似字有误植，其中的“咸阳宫”似应为“咸阳城”。

合理性，能够继续成立，因为秦都咸阳的行政、经济、人口中心仍然分布于渭北区。秦始皇时代渭南阿房宫仍没有完全建成，其处理朝政的殿堂主要是在渭北咸阳宫，《史记·秦始皇本纪》明确记载："听事，群臣受决事，悉于咸阳宫。"渭南新建宫室皆以渭北咸阳宫为中心，用复道阁道等连接来属，无论是信宫（极庙）、甘泉前殿，还是阿房宫都不能例外。渭北咸阳城仍是始皇帝都城建设的重点区域之一，各级行政机构如丞相、廷尉、内史等集中在渭北区，而各类手工作坊、交易之市场、储存物质的府库、市民之居住区等也都密集分布于渭北咸阳城中。渭北区作为政治之首脑、经济之繁华区而成为秦都咸阳城的主体部分。渭南以宫殿、宗庙为主，而且渭南之宫如章台、阿房宫、信宫（极庙）等与咸阳宫相比，仍然可说只是秦统治者的"暂宿"之宫，离宫的性质较浓厚。

渭北咸阳城是秦初建之地，直到秦统一六国后仍然不断得到扩建，国王皇帝常住于此，处理朝政，而且只有渭北才有发达的手工业和商业中心，才有人口稠密的市民居住区。渭北区是秦都咸阳的主体部分，与新兴的渭南有较大区别。因此，把渭北咸阳城单独提出进行研究是完全应该的，它反映了秦都城最核心区域这个层次的布局及范围。

同时应该指出的是，刘庆柱先生并没有因为重视渭北区而忽略渭南区在秦都咸阳中的地位，他曾说："秦昭王开始，都城出现南移趋势，因此渭河南岸也兴建了不少重要建筑，如宗庙、章台、兴乐宫和上林苑等，故时有南宫和北宫之称。""渭河南岸的秦宫室等建筑是秦咸阳城的外延，以后构成秦都咸阳的重要组成部分。"刘先生还专门与李毓芳先生合作撰写论文《秦都咸阳"渭南"宫台庙苑考》，对其位置与性质进行了深入探讨。①

总起来看，由于咸阳初建于渭水北岸，其后渭北区一直是都城的主体，且受咸阳筑有大城观念的影响，刘先生把秦都咸阳的范围界定在渭北。这种观点有其合理性，它反映了秦咸阳核心区域的范围，能够使人更深刻地认识到渭北区的特殊性。

---

① 刘庆柱：《论秦咸阳城布局形制及其相关问题》，《文博》1990年第5期；刘庆柱、李毓芳：《秦都咸阳"渭南"宫台庙苑考》，《秦汉论集》，陕西人民出版社1992年版。

2. 渭水贯都的咸阳城城郊范围

秦昭王时，秦在渭河南岸修建了一些重要建筑如章台、兴乐宫等，并在那里举行了许多重大的国事活动。随着连接渭水两岸的渭河桥的建立，渭南宫殿的行政地位也越来越重要。渭南之章台更成为秦昭王经常处理朝政的重要场所，成为秦朝宫廷的代名词，可见章台与一般的离宫别馆性质大不相同，此时的章台应该算作秦都咸阳的组成部分，前述史籍也是把章台看作属于咸阳的。

据黄盛璋先生研究，秦王政统一天下最关键的几年即王政二十三年至二十五年（前224—前222年），这三年就住在章台。1996年在汉长安城东南隅大小白杨村出土大量秦人封泥，其中有左右丞相的官印，且有秦王政中期才入秦的地方郡县官印，故知呈送对象必为秦王——就是秦王政。从封泥内容可知，少府属官和为秦王服务之官占中央官府封泥的半数以上，王后宫官也很多，说明秦王政带领王后、妃嫔及有关官吏同来渭南，时间比较长，所以官府封泥公文才大批送到渭南呈给秦王，而王后宫官文则呈送给王后。当时秦将李信率军20万攻楚，被楚打败，遭受统一战争以来的最大挫折，以致秦王政长住章台，并亲请老将王翦出马，集合六十万军队，秦王政“自送至灞上”。[①] 可知章台在秦统一六国战争中曾经作为最高指挥部，扮演过重要角色，作用非凡。既然章台已经成为秦王施政的中心，当然也应该属于都城咸阳不可分割的一部分。

秦始皇统一全国以后大规模扩建都城咸阳，渭南地区成为其规划建设的重点，先是修建了信宫和甘泉前殿，后来甚至计划把皇宫从渭北迁出，在渭南上林苑中兴修新的施政中心——朝宫。

秦始皇的施政中心在渭北咸阳宫，但在他的心目中，秦都咸阳绝对不能局限于渭北区，而是有一个较大的范围。这从《史记·秦始皇本纪》记载的一件史实中可以反映出来。秦始皇相信神仙术，欲见真人，得不死之药，可总也不能如愿。有人建议说：“愿上所居毋令人知，然后不死之药殆可得也。于是始皇……乃令咸阳之旁二百里内宫观二百七十复道甬道相连，帷帐钟鼓美人充之，各案署不移徙。行所

① 《史记》卷73《白起王翦列传》。

幸，有言其所者，罪死。”这是始皇帝的亲自部署，可推知他把秦都咸阳的城郊范围视作“咸阳之旁二百里内”，这当然是包括渭河以南区域的。

这种把秦都咸阳看成横跨渭水南北的观点，除上述《史记》《三辅黄图》外，其后也代不乏人。唐代李吉甫就说：“咸阳之旁二百里内，宫观二百七十，土木皆被绨𫗧，宫人不移乐，不改悬，穷年忘归，犹不能遍至。”[①] 他完全接受了司马迁的观点。宋人程大昌更明确地判断：“若细细推求，则秦之朝宫苑殿固在渭北，而秦都实跨渭水。”[②] 现代学者则以著名历史地理学家史念海先生为代表，他认为：“咸阳城最初是在渭河北岸兴建的，但后来却越过渭河，向南岸有所扩展，实际上整个城市是横跨渭水两岸的。”[③]

承认秦都咸阳具有渭水贯都的规模只解决了问题的前半部分，还应该具体求出秦都咸阳的范围来。笔者认为，秦都咸阳范围有城区与郊区的不同，应该分别考求。

秦都咸阳城区共分两大区域：一是渭北的核心区，其四至范围刘庆柱先生考证精当，笔者完全赞同。二是渭南新扩展的宫殿、宗庙区，基本集合成两大宫室群。渭桥南岸北隔渭水直对咸阳宫的宫室群，由兴乐宫、章台、甘泉宫、信宫（极庙）、昭王庙等宫庙建筑组成，分布在后来的汉长安城范围附近，主要具有行政、祭祀功能。稍西侧上林苑中的阿房宫是一自成规模的宫殿群，范围很大，南起西安市丰镐路南干寺村，北至陇海铁路的新军寨，南北超过 5 公里；东到皂河岸，西达纪阳村，东西约 4 公里。城区基本范围及平面布局，笔者曾编绘有《秦咸阳城图》（见图 1—6），收入史念海先生主编的《西安历史地图集》中。[④]

需要说明的是，秦都咸阳渭南新扩展区是以宫庙建筑为主体的，它们通过复道等与咸阳宫连接起来，宫殿、宗庙建筑群以外的区域缺乏手

① 李吉甫：《元和郡县图志》卷 1《关内道・咸阳县》。

② 《雍录》卷 1《秦・咸阳》。

③ 史念海、辛德勇：《西安》，《中国七大古都》，中国青年出版社 1991 年版，第 89 页。

④ 史念海主编：《西安历史地图集》，西安地图出版社 1996 年版。

工作坊和商业市场，不属市民居住区，不该算作城区，应属郊区，以经营农业为主。

秦都咸阳的郊区，笔者首先限定在以渭北咸阳宫为中心向外50里为半径的范围内，因为古人有“五十里谓之郊”的定义，而且笔者认为这也与秦始皇“咸阳旁二百里内”的认定相一致。《史记》所谓“咸阳旁二百里”不是指以咸阳宫为中心向外200里为半径的范围，即笔者认为“咸阳旁二百里”指东西南北各50里之和。① 咸阳宫是处理朝政之地，向外200里太远，无法保证日常国家大事的及时处理，而50里则较为适中。

其次笔者认为郊区建置的主体是离宫、苑囿与陵墓，可以此结合文献记载来界定郊区范围。咸阳北部有望夷宫，临泾水，是秦都咸阳郊区的北界达到泾水，《汉书·五行志》也是说咸阳“北临泾”的。东西界限较为明确，上引《史记》已经明确“自雍门以东至泾渭，殿屋复道周阁相属”，泾渭应该指泾渭二水汇流处，而雍门大致位于今咸阳市渭城区任家嘴一带，其附近有从秦咸阳西行的杜邮亭，雍门也可能是一个离宫的名称。咸阳南郊的西半部分为禁苑，东为秦王公陵园，应以其最远端为郊区界线。禁苑在秦始皇时代范围很大，总称上林，似乎南靠秦岭，西部包括五柞宫、长杨宫、萯阳宫这些禁苑中的行宫。最远的长杨宫在今周至县终南镇东南，位于田峪河东岸，是西南郊区以田峪河为界，东南界因为有丽山园即秦始皇陵园也好确定，其内侧的东陵当然也属秦咸阳郊区范围。从上述界定来看，秦都咸阳渭南的郊区范围较渭河北岸更为宽阔。

3. 东西八百里的咸阳代指秦地

《三辅黄图》卷之一《咸阳故城》有如下记载：“咸阳北至九嵕、甘泉，南至鄠、杜，东至河，西至汧渭之交，东西八百里，南北四百里，离宫别馆，相望联属。木衣绨绣，土被朱紫，宫人不移，乐不改悬，穷年忘归，犹不能遍。”这里指定咸阳的四至与范围甚为具体，可惜却不符合秦都咸阳的实际。首先，秦都咸阳虽规模很大，但也不能达

---

① 王学理先生曾有一新观点，认为“咸阳旁二百里内”指秦都咸阳范围的四周总距离，也是一种自成一说的解释。见《秦都咸阳》，陕西人民出版社1985年版，第21页。

到东西八百里、南北四百里的范围，否则秦都栎阳、秦都雍城将失去独立意义。其次，从其内文也可证此不是秦都范围，而是秦人离宫别馆密集分布的地区，《史记·秦始皇本纪·正义》引《庙记》云："北至九嵕、甘泉，南至长杨、五柞，东至河，西至汧渭之交，东西八百里，离宫别馆，相望属焉。木衣绨绣，土被朱紫，宫人不徙。穷年忘归，犹不能遍也。"其中长杨、五柞乃两个离宫名称，正位于鄠、杜两县之地，上述两文所指范围完全一致，而读《庙记》文则知此是秦人离宫别馆之分布范围，绝不能想到是秦都咸阳的范围。也许《三辅黄图》乃引述《庙记》文，又加上咸阳这个主语，让人产生歧义。其实，这里的咸阳具有指代意义，是以秦都城指代秦地。①《史记·正义》引《三辅旧事》说："始皇表河以为秦东门，表汧以为秦西门，表中外殿观百四十五，后宫列女万余人，气上冲于天。"此处所渭河汧之间的秦地正与上述范围基本相同，是秦人赖以兴盛的根据地，属于后来秦内史的中心区域，也算秦都咸阳外围畿辅之区。故张衡《西京赋》曰：汉长安城"封畿千里，统以京尹。郡国宫馆，百四十五"。下注曰："离宫别馆在郡国者。"此与上述《三辅旧事》文互证，也说明其所指离宫别馆之性质相同，只能是"在郡国者"，实际是在秦内史者，不属秦都咸阳范围。《三辅黄图》用都城咸阳指代秦京畿之区，也是可以理解的，只是我们后人要明确其真实含义。有些人以此判断关中之宫殿全为秦都咸阳的离宫别馆，八百里秦川是秦咸阳城的远郊，似失之偏大，而如把秦都咸阳范围扩大到整个关中则更不可取。

综合上文，可以作出以下基本结论。

渭北区是秦咸阳初建之地，一直为"先王之宫廷"所在，也是行政中心与市民区，经济文化繁荣，构成了咸阳城的核心。从此意义来看，把咸阳城范围规定在渭北的观点有合理的内涵和存在的价值。

渭南章台、兴乐宫、甘泉前殿、阿房宫、昭王庙、极庙等宫庙建筑

① 八百里关中平原是秦人根据地，被视作秦川，汉初娄敬说刘邦也说"秦地被山带河，四塞以为固"，而后秦统一全国，秦地范围扩大，《史记·秦始皇本纪》："关中计宫三百，关外四百余。于是立石东海上朐界中，以为秦东门"，此处的秦则指秦帝国。相对而言，关中称作秦故地。

是秦都咸阳的新拓展区，行政祭祀功能为主，而且利用“法天思想”进行整体布局，极庙“象天极”，阿房宫“为复道，自阿房渡渭，属之咸阳，以象天极阁道绝汉抵营室也”，整个咸阳城是“渭水贯都，以象天汉；横桥南渡，以法牵牛”的形制。渭南区与渭北区共同构成了兴盛期咸阳的城区范围。

城区不远处的离宫、禁苑、陵墓则构成了秦都咸阳郊区设施的主体，郊区范围北至泾水，南至终南山麓，东以泾渭之交与骊山为界，西界括有雍门宫与五柞宫。主体建筑用甬道、阁道或复道与城区连接起来。

郊区以外东西八百里、南北四百里的关中平原称“秦”，是秦国兴盛的根据地，也是秦内史的核心区域。因为密集分布着离宫别馆，又属于秦都咸阳的京畿之地，故有时也以咸阳来代称之。后秦人统一六国，又以全国为“秦”，关中之“秦”则称作“故秦”。

总之，秦都咸阳城范围由渭北与渭南两区域组成，城区外围又有郊区、故秦、秦等多圈层区域。各区域与圈层指代的意义并不相同，应该分析辨明，才能对古今学者在秦都咸阳范围上的观点进行评论，才能明白他们的观点虽有不同，但却从不同角度反映了客观现实的差异性，才不至于抹杀他们在此学术问题上所作的贡献。笔者认为，秦都咸阳渭北说与渭水贯都说都有极大的合理性，而东西八百里的咸阳实质上指代故秦地，也可以成立。

当然，也不可否认古今学者的一些失误。笔者认为，《三辅黄图·序》就有两处错误，应该指明。其云：“惠文王初都咸阳，取岐雍巨材，新作宫室。南临渭，北逾泾，至于离宫三百。复起阿房，未成而亡。”其中“北逾泾”与“惠文王……复起阿房，未成而亡”就很难成立。此序似节引自《汉书·五行志》以下文字：“先是文惠（应为惠文）王初都咸阳，广大宫室，南临渭，北临泾。思心失，逆土气，足者止也，戒秦建止奢泰，将致危亡。秦遂不改，至于离宫三百，复起阿房，未成而亡。”首先是抄错了一个字致误，即“北临泾”变成了“北逾泾”。泾水南岸有望夷宫，专为瞭望北夷所建，秦都咸阳不能逾此宫而北，更不能越过泾水。其次是节引时出现混淆主语的错误，《汉书》的“复起阿房，未成而亡”的主语是秦，而《序》却变成了惠文王，大误。《史记》述始皇帝创修阿房时，乃自己选定“丰镐之间”的帝王建都之地，并无继承前代的痕迹。当然，还有一个失误即“惠文王初都咸阳”是照抄所致，此处不论，而《序》文改原“文惠王”为“惠文王”却是很正确的。因秦从来就没有文惠王这个人。前文笔者还指出，把秦都咸阳范围定得太大，大到整个关中，或定得太小，说是全被北移的渭水冲蚀而去，这两种现代学者的观点都是不符合实际的。

第三节　秦都咸阳的厩苑与禁苑

一　秦都咸阳的厩苑

秦人以养马起家，定都雍城时秦国出现了中国历史上非常著名的相马专家伯乐和九方皋。定都咸阳后，兼并六国的战争如火如荼，军队及其后勤运输需要大量的马牛；官吏为数众多，政府也要给他们提供必需的马牛以应付往来的公事；帝王宫廷的巡行游乐也要一定数量的马匹。为满足上述各项需要，必须广置厩苑，畜养和繁殖大量的牲畜。“厩”，《说文》曰：“马舍也”，即指人工饲养马牛的场所。本节题目所谓“厩苑”的“苑”乃引申义，指放养马牛的牧场，秦有公马牛苑，即此性质，而秦代的法律也专有《厩苑律》，可见秦人对厩苑制度的重视。

1. 名称

传世文献记载有两个秦代帝王之厩，即中厩与外厩，还有一个駏驉苑。据《史记·李斯列传》，胡亥听信赵高谗言，残杀公子公主，公子高请求赐死以陪葬始皇陵时说：“先帝无恙时……中厩之宝马，臣得赐之。”先帝即指秦始皇，此可知中厩为秦始皇御厩，与汉代中厩为“皇后车马所在”性质有所不同。① 外厩之名见于李斯著名的《谏逐客书》：“必秦国所生然后可，……而骏良駃騠，不实外厩。”李斯上书的对象是秦王政，列举的外厩也必然是王室御厩，且所养多是从别国送来的奇兽良马。据《秦会要订补》：“秦时有駏驉苑”，駏驉是古代著名的马，以之与《睡虎地秦墓竹简·徭律》所谓公马牛苑相较，正相吻合，可知此说大致不谬，

① 《三辅黄图》卷6《厩·中厩》。

只不知此苑分布于何处。

20世纪后半叶考古发现了许多秦代文物，其中出现了较多厩苑的名称，前后共有3次大的发现，除去重复者，又新发现秦人8个厩名与1个总称苑名，为研究秦厩苑制度奠定了基础。

70年代在湖北省云梦睡虎地秦墓竹简上发现了秦《厩苑律》条文，其中有3个厩名和1个总称厩名："将牧公马牛，马（牛）死者，亟谒死所县，县亟诊而入之。其入之其弗亟令败者，令以其未败直（值）赏（偿）之……其大厩、中厩、宫厩马牛殹（也），以其筋革角及其贾（价）钱效，其人诣其官。"除中厩与上述文献资料吻合，可证其不谬外，秦人法律条文中的"大厩""宫厩"也可肯定是秦始皇的御厩，即云梦秦简的出土使已知秦御厩由2个增加到了4个。

《睡虎地秦墓竹简·徭律》上还提到"县葆禁苑、公马牛苑"，《田律》中记有"邑之紤（近）皂及它禁苑者"，其中的"公马牛苑"与"皂"都是牧养或饲养马牛的地方。所谓"公"应指政府或皇家所有，从公马牛苑的名称来看，它是放牧养殖政府或皇家马牛的牧场，应为一个总称。后条中的所谓"皂"本义为槽。《庄子·马蹄篇》："编之以皂栈"，注曰：皂，櫪也，一云槽也；《史记·邹阳传》集解引《汉书音义》云："皂，食牛马器，以木作如槽也。"皂作为人工饲养马牛的场所，应该是厩苑的最基本设施，且作为计算养马数量的单位，厩苑下设置管理机构也以此为标准，《厩苑律》中有"皂啬夫""皂者"的名词。

1976年年底至1977年年初，陕西省秦俑考古队在秦始皇陵封土东侧的上焦村西，钻探出93座马厩坑和跽坐俑坑，并试掘了其中的37座。在出土的陶罐、陶盆和铜洗的上面刻有5个马厩的名称，发掘者释读为"大厩""中厩""宫厩""左厩""三厩"。[①] 实际上从刻画特征、书写规则及后来的资料分析，"三厩"的释读有误，应该读作"小厩"，

① 秦俑考古队：《秦始皇陵东侧马厩坑钻探清理简报》，《考古与文物》1980年第4期；袁仲一：《论秦的厩苑制度——从秦陵马厩坑出土的刻辞谈起》，《秦文化论丛》第一集，西北大学出版社1993年版。

刘云辉先生《简论秦代厩苑制度中的若干问题》一文已有详细的论述。[1] 这5个马厩名称在秦始皇陵的相同区域内出现，都应该是皇家所有的御厩。这样看来，除“大厩”“中厩”“宫厩”3个马厩名称与前重复外，秦御厩名称又增加了2个，即左厩与小厩。而这也与后来的秦封泥文字资料相符合。

90年代在西安市北郊汉长安城内相家巷村附近出土了千余枚秦代封泥，封泥是古代为表明信守，在封缄运送物品的胶泥上盖上印玺而留下的痕迹。据路东之《秦封泥图例》，此次封泥中有关秦马厩的材料特别丰富，有“泰厩丞印”“家马”“章厩丞印”“宫厩丞印”“中厩”“中厩丞印”“中厩马府”“中厩丞印”“左厩丞印”“右厩”“右厩丞印”“小厩丞印”“小厩将马”“下厩丞印”“官厩丞印”。[2] 这些封泥不仅提供了多达10个秦人马厩名称，而且直接反映了其主掌官吏的构成情况，意义非同一般。

由上述封泥可知秦人马厩的10个名称：泰厩、家马、章厩、宫厩、中厩、左厩、右厩、小厩、下厩、官厩。其中泰厩即太厩、大厩，因秦汉时代“泰”“太”“大”三字同义通假。而家马应该也是厩名，据《汉书·百官公卿表》，掌舆马的太仆之下有三令，家马一令即与大厩并列，师古注曰：“家马者主供天子私用，非大祀、戎事、军国所须，故谓之家马也”，今学者谓之家马厩。如此则有泰（大）厩、宫厩、中厩、左厩、小厩5个与前已论马厩名称重复互证，而章厩、右厩、下厩、官厩、家马厩5个马厩是此次最新出现，一次增加5个马厩名称也可算作重大发现。

秦代帝王的马厩数到底有多少，史无明文，经过上述考证已知名称者达11个，分别是大厩、小厩、宫厩、章厩、左厩、右厩、中厩、外厩、官厩、下厩、家马厩。牧养皇家与政府马牛的苑已知名称者曰踶蹏苑，总称则为公马牛苑。厩与公马牛苑的内部又有皂，皂不仅是饲养马牛的槽，也成为厩苑的基层单位。

---

① 刘云辉：《简论秦代厩苑制度中的若干问题》，《文博》1987年第6期。

② 路东之：《秦封泥图例》，《西北大学学报》1997年第1期。

图 1—10　秦始皇帝陵出土铜车马之一号

图 1—11　秦始皇帝陵出土铜车马之二号

2. 分布特征

厩与苑是有明显区别的，从范围上讲，苑相对较大，厩则较小；从饲养方式上讲，厩以人工饲养即圈养为主，可能也辅之以放牧，而苑则以放牧为主，人工饲养为辅；厩与苑又有密切联系，厩中的马是从各苑中选来的，这些马在苑中放养长大，并经过一系列训练后才能进入厩中以供使用。另外，苑中还养着牛羊以作祭祀用的牺牲，故苑叫作“公马牛苑”。

从苑的性质上可看出大致的分布特征，其需要大片草场，只有分布于都城之外的各郡县才有保障，这也与《云梦秦简·徭律》所说各县有公马牛苑的事实相符。在汉代，国家在西北边郡设置36个牧师苑，有人根据《通典·职官七》所谓“秦边郡置六师令”，来说明“秦汉牧师诸苑设置的情况大体是相同的”①，即西北边郡是秦公马牛苑的主要分布地区，是有道理的。

厩中之马皆是供人使用的，尤其是已知的11个马厩皆是秦帝王御厩或秦王朝政府官厩，它们应该分布在秦都咸阳范围之内。

陪葬秦始皇陵的马厩坑共两处，一处在封土西侧内外城之间，有2个厩，平面一为曲尺形一为双门道，规模较大，估计埋葬真马数百匹；另一处位于封土东侧的上焦村，在外城以东350米，却也是秦陵的规划范围之中，兵马俑坑更在其东侧。其中发现刻有中厩、宫厩、小厩、左厩、大厩名称的文物，清楚地说明了此马厩坑象征秦皇家的御厩，马匹属于秦宫廷使用。秦陵陪葬马厩坑这种一在城内一在城外不远处的布局绝非随意安排，按照“事死如事生”的原则，它象征秦都咸阳的御厩一部分在内城宫廷中，一部分在外城。

每一个马厩在秦都咸阳中的具体位置现在还很难详细考证，虽然秦陵外城以东上焦村马厩坑发现有大厩、小厩、左厩、宫厩、中厩5个马厩的名称，但绝不能推断此5厩就分布在秦都咸阳外城，而其余的秦御厩就分布在内城宫廷之中。现只能分析各厩的性质来估计其大致位置：有学者认为“章厩者，可能是秦章台的马厩”②，即章厩乃章台宫的专用马厩，则其应该位于渭河南岸章台宫范围之内。同理，宫厩也可能是某一主要宫廷的专用马厩，而秦都咸阳最重要的宫殿有3个，一是咸阳宫，

---

① 袁仲一：《论秦的厩苑制度——从秦陵马厩坑出土的刻辞谈起》，《秦文化论丛》第一集，西北大学出版社1993年版，第369页。

② 张懋镕：《试论西安北郊出土封泥的年代与意义》，《西北大学学报》1997年第1期。

是秦帝王居住和议决事的主要殿堂，二是章台宫，已有章厩专供其马，三是阿房宫，这是一个仍在营建中的宫殿。笔者认为，宫厩的服务对象以渭北咸阳宫的可能性最大，其位置也该在咸阳宫城之中或其附近。

大厩与小厩是对应的，除规模数量上的“大”与“小”相对应外，秦御府又有“大内”与“少内”相对应，代表两个不同系统的府库。“少”与“小”古义相通，则小厩也可看作少厩，如此是否大厩与小厩属于不同系统的专用马厩？此点，尚有待深入研究。

“中厩”与“外厩”也是相对应的。“中”在《说文》中被释作“内也”，中厩实质就指内厩。据文献资料，此二厩都饲养着宝马，只外厩之宝马多来自西域外邦，其名称中的“内”与“外”实际上代表着马匹的来源，是否还具有位置上内外的含义则无法证明。相比较而言，“左厩”与“右厩”的方位含义是很明显的，一个位左一个处右，但以何为参照物却也不清楚。

官厩似乎乃秦代中央政府所用，下厩的性质不明，其两者位置更是无迹可循。

秦厩苑的分布规律可总结如下，公马牛苑分布在郡县尤其是西北边郡，而马厩多位于秦都咸阳范围之中，大致可分两个层位，一是在内城宫殿间，二是在外城范围内，且多位于宫廷、行政机构建置之附近。

秦都咸阳除分布有上述皇家御厩外，还应存在中央与地方政府、军队、驿道等各系统的马厩，只其地位较低，已无从考证。

那么，每一马厩的规模有多大呢，即每厩能养多少匹马？据《周礼》周天子每厩养马216匹，而汉代盛时，天子御厩“一厩万匹”，“马皆万匹”，规模较大。考虑到秦人马政的发达及秦陵马厩坑动辄埋葬真马数百匹的实际，推测秦代御厩中养马数量是很大的，规模较大的厩或可达到万匹，也有规制较小者。众多的大小马厩分布在秦都咸阳城中，说明了咸阳交通运输业的发达。

3. 厩苑制度

根据《汉书·百官公卿表》，各厩苑上属掌治舆马的太仆。在新出土的秦代封泥中，9个马厩有“丞印”的发现，这说明秦代马厩普遍设置有“丞”，应该是总负责人。而中厩又有“中厩马府”“中厩将丞”，小厩又有“小厩将马”之印，也说明除厩丞外，厩吏的官员仍然不少。而据《睡虎地秦墓竹简·秦律杂抄》，厩啬夫是厩的负责人，这也说明了秦人厩苑管理机构的复杂性。各厩中皆有马牛的饲养人员，据云梦秦简《厩苑律》，他们被称作“皂者”，一般由奴隶身份的“小隶臣”和平民服徭役者组成。

秦代厩苑管理制度先进，已经产生了较为完善的马籍法。云梦秦简《效律》曰：“马牛误职（识）耳……赀官啬夫一盾。”这是说对厩苑中的马牛要用烙印之类作为标记，如出现标记错误，主管官员要受处罚。又规定“人户、马牛一以上为大误，误自重殹（也），减罪一等”。如果在会计账目上计算错了牛马一头以上，就称大误，要判罪，如自行察觉错误，可减罪一等。《田律》曰：“乘马服牛稟，过二月弗稟、弗致者，皆止，勿稟、致。稟大田而毋（无）恒籍者，以其致到日稟之，勿深致。”讲的是领取和发送驾车马牛的饲养问题，其中提到的“恒籍”系固定账目，“致”则是领取饲养的凭券。驾车的马牛有“恒籍”，厩苑中的马牛同样应该有恒籍。秦代厩苑中的马牛有一定的标记和固定的账目，当然是为了便于管理。

云梦秦简《秦律杂抄》规定有对供骑乘用军马的考核标准，高度要达到5尺8寸（合今1.33米），奔驰与勒系要服从指挥。假如到军队服役后被评为下等，对掌管军马驯养的人罚二甲，并革职永不叙用。秦人专门制定《厩苑律》，对相关管理方法用法律形式固定下来，使秦厩苑形成了正规的制度，确实难得。

秦马向来富有盛名，《初学记》引崔豹《古今注》谓秦始皇有7匹名马：追风、白兔、蹑景、奔电、飞翮、铜爵、神凫。从其名称来看都是速度惊人的。《战国策·韩策》也记载秦马之良，谓“探前蹶后，蹄间二寻腾者，不可胜数”，一步可跳跃几米，确称骏马。从秦陵马厩坑出的真马和秦俑坑出土的陶马形象来看，马身长2米以上，通高在1.33米以上，多是产于西北地区的河曲马，诚为良驹。

交通是一个城市活力的体现，今天有汽车，而古代则是以马牛或骑马为主。膘肥体健的良马成为秦都咸阳驰道、阁道、街道交通的风景线，也是这个新兴都市蓬勃向上的动力源泉。当刘邦来到咸阳看到秦始皇马队前导、驷车后随的浩大出行场面后，不禁由衷地发出“大大夫当如此”的感慨。这是对皇家车马规格的感叹，也是对始皇帝的羡慕，同时也是对秦都咸阳城的赞美。

二　秦都郊区的禁苑

苑囿是帝王养殖禽兽以供射猎游乐的场所，因为是一般人不能进入的封禁地段，故又称作禁苑。苑与囿在概念上稍有区别：《说文》曰："苑所以养禽兽。""囿，苑有垣也。"说二者形制上有别；《左传》僖公十三年《正义》："囿者，所以养禽兽。天子曰苑，诸侯曰囿。"谓二者等级上不同；《周礼·地官·囿人》："囿，今之苑。"乃指时间上的称谓差异。尽管如此，这些文献对苑与囿作为养殖禽兽之场所的性质却都毫无异议。

1. 名称与建始年代

秦人善养马射猎，有开辟苑囿之传统，定都雍城时已建成北园与具囿，且特别著名。① 秦都咸阳的昭王时代，秦有五苑，据《韩非子·外储说右下》，昭王时秦民大饥，应侯请曰："五苑之草著，蔬菜橡果枣栗足以活民，请发之。"昭王弗许。此五苑似非苑名，好像为五个苑囿之总称，至于各苑具体的名称已难考定。按《汉书·地理志》记载，盩厔县"有长杨宫，有射熊馆，秦昭王起"。《三辅黄图·秦宫》则说："长杨宫，本秦旧宫，……门曰射熊观，秦汉游猎之所。"可知射熊馆所在的游猎场所似为昭王五苑之一。

又据《太平御览》引《列士传》："秦王召魏公子无忌。不行，使朱亥奉璧一双诣秦。秦王怒，使置亥于兽圈中。亥瞋目视兽，皆血溅于兽面，兽不敢动。"《水经·渭水注》引此文时作"秦昭王会魏王"。魏无忌为战国四公子之一的信陵君，在政治舞台上活动的时代正当秦昭王之时，故两者在时间上并无差异。由此可知兽圈至迟在秦昭王时即已建成。兽圈是集中畜养百兽的地方，很像今日的动物园。据《汉宫殿疏》与《类编长安志》的记载，秦兽圈括有虎圈、狼圈。从兽圈的性质来看，当不在昭王五苑之列。

---

① 据《诗经·秦风·驷铁》："公之媚子，从公于狩……游于北园，田马既闲。"知北园为秦公游猎场所，应属苑囿性质。《左传》僖公十三年，郑皇武子曰："郑之有原圃，犹秦之有具囿。"可见春秋时期秦的具囿名扬列国。

秦始皇统一全国后，“尝议欲大苑囿，东至函谷关，西至雍、陈仓……”终因优旃劝谏缀止。[①] 然此时秦苑囿数量已很多，而且规模庞大。秦二世元年（前209年）十一月修建了兔园。[②] 兔园是修建时间最明确的秦代苑囿。

大致可判断分布在首都咸阳附近的秦代禁苑还有不少，其中有名称可籍而建始年代不可考者，则有上林苑、杜南苑、宜春苑、东苑、麋圈、鼎胡苑、哭原苑。

《史记·秦始皇本纪》曰，始皇三十五年（前212年），“乃营作朝宫渭南上林苑中”；《史记·李斯列传》：二世“乃入上林斋戒”；《史记·萧相国世家》记，西汉初年，萧何曾向刘邦进言：“长安地狭，上林中多空地，弃。愿令民得入田，毋收藁为禽兽食。”此虽皆汉朝人言辞，然《三辅黄图·苑囿》曰：“汉上林苑即秦之旧苑也”，更加上20世纪末在秦都咸阳渭南宫殿遗址中发现有“上林丞印”之秦代封泥[③]，秦有上林苑之证足矣。

秦代封泥之文字还有“杜南苑丞”“宜春禁丞”“东苑丞印”“东苑尚帷”“麋圈”“鼎胡苑丞”“哭原禁丞”等，明确地说出了几个秦苑的名称[④]，其中宜春、麋圈二苑有文献可作互证。据文献记载，汉宜春苑乃在杜县南侧，《史记·秦始皇本纪》记有赵高逼杀胡亥，“以黔首礼葬二世杜南宜春苑中”。而此地又有秦宜春宫，《括地志》说：“秦宜春宫在雍州万年县西南三十里，宜春苑在宫之东，杜之南”，旁有隑州，风景秀丽。秦时此处即有宫室名胜，建有宜春苑尚属可能，其中之主体建筑为宜春宫。麋圈应主要圈养麋鹿之类动物，《史记·滑稽列传》记优旃劝止秦始皇扩大苑囿时说：“善，多纵禽兽于其中，寇从东方来，令麋鹿触之足矣。”秦封泥上有“麋圈”，正与优旃言相同。

---

① 《史记》卷126《滑稽列传》。

② 《史记》卷15《六国年表》。

③ 周晓陆、路东之：《秦封泥集》，三秦出版社2000年版。

④ 周晓陆、路东之、庞睿：《秦代封泥的重大发现——梦斋藏秦封泥的初步研究》，《考古与文物》1997年第1期；周晓陆、路东之、刘瑞、陈晓捷：《秦封泥再读》，《考古与文物》2002年第5期；周晓陆、陈晓捷：《新见秦封泥中的中央职官印》，载《秦文化论丛》第九辑，西北大学出版社2002年版。

总之，秦都咸阳以后见于文献记载，而且基本可定在咸阳附近的秦人禁苑共有五苑、上林、杜南、东苑、宜春、兔园、兽圈、虎圈、狼圈、麋圈、鼎胡、哭原12个。其中五苑与兽圈似为总称，前者只知包括长杨宫所在的不知名禁苑，后者似括有虎圈、麋圈与狼圈。

2. 位置与范围

战国后期，秦定都咸阳，为帝王游猎而养殖禽兽的禁苑则多分布在首都西南的渭河与秦岭之间。因为此区自然条件良好，正如《荀子·强国篇》所说，这里是“山林川谷美，天材之利多”，而且离都城咸阳距离较近，便于行围打猎。秦渭南的禁苑不少，它们各自成苑，其中上林苑、兽圈、杜南苑、宜春苑、鼎胡苑、哭原苑与长杨宫附近苑囿，是经过考证可以得出大致位置的7个禁苑。不过，有的禁苑还靠得很近，比如杜南苑与宜春苑的方位，历史文献记载的基本相同，现在的我们就很难把它们截然分开。

上林苑范围似可大致推定。《史记·秦始皇本纪》：始皇“营作朝宫渭南上林苑中，先作阿房前殿”。阿房宫遗址犹存，位于今西安市西郊三桥镇西南巨家庄一带，则上林是渭南距咸阳最近的苑囿。其西边大致以沣水为界，证据有二。一是《长安志》云：“秦王上林苑有牛首池，在苑西头。”而据《括地志》，牛首池则“在雍州长安县西北三十八里”，约在阿房宫西北，为沣河尾闾摆动后遗存的水面。其在苑西头说明上林西界不至越沣水而西。二是《秦封宗邑瓦书》载：“割取杜县丰邱到于潏水的一块土地为右庶长歇的宗邑。”① 有人食邑于此，必不为苑囿所在。阿房宫南有镐池，当西周镐京之地，在今长安县镐京镇附近。《史记·秦始皇本纪》曰：秦始皇三十六年（前211年），“使者从关东夜至华阴县平舒道，有人持璧遮使者曰：为吾遗镐池君”。似镐池可随便游览，不属禁苑之中。其东南今西安市雁塔区山门口办事处南杜城村为秦杜县城所在，因此处有“秦杜虎符”的发现，也不属禁苑范围。则上林南界不会越过此线。秦咸阳渭水南岸置有长安乡与阴乡，位于今汉长安城遗址一带，白亭大致位于今西安市玉祥门外劳动公园，其东北则有兴乐宫、章台、

① 此瓦书现存陕西师范大学图书馆。

甘泉宫与极庙①，已是秦都咸阳渭南宫殿区。上林苑北界基本被这些行政区与宫殿建筑限定。由此可知，上林苑范围基本是西界沣水，东至今西安市劳动公园，北起渭水，南临镐京。

秦兽圈是独特的禁苑，是分类圈养动物的地方，相当于皇家的动物园。《长安志》引《汉宫殿疏》："秦故虎圈，周匝三十五步，长十步，西去长安十五里。"又《水经·渭水注》：昆明故渠"北分为二，渠东迳虎圈南，而东入霸"。则虎圈当在汉长安城以东十五里，昆明渠址以北灞河西岸，约当今北辰堡一带。而据《类编长安志》引《汉宫殿疏》："秦故狼圈，广八十步，长二十步，西去长安十五里"，是狼圈与虎圈相近，可知它们与其他野兽之圈共同组成了兽圈。则麋圈似也在此附近，当然各禁苑内部也可开辟小型养殖之圈。兽圈中的动物多人工饲养，用于观赏，故其范围较小，有些可能就是禁苑的一部分。

宜春苑以隑州为中心，隑州经汉武帝凿而广之，改名曲江，今西安市雁塔区曲江乡有曲江池村，正位于一个大型洼地之中，是秦代隑州就在此地。秦宜春苑中有宜春宫，《三辅黄图》云："宜春宫，本秦之离宫，在长安城东南，杜县东，近下杜。"据调查，雁塔区曲江乡南的春临村有秦汉建筑遗迹，似为宜春宫的重要建筑遗址。此地在汉长安城的东南方，秦杜县东部的凤栖原上，与下杜所在呈东西向，相距约 5 公里，可谓相近。秦二世墓现在仍然存在于今曲江池之南岸，封土呈圆形，高 5 米。宜春宫、隑州、二世墓这三个地点决定了秦宜春苑的位置所在，只是其具体范围不详。

杜南苑在杜县城南，据《史记》所载，秦武公十一年（前 687 年）置杜县，宋敏求《长安志》："杜县故城在长安县南十五里，其城周三里一百七十三步。"今西安市雁塔区山门口办事处南杜城村发现有"秦杜虎符"，证明秦杜县就在此附近。秦杜县就是汉代的下杜县城。故知杜南苑主体应该是由此地向南扩展，才符合杜南的方位特征。秦杜南苑北以今杜城村为界，南至何处无考。

由上两节论述可知，宜春苑与杜南苑位置很近，《史记·秦始皇本纪》更是记为"杜南宜春苑"，原来大家多以为杜南苑与宜春苑是一个禁

---

① 史念海主编：《西安历史地图集》，西安地图出版社 1996 年版。

苑在时代上的不同称谓。现在从同一地点出土有两个禁苑的封泥，似乎可以说这两个禁苑是同时存在的；同时还可以说明秦咸阳的渭河以南地区禁苑颇多，有的竟然紧紧相邻。

鼎胡苑，史籍中有鼎湖宫，原先只说是汉武帝营造，位于汉上林苑东南边界，《汉书》云汉武帝建元三年开上林苑，“东南至蓝田、宜春、鼎湖”。《史记》《汉书》均记载黄帝在此铸鼎，鼎成后天上有龙降临，迎黄帝升仙，黄帝的随从小臣攀龙髯而上天者 72 人。由秦封泥“鼎胡苑丞”的出土可知，秦代已有此鼎胡苑的存在，也可能是宫苑结合的性质。近年考古发现，秦汉鼎湖宫遗址在今蓝田县焦岱镇，其范围东自焦岱河，西到张村，南到焦岱中学，北达羊峪河口。在遗址区内发现秦汉板瓦、筒瓦和瓦当，并有多处宫殿基址。① 那么，秦鼎胡苑也就在这附近。

“罘原禁丞”的封泥记载了一处未见记载的禁苑。“罘”字不见史书，上从网、下从犬，是个会意字；上网下禽兽（马、猪、鸟等）的字，自商殷甲骨文中即有，意义也大多明了，为俘获相关禽兽之意。《读史方舆纪要·西安府·蓝田县》白鹿原条记：“《水经注》狗枷川经白鹿原西，原上有狗枷堡，秦襄公时堡也。”狗受枷，正合上网下犬会意，疑罘原即处于现今蓝田白鹿原上，为秦襄公时所建的禁苑之一。②

长杨宫是秦昭王为游猎建于禁苑中的一座离宫，其位置基本可考。《史记·司马相如列传》正义引《括地志》：“长杨宫在雍州盩厔县东南三十三里，宫内有长杨树，以为名。”③ 此盩厔指汉县城，位于今周至县终南镇。其东南竹园头村发现有大型夯土台基，从其大批秦汉残砖碎瓦的遗存可确定秦长杨宫即在此地。④ 射熊馆即射熊观，指长杨宫前的楼台建筑，似因帝王尝登此观射熊而得名。秦时长杨宫东南今户县甘峪口一带有萯阳宫，秦惠文王建设，也是为游猎而设。两宫之间，峰岭错列，沟谷相连，林木葱郁，禽兽繁多，必为秦代一大禁苑，只是其名称与范围

① 何清谷：《三辅黄图校释》卷 1《秦宫》，中华书局 2005 年版，第 214—215 页。

② 周晓陆、陈晓捷：《新见秦封泥中的中央职官印》，《秦文化论丛》第九辑，西北大学出版社 2002 年版。

③ 唐李泰等著，贺次君辑校：《括地志辑校》卷 1《雍州·盩厔县》。

④ 何清谷：《三辅黄图校释》卷 1《秦宫》，中华书局 2005 年版，第 38—39 页。

无考。

其余的秦禁苑如兔园、东苑等，位置无法考证，只推测兔园与东苑似应在秦都咸阳郊区。据《西京杂记》记载，西汉梁孝王时为自己修兔园，其中叠山积水，宫馆相连，奇果异树，珍禽怪兽必备，有人估计乃仿秦二世兔园建成。而东苑似应在秦都咸阳以东，正好秦王陵园有曰东陵者，《史记·萧相国世家》与《汉书·萧何传》都有“召平者，故秦东陵侯”的记载。据现代学者考证，东陵即秦芷阳陵，位于今临潼区骊山西麓的坂原上。秦时骊山温泉也已经得到利用，其旁又有皇家陵园，围绕骊山建立禁苑也很有可能。是东苑可能即是以骊山为中心而建成的，也符合其名称中显示的方位意义。

秦代禁苑主要分布于都城的南部郊区，是秦都咸阳不可分割的一部分，司马迁在《史记·秦始皇本纪》中认为，在秦初统一全国时咸阳已扩展到渭河以南，“诸庙、章台、上林在渭南”。这与秦始皇陵西侧内外城之间发现的珍禽异兽坑的布局颇为相似。

秦渭南到秦岭之间的禁苑并非连成一片，鄠、杜、芷阳三县将其分割成几个区域，使之构成苑中有苑的特点。上文考证出了不少禁苑区域，而且各区似乎各有专名，如上林苑、杜南苑（与宜春苑同区）、兽圈、东苑等。上林苑原是距咸阳较近的以阿房宫为中心的一处苑囿，因其地位重要，其名称后来演变成秦渭南禁苑的统称。

3. 功能与制度

秦禁苑主要用于帝王游猎及士兵骑射练武。《史记·李斯列传》记载，秦二世常到上林苑“日游弋猎”，而据《史记·秦始皇本纪》，二世“如始皇计，尽征其材士五万人屯卫咸阳，令教射狗马禽兽”。其材士皆有技艺，肩负保卫京师咸阳的任务，平时则由公车司马统领随从帝王打猎以显其技，增强其能，也可博君王之乐。为此，还专门制定了详细的公车司马律，发明了一种专用狩猎的射虎车。《云梦秦简·公车司马猎律》规定：“射虎车二乘为曹，虎击越泛蘚，从之，虎环（还），赀一甲；虎失（佚），不得，车赀一甲；虎欲犯，徒出射之，弗得，赀一甲。豹旞（遂），不得，赀一盾。”同时帝王还驯养专门用于捕猎的狗，“主王犬者”曰宫狡士、外狡士，见《云梦秦简·法律答问》。

禁苑乃自然保护区，不仅清静，而且山水动植物颇具灵性，像周文王的灵台、灵沼均是其通天享神之处，故秦禁苑也具有“斋戒”敬神的功能。二世时，赵高在朝廷上指鹿为马，众官员畏其嚣张气焰，多随声附和，二世惊以为惑，为何自己眼见为鹿而大家都说是马呢，“于是乃入上林斋戒”。此事载于《史记·李斯列传》，应该是真实的。

禁苑中动植物资源丰富，如昭王五苑中的蔬果、橡实、枣栗很多，当然还有许多美味的飞禽走兽，它们有食用或皮毛价值。从现实出发，捕捉动物鱼类、飞禽，采集野菜、果实给皇家享用或祭祀祖先神灵，也是基本可以肯定的禁苑功用之一。周文王的灵囿就是向大众开放的公共山林泽薮，而汉代上林苑则有专门的捕猎渔采人员，所捕之鱼皇宫与祭祀享用不尽还运到市场上出售！秦时也不应例外，新发现秦封泥有“罟趋丞印”，有学者即认为“罟趋”即是专门捕猎禽兽的官员。

秦禁苑除古典意义的放养野生飞禽走兽的苑囿以外，还开辟小型场所人工圈养禽兽，这就是兽圈这种独特的禁苑。秦禁苑大致可分成两种类型，一是如长杨宫、萯阳宫旁的苑囿，利用自然的山林繁殖禽兽以供狩猎。这类禁苑范围较大，在形制上无严格要求，有条件则围以垣篱。二是虎圈、狼圈、麋圈等兽圈这种专门人工饲养为主的苑囿，范围很小，必有围墙、篱圈。

秦始皇陵发现的珍禽异兽坑，共探出陪葬坑 31 座，中间一行 17 座，每坑内有瓦棺一具，中有珍禽异兽的骨骼，有的为鹿、麋类的食草动物，有的为杂食类动物，有的为禽类。动物的头前有陶钵、颈部有铜环，说明原来颈部系有绳索，明显是人工圈养的禽兽。而两边的陪葬坑葬有跽坐俑，俑前放置着陶盆或陶罐，乃饲养禽兽的人员。始皇帝把生前苑囿搬入地下王国时选用的多是第二种类型。应该说明的是，兽圈是从苑囿中分化而来，在承认其在秦时已有独立存在的客观现实时，不可否认仍有不少没有脱离第一种类型的统属，即苑囿中可能存在属于内部的兽圈。

秦禁苑是封禁的，不允许普通民众随便出入。《韩非子·外储说右下》记民大饥的情况下，仍不发五苑之枣疏：“昭襄王曰：吾秦法使民有功而受赏，有罪而受诛，今发五苑之蔬果者，使民有功与无功俱赏也。夫使民有功与无功俱赏者，此乱之道也。夫发五苑而乱，不如弃枣蔬而治。”可知秦禁苑中的蔬果平时是不允许人们采集食用的。秦二世曾入上林苑，“有人引入上林中，二世射杀之”。这一方面说明其草菅人命的凶残本性，一方面也反映禁苑是不可以随便进入的！为保护苑中禽兽，除封禁不许民众随便进入外，还规定：“邑之新（近）皂及它禁苑者，麛时毋敢将犬以之田，百姓犬之入禁苑中而不追兽及捕兽者，勿敢杀。其追兽及捕兽者，杀之。”① 苑中禽兽初生之际，连狗都不许进入，可见封禁之严厉。

秦禁苑多修有墙垣或藩篱，据《云梦秦简·徭律》载：“县葆禁苑、公马牛苑，兴徒以斩（堑）垣离（篱）散及补缮之，辄以效苑吏，苑吏循之。未卒岁或坏陕（决），令县复兴徒为之，而勿计为徭；卒岁而或陕（决）坏，过三堵以上，县葆者补缮之；三堵以下，及虽未盈卒岁而或盗陕（决）道出入，令苑辄自补缮之。县所葆禁苑之傅山、远山，其土恶不能雨，夏有坏者，勿稍补缮，至秋毋雨时而以徭为之。其近田恐兽及马牛出食稼者，县啬夫材兴有田其旁者，无贵贱，以田少多出人，以垣缮之，不得为徭。”其意是说：县应征发徒众，为禁苑建造堑壕、墙垣、藩篱，并加以补缀，修好后上交苑吏，由苑吏负责巡视。不满一年而有毁坏，令该县重新修复。由此也可推知，秦都咸阳的禁苑也都是有农民即徭役兴修起的堑壕、墙垣或藩篱的，并以此与公共山林泽薮、普通官民田地分界。

各禁苑专设苑吏进行各种管理，其中最普遍的为丞，新出秦封泥中就有“上林丞印”“杜南苑丞”“东苑丞印”。兽圈之中也应有饲养人员。

由于禁苑的主要功能是供帝王游猎，故苑囿中多建有离宫以便皇帝居住，这就构成了秦禁苑的又一特点：宫苑结合。这从上文上林苑之于朝宫、杜南苑之于宜春可得明证。长杨宫、萯阳宫旁的禁苑就是赖宫殿方知其客观存在和大致方位的。

第四节　秦都咸阳的壁画艺术

壁画主要是指装饰建筑墙壁表面的画，就是用绘制、雕塑及其他造型手法或工艺手段，在天然或人工墙壁上制作的画，分为室内壁画和室

① 《云梦秦简·田律》。

外壁画。壁画作为建筑物的附饰部分，通过建筑与绘画的相互适应，达到建筑的实用性与绘画的感染力的和谐统一。壁画既具有意识形态方面的功能，又具有建筑的装饰与美化功能，是构成环境艺术的一个重要方面。

在秦咸阳城的考古工作中，发现了比较完整的秦代壁画，在我国尚属首次。就其时代而言，它是战国中期秦孝公迁都咸阳、营建咸阳宫室时制作，又在以后维修工程中加以复制或新作的。这批壁画，虽遭秦末战乱而受到毁灭性的破坏，但仍不失为我国古代都城考古中的重大发现。壁画涉及秦文化的许多方面，对于它的深入探讨必将推进对秦代历史以及当时绘画艺术成就的认识。

一　壁画的发现过程、位置与内容

秦代咸阳宫廷壁画主要发现于第三号宫殿建筑遗址之中，分前后两次出土。第一次是在 1979 年的考古发掘过程中，在宫殿西侧的一条南北走向的廊道墙面上，发现了保存相对完好的壁画长廊。第二次是在 1980—1982 年，在倒塌的建筑堆积层中发现壁画碎片 180 余块，经过考古人员的细致查找拼对，制成可以作为标本的共有 162 块。

第三号宫殿遗址出土的壁画主要有两大类，一是发现于宫殿西侧长廊东西壁的墙面上，成组分间分布，组成一个较为完整的长卷轴式画廊。二是出土于回廊的堆积层中，或在台榭建筑底层屋宇的外墙下部，这是最多的；个别壁画残片发现于房屋的门道内；未在房屋内发现壁画的遗存。从其散落于地面的位置大致可以判断原来的位置所在，即知秦都咸阳的壁画基本属于室外壁画的性质，绝大多数绘制于回廊的墙上。宫室内部因为光线等原因，可能很少有壁画。

选择在回廊上制作壁画还是较为科学的。回廊在秦咸阳宫这样的高台基多宫室的大型建筑中还是很多的，在各宫室之间起着通道的连接作用，已经发掘的一、二、三号遗址中均有发现，而且互相连通。廊的位置与结构使它的墙面具有开放性，不仅有充足的光线而且便于流动观看，成为最理想的“画廊”选址。廊上画壁，也提高了廊在宫室建筑群中的地位。

出土的壁画按其画面的主题内容，大体可区分为人物车骑、车马出行、动物、植物、台榭建筑、神灵怪异、图案装饰和其他杂画八类。有些画面内容丰富，既有人物，也有车马、道路与树木，分类比较复杂。

在第三号宫殿建筑遗址西侧回廊的东西两壁出土了成组的长卷轴式壁画，相对比较完整，也最有意义。画廊按两壁排列对称的立柱计算，共有九间，南北全长 32.4 米，东西宽 5 米。两壁上部均已被破坏，原高度不明，现存高度由南向北 0.20—1.08 米，出土壁画均在残存的墙面之中。

东壁上的壁画保存比较完整，从南向北分间叙述其主要内容。第一间与第二间墙体全毁，壁画无存。第三间仅在墙底保留少许几何图案边饰。

第四间壁画保存较好，为车马图，画面前后排列三组（套），各组以四马一车编制，由南向北一组高于一组。在北组与中组之间，两侧各绘有树木立于道路的两边，其中一组成双对称。路右两树为一组，树冠已无遗存，仅留树干。路左也是两树一组，共两组，尚保存完好，形似塔松，枝绿干褐，树冠蓝绿色。

第五间壁画上端与北侧已被破坏，画面现存人物 11 人，以及左右两根由下向上似作交叉的杆状物体。人物分上下（即前后）两列，均作南北向呈“一”字形排列。前列现存人物图像 5 人，站立于南北两侧，南 4 人北 1 人。后排为 6 人，分南北 2 组朝北呈“一”字形排列，每组 3 人，各组人间距相等。从人物排列队型与衣服来看，第五间壁画内容为仪仗队的队列。见图 1—12。

第六间与第七间两间均绘有车马图，前者分南北两组，均向南奔驰，后者一组，四马一车，也向南奔驰。第八间的壁画已经剥落殆尽。

第九间的图案中心似“山”字形，两边均对称发展出一云纹图案，其外又各发展出一枝麦穗图案，涂以黑色，被称为麦穗图。见图 1—12。

回廊西壁也隔成对称的九间，墙上原来应该绘有图画，可惜墙体毁坏严重，现存壁画较少。从遗存可知，西壁绘有车马图、台榭建筑图、人物图、麦穗图、植物及几何纹图案等。

咸阳秦宫出土的这批壁画，就其时代而言，它是战国时期秦营建咸

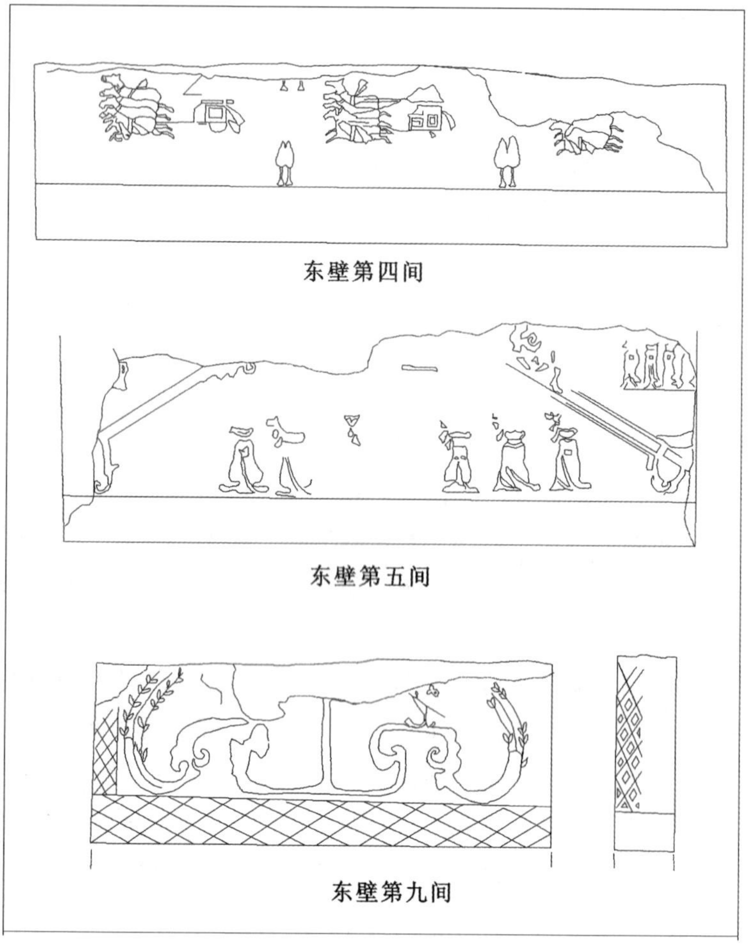

图1—12　秦都咸阳三号宫殿出土的廊墙壁画

阳宫的时候开始制作的，又在以后维修工程中加以复制或新作的。[①] 这批壁画，虽遭秦末战乱及以后2000多年的风吹日晒，受到了毁灭性的破坏，但仍不失为我国古代都城考古中的重大发现。壁画的出土，不仅再现了我国古代宫殿建筑与绘画的艺术成就，而且其许多形象直观的图案描绘，也为我们了解秦代社会生活的诸多方面提供了极有价值的实物

① 李光军：《略谈秦都咸阳第三号宫殿建筑遗址壁画年代》，载《秦汉研究》，陕西人民出版社1992年版。

资料。

二　壁画的历史考古价值

咸阳秦宫出土的壁画中，还出现极个别带有宗教色彩的奇禽异兽，这是商周以来精神文化领域蒙昧的产物。由于历史条件的限制，秦人不可能完全脱离那种宗教神秘感。但是，我们应该看到，秦壁画主要还是表现诸如车马出行、礼仪宴乐、骑马射猎等反映社会现实生活的生动图景，强调写实的美术思想占据了显著的地位。壁画的这些内容为我们研究秦代历史提供了重要的直观资料。

1. 车马道路图

秦咸阳城三号遗址西侧画廊出土的壁画中共有车马七套，每套四马一车。这与《诗经·小雅·车功》记载的“四马”“四牡”“四黄”等每辆车的驾四制度相同。

七套马的颜色计三种：枣红、黄和黑，每套四匹马的颜色是一样的。七套马中，枣红色三套，黄和黑色各两套。廊东壁南、北两组车马的第一套，均以枣红马为先导，南组其后两套先后分别为枣红马和黑马；北组其后两套均为黄马。廊西壁仅见一套车马，马为黑色，这套马从其所在画面位置分析，应为三套车马一组中的最后一套，该组第一、二套车马已毁，马色无从谈论。从上可以看出，保存较好的东壁两组车马，起先导作用的第一套均为枣红马，而黄和黑马在各组车马中均在第二、三套车马的位置。从壁画车马图内容及马之颜色来看，壁画上的马似为《周礼》记载的“齐马”。“齐马”用于仪仗、祭典。

壁画可看出的车共五辆，基本结构相同。车均单辕，每组车马的第一辆车的辕又均较直，而每组车马的第二辆车的辕或较弯曲或斜直。车厢有大小二窗①，小窗在前，大窗在后。车伞，黑褐色，顶部前平缓，后高突，上有一桥形耳。

由廊东壁第四间车马图可以清楚地看到，车马、道路和树木安排在同一画面上，车马在道路上奔驰，道路两旁植以树木。这可能就是秦国

---

① 《秦都咸阳第三号宫殿建筑遗址简报》所称廊第四间东壁车马图的车之车厢有一窗，应为二窗。

道的真实写照。见图1—12。

历史文献记载，秦始皇兼并六国后修治驰道，通往天下，也就是把秦人原国道制度推广到全国。据《汉书·贾山传》，驰道“广五十步，三丈而树……树以青松”。秦壁画显示，在组合上是青松两株一组，路左右青松对称安排，这可能不只是为了追求画面的艺术效果，而是反映秦王朝当时道路的真实情况。至于树间的距离，在壁画上恰为一套车马之隔，根据秦始皇陵兵马俑坑出土的车马与实际车马大小相似这一点来计算，一套车马长约6米多。① 壁画道路上的松树树冠为黑褐色，树干呈褐色，树冠内还描绘有树枝，从树冠外形看酷似现在的塔松，也有学者判断可能是白皮松。

2. 仪仗图、倡优图、走马骑射图与车马出行图

仪仗图 分布在廊第四间东壁，可以看出人的形象个体的共11个。整个画面可分上下两列，每列又可分南北两组。

11人均身穿长袍，前裾覆足，后裾曳地。上列左边一人和右边四人，袍较窄瘦，形如汉俑的喇叭口状。下列六人，可看出袍服者显得身衣更为宽大，襟长曳地如狐尾。《秦会要订补》卷9载：“袍者，有虞氏即有之，故国语曰袍以朝见也。”因此，著名考古学家刘庆柱先生认为这幅壁画上的人物应为仪仗队。②

11人袍色有别，为褐、绿、红、白和黑色。上列此组仅存一人，着绿袍。南组四人，二人着绿袍，一人着褐袍，一人着白袍。下列六人，可看出袍色者四人，分别为深褐、褐、红和黑袍。《中华古今注》载：“秦始皇制，三品以上，绿袍深衣，庶人白袍，皆以绢为之。”

在仪仗图中，从下列六人的头部可以看出的轮廓，系禽兽之头状。这种人身兽首充当仪仗，大概即历史文献所记之武士和虎士的形象。

仪仗图中所表现的人物形象、服饰及其颜色，都与历史文献的记载一致，充分说明了壁画的存史价值。

倡优图 画像绘于白色壁面上，人物绘制于一个黑色宽带的三角形右侧。倡优头戴风帽，身穿白色缁衣，长袍曳地，白带束腰垂地。脸向

---

① 马身长2米，车厢长1.2米，马前车后各余1.5米，与秦之三丈折今6.6米相近。

② 刘庆柱：《秦都咸阳第三号宫殿建筑遗址壁画考释》，《人文杂志》1980年第6期。

前方，跪地回身，双手平举，击打乐器说唱。《西京杂记》记述秦人固有之乐：“击瓮叩击，弹筝搏髀，而歌呼呜呜。”“秦王无道，奢淫不制，徵天下美女，以充后宫。乃纵酒离宫，作戏倡优，宫女侍者千余人。”①《西京杂记》又载咸阳宫：“有琴长六尺，安十三弦，二十六徽，皆用七宝饰之，铭曰：‘璠玙之乐。’玉管长二尺三寸，六孔，吹之则见车马山林，隐辚相次，吹息亦不复见。铭曰：‘昭华之琯。’”②见图1—13。

图1—13 秦都咸阳三号宫殿遗址出土壁画：倡优图

秦朝时有一个著名的优伶叫优旃，他虽身为侏儒，却聪明伶俐，诙谐风趣，常在宫中侍从皇帝以调笑取乐，有时也能用自己的智慧办成大事。据《史记·滑稽列传》，秦始皇欲扩建苑囿，东到函谷关，西到雍地

① 《绎史》卷149引《琴苑要录》。
② 《西京杂记》卷3《咸阳宫异物》。

陈仓，大臣们心中虽有意见，却也不敢公开反对。优旃笑嘻嘻地说："善，多纵兽于其中，寇从东方来，令麋鹿触之足矣。"始皇闻听此言大笑，还真的收回成命。二世时欲漆其宫城，优旃曰："善。主上虽无言，臣固将请之。漆城虽无百姓愁费，然佳哉！漆城荡荡，寇来不能上。"二世听此一说，便会心一笑，放弃了漆城的念头。

走马骑射图 出土于三号建筑遗址2号宫室门道的堆积层中，画面已残缺，但其轮廓线基本清楚。图像绘于土黄色壁面上，画像置于一个约38厘米的黑色三角宽带纹之中。画面人体的下肢和马腹色彩已脱落，武士身着戎装，头戴黑色护耳盔帽，乘骑一匹棕红色健马。侧身，左臂前伸，手中持弓；右臂向后弯曲，做挽弓下射状。肩背带有三角形黑色佩饰，两旁饰黑色卷云纹；盔帽黑色平涂，弓箭与人体皆用赭红色线勾勒。马作缓行状，头高昂，两耳耸立；马嘴微张，臀部有鞧，作黑色；腹下垂两条柳叶形黑带，疑为鞍鞯上的装饰物；其前端有一黑色方形物件，疑为马镫。

与此同时同地出土的还有身躯全损的七幅马头，估计同属此类。

古代战争和交通都用车，马驾车，不单骑。《曲礼》曰："前有车骑，则载飞鸿"，疏云："古人有骑马，经书无言骑者，今言骑，当是周末时礼。"《左传》昭公二十五年，"左师展将以公等乘马而归"，疏曰："古者服牛乘马，马以驾车，不单骑也。至六国时始有单骑。"《史记·张仪列传》："虎贲之士百余万，车千乘，骑万匹。"《日知录》论骑射之始云："春秋之世，戎翟杂居中夏者，大抵皆在山谷之间，兵车之所不能至。齐桓、晋文仅攘而却之，不能深入其地者，用车故也。中行穆子之败翟于大卤，得之毁车崇卒；而知伯欲伐仇犹，遗之大钟，以开其道，其不利于车可知矣，势不得不变而为骑。骑射，所以便山谷也。胡服，所以便骑射也。"

1995年陕西咸阳市塔儿坡28057号秦墓出土两件骑马俑，马身瘦长而低矮，头短而肥大，耳较长，两马均作站立状。俑为圆平脸，长高鼻。俑与马之间是利用一小孔连接；5号马长18.4厘米、高17厘米，骑马俑通高22.6厘米；6号马长18厘米、高17厘米，骑马俑通高22.3厘米。马背均无坐垫，马为手制磨光，俑为捏制、穿短裤，无铠甲。时代属战国晚期偏早。这是我国目前发现最早的骑马俑，它与这里出土的骑射图的年代大体相当。秦始皇陵兵马俑2号坑有骑兵队伍，也反映了这一现实。见图1—14。

这是一幅反映秦人固有的射猎图画，如果将它与同地同时出土图中的野猪和猎犬拼凑在一起，则将是一幅完整的骑马射猎活动图像。

图1—14　秦始皇陵兵马俑坑出土的骑兵俑

车马出行图　在三号宫殿建筑遗址西侧回廊的东西两壁出土的长卷轴式壁画，长达30余米，两层分间绘图，虽经2000年的历史演变已经遭到严重破坏，但我们仍然能把残存内容联系起来，恢复出一幅气势磅礴、震撼人心的艺术巨制。七套四马一车，在宽阔的道路上奔驰，每套车上的马色完全相同，分枣红、黄与黑三种；十几名着各色长袍、戴武冠的文臣武将分列左右，很可能是一组仪仗队伍；配以宫室建筑、对称树木、麦穗图案及各种几何纹饰，表现的是高规格的秦王出行的阵式，给人以极强的感染力。见图1—15。

在三号遗址宫室1号门道前的倒塌堆积层中，还发现了一幅车马出行的壁画。图像基本保存完整，绘于白色壁面之上；一条黑色宽边一端有卷云纹的菱形方格，作其外框。主图为二马并列系鞹绳驾舆奔驰，马

图1—15　秦都咸阳三号宫殿遗址出土壁画：四马一车

作赭黑色，马头高昂，马臀浑圆，前肢跨步，后肢伏曲作飞奔状。车舆为长方形，舆上站立一缁衣大袖人物。人头画面已剥落，躯体前倾，右手执鞭后甩，作赶马状。舆下系两条黑色什物，随风飘忽。这幅壁画给我们留下了秦咸阳城皇室官吏乘车舆出行的真实形象。见图1—16。

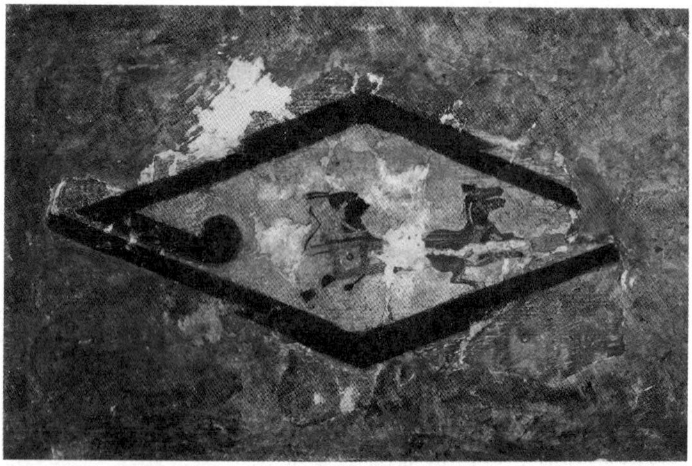

图1—16　秦都咸阳三号宫殿遗址出土壁画：二马一车

3. 麦穗图及其他植物图

画廊第八间东壁和第六间西壁各有一幅麦穗图。前者保存较好，后者剥落殆尽。由于画得逼真，从形象上就很容易判断壁画上的作物穗是麦穗。秦代农作物品种不少，如麦、禾、黍、稻等，但除麦穗外，都与壁画所绘作物穗相去较远。

麦穗图反映出小麦在当时粮食作物中的重要地位。秦汉时代，主要粮食作物为麦禾。这在当时历史文献记载中不乏其例，如《吕氏春秋·任地篇》载："今兹美禾，来兹美麦。"又如《汉书·食货志》载董仲舒语："春秋它谷不书，至于麦、禾不成则书之，以此见圣人于五谷最重麦与禾也。"麦穗图在秦壁画上出现，正说明封建统治阶级对农业的重视，而在农业中麦子已成为主要粮食作物。

壁画中除了麦穗这种农作物之外，还发现了少数绘有竹、梅的壁画残块。这些图像对于研究当时咸阳的植物与气候很有帮助。见图1—17。

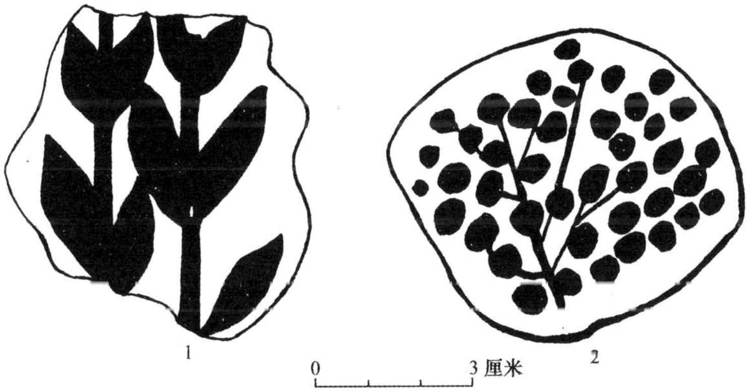

图1—17　秦都咸阳三号宫殿遗址出土壁画：竹、梅

竹，两株并立，杆圆形，叶片质地薄，呈披针形，颜色似现在的紫竹，亦称黑竹。当时陕西关中及渭水流域种竹甚多，《史记·货殖列传》载："渭水千亩竹……其人皆与千户侯等。"《史记·河渠书》载秦岭西端，有"褒斜材竹箭之饶"。《汉书·地理志》载："秦地有鄠杜竹林，南山檀柘，号陆海。"秦不仅将竹用于建筑和制作竹器，在秦咸阳一号宫殿遗址中用竹做夹墙的实物就不少；而且还大量制作文书使用的“竹简”。1975 年湖北云梦睡虎地秦墓出土的 110 枚竹简即是一例。在宫廷壁画里出现竹子，除了说明当时咸阳周边竹子众多外，还可证明这种植物当时可能已栽种于帝王庭院之中。栽竹原因，大概由于“凤皇栖帝梧桐，食帝竹实”之故。

壁画中还有一幅梅的图像。其梅似一种落叶小乔木或灌木状，叶阔卵形，似现在的榆叶梅，枝叶为黑色。梅对土壤适应性强，但它性喜温暖湿润，现在多分布在长江以南各地。《诗经·国风·秦风》记载：“终南何有，有条有梅。”这说明关中地区周秦时代有梅树，因此当时关中的气候比现在要温暖湿润。

梅是园林绿化主要观赏树种之一，故秦汉宫中植梅，文献也有明确记载。《西京杂记》载：“上林苑有朱梅、同心梅、紫叶梅、燕支梅、丽枝梅、紫花梅、侯梅。”

秦咸阳第三号宫殿遗址壁画题材，主要是具体社会生活中的车马道路、仪仗人物、走马出行、麦穗植物等。壁画题材已经由脱离尘世的神灵鬼怪中解放出来，走向了充满生机的现实主义世界，值得我们充分肯定。

三 壁画的艺术成就与特点

秦宫壁画是目前所见时代最早的也是唯一的壁画实物，非常珍贵。现存的秦代壁画属于宫廷壁画，它们多为宫廷画师、名家巨匠所绘，所以艺术水平很高。从其制作过程、画法色彩、构图形象、线条勾画与图案设计等方面可以看出其达到了一定的艺术高度。

首先，从壁画制作的过程来看，当时的壁画制作已经成为一门成熟的艺术。

留存下来的壁画残片可以说明壁画制作的过程比较讲究。绘画前先将墙壁切削成上下垂直的平面，再在墙面上用三层泥做成绘画的墙面。先以 5 厘米左右厚度的粗草泥打底，再用 0.8—1 厘米的谷糠细泥涂抹，最后在细泥上以 0.3—0.5 厘米厚的白灰浆粉刷抹光，这才制成了可以染色或绘画的墙面。然后由画师在白底墙上涂色或绘画，才算完成壁画的制作。

这种墙面经过粗草泥、谷糠泥和白灰浆三层处理，制作起来比较复杂。但对于壁画绘制却有好处：首先是墙面平整，便于作画；其次是墙面涂成简洁的白色，是最能衬托壁画颜色效果的底色；还有就是多层不同结构的泥底，不仅使壁画墙面结实，不易脱落，而且可以防潮。

其次，从画法与色彩方面考察，可以看出绘画技术的多样，颜料选择的丰富，给秦宫壁画带来了较高的艺术美感。

壁画主要使用了两种画法，一种是先在画面上打好底稿，再仔细描绘并涂上颜色。比如在倡优图中，我们发现存在一个侧身蹬地、挽弓射箭的人物形象，用袾红色线条勾勒而成，没有涂色。从其大小与整个现存画面的比例失调来看，考古人员推测其“为弃而不用的线描画稿”。

第二种画法就是直接彩绘上墙，不用事先勾画轮廓，被认为是中国传统绘画没骨法的最早范例。这是秦宫壁画多数作品的技法，反映了其绘画方面具有一定的先进性。

在出土植物类的壁画中，有以柳树为题材者。柳在树木中是较难用绘画表现的题材，《绘画微言》云：“画工不画柳，画柳便妆丑。非柳难画也，多因欠工夫耳。”柳之所以难画，大抵是由于它的树干向上，而柳条向下垂，长而且密，在运笔上容易产生矛盾。然而，秦宫壁画的画工成功地以现实手法，绘出了柳枝的自然柔美。见图1—18。

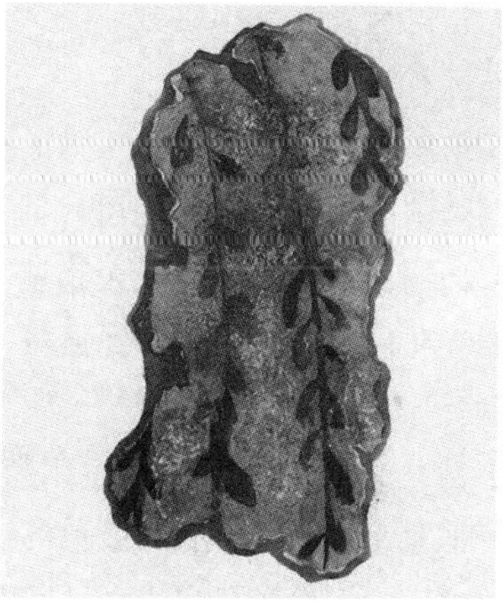

图1—18　秦都咸阳三号宫殿遗址出土壁画：柳枝

壁画使用的颜料有朱砂、石绿、石青、石黄、赭石等，均为矿物质颜料，能够保存很长时间。也使用了一些动物颜料，如蜃灰（蛤粉）等。壁画图案以红、绿、青、黄、黑等颜色平涂与点染绘成，变化丰富，风格雄健。经过了2000多年，出土时仍然色彩鲜艳，没有多大变化。

秦壁画的着色方法为平涂和点染两种。平涂手法主要运用于壁画的人物车马与台榭楼阁等主题内容之中，树木和部分背景画面则采用直接用色的点染法，也不用勾勒外线轮廓。以后的中国画尤其是山水画中的树木，都继承了这种画法。有些形象的色彩还呈现复色和单色深浅的变化，使形象立体感增加。秦壁画着色上的丰富变化，说明了中国绘画的发展。

第三，从构图和形象刻画上看，秦宫壁画达到了较高的水平。构图自由灵活，形象生动传神，每一幅都不失为绘画中的精品。

秦宫壁画大多采用俯视的散点透视，构图自由合理。由具体主题分组占据几个坎墙，构成既有联系又单独成立的画面。整个画廊具有连续性，好像连环画那样，情节由低到高，内容由少到多，上下饰以花边，显得整齐美观。这种构图形式打破了以往多层平列呆板的构图，能够突出主题。不仅如此，秦宫壁画在构图上还表现出一定的透视关系。车马图中以简单的空白和树木表示林荫大道，车马以阶梯形的构图，既增加了奔驰的速度感，又加强了画面的动态效果。在仪仗图中，前景人物和远景人物也有近大远小之分。这都说明秦壁画构图上的丰富与灵活，较以前已经有了很大进步。

在形象刻画上，虽然几匹马的奔驰形态还遗留着以前那种前后腿张开并列奔驰的效果，但我们可以清楚地看到，几匹马的头部描绘富于变化，有的扬起，有的平伸。人物造型浑厚生动，有的站立，有的左视右盼，相互照应。那幅武士力挽强弓、纵马驰射的走马骑射图，形象生动，传神动感。

第四，秦宫壁画线描的运用特别成功，线条匀称健劲，圆润流畅，不同的形象采用不同形式与颜色的线条来勾勒。

线描是中国绘画的特长，在秦宫壁画中有充分的发挥。大多数形象采用线描勾勒，不同的是有些采用不同颜色来勾线，如仪仗人物衣饰和车马的飘带，以中锋画出富于弹性的长线条，使衣袍和飘带显得古朴厚重，又潇洒流畅。马则以刚健的线描表现其浑圆有力的形体和具有弹性的肌肉，车和建筑则使用刚劲均匀的线条表现形体的坚固。在特别注意线描表现外形结构的同时，秦壁画还关注到形体内部细小的结构，对它们采取不同形式。这就不仅丰富了线描的造型力量，而且使形象富于立体感，反映了秦代画师对客观形象的现实认识能力和绘画技艺的进步。

第五，壁画用线条绘制出的装饰图案，变幻多端，富有特色。

图案在秦宫壁画中主要用作墙壁的边饰，条带状围合成壁画的外框。线条丰富多变，以粗细穿插、宽窄疏密来构成各种几何纹样或卷云图形。从堆积层中发现的壁画残片中菱形几何图案最多，共有 72 块，其他为奇异动物头像、圆璧形、花形图案装饰，各一两块。图案也涂色，有单色的，还有许多彩绘的，用多种颜色配合成，达到富丽而又欢快的艺术效果。

总起来看，秦宫壁画在题材上完成了一个变革，由宗教神灵走向人间生活，体现出写实主义的内容。与此同时，其技法上也由呆板单调发展为复杂多变，形成一种崭新的艺术风格。

第二章

从天文到地理：秦汉隋唐都城布局思想

笔者曾经撰写论文《隋唐都城六爻地形及其对城市建设的影响》①，通过考证认为隋文帝初建大兴城时，找出了6条东西横亘的黄土梁以象征乾卦的六爻，并按照乾卦理论来布置各类重要的建筑，比如宫殿、皇城与重要寺观，给现实地形赋予了一种人文精神，达到了天人合一的境界。这篇论文受到读者的较大关注，而且给予了不少的肯定意见。那么从这个逻辑推演下来，隋大兴城以前的秦汉都城建设的“法天思想”应该也不可轻易否定，即秦咸阳城“法天象地”、汉长安城“斗城布设”历史真实性也值得我们重新研究；隋代以后唐长安城布局也发生了不少变化，笔者认为是龙首原这个地理实体在发挥重大的作用。本章把秦汉隋唐都城布局意象从天文到地理的脉络连接起来进行研究，提出一些基本观点；同时还认为以上从天文到地理的理念变化也反映了因地制宜合理运用地形的具体实践。

第一节　秦都咸阳的法天思想

秦都咸阳初建时位处渭水北岸与九嵕山之南，“山水俱阳”，故名。到千古一帝秦始皇兼并天下后，他不仅大规模扩建咸阳城，而且利用“法天象地”的思想进行整体布局，使咸阳形成了“渭水贯都，以象天

① 《陕西师范大学学报》2010年第4期。

汉；横桥南渡，以法牵牛”的宏伟壮观局面。

“渭水贯都”的咸阳城就像是天空银河及两侧的群星降落在关中：地上的宫殿与天上的群星位置对应，交相辉映。渭河象征天上的银河，咸阳宫代表天上的紫微垣，阿房宫象征天上的营室星，而横桥复道则代表天上渡过银河的阁道星。怪不得唐代诗人李商隐咏《咸阳宫》诗中感叹：“咸阳宫阙郁嵯峨，六国楼台艳绮罗。自是当时天帝醉，不关秦地有山河。”

一 从山南水北到渭水贯都

咸阳最初兴建于今咸阳市东渭城区窑店镇，位处渭水北岸与九嵕山之南。按古人的阴阳观念，山之南、水之北属“阳”，咸阳具有“山水俱阳”的区位特点，故名。宋敏求《长安志》引辛氏《三秦记》就是这么解释的：“咸阳，秦都也，在九嵕山南，渭水北。山水俱阳，故名咸阳。”唐人说法不同，但实质都是相同的，李吉甫《元和郡县图志·关内道·咸阳县》谓：“在北山之南，渭水之北，故曰咸阳。”实际上北山是今礼泉、泾阳、三原诸县北部东西向山脉的统称，也包括九嵕山在内，故两种说法并不矛盾。

到了秦昭王时代，渭南的宫台庙苑王室建筑已经粗具规模，又建有渭河大桥连接南北，也就是说咸阳城扩展到了渭河以南。

《史记·孝文本纪》《正义》引《三辅旧事》云：“秦于渭南有兴乐宫，渭北有咸阳宫，秦昭王欲通二宫之间，造横桥。”据此推断，兴乐宫至迟应建于秦昭王时代。秦兴乐宫建于咸阳渭南的长安乡，汉长乐宫是对秦兴乐宫的旧殿改修而成的。

章台是秦都咸阳在渭河南岸的主要宫室建筑之一，在秦昭王七年（前300年）即已建成，因为《史记·樗里子列传》记载此年死去的秦国名相樗里疾“葬于渭南章台之东”。昭王时章台成为朝廷政治外交活动的重要场所。《史记·楚世家》载，昭王初年，楚怀王被骗至武关，遭秦兵掳掠，“西至咸阳，朝章台，如蕃臣，不与亢礼”。秦昭王在章台以蕃臣之礼节接见楚王。《史记·廉颇蔺相如列传》记载，赵王得和氏璧，秦恃强凌弱，诈称愿以十五城换取之。蔺相如不畏强秦，毅然出使秦国，“秦王坐章台见相如，相如奉璧奏秦王”，相如勇敢机智地与秦昭王周旋，最后完璧归赵。这一著名历史事件的主要舞台就在章台。《史记·苏秦列传》记有苏秦游说楚威王的话："今乃欲西面而事秦，则诸侯莫不西面而朝于章台之下矣。"说如果楚王也屈服于秦国，则东方各国无不西面而朝拜于秦国章台之下。这些都把章台当作了秦人宫廷的代名词，说明章台已经与一般的离宫别馆性质不同，它已经成为咸阳都城的重要组成部分。

秦始皇采取大规模的军事行动完成了扫灭六国、统一天下的雄伟大业，为夸耀其功，他对首都咸阳进行了更大规模的扩建。《三辅黄图·咸阳故城》记载："始皇穷极奢侈，筑咸阳宫，因北陵营殿，端门四达，以则紫宫，象帝居。渭水贯都，以象天汉；横桥南渡，以法牵牛。"说明秦统一天下后对都城咸阳进行了全面改造，在渭水南北两岸扩建旧宫，营建新殿，使首都咸阳的城市规模盛况空前。

在渭河北岸，秦始皇扩建了咸阳宫，同时还把东方六国的宫殿搬到了咸阳原北部。《史记·秦始皇本纪》记载，在长达十年的统一战争中，"秦每破诸侯，写放（仿）其宫室，作之咸阳北阪上，南临渭，自雍门以东至泾渭，殿屋复道周阁相属"。仿六国宫的位置史籍明言在"咸阳北阪上"。

始皇帝把渭南地区作为其规划建设的重点，先是修建了信宫（极庙）与甘泉前殿，最后甚至决定把皇宫从渭北迁出，在渭南上林苑中兴建新的施政中心——朝宫（阿房宫）。

据《史记·秦始皇本纪》，始皇帝二十七年（前220年）也即秦统一全国后的第二年，"作信宫渭南，已更命信宫为极庙，象天极。自极庙道通丽山。作甘泉前殿，筑甬道，自咸阳属之"。

始皇帝三十五年（前212年），始皇帝嫌渭北咸阳宫太小，遂开始在渭南上林苑中动工营建一规模更为宏伟的组群建筑，并决定建成后将作为新的朝宫，来体现统一帝国的非凡气魄。《史记·秦始皇本纪》详细记载了朝宫修建的时间与地点、指导思想与总体设计、主体建筑的规模与进展状况："（始皇）三十五年……始皇以为咸阳人多，先王之宫廷小，吾闻周文王都丰，武王都镐，丰镐之间，帝王之都也。乃营作朝宫渭南上林苑中。先作前殿阿房，东西五百步，南北五十丈，上可以坐万人，下可以建五丈旗。周驰为阁道，自殿下直抵南山。表南山之颠（巅）以为阙。为复道，自阿房渡渭，属之咸阳，以象天极阁道绝汉抵营室也。

阿房宫未成；成，欲更择令名名之。作宫阿房，故天下谓之阿房宫。隐宫徒刑者七十余万人，乃分作阿房宫，或作丽山。发北山石椁，乃写蜀、荆地材皆至。”至秦二世覆亡前，仍在陆续修建，尚未完全竣工。

咸阳兴修于渭水北岸，为战国时秦的都城，后来秦统一全国，咸阳也升格为中国第一个大一统中央集权秦帝国的都城，且随着渭南章台、兴乐宫、甘泉宫尤其是阿房宫这样的宫殿与昭王庙、极庙等礼制性建筑的兴修，又通过渭桥、复道、甬道、阁道把它们与渭北连接起来，在秦汉人的都市观念中，渭南已经被视作都城咸阳不可分割的一部分，甚至还把皇家陵园与上林苑这样的郊区设施也划入都城的范围。司马迁在《史记》中就认为秦初统一全国时，咸阳已扩向渭河以南，“诸庙、章台、上林在渭南”，是秦都咸阳的重要组成部分。《三辅黄图》描述秦都咸阳规模时说：“渭水贯都，以象天汉；横桥南渡，以法牵牛”，也认为秦都咸阳已经横跨渭水南北两岸。秦都咸阳规模巨大，基本范围见图 1—6。

二 “法天象地”的宫庙布局

秦都咸阳宫庙的布局完全是按照“法天象地”的思想来设计的，根据《史记·秦始皇本纪》，始皇帝二十七年（前 220 年），“作信宫渭南，已更名信宫为极庙，象天极”。极庙为始皇帝生前的宫庙，象征天上的天极星座。天极星即北极星，群星拱卫而最为尊贵，故《史记·六国年表》又称极庙为“太极庙”。秦始皇采用邹衍的阴阳五行说，开始把天上的星座与地上的君臣相比附。按《史记·天官书》，“中宫，天极星”。《索隐》引《文耀钩》：“中宫大帝，其精北极星。”天极星在天球的中央，是中宫大帝之精，也是世俗皇帝在天宫的代表。

次年秦始皇改信宫为“极庙”，古人“宫”“庙”界限不严，宗庙有时候可以从宫室转化而来。司马贞《索隐》云：“为宫庙象天极，故曰极庙。”始皇帝活着时，全国各地已向极庙按时奉献贡物。《史记·秦始皇本纪》中有“今始皇为极庙，四海之内皆献贡职，增牺牲，礼咸备，毋以加”等语可证。

始皇帝三十五年（前 212），作阿房宫，《史记·秦始皇本纪》载：“为复道，自阿房渡渭属之咸阳，以象天极阁道绝汉抵营室也。”

《三辅黄图》也说：秦始皇筑咸阳宫，“以则紫宫，象帝居。渭水贯都，以象天汉；横桥南渡，以法牵牛”。以2200年前夏历十月傍晚6—8时的今西安市天顶120度视角的天象印证，秦都咸阳附近的宫庙阁道建筑与天河星象在平面上极为相近，说明上述记载并不虚妄。见图2—1。

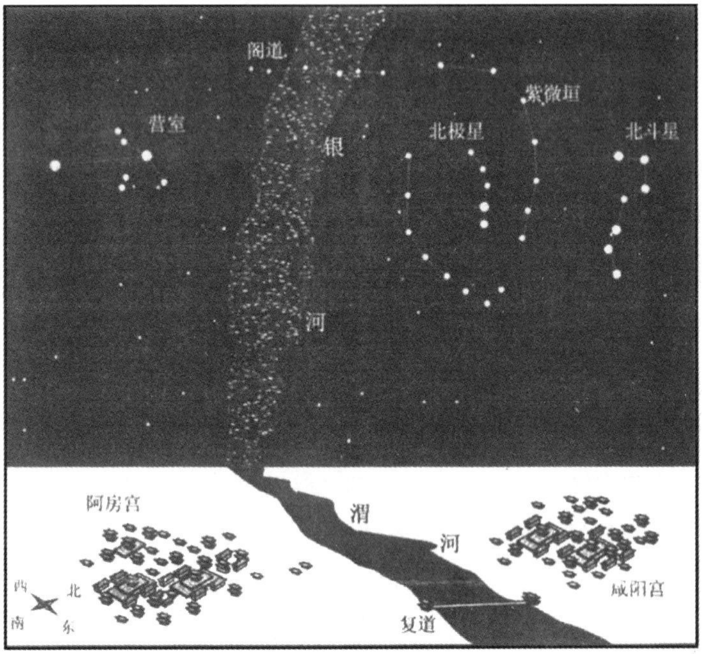

图2—1 秦都咸阳宫殿与天象位置对照示意图

在咸阳城的规划中，咸阳宫象征天上的“紫宫”，也是天极所在。“紫宫”即紫微垣，位处北天中央位置，故又称中宫，北极居其中，众星四布以拱之，也可称作天极。冬夜，以北极星为中心的紫宫在银河北部，为天之中央。《晋书·天文志》曰：“紫宫……一曰紫薇，大帝之坐也，天子之常居也，主命主度也”，是主宰宇宙的“天帝”所居；地面上，咸阳宫在渭水北岸，为主宰人间的天之骄子——皇帝所居，以其为中心，各宫庙环列周围形成拱卫之势，构成“为政以德，譬如北辰，居其所而众星拱之”的格局，与天上的“紫宫”遥相对应。其后中国历代的皇宫皆有“紫宫”之称，又因皇宫有城垣且禁人出入，故人们常称之为“紫禁城”。今天北京的故宫又称紫禁城应该来源于此。

渭河象征天上的银河。银河又称天河、天汉。冬季初夜，横亘天际，各个星座分布于河中及其两岸，璀璨夺目。地面上，渭河东西横穿咸阳，南北两岸宫庙台苑建筑错落有序，与天上群星上下交辉，垂直相映。

渭桥象征天上的阁道星。据《史记·天官书》，“紫宫……后六星绝汉抵营室，曰阁道”。阁道六星位于紫微宫之后，在银河中南北排成一条直线，横跨银河。位于咸阳宫南部渭河上的桥梁，后代称横桥，秦昭王时创建，始皇帝又有扩建，横贯南北，并通过复道、阁道建筑把地面上的咸阳宫与阿房宫连接起来，正像天上的阁道星连接紫宫与营室一样。《晋书·天文志》谓：“阁道星，天子游别宫之道也。”明确说明了阁道星的性质，也正与上述史籍所载相符。

阿房宫象征着天上的营室星。营室在飞马星座内，在银河以南，阁道南偏西处，也是帝王之居。《晋书·天文志》：“营室二星，天子之宫也。一曰玄宫，一曰清庙。离宫六星，天子之别宫。”地面上的阿房宫位于渭河南岸，渭桥南偏西处，与天上的营室垂直相对。

据张鸿杰《秦都咸阳的规划与建设》（《周秦文化研究》，陕西人民出版社 1998 年版），秦都咸阳的建筑实体还有不少与天上的星象具有对应关系，如咸阳宫东侧的兰池宫与紫宫东侧的咸池星对应，横桥南侧的极庙与阁道星南侧的娄宿（牧养牺牲以供祭祀）对应，渭河南岸的上林苑与银河南侧之天苑星对应。

每年阴历十月的黄昏时分，营室星正当南中天，北极星巍然不动，银河居中东西横贯其间。此时天空中的星象格局正好对应于地上渭水两岸的咸阳宫殿布局，紫微垣对应咸阳宫，银河对应渭水，营室对应阿房宫，天上的阁道星对应横跨渭水的横桥与复道，周围的宫殿也灿若群星，拱卫皇居。此时天地融为一体，天上的群星与地上的宫殿交相辉映，时空达到最完美的结合。这种法天布局使秦都咸阳成为具有磅礴气势与瑰丽景象的宇宙之都，充分表现出大一统秦帝国与日月同辉，与天地同在的不可一世的绝代风范。

秦都咸阳是中国古代最伟大的改革家商鞅主持创建的，自秦孝公十三年（前 349 年）秦国迁都于此，至秦二世三年（前 207 年）秦亡，咸阳为秦都凡历 8 君 143 年，经历了战国时期的秦国到我国第一个统一的中央集权秦王朝这两个阶段。这期间，咸阳作为中国政治斗争的历史舞台，演出了一幕幕脍炙人口流传千古的悲喜剧，如蔺相如完璧归赵、荆轲献图刺秦王、赵高指鹿为马。同时，许多影响中国历史发展进程的惊心动魄的重大事件也发生在咸阳，商鞅变法革新，始皇帝焚书坑儒，尤其是秦始皇以咸阳为指挥中心，扫灭六国，统一天下，并在咸阳宫制定了一整套较为完备的统一的中央集权制度，影响深远。废除分封，推行郡县，书同文，车同轨，统一度量衡，统一法律，统一货币等，“百代皆行秦制度”。秦都咸阳上承西周丰镐，下启西汉长安，是西安都城发展链条中重要的一个环节，在中国古都发展史上也占有重要的地位。

图 2—2　秦都咸阳一号宫殿遗址考古现状

图 2—3　秦都咸阳一号宫殿复原示意图

第二节　汉都长安的“斗城”理论

第一节论述了秦始皇不仅大规模扩建秦都咸阳，而且利用“法天象地”的思想进行整体布局，使咸阳形成了“渭水贯都，以象天汉；横桥南渡，以法牵牛”的宏伟壮观局面。那么从这个逻辑推演下来，汉承秦制的西汉首都长安城的“斗城说”，即长安城不规则的布局是按照“南为南斗形，北为北斗形”的“法天思想”设计的，应该也不可轻易否定，值得我们深入研究。

一　西汉长安城的兴修与“斗城说”的形成

汉高祖五年（前 202 年），刘邦称皇帝。《史记·高祖本纪》：“高祖欲长都洛阳，齐人刘敬说及留侯劝上入都关中。高祖是日驾西，入都关中。”此为定都长安之始。此后二百余年，长安一直为西汉首都。汉长安城的建设大体可分为三大阶段，即汉初的兴修和汉武帝、西汉末年的扩建。但与“斗城说”密切相关的城市基本框架是在汉初十余年间建成的，故本节只叙说汉初的兴修过程。

汉初兴修长安城也可以细分为三个阶段，首先是在秦兴乐宫基础上修建长乐宫。高祖七年，长乐宫成，刘邦自栎阳徙都长安。第二阶段是大规模兴修未央宫、北宫、武库与太仓等城内宫殿、官署建筑及其他基础设施。这些工程规划建设的总指挥为丞相萧何，而将作少府阳成延则负责具体的监修。未央宫是作为皇帝居住与处理朝政的正宫来建设的，故其前殿、北阙与东阙修建得特别富丽奢华，连刘邦见到了都觉得“治宫室过度”。高祖九年，未央宫正式建成。第三阶段主要是长安城墙的修建。从汉惠帝元年（前 194 年）营筑西城墙和北城墙开始，工程持续了五年之久，直到惠帝五年秋才全部完成。长安城墙修建规模之大十分惊人，可以从其用工之多来得到反映。据《汉书·惠帝纪》记载：“三年春，发长安六百里内男女十四万六千人城长安，三十日罢……六月发诸侯王、列侯徒隶两万人城长安。……（五年）春正月复发长安六百里内男女十四万五千人城长安，三十日罢。九月长安城成。”至此，长安城已粗具规模。

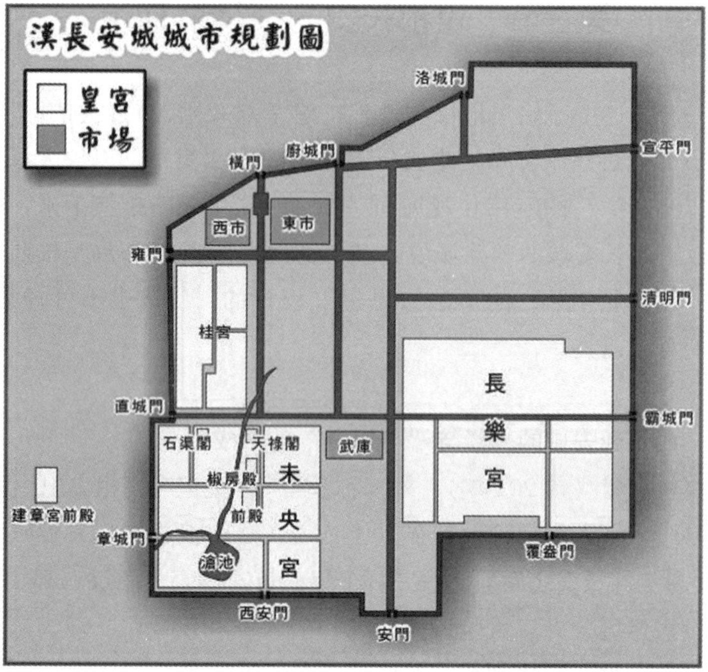

图 2—4 西汉长安城基本形态示意图

作为封建王朝的首都，汉长安城在形制上特别引人关注，其城墙呈不规则形，与后来都城城墙的平直方正颇为不同。具体请参见图 2—5。根据考古测量，汉长安城除东城墙比较平直、三个城门位于南北同一条直线上外，南、西、北三面城墙都有不同程度的曲折。其中北墙最多，有五处曲折，主要位于城门附近：横门一处，厨城门与洛城门各两处。北墙西端比北面西头第一门横门偏南约 500 米，横门比北面中门厨城门偏南约 200 米，厨城门比北面东头第一门洛城门偏南约 800 米，而洛城门又比北墙东端顶点偏南约 300 米。整个城墙呈西南—东北曲折，城墙西端比东端偏南近 2000 米。而且城墙西端和横门之间以及厨城门和洛城门之间的方向不正，由西南向东北倾斜。其次为南墙，有四处曲折。南墙中间一段向外突出，西段则比东段偏南，中间的安门比东边的覆盎门偏南约 900 米，西边的西安门比安门偏北约 200 米，而比覆盎门偏南约 700 米。西城墙有两处曲折，位于未央宫西的南段比位于桂宫西的北段偏西约

200 米。

南北城墙的曲折与天上的南斗和北斗星十分相像，因而在古代人们又将汉长安城称为“斗城”。《三辅黄图》最早提出这个观点，认为汉长安城：“城南为南斗形，北为北斗形，至今人呼汉京城为‘斗城’是也。”是说长安城兴建时有意模仿天象，把南北城墙建成与天上的南斗星和北斗星相同的形状。《周地图记》也有几乎相同的记载：“长安城南为南斗形，北为北斗形。”《三辅旧事》认为汉长安城“城形似北斗也”。文字比较简略，内容当然不能具体，但整体来说还是可以归纳“斗城说”的。

汉长安城之所以设计成“斗城”，似乎因为天文学上南斗、北斗蕴含着十分丰富的文化内涵。古人“仰以观于天文，俯以察于地理”，早就将天文与地理结合起来。秦汉之际，天人合一、天人感应几乎成为从朝野到民间的基本理念，“法天象地”的思想对秦汉时代都城规划具有重大影响也很正常。

在北面天空有一个著名的星座，叫大熊星座。它是北极区最亮、最重要的星座。大熊座中有七颗较亮的星，它们在天空排列成一个勺子形状，称为北斗，也叫北斗七星。北斗七星不仅能帮助人们判断方向，而且能指示不同的季节。古人早就认识到：“斗柄东指，天下皆春；斗柄南指，天下皆夏；斗柄西指，天下皆秋；斗柄北指，天下皆冬。”“北斗星”实际上成为悬挂在所有北半球人头上的一个精确“时针”。

北斗七星，由于明确的标志性特征，在表达天的观念上具有很大的优势，因而也就成为昊天大帝的指代物。《史记·天官书》曰：“北斗七星，所谓‘璇玑玉衡，以齐七政’。斗为帝车，运于中央，临制四乡，分阴阳，建四时，均五行，移节度，定诸纪，皆系于斗。”北斗柄授时，在天成象，在地事人，所以，汉长安城筑斗城的意义也在于“齐七政”，将天文星象与帝都皇权结合起来，以显示“君权神授”、皇帝替天行道的合理性。

二　“斗城说”在争议中得到了发展

在西汉以后两千多年的帝国时代，西汉长安城“斗城说”得到了绝大多数学者的赞同。唐李吉甫《元和郡县图志》、宋宋敏求《长安志》和元骆天骧《类编长安志》等著名志书都沿用了这样的说法，可以说他们都相信此说的成立。

元代至正年间，李好文对“斗城”之说开始也信以为然，后来他考察了长安城的结构、长安城周围的地理环境，以及最早的文献资料后，得出了“恐非有意为也”的结论。他在其所著《长安志图》中说：《三辅黄图》及《周地图记》说长安城南为南斗形，北为北斗形。从城的平面形状来着，确实是这样，但《汉书·地理志》以及班固的《西都赋》和张衡的《西京赋》都没有这样的说法。“斗城说”并没有汉代当时的文献根据。

李好文认为宫殿修筑在先，城墙修筑在后，各宫殿的位置排列不齐，所以形成了南面与西面城墙的弯曲。长乐、未央修建在前，“皆据冈阜之势，周二十余里，宫殿数十余区”，而城墙修建在后，“必须包二宫在内，今南城及西两方凸出，正当二宫之地，不得不曲屈以避之也”。

他还从地理环境来解释长安城不规则的原因，认为北墙的曲折则是受到渭河制约的结果：“其西二门以北渭水向西南而来，其流北据高原，千古无改，若取城正方，不惟太宽，又当渭之中流。人有至其北城者，言其委曲迂回之状盖是顺河之势，不尽类斗之形。以是言之，岂后人偶以近似而目之也欤?”

实际上李好文的论证并没有也不可能否定“斗城说”的成立。首先，班固《西都赋》和张衡《西京赋》虽没有“斗城”的说法，但是他们都提到了未央宫是按照天上的紫微垣来设计的。张衡《西京赋》云：“正紫宫于未央，表峣阙于阊阖。”班固《西都赋》则曰：“汉之西都，在于雍州，实曰长安。其宫室也，体象乎天地，经纬乎阴阳，据坤灵之正位，仿太紫之圆方。……徇以离宫别寝，承以崇台闲馆，焕若列宿，紫宫是环。”故汉辛氏《三秦记》明确记载说：“未央宫，一名紫微宫。”这种把皇帝正宫当作紫微宫来设计的理念与秦都咸阳的“法天思想”一脉相承，与“斗城说”密不可分，可以说就是“斗城说”的一部分。

其次，先宫殿后建城的兴修过程对城墙走向不可能影响如此之大。因为作为汉代的都城不可能没有统一的设计规划，宫殿不可能随意布局，城墙也没必要这样不规则。惠帝筑城时，主持汉城建设的萧何虽去世三年，但是“萧规曹随”，其后为丞相的曹参，对萧何的“为法令约束，立宗庙社稷宫室县邑”，“举事无所变更，一遵萧何约束”。萧何立东阙和北阙、未央宫时，已经把阴阳五行、天文地理考虑在内。那么，汉城城墙的规划出于他手也是有可能的。

最后，如果为了防止渭水的威胁，完全可以将城墙空间南移修筑，使宫殿位于中间，事实上，惠帝筑城是有意把宫殿置于南部。并且，西北部为何修成数道曲折，而不是设计成一条西南—东北向的直墙，更省物力劳力？所以，用地形、河流因素来说明北城墙的曲折以否定“斗城说”，也是很难让人信服的。

李好文反对“斗城说”的观点并未被当时的人们所接受，明清几乎所有的学者仍然坚信西汉长安城的“斗城说”。尽管如此，我们还是应该看到李好文的观点对于“斗城说”的发展是有一定价值的。他第一次将汉长安城的形状与周围的地理环境联系起来，按这个思路研究下去，可以使我们探索汉长安城的地理基础及其对环境的利用方法，找出支持“斗城说”的深层原因，使我们对长安城布局的解释更加深入。

三 “斗城说”的具体解释：南为南斗形，北为北斗形

汉长安称为“斗城”，是由于北城墙西北段蜿蜒曲折，形如北斗；南城墙中部突出部分和东段曲折如南斗，还没有学者不承认汉长安在形态上的确类似于南斗和北斗。但是到底如何解释还有不同的意见。

北京大学于希贤教授对风水地理学很有研究，他最早利用天文星象与长安城考古复原图进行对比，坚信“斗城说”的成立，并首次给予直观的解释，认为汉长安城“斗城”的规划思想主要是按北斗、勾陈（大熊座、小熊座）布局的，并绘出了具体的汉长安城“斗城说”的布局示意图，见图2—5。

于希贤在星图上将北斗七星、勾陈、北极、紫微右垣星座连接起来，发现与汉长安城形状惊人相似，几个特殊的关键部位，正是星座的位置。南端突出处为天玑所在，建章宫独立于西南，正是开阳、摇光的连接部分，西北曲折城墙与太子、勾陈连线吻合。天璇、天枢与勾陈一（北极星）三点一线已被天文学证实，在天文观察中，只要沿着天璇—天枢的方向，即可找到北极星，和东墙的平直完整相一致。更令人惊奇的是，连接安门、清明门、宣平门、洛城门、厨城门、横门、雍门、直

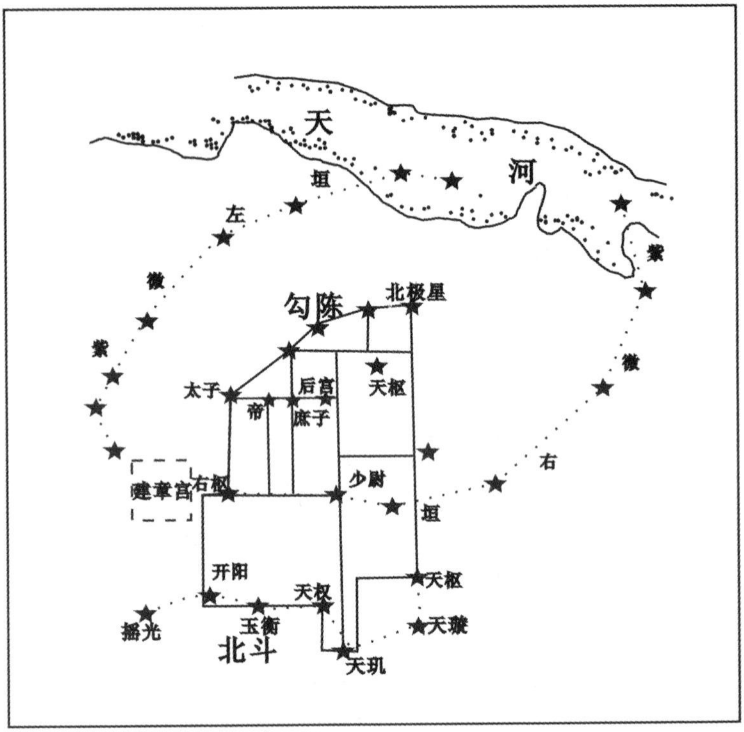

图2—5 汉长安城“斗城说”布局示意图（于希贤）

城门的八条大道也基本相同，甚至主要宫殿、市场的大小比例也基本符合。

于希贤观点符合《三辅旧事》认为汉长安城“城形似北斗也”的一家观点。同时他把紫微垣包括北极星引入“斗城说”的解释之中，给人以启迪。但是，笔者认为他的观点与一般意义上的“斗城说”还有很大的距离。因为最明确的“斗城说”认为：“南为南斗形，北为北斗形”，于的观点却与此不相符合。他只提到北斗星，却没有南斗星，而且还没有给予论证。同时“桂宫”“明光宫”是汉武帝修建的，不是皇帝处理政事和居住的正宫，不能够达到紫微垣的地位；未央宫才有天上紫微垣（北极星）的象征地位。

笔者的基本解释可以从以下五点来理解，参见图2—6。第一，“南为南斗形”是指长安城南墙的拐弯节点共有六个，与“南斗六星”相吻合。

第二，“北为北斗形”是北墙的拐弯节点共有七个，与“北斗七星”相吻合。以上两点符合文献“斗城说”最明确的记载：“南为南斗形，北为北斗形”。

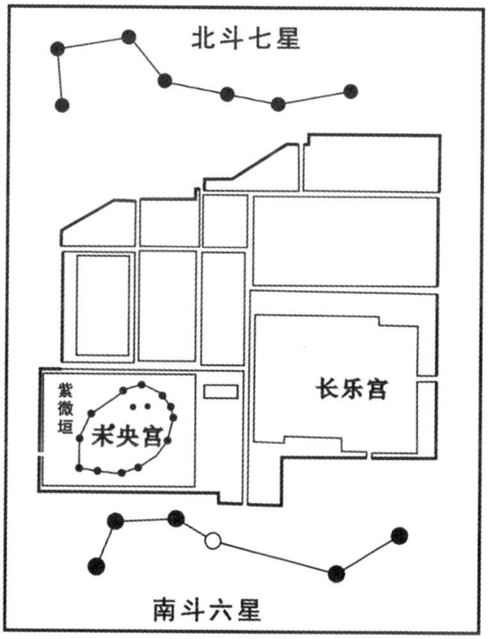

图2—6　汉长安城“斗城说”布局推定图（李令福）

第三，未央宫是皇帝居住与处理朝政的正宫，紫微垣是天上昊天大帝的居处。汉长安城未央宫相当于天上的“紫微垣”，汉代的文献记载已于上文引述。

第四，西墙的两个曲折也可以从天象上得到解释。在天空星象中，北斗星的斗柄正指向北极星，而北极星正位于紫微垣中。古人认为，北极星不动，而所有的星都环绕它旋转，所以称之为帝星。天极星即北极星，又称北辰，它由五颗小星组成，位于紫微宫中。《论语·为政》：“为政以德，譬如北辰，居其所而众星拱之。”由北斗星找到北极星，从北斗星中的指极星向斗口方向延长，在5倍于指极星之间距离的地方的那颗星，就是北极星。见图2—7。

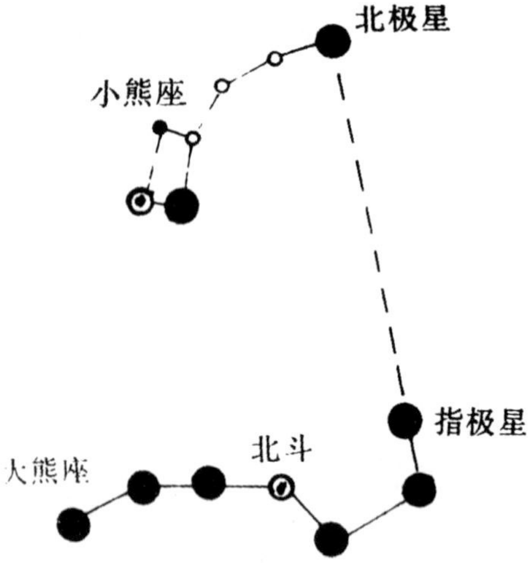

图 2—7　北斗星斗柄指向北极星的天象图

为了效法天象，在地上的长安城，西墙北段东缩一点，正好使北斗斗柄向南直指象征紫微垣的未央宫，北极星位于其中。相对于南北斗、紫微宫的布设，这种细节上的设计更加让人难以察觉。

以上四点结合起来构成“斗城说”的基本内容：“南为南斗形，北为北斗形”，而且未央宫在二者之间，象征天上的紫微垣，为北斗斗柄所指。这样的布局与天上星象基本吻合：南斗星座在南，北斗星座位北，中间为紫微垣，北极星在紫微垣中，为北斗星斗柄所指。见图 2—8。

地上的南北墙与未央宫不仅位置正好对应，而且南北西三墙的弯曲也可得到合理的文化解释。长安城除了平直的东城墙外，南墙四折六节点以像南斗星形状，北墙五折七节点以像北斗星形状，西墙曲折为的是北斗斗柄指向北极星。如此一来，三墙的弯曲与未央宫的位置都可与天象相比附，是相当圆满的“斗城说”。

汉长安城的不规则形状竟然可以与天上的星象一一对应，南北斗、紫微垣、北极星大有寓意，南北西三墙的曲折各有象征，天上地下如此浑然一体，不能不令人深思。

第五，“斗城说”的成立建立在巧妙地利用龙首原与渭河阶地地貌的

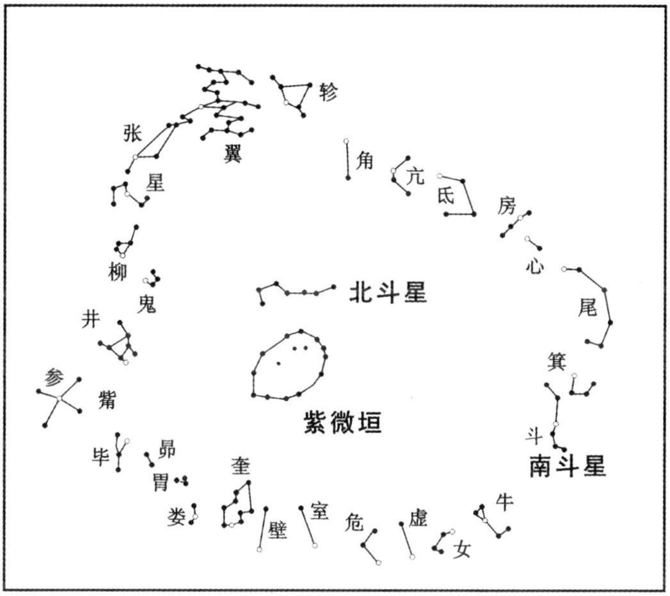

图2—8 南北斗、紫微垣与二十八星宿图

基础上。应该说，2000多年前的古人不拘泥于既有的都城形制，因地制宜，既能合理利用自然地理形势，又能赋予天人合一的文化精神。灵活规划设计这样一座规模宏大而又充满神秘色彩的都市，表现了他们在城市规划设计上的聪明才智，值得我们现代人思考与借鉴。

第三节 隋大兴城的六爻观念

唐李吉甫《元和郡县图志》记载："隋开皇三年（583年），自长安故城迁都龙首川，即今都城是也。初，隋氏营都，宇文恺以朱雀街南北有六条高坡，为乾卦之象，故以九二置宫殿以当帝王之居，九三立百司以应君子之数，九五贵位，不欲常人居之，故置玄都观及兴善寺以镇之。"① 这里完整地提出了隋代初建大兴城时利用六爻地形的观点，即将

① （唐）李吉甫：《元和郡县图志》卷1《关内道·京兆府》，中华书局1983年版，第1—2页。

横贯城间的六道黄土梁附会成乾卦之象，并按卦辞含义来规划城市建置。那么，我们会问：李吉甫的认识是否代表了唐人的普遍观点？隋初建大兴城时是否可能真有这种规划？所谓六爻的六道高坡具体走向如何？它们又是怎样影响隋唐都城的城市建设？本节将主要利用古代文献资料和现代测绘地图，在前人研究的基础上，对上述问题提出自己的基本观点。不当之处，敬请指教。

一 隋唐都城建设极有可能利用了六爻地形

除李吉甫的《元和郡县图志》之外，许多文献记载了相似的内容，而且唐代还有实践中的具体事例留存至今，说明了唐人普遍具有这种观念，即认为都城长安的城市建设利用了当地独特的六爻地形，而且指出这是隋初伟大的建筑师宇文恺开创的。

唐人编的《唐实录》就有这种记载，不过没有完整地保存下来，而是在宋人的书中被引用多次。宋代学者宋敏求编著的《长安志》就引用了《唐实录》，其记作："次南永乐坊……司徒中书令晋国公裴度宅。《唐实录》曰：（裴）度自兴元请朝觐，宰相李逢吉之徒百计隳沮。有张权舆者，既为噤犬，尤出死力，乃上疏云：度名应图谶，宅据冈原，不召而来，其旨可见。盖常有人与度作谶词云：非衣小儿坦其腹，天上有口被驱逐。言度曾征讨淮西，平吴元济也。又帝城东西横亘六岗，符易象乾卦之数。度永乐里第偶当第五岗，故权舆以为词，意欲贼之，然竟不能动摇。"①

宋代学者程大昌的《雍录》也引用过《唐实录》，只是文字与《长安志》的引用略有不同，但内容基本相同："《唐实录》曰：帝城东西横亘六冈，符易象乾卦六爻。（裴）度之永乐里第偶当第五冈，又会度在兴元自请入觐，李逢吉之党有张权舆者，出死力上疏排之，云：度名应图谶，宅据乾冈，不召而来，其旨可见。"②

唐时永乐坊位于大家认识中的九五高岗之上，裴度占据其地，后来

---

① （宋）宋敏求：《长安志》卷7《唐京城一》，台湾商务印书馆影印文渊阁《四库全书》本，第587—126页。

② （宋）程大昌：《雍录》卷3《龙首原六坡》，中华书局2002年版，第55页。

从兴元任上来到京城，政敌就利用人们的六爻观念来陷害他，告他图谋不轨，有篡权之心。这个事件在多个文献中都有记述，只是版本不太一样。《新唐书》的说法是："宝历二年（826 年），（裴）度请入朝，逢吉党大惧，权舆作伪谣云：'非衣小儿坦其腹，天上有口被驱逐。'以度平元济也。都城东西冈六，民间以为乾数，而度第平（永）乐里，直第五冈。权舆乃言：'度名应图谶，第据冈原，不召而来，其意可见。'欲以倾度。天子独能明其诬，诏复使辅政。"①《旧唐书》记载为："宝历元年十一月，（裴）度疏请入觐京师。明年正月，度至，帝礼遇隆厚，数日，宣制复知政事。而逢吉党有左拾遗张权舆者，尤出死力。度自兴元请入朝也，权舆上疏曰：度名应图谶，宅据冈原，不召自来，其心可见。先是奸党忌度，作谣辞云：非衣小儿坦其腹，天上有口被驱逐。'天口'言度尝平吴元济也。又帝城东西，横亘六岗，合易象乾卦之数。度平（永）乐里第，偶当第五岗，故权舆取为语辞。昭愍虽少年，深明其诬谤，奖度之意不衰，奸邪无能措言。"②

《册府元龟》也有此事的完整记述："敬宗宝历二年二月，以山南西道节度使裴度为司空门下侍郎平章事。初，李逢吉在相位，不直，中外人情咸思度入相。帝亦微闻其事，每有中官出使至兴元，必传秘旨，且有徵还之约。及献疏请觐，逢吉之徒皆不自安，百计隳沮。拾遗张权舆者，既为所嗾，尤出死力，乃上疏云：度名应图识，宅据冈原，不召而来，其旨可见。盖尝有人与伪作识词云：非衣小儿坦其腹，天上有口被驱逐。言度曾征讨淮西平吴元济也。又帝城东西横亘六冈，符易象乾坤之数。度永乐里第偶当第五冈，故权舆得以为词。"③

《唐会要》虽然是宋代学者王溥所编，但他主要还是利用唐代的实录资料，在谈到玄都观时也表达了与李吉甫一样的观点，也可看作是唐人的认识："元都观，本名通达观。……初，宇文恺置都，以朱雀门街南北尽郭有六条高坡，象乾卦。故于九二置宫阙，以当帝之居；九三立百司，

① （宋）欧阳修等：《新唐书》卷 173《裴度传》，中华书局 1975 年版，第 5216 页。

② （后晋）刘昫等：《旧唐书》卷 170《裴度传》，中华书局 1960 年版，第 4427 页。

③ （宋）王钦若：《册府元龟》卷 149《帝王部 · 辨谤》，中华书局 2002 年版，第 1804 页。又，《册府元龟》卷 482《台省部 · 朋附害贤諂佞贪黩朋附》也有几乎相同的文字。

以应君子之数；九五贵位，不欲常人居之，故置元都观、兴善寺以镇之。”① 元都观即是指玄都观，避宋始祖赵玄朗讳改，宋人著作多如此。

上述《新唐书》所谓：“都城东西冈六，民间以为乾数。”好像这种观点仅是民间的认识，实际上从上述众多文献的记述来看，学者也是赞同这种说法的，还有文人创作有《京城六岗铭》，似乎是专门描写长安城六爻的，可惜至今仍没有找到原文。《旧唐书》载：“（王）凝，字致平，少孤……尝著《京城六岗铭》，为文士所称。”② 司空图所撰《故宣州观察使检校礼部王公行状》也说王凝：“其为文根六经，必先劝试。著《都邑六冈铭》，益振时誉。”③ 虽说铭文题目有差异，但应该是指同一篇文章。

从上述确切的资料可以证明，在唐代，无论是民间还是学术界确实有一种观念，即认为他们居住的城市长安城在规划建设上利用了六爻的地形，并把这种观念应用到自己的社会现实之中。

这里还有一个问题，就是唐人认为这种思想开始于隋代宇文恺初建大兴城时。这种认识能否成立？也是应该考察的问题。从现有的资料来看，是否为宇文恺发明尚没有找到直接的证据。但是，从一些间接史料来分析，隋代初建大兴城时极有可能利用了六爻地形进行规划布局。

隋文帝建隋之初依然沿用北周的旧都，即西汉长安城，但这座城市历时久远，残破不堪，生活垃圾的污染使其地下水出现碱卤现象，根本无法饮用。更加上汉城局促于龙首原与渭水河道之间，相对狭小又无法扩展，且容易遭受洪水的侵袭。隋文帝即位后，觉得旧都既狭小，又破败，而且不够安全，遂决心放弃旧京城，另建一个规模宏大的新京城。据说隋文帝杨坚称帝不久后曾做一个梦，梦见洪水淹没了长安城。后人解释为这个梦预示隋朝为李渊所灭，渊，大水也，李渊正是唐朝开国之君。这当然是迷信附和之说，实际上也许是原先的京城距离渭水较近，隋文帝担心水患的心理反应。

---

① （宋）王溥：《唐会要》卷50《观》，中华书局1955年版，第876页。

② （后晋）刘昫等：《旧唐书》卷165《王正雅传附族孙凝传》，中华书局1975年版，第4299页。

③ （清）董诰等：《全唐文》卷810《司空图》，上海古籍出版社1990年版，第3778页。

当然，隋文帝另建新都最大的原因是其立志恢宏，欲体现重新走向统一的隋王朝的强大与创新。开皇二年（582 年），隋文帝亲自部署勘察了西安附近的地形大势，并从风水角度“谋筮从龟，瞻星揆日”，即占卜筮测，法天象地。经过一番精心选择后，其认为“龙首山川原秀丽，卉物滋阜，卜食相土，宜建都邑。定鼎之基永固，无穷之业在斯”。[①] 确定在汉长安城东南的龙首原上建设新的都城。

龙首山又称龙首原，是指从南山北麓伸向渭河的诸高岗梁原的统称。汉辛氏《三秦记》曰：“龙首山长六十里，头入渭水，尾达樊川。头高二十丈，尾渐小，高五六丈，土赤不毛。昔有黑龙从山出，饮渭水，其行道因成土山。”在西安小平原，龙首原在风水地理上占据优越地位，传说是古代黑龙留下的痕迹，是真龙天子的“定鼎之基”，汉长安城即在龙首原北侧原畔，隋文帝选龙首原做新都居址也是理所当然。

隋文帝与宇文恺比较相信周易之说，不仅在新都选址上从风水上下了一番功夫，而且在都城的具体布设上也是煞费苦心。据《长安志》记载：“皇城之东尽东郭，东西三坊；皇城之西尽西郭，东西三坊。南北皆一十三坊，象一年有闰。每坊皆开四门，有十字街四出趣门。皇城之南，东西四坊以象四时；南北九坊取则周礼王城九逵之制。隋三礼图见有其像，每坊但开东西二门，中有横街而已，盖以在宫城直南，不欲开北街，泄气以冲城阙。”[②] 南北安排 13 排坊，像一年有 12 个月再加上闰月；皇城南东西岸排 4 坊，像一年有春夏秋冬四季；皇城以南南北安排 9 坊，效法周礼王城九逵之制；皇城以南各坊不开南北门，害怕泄掉了皇家的王气。

为了厌胜，他们不惜大动土木，凿曲江池，建芙蓉园，连一个名字都不放过。大兴城东南角正处于黄土台原向梁洼相间地貌过渡地带，地形复杂，不少地方达到450 米以上，为全城地势最高处，而且高地之间往往有凹陷和低洼地带，如曲江池凹陷、新开门洼地、北池头洼地就镶嵌在冈原之中。在规划大兴城时，宇文恺在城市东南角的问题上颇费苦心。

---

① （唐）魏等：《隋书》卷 1《高祖纪上》，中华书局 1973 年版，第 17 页。

② （宋）宋敏求：《长安志》卷 7《唐皇城》，台湾商务印书馆影印文渊阁《四库全书》本，第 122 页。

据《雍录》所载："隋营京城，宇文恺以其地在京城东南隅，地高不便，故阙此地不为居人坊巷，而凿之为池，以厌胜之。"把曲江挖成深池，并隔于城外，圈占成皇家禁苑，成为帝王的游乐之地。认为这样就能改变新都的风水，永保隋朝的王者之气不受威胁。开皇三年（583 年），隋文帝正式迁入新都。他对曲江园林美景非常满意，却对曲江这个名称中的"曲"字感到厌恶，觉得不吉利，于是命令高颎为这个皇家园林更换新名，这才有皇家禁苑芙蓉园的诞生。据《隋唐佳话》载："京城南隅芙蓉园者，本名曲江园，隋文帝以曲名不正，诏改之。"《雍录》则引唐人文集曰："园本古曲江，（隋）文帝恶其名曲，改名芙蓉，为其水盛而芙蓉富也。"①

当然，最让我们相信隋初建大兴城时即有六爻观念的还是客观存在的事实，无论是皇帝居住的大兴宫、政府办公的皇城，还是道家寺院玄都观、佛家寺院大兴善寺，这些大型建筑的位置都与六爻思想要求的布设完全相符：宫城占据九二高地，以当帝王之居；在九三地方建设皇城，以应君子之数；在九五之贵位置玄都观及兴善寺，以镇之。这些建筑均初建于隋朝，唐时沿用，没有改变其位置与范围，只把大兴宫的名字改为太极宫。这个事实是比较明确的，在后文中还有详细的论述。

二　六爻的卦象及在都城内的具体走向

六爻是中国传统学问易经的一个重要组成部分，《汉书》叙说了易经这门学问的早期渊源及其组成："易曰：'宓戏氏仰观象于天，俯观法于地，观鸟兽之文，与地之宜，近取诸身，远取诸物，于是始作八卦，以通神明之德，以类万物之情。'至于殷周之际，纣在上位，逆天暴物，文王以诸侯顺命而行道，天人之占可得而效，于是重易六爻，作上下篇。孔氏为之彖、象、系辞、文言、序卦之属十篇。故曰易道深矣，人更三圣，世历三古。及秦燔书，而易为筮卜之事，传者不绝。"② 说明此学产生经过了三个圣人的创造，宓戏氏作八卦，周文王制六爻，孔子为其作各种文字说明。

① （宋）程大昌：《雍录》卷 6《唐曲江》，中华书局 2002 年版，第 132 页。
② （汉）班固：《汉书》卷 30《艺文志第十》，中华书局 1962 年版，第 1704 页。

爻是中国古代表示卦象的一种抽象元素，用一条横线表示，“——”连续的为阳爻，“——”中间断开的叫阴爻。阴阳爻相互配合，组成各种卦象，一般由六个爻组成。比如乾卦就是六个阳爻组成，象征天；坤卦就是六爻皆阴，象征地。图2—10就是明代著作《三才图会》所描绘的乾坤之策图，清楚地表示了乾与坤两卦的卦象。

六爻的位置各有称呼，相对应的天地人三才与刚、柔、仁、义、阳、阴六德，也是均有定说，这就叫作“六爻定位”。《古今注》卷之七说得明白：“卦有六爻，初、二、三、四、五、上也。卦有六德，刚、柔、仁、义、阳、阴也。自下而上，以之相配。则初爻刚、二爻柔、三爻仁、四爻义、五爻阳、六爻阴也。只以乾一卦推之，便尽此理。”明代著作《三才图会》绘有六爻定位图，让我们看得更加真切，见图2—11。

六爻有初、二、三、四、五、上之称，这只是统称，对于每个爻的称呼还有规定：“二用无爻位，周流行六虚。”朱熹的解释如下：“二用者，用九、用六，九、六亦坎、离也。六虚者，即乾坤之初、二、三、四、五、上六爻位也。言二用虽无爻位，而常周流乎乾、坤六爻之间，犹人之精气上下周流乎一身而无定所也。”[①] 即是《易经》所谓“以阳爻为九”。如此一来，乾卦六爻的具体称呼可在定位名称的基础上用九表示，一般从下向上称作初九、九二、九三、九四、九五、上九。

乾卦的六爻皆阳，隋大兴城建立在龙首原上，这里正有原隰相间的地貌特点。于是宇文恺就在地面上找出了六条高岗，以其附会成乾卦六爻之象。那么，我们就会问那六条高岗的具体走向如何呢？前辈学者从宋代开始就有人解答这个问题，而且答案也逐步地深入细致起来。

宋代学者程大昌《雍录》最早研究了六爻的具体走向，他专设有《龙首原六坡》一节进行文字探讨，而且画出了《隋唐都城龙首山分六坡图》，指明了六爻的概略走向。《雍录》卷3《龙首原六坡》曰：“元都观在朱雀街西之第一街，而街之自北向南之第五坊也。宇文恺之营隋都也，曰朱雀街南北尽郭有六条高坡，象乾卦六爻。故于九二置宫殿，以当帝王之居；九三立百司，以应君子之数；九五贵位，不欲常人居之，故置元都观及兴善寺以镇其地。刘禹锡赋看花诗即此也。裴度宅在朱雀街东

---

① 《朱子语类》卷125《老氏》。

第二街，自北而南则为第四坊，名永乐坊。略与元都观东西相对，而其第基之比观基，盖退北两坊，不正相当也……盖权舆之谓‘宅据乾冈’，即龙首第五坡之余势也。然而度之所居，张说在其西，尤与元都观相近，而张嘉正之第正在坊北，何独指度以为据占乾冈也，小人挟私欺君皆如此类。”

图 2—9 《三才图会》的乾坤之策图①

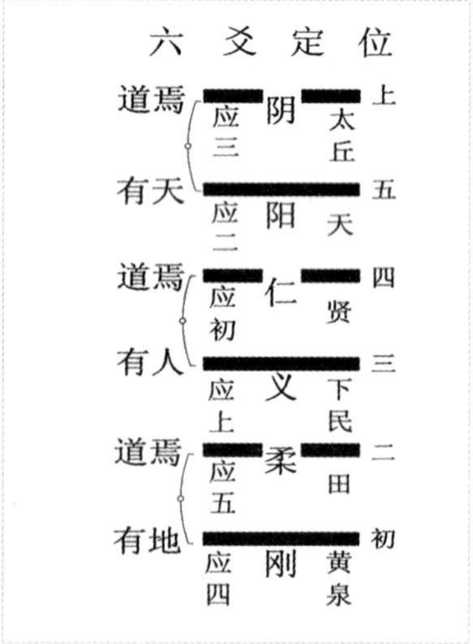

图 2—10 《三才图会》的六爻定位图

图 2—11 是程大昌《雍录》所绘的《隋唐都城龙首山分六坡图》，上图要素主要是《龙首原六坡》的内容。笔者觉得有以下几点贡献：一是标明了六坡的南北顺序，以及与六坡相对应的六爻名称；二是在地图上标明了据有九二高坡的太极宫，九五高坡上的玄都观与永乐坊裴度宅；三是较为准确地认识到这六条高坡的地理基础，从地图题目《隋唐都城龙首山分六坡图》就可看出其观点，即他认为东西横亘南北并列的六条高坡是龙首原的分支。在其专论龙首原的文字中明确表示：“若夫此山方发樊川而未及折东也，其北行之势，垂坡东下，以为平原，是为龙首原

① （明）王忻等：《三才图会》，载《文史一卷》，上海古籍出版社 1988 年版，第 2049、2045 页。

也。原有六坡，隐起平地。隋文帝包据六坡，以为都城，名曰大兴，以其正殿亦名大兴。大兴殿所据，即其东垂之坡自北而南第二坡也。”① 后来明人注其《龙首原六坡》也说：“此六冈从龙首山分陇而下，东西相带，朱雀街自北而南，为街所隔，故山冈骈为十二也。”算是理解了程大昌的意思。《雍录》不仅第一次绘出了六爻的地图，而且有较为深入的研究内容，可以说在此问题上达到了传统时代最高的水平。

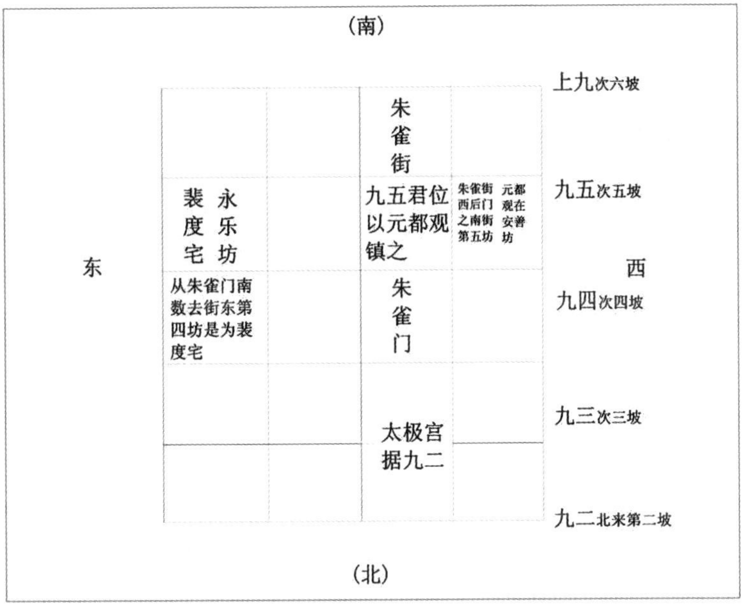

图2—11　程大昌《雍录》的《隋唐都城龙首山分六坡图》

不过，程大昌图也有不足之处，比如没有标出据有九三高坡的皇城，也没有标出占据九五高地的兴善寺。就其研究颇为深入的六条高坡而言，在城内的具体走向也没有一点表示。

现代地理学引入中国以后，各地测绘出比较详细的地形图，这为进一步研究六爻走向奠定了基础。现代历史地理学者马正林教授依据大比例尺地形图中的地形等高线，对六爻的具体走向进行了详细研究，其绘

① （宋）程大昌：《雍录》卷1《龙首山龙首原》，中华书局2002年版，第21页。

制的地图更加深入细致，已经在城内具体位置标明了六爻的走向，见图2—12。①

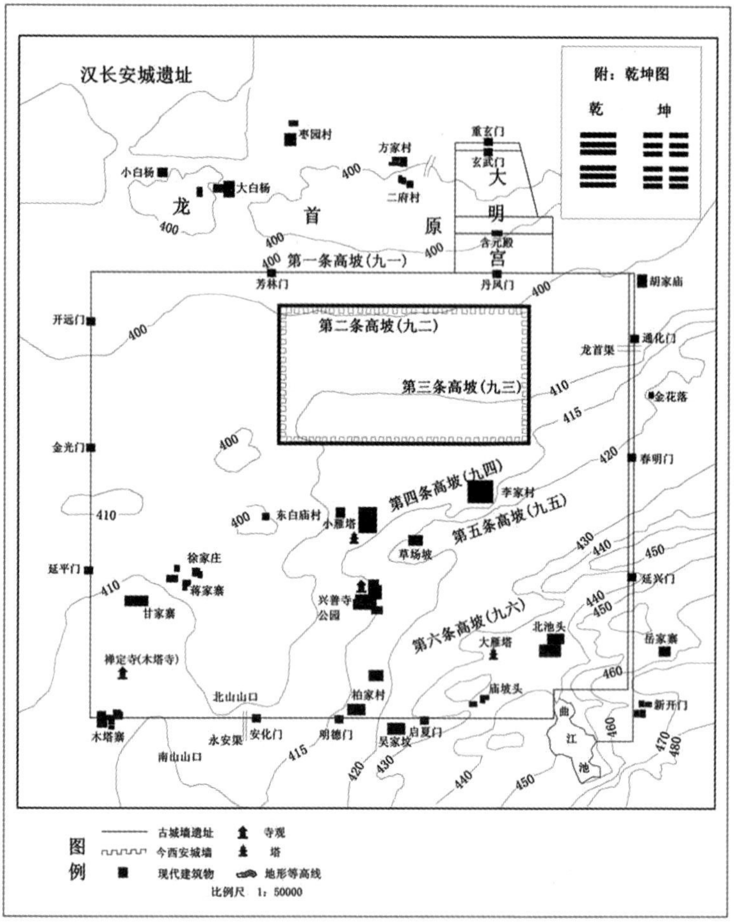

图2—12 马正林绘《唐长安六坡地形示意图》

马正林除了在地图上标示出六爻的走向之外，还有文字上的具体说明：“位于长安城内的六条高坡，今天依然清晰可辨。第一条高坡大致从今西安城西北的红庙坡向东去，沿龙首原的南麓穿过自强东路以北的二马路；第

① 马正林：《唐长安城总体布局的地理特征》，载《正林行集》，光明日报出版社2005年版，第138—146页；原刊《历史地理》第3辑，上海人民出版社1983年版。

二条高坡即今西安城的北墙一线，大致沿400米等高线作东西走向；第三条高坡即今西安城内的东西大街一线，恰好与410米等高线相吻合；第四条高坡大致就是从小雁塔折向东北去的高地；第五条高坡就是今兴善寺公园与草场坡一线作西南东北走向的高地；第六条高坡就是从大雁塔折向东北去的高地，乐游原和铁炉庙以北的高地都属于它的范围。第六条高坡是六坡地形中地势最高的一坡，像乐游原及其以东的高地均达到450米的高程。”同时，马先生还具体考证了长安城内的宫殿、政府机关、重要寺观和达官贵人的住宅，认为它们：“大都分布在宇文恺所安排的六条高坡上，与一般居民区形成了鲜明的对照。这种利用高地布设重要建筑物的特点，既可以表现宏伟壮观，又能增大城市的立体空间。”

马正林的研究成果特别深入，因而也影响很大。北京大学于希贤教授在2002年出版的专著《中国传统地理学》中，在研究“周易思想与城市布局”的时候，仍然使用的是马正林的观点与地图。[①] 日本研究唐长安城成果最高的学者妹尾达彦教授在2001年出版有专著《长安の都市计划》[②]，其中的《易と风水》图（见图2—13），特别说明是依据马正林的成果改绘而成。在这幅图中，妹尾先生特别用粗线画出了六爻的具体走向，在前人地图的基础上有了一定的创新。

前辈学者用地形等高线来研究六爻地形方面取得了巨大成果，这是值得充分肯定的。与此同时，也应该看到还有一些可以补充或者修正的地方。因为隋唐长安城所在的地形虽然整体上来说是东南高西北低，但要具体到龙首原中部的原隰相间地方，每一个高冈与洼地的区别只有不到10米的高程，要用间差较大高程的等高线地形图来精确区别是不可能的。而马正林用的等高线间差主要是10米，只有一条415米等高线的线间差是5米。笔者在实地考察长安城地形的时候，发现著名的乐游原高地与大兴善寺高地是连接着的，中间一脉相承的是陕西省委大院及其家属区内的高地。所以，仅用大间度的地形等高线的地图来判断六爻的方法是有缺陷的。只要一看他们用此法得出的地图就可以看出来，北面的三条高坡基本是东西走向的，而南边的三条高坡则太向东北方向倾斜了，

① 于希贤：《中国传统地理学》，云南教育出版社2002年版，第210—211页。

② 妹尾达彦：《长安の都市计划》，讲谈社2001年版，第150—151页。

到了后来，第六条高坡的东部都斜到第五条高坡上去了。

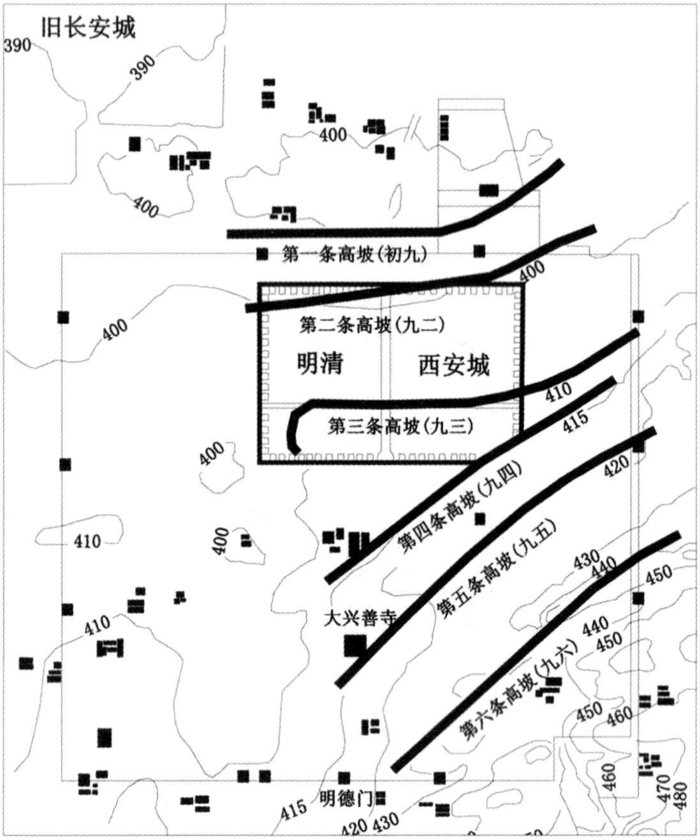

图 2—13　妹尾达彦《长安的都市计划》中的《易与风水》图

笔者总觉得像这样南面三个高坡如此倾斜，不太符合乾卦六爻之象；乐游原与兴善寺高地连接，应该属于九五高地。假如是这样的话，九五高地就基本是东西走向了，才与六爻地形相符合。产生这样的疑问，也很想有一天能把整个西安市的详细原隰相间的地形给勘查出来，彻底地解决这个问题。很偶然的一天，笔者在《西安市城市地质图集》[①] 中有了重大发现，笔者发现了地质测绘工作者早已经详细地测量过西安市的微

① 陕西省地质矿产厅、陕西省计划委员会：《西安地貌图》，载《西安市城市地质图集》，西安地图出版社 1989 年版，第 24—25 页。

地貌，编绘出了标示相对详细的梁洼相间地貌的地图，而且还标示出各个梁与洼的名字。《西安地区环境地质图集》也有几乎相同的地图，而且给予了文字说明："黄土梁洼，分布范围北起马旗寨南至等驾坡，西至西安市区中心，东至浐河西侧。标高409—468米。由北东东向长条状的梁岗和洼地相间组成。"① 这正是笔者想要的资料，图2—14是笔者利用这些新资料重新绘制的六爻地形图，笔者觉得这幅图对隋唐都城六爻的具体走向给出了最准确的答案。

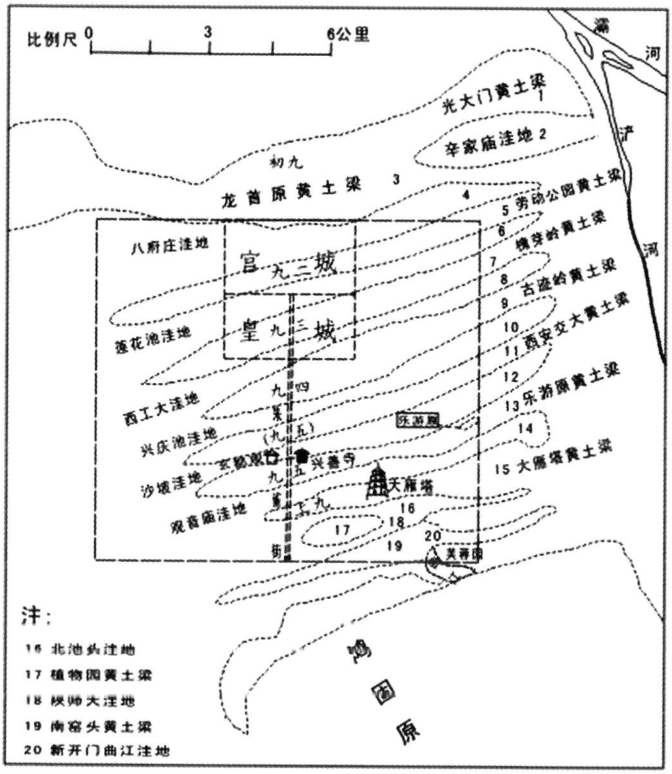

图2—14　隋唐都城中的六爻地形示意图

笔者编绘的新图主要是依据现代地理学者经过测量而编绘的地图

① 陕西省地质矿产厅、陕西省计划委员会：《西安地区地貌图》，载《西安地区环境地质图集》，西安地图出版社1999年版，第4页。

资料，其岗梁与洼地皆有具体的范围、走向与名称。与前贤的研究成果相比，笔者觉得还是有所发明的。首先，明确了兴善寺所在的高地是与其东面的乐游原连接在一起的，现代学者称为乐游原黄土梁，应该属于乾卦六爻地形中的九五高地。而前人一般是把乐游原看作第六条高坡的。

其次，每个黄土梁皆由现代人命名，于是隋唐都城的六爻地形也就都有了各自的名称。虽然是现代的，但确实是很具体的。初九高地是龙首原黄土梁，九二高地是劳动公园黄土梁，九三高地是槐芽岭黄土梁，九四高地是古迹岭黄土梁，上九高地是大雁塔黄土梁。只有九五高地比较特殊，笔者认为，是由西安交大黄土梁和乐游原黄土梁两个组成的。

最后，由于各个黄土梁和洼地都是经过测量编绘而成图的，故其基本走向与范围都在图上有明确的表示，可以说是大致能够定位和定量的。这有两个好处，一是可以使六爻的横岗与真实的地形更准确地对应起来。乾卦六爻是六条平行的阳爻直线，经过隋唐都城中轴线的六条黄土梁①，受骊山与秦岭差异凸起这一地质大环境的影响，有点向东北方向倾斜，但角度不大，基本可以看作东西横亘。这样的走向更容易使人相信乾卦六爻地形的联想，达到历史的真实。前人所绘的六爻地形，其中南侧的三个高岗向东北倾斜的角度太过明显，不仅有违地理特征的实际，而且降低了乾卦六爻的附会效应，容易让人怀疑。二是六爻高地大致范围及界线的确定，对于深入研究隋唐都城的城市规划、各种建置的布局设计及其历史变迁原因等有十分重要的意义。

当然，仍然存在还要继续探讨的问题，比如笔者把西安交大黄土梁与乐游原黄土梁合在一起看作九五高地，虽有一定的理由，但笔者自己并不感到特别充足。现在的理由如下，裴度居住的永乐坊大概在今天陕西省体育场对面的草场坡一带，位于现代所谓的西安交大黄土梁范围之中，唐时永乐坊既然属于九五高地，如此则西安交大黄土梁也应该来属。其南侧的乐游原黄土梁上分布有大兴善寺与玄都观，当然是属于九五高

① 实际上有 7 条黄土梁，但西安交通大学与乐游原 2 条黄土梁笔者认为是六爻中的九五高地，这里算作 1 条。都城以南还有一些黄土梁或者黄土原，位于城市中轴的延长线上，但一般不纳入乾卦六爻的讨论范围。

地的。这样九五高地就由两个相邻的黄土梁共同构成。为什么九五高地有两个黄土梁呢？这与历史文献不相符合，笔者觉得这与历史时期的地形变化有关。隋唐时代，在兴善寺与玄都观的北面，乐游原黄土梁与西安交大黄土梁并无明显的洼地，可以看作连在一起。到了后来，为了排出东南方向汇聚而来的雨水，在此开凿了一条泄洪沟，而且随着时代的发展沟越来越深，到后来形成了较为宽大的洼地，从而将这个黄土梁一分为二。

三　六爻地形对隋唐都城建设的影响

宇文恺把《周易》的乾卦卦象与理论运用到都城的设计之中，从新建都城所在的梁洼相间天然地形中找出了6条东西向横亘的黄土梁，以象征乾卦的六爻，并按照乾卦理论来布置各类重要的建筑，比如宫殿、皇城与重要寺观。这就给现实地形赋予了一种人文的精神，达到了天人合一的境界，实现了都城布局既理想化又具神秘感的效果，影响巨大。

从北向南第一道高地叫初九，为龙首原黄土梁，是广义龙首原向西延伸的正脉，后来也称作龙首原。这里地势相对较高，汉代时未央宫前殿就建立在原上。隋代遵循《周易正义》的原义，没有在原上建立重要宫室，因为其卷1曰："上九：潜龙勿用。"当然，如此地方还是要特别重视的，于是就专设皇家禁苑，把整个狭义的龙首原连同其北部到达渭河的广大地方都圈占进来，成为皇家的后花园。而大兴城的北城郭线就从初九高地的南缘通过。

第二道高地即九二，为劳动公园黄土梁。因为《周易》乾卦卦辞说"九二"是"见龙在田，利见大人"，象征"真龙"出现在地上。因此，就要在"九二"高地上布设宫殿，"以当帝王之居"。这就是太极宫城的设置。太极宫城东西长四里，南北二里有余。由于九二高地偏于宫城的南部，所以其正殿太极殿就布设在正中偏南处。

第三道高坡即九三，为槐芽岭黄土梁。在宫城之南，被认为是"君子终日乾乾，夕惕若厉"的地方①，把政府机关安排在这里，自然可显示

① （魏）王弼、（晋）韩康伯注，（唐）孔颖达疏：《周易正义》卷1，中华书局1980年影印《十三经注疏》本，第1页。

文武百官效忠皇帝努力工作的情况。因此，集中了行政办公机构的皇城就布置在紧靠宫城的南侧。宫城、皇城占据有利地形，又与市坊隔离，除考虑防御安全外，也有便于工作的意义在内。文献所谓“自两汉以后至于晋、齐、梁、陈，并有人家在宫阙之间。隋文帝以为不便于事，于是皇城之内惟列府寺，不使杂居，公私有辨，风俗整齐，实隋文之新意也”①，就是说的这种创新。

根据《周易》的理论，九五高地是“飞龙在天”的地方，位置特别尊贵，一般人居住不得。因此，宇文恺有意把玄都观和大兴善寺安排在“九五”高地上，作为供奉神圣的场所。大兴善寺现仍然存在于西安雁塔区小寨西北角，正位于朱雀大街东侧，隋时范围很大，占据靖善坊一坊之地。隋代大兴善寺地位很高，从其名称“以其本封名焉”，即以隋文帝初封的“大兴公”来命名，还有位居九五之地、范围广大这些来看，就可一清二楚。② 其西侧朱雀路对面应该是同占一坊之地的玄都观所在。

九五高地的东部，南有乐游原，北有胭脂翡翠坡，是隋唐长安城中的著名的游乐区。乐游原海拔450米，是城内地势最高的原头，登上原顶可以俯瞰全城风光，“京城之内，俯视指掌”。宇文恺在原南侧建立灵感寺，用于追祭修城时搬迁坟墓主人们的幽灵，这就是后来唐代著名的青龙寺。而对原面却基本不作处置，空下来供给京城市民登高游乐之用。胭脂翡翠坡在今西安交通大学校园范围，是隋唐长安城歌妓的集中居地之一。

上九是大雁塔黄土梁，隋代也设寺观于高冈，唐初发展成著名的大慈恩寺，今存大雁塔即唐时的建筑。

除了皇宫、政府机关、重要寺观占据大兴城内的高地之外，达官贵人也竭力向地势爽垲的冈阜发展。唐朝天宝年间，将作大臣康䛒就在新昌坊营建私第，“䛒自辨图阜，以其地当出宰相。每命相，䛒必引颈望之。宅卒为僧孺所得”。③ 这种利用高地布设重要建筑物的特点，既可表现建

---

① （清）徐松：《唐两京城坊考》卷1《西京·皇城》，中华书局1985年版，第10页。

② （清）徐松：《唐两京城坊考》卷2《西京·外郭城》，中华书局1985年版，第38页。

③ （宋）宋敏求：《长安志》卷8《唐京城二》，台湾商务印书馆影印文渊阁《四库全书》本，第134页。又见徐松：《唐两京城坊考》卷3《西京·外郭城》。

筑的宏伟壮观，又增加了城市的立体空间。如果把隋大兴城内的建筑物绘制成立体透视图，则高低错落的建筑艺术特色十分明显，那就是宫殿最高，政府机关次之，寺观和要人住宅又次之，最下层是一般居民的住宅。不难看出，整个大兴城的建设立体空间感强烈，层次分明，实在是一幅壮丽的不朽画卷。本来高低不平的地形对都市建设来讲并不有利，但经宇文恺如此设计以后，反而为大兴城增添了不少光辉。

在中国古代，“天尊地卑，乾坤定矣”①，是说天地造化万物，而上天为尊，至高无上；乾卦六爻全为阳爻，象征崇高的天；同时乾卦六爻还可以看作飞黄腾达变化万千的龙，“乾卦六爻，皆取象于龙，故象传言时乘六龙以御天”。② 上天、飞龙、纯阳三者集于乾卦一身，可见其尊贵。能够在都城的建设中，从梁洼相间的天然地形中找出 6 条东西向横亘的黄土梁，以象征乾卦的六爻，并按卦辞含义来规划城市建置，绝对会在人们的心里烙下一种震撼、庄严、美好的感觉。宇文恺把《周易》的乾卦卦象与理论运用到都城的设计之中，不仅合理地利用了地形，在营造城市景观上达到视觉上的错落有致，而且可以给城市建置赋予一种文化内涵，实现心理上的天人合一。

到了唐代，人们还是特别相信都城的六爻规划，同时还发展和突破了“六爻”的理论。其兴建大明宫于初九高地的龙首原上，创建了兴庆宫与夹城复道，唐长安城的重心转移到东部，使广义的龙首原成为长安城的龙脉。

唐长安城市在平面上的中轴线是朱雀大街，而后来起实际作用的南北轴线应该是大明宫含元殿—大雁塔以至南山一线，正位于广义龙首原的龙脊之上。含元殿在狭义的龙首原上，其南对慈恩寺大雁塔，基本上以今西安市雁塔路为轴线，而再向南正对海拔 1688 米的南五台主峰。

以朱雀大街为界，唐代长安城的东半部更加繁荣，著名考古学家王仲殊先生有一篇论文就直接命名为《试论唐长安城与日本平城京及平安京何故皆以东半城为更繁荣》③，这也说明了此一中轴线是真正起作用的。

---

① 《朱子语类》卷 74《易十》。

② 《大清高宗皇帝实录》卷 484。

③ 《考古》2002 年第 11 期。

唐首都长安城的政治中心在北部的三宫之间，经济中心在中部东市与西市周边，文化中心在南部曲江风景区，基本可以连成一南北轴线，是唐都长安的真正龙脉即城市主轴线。

为了方便皇帝由皇宫来曲江芙蓉园，唐代还专门沿东城墙修建了夹城。夹城又称复道，是君主专用通道。《长安志》记载："夹城，玄宗以隆庆坊为兴庆宫，附外郭为复道，自大明宫潜通此宫及曲江芙蓉园。又十宅皇子，令中官押之，于夹城起居。"① 大明宫在长安城外东北角，十王宅在长安城内东北角，兴庆宫东墙靠长安城东墙，芙蓉园在长安城东南角，所以这条夹城北起大明宫，南至芙蓉园，中间经过十王宅（取京城内东北隅一坊之地，建为大宅以居之，号十王宅）、兴庆宫与乐游园，其长度比长安城东墙还长。其南头新建了门阙，名新开门。现曲江村东北仍有村叫新开门，似当唐新开门位置。

隋唐时代在建设都城的过程中，利用《周易》的六爻理论，因地制宜地设计大兴城与长安城，使整个城市布局规整庄严，美观大方，确实应该引起我们的重视，尤其是现在的西安正处于一个城区拓展的关键时期。

第四节　唐长安城的龙脉影响

笔者曾经撰写《隋唐都城六爻地形及其对城市建设的影响》一文②，论述了隋初宇文恺利用《周易》的六爻理论，因地制宜地设计大兴都城，具体就是将横贯城间的六道黄土梁附会成乾卦六爻之象，并从北向南按初九、九二、九三、九四、九五、上九的顺序排列下来，以卦辞含义来布置各类建筑，使整个城市布局规整庄严，美观神圣。可到了唐朝高宗时却突破了这种理论，兴建大明宫于初九高地的龙首原上，使唐都长安城市的重心转移到了东部。

唐王朝为何要改变原来"初九"地形《周易》"潜龙勿用"的原则？

---

① （元）李好文：《长安志图》卷上《城市制度》，台湾商务印书馆影印文渊阁《四库全书》本，第477页。

② 《陕西师范大学学报》2010年第4期。

历史典籍基本都是这样的解释："龙朔二年（662 年），高宗病风痹，以（太极宫）宫内湫湿，命司农少卿梁孝仁修之（大明宫）。"[①] 也就是说，高宗李治患有风湿病，嫌太极宫潮湿，乃重修大明宫并将朝廷正式迁来。纸上得来终觉浅，仅从古代文献得到的上述答案总让人觉得比较表面，似乎还有深层的未被人探知的东西存在。现在笔者从更广阔的龙首山这个唐长安城的龙脉的角度进行分析，希望能揭示隋唐代长安城布局变化的真正原因。

一　龙首山是唐长安城的龙脉

所谓龙脉，在中国古代风水理论中指的就是山脉，如《管氏地理指蒙》即说："指山为龙兮，像形势之腾伏"；"借龙之全体，以喻夫山之形真"。山之延绵走向谓之脉，就像"人之脉络，气血之所由运行"。大家常说的成语"来龙去脉"为追究事物原委之意，本是风水家常用术语。[②]

隋唐长安城的龙脉是南北六十里的龙首山，整个城市就布设在龙首原中北段。龙脉之聚结处为龙穴，风水上来讲是城市中心建筑之最佳选址。广义与狭义龙首原南北与东西的交接点就是大明宫的选址所在，唐王朝中后期最重要的政治中心建在这里是最佳位置。

龙首山又称龙首原，是指从南山北麓伸向渭河的诸高冈梁原的统称。汉辛氏《三秦记》曰："龙首山长六十里，头入渭水，尾达樊川。头高二十丈，尾渐小，高五六丈，土赤不毛。昔有黑龙从山出，饮渭水，其行道因成土山。"郦道元《水经注》、李吉甫《元和郡县图志》与宋敏求《长安志》等古代地理名著都有类似的记载。

龙首原指浐河、潏河之间的高冈地，呈南北走向，南起秦岭北麓的樊川，北至渭水南岸，长六十里。其南半部是海拔较高的黄土台原，高程在 500—600 米之间。各个区域后世又有不同的称呼，或曰少陵原，或曰鸿固原，或曰凤栖原，因时代迭变，空间交叉，各原具体所括范围已难以确认。北半部是由多条土岗构成的，形成东北西南向黄土梁与洼地相间分布的地貌，著名的有曲江池洼地、兴庆池洼地、大雁塔黄土梁、

① （清）徐松：《唐两京城坊考》卷 1《西京・大明宫》。

② 于希贤：《中国传统地理学》，云南教育出版社 2002 年版，第 112 页。

乐游原黄土梁等。[1] 其中最北侧的黄土梁相对高度较大，像龙头高昂，是狭义的龙首原所指，也就是今天西安市北郊大家熟知的龙首原与龙首村的所在范围。实际上，这些黄土梁都是广义龙首原向西发育的支脉，见图 2—15。

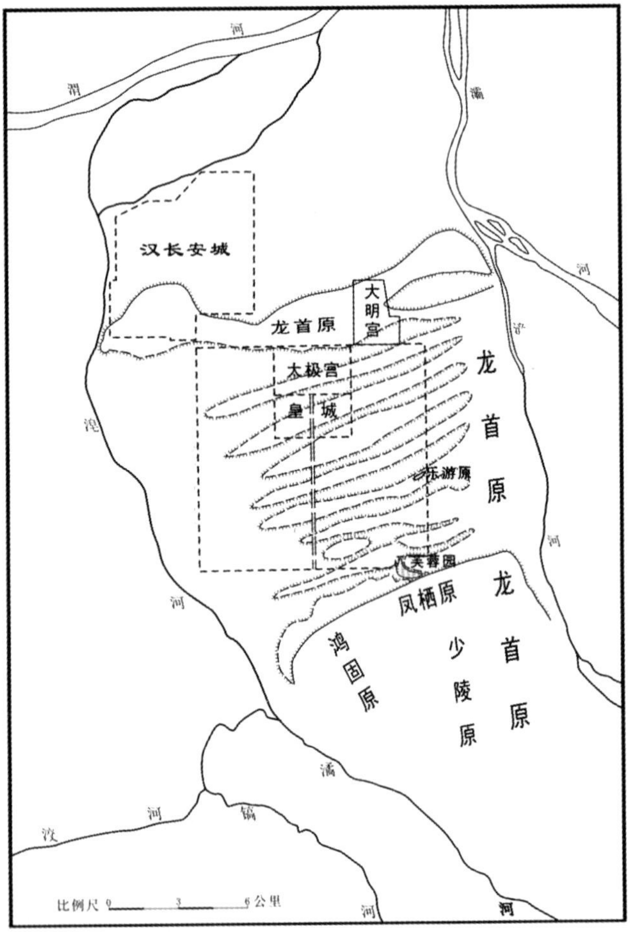

图 2—15　龙首原与唐长安城

龙首原这种南高北低、东西向梁川相间分布且东部相对较高的地理

---

① 陕西省地质矿产厅、陕西省计划委员会：《西安地貌图》，载《西安市城市地质图集》，西安地图出版社 1989 年版，第 24—25 页。

特征是秦岭与骊山两大凸起板块共同作用的结果。在西安小平原，龙首原在风水地理上占据优越地位，传说是古代黑龙留下的痕迹，是真龙天子建都的绝佳选择。开皇二年（582 年），隋文帝亲自部署勘察了西安附近的地形大势，并从风水角度“谋筮从龟，瞻星揆日”，即占卜筮测，法天象地。经精心选择后认为：“龙首山川原秀丽，卉物滋阜，卜食相土，宜建都邑。定鼎之基永固，无穷之业在斯。”① 在狭义龙首原与少陵原之间的开阔地带，实际上就是在广义龙首原上建设起新的都城大兴城。

玄武门兵变后，唐高祖李渊让皇帝位给李世民，称太上皇。贞观八年（634 年），居住在长安城北禁苑大安宫的太上皇李渊年世已高，监察御史马周上奏请为太上皇新建一座“以备清暑”的新宫，以求“称万方之望则大孝昭乎天下”。② 为表孝心，太宗欣然批准，选定于长安城北皇家禁苑中的龙首原高地，营造大明宫。起初大明宫取名为“永安宫”，意求太上皇永远安康。次年正月，将新宫更名为大明宫。但就在这一年，年届七旬的唐高祖李渊病死在大安宫寝殿内，大明宫工程建设也就停下工来。

大明宫地势高亢，高爽清凉。《元和郡县图志》记载：“东内大明宫……初，高宗命司农少卿梁孝仁制造。此宫北据高原，南望爽垲，每天晴日朗，南望终南山如指掌，京城坊市街陌俯视如在槛内，盖其高爽也。”③《长安志》也说：“此宫北据高原，南望爽垲，每天晴日朗，南望终南山如指掌，京城坊市街，可俯而窥也。”④

唐高宗李治患风痹，厌恶太极宫潮湿，就对大明宫进行了大规模重建，并决定迁居于此。龙朔三年（663 年）正殿落成，高宗遂迁居此处听政。后来唐朝诸帝亦相沿袭，多以此处为朝寝所在。大明宫作为“东内”，基本上取代了长安城里的太极宫“西内”，成为唐朝的政治中枢，千邦来贺，万国朝奉。

---

① （唐）魏等：《隋书》卷 1《高祖纪上》，中华书局 1973 年版，第 17 页。

② （北宋）欧阳修等：《新唐书》卷 43《地理志三》。

③ （唐）李吉甫：《元和郡县图志》卷 1《关内道 · 京兆府》，中华书局 1983 年版，第 2 页。

④ （宋）宋敏求：《长安志》卷 6《宫室四 · 唐上》，台湾商务印书馆影印文渊阁《四库全书》本，第 116 页。

广义龙首原从南向北游走如龙，与东西走向的狭义龙首原交汇积聚形成龙穴，唐代皇帝选取这里作为新政治中心大明宫所在地也理所当然。

二　龙脉作用的实现：含元殿、大雁塔与南五台三点成线

宇文恺初建的大兴城，东西对称，太极宫在外郭城北部正中，体现了帝王的统治地位。宫城的东部有太子居住的东宫，西部有后妃寝处的掖廷宫。两者如同两翼，东西护卫。太极宫之南是皇城，专设中央衙署，改变了前朝衙署和居民住宅杂列的局面。皇城有 12 条街道，最宽的也是正中的南北街道，就是所谓的天门街，分皇城为东西两部分。

郭城有南北向街道 11 条，正中的是朱雀街，最为宽阔，达 150 米，基本相当于现代西安市的朱雀路。它是隋唐长安城平面上的中轴线，以其为中心，东西各有 5 条街道，沿街的里坊数目东西相等。据徐松《唐两京城坊考》记载："当皇城南面朱雀门，有南北大街曰朱雀门街，东西广百步，南出郭门外之明德门。自朱雀门至明德门，九里一百七十五步。万年、长安二县以此街为界，万年领街东五十四坊及东市，长安领街西五十四坊及西市。"① 商业区东市和西市位置也是东西对称。

随着大明宫的建成，这种以朱雀街为中轴的对称布局被打破，形成了一个以含元殿、大雁塔为主轴的城市心理主线。它与长安城东壁的夹城相配合，使整个城市的重心转移到了东部。这当然是龙首原这个龙脉在发挥它的决定作用。

大明宫的含元殿位于丹凤门北 610 米处，因殿基建筑于龙首原南沿之上，高出平地 15 米多，使这座大殿显得格外雄伟壮丽，可以由此俯视长安城。

许多重大庆典和朝会多在含元殿举行，比如元日大朝、改元封赏、派遣使臣、接见外宾和阅兵等活动，含元殿及其前庭是宫廷中最主要的礼仪空间。唐代诗人称"万国拜含元""九天阊阖开宫殿，万国衣冠拜冕旒"② 等，就是盛赞含元殿前钟磬合鸣、香霭弥漫、仪仗庄严、群臣齐拜、外邦来朝的宏大场景。见图 2—16。

---

① （清）徐松：《唐两京城坊考》卷 2《西京·外郭城》。

② 王维：《和贾舍人早朝大明宫之作》，载《全唐诗》卷 128。

图 2—16 大明宫含元殿复原图

丹凤门是大明宫正南门，巍峨高大，气势雄伟。自建成之日起，丹凤门就成为唐朝皇帝出入宫城的主要通道，在大明宫诸门中规格最高。丹凤门上有高大的门楼，与北面的含元殿相对，常供皇帝临御，是唐朝皇帝举行外朝大典的重要政治场所和国家象征。唐代许多皇帝即位，都要在南郊祭天之后，登上这座门楼宣布改元。诗人王建的《宫词》就记下了这种场面："丹凤楼门把火开，先排法驾出蓬莱。棚前走马人传语，天子南郊一宿回。"①

丹凤门开在郭城北墙上，南面恰对翊善坊，坊墙阻碍宫门。因此，把翊善坊和它南面的永昌坊从中一分为二，开辟一条道路，向南直通皇城延喜门和郭城通化门之间的东西街道上。这条丹凤门街宽一百二十步（约 176 米），是长安城中最宽的南北向街道。

将大明宫的正殿含元殿、正门丹凤门与丹凤门街连接起来的直线，不仅构成大明宫的轴线，而且可以向南延长直对大雁塔的塔尖，进而南对秦岭山峰之一的南五台。见图 2—17，含元殿、大雁塔与南五台三点一线。

唐长安城东南六爻高地上的慈恩寺大雁塔，北与大明宫含元殿遥相

① 《全唐诗》卷 302。

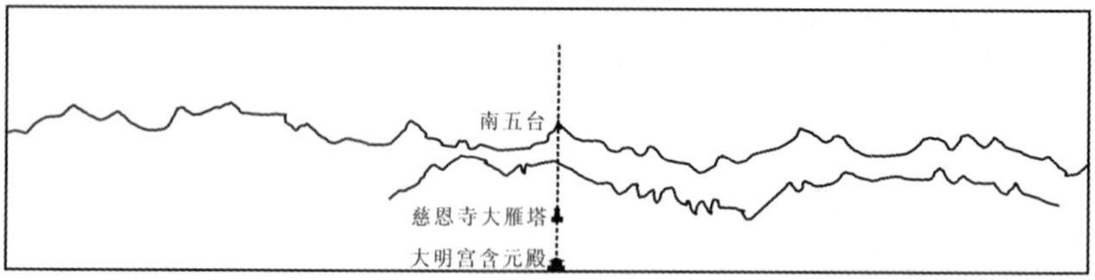

图2—17 终南山天际轮廓线与唐长安城标志性建筑

呼应，形成以大唐王朝大明宫为中心的一条南北向的轴线。这一现象古人早已发现，宋人《慈恩雁塔题名序》说大雁塔，“南对玉案雾檐诸峰，东枕曲江，与大明宫丹凤门端若引绳，气象雄伟，甲于天下”。《陕西通志》卷98也说：“慈恩寺与含元殿正相值。”

慈恩寺初建于贞观二十二年（648年），据说是太子李治为追念其母文德皇后而建。寺院规模宏大，是唐长安城最重要的寺院，具有皇家寺院的性质。寺成之日，佛像幡华从宫中出，并以皇家太常九部乐恭送寺额，唐高宗亲幸寺院。永徽三年，在高宗资助下，唐玄奘于其西院建佛塔，后改建为七重。塔之一层南门左右设龛，分立唐太宗、太子李治所撰《圣教序》与《圣教序记》碑。唐中宗时（705—710年），皇帝李显在重阳节游幸慈恩寺，亲登此塔，群臣上菊花寿酒，尽欢而返。上官昭容献诗，题目即是《九月九日上幸慈恩寺登浮图群臣上菊花寿酒》，宋之问、李峤也有《奉和九月九日登慈恩寺浮图应制》① 的诗篇。唐人有诗云：“涌塔临玄地，高层瞰紫微。鸣銮陪帝出，攀撩翊天飞。”② 道出了高耸的大雁塔与其北的帝阙朝廷相对的气势。

南五台为终南山支脉，原山上寺庙数百座，历经战乱，大都荒废，有观音寺、五佛殿、圣寿寺塔等。圣寿寺塔建于隋代，方形七层，高23米。据传大雁塔即仿此塔而建，为西安现存最早的佛塔。

南五台古称太乙山，位于西安南约30千米，是终南山中段的主峰，海拔1688米。山上有清凉、文殊、舍身、灵应、观音五峰，故名南五

① 分别见《全唐诗》卷5、卷52、卷58。

② 李乂：《奉和九月九日慈恩寺浮图应制》，载《全唐诗》卷92。

台。其山形峻峭，峰峦重叠，森林茂密，风景极为秀丽，《关中通志》载，“今南山神秀之区，惟长安南五台为最”，为中国著名的佛教圣地之一。

大明宫正殿含元殿建在龙首原上，高大雄伟，不仅俯视都城如指掌，南对皇家寺院慈恩寺中方正挺拔的大雁塔，油然而生神圣庄严之感；而且行卧见南山——正南眺望到1688米的南五台主峰，直上云天之念油然而生。当然我们不能忘记，这一发生巨大心理作用的南北轴线正位于广义龙首原的龙脊之上。

唐代中期，玄宗李隆基修建了兴庆宫，扩建了芙蓉园，为安全往来大明宫与兴庆宫及潜行去芙蓉园游乐，沿长安城东城墙修建了一道夹城通道。这样就实际在长安城东部存在一个皇帝经行的路线。

李隆基先天元年（712年）登基，先在西内太极宫听政。开元二年（714年）徙居大明宫，当年还在长安城东部修建新皇宫。因新宫位于兴庆坊，遂取名“兴庆宫”。开元十四年（726年），唐玄宗的活动中心逐渐向兴庆宫转移，为往来于两宫而又不让百姓窥见其行踪，沿郭城东壁之外修建了一段夹城，由大明宫通往兴庆宫。

后来，斗城东南隅的皇家御苑芙蓉园与曲江风景区也得到大规模扩建营修。为了方便皇帝由皇宫来曲江芙蓉园，于开元二十年（732年）兴修了兴庆宫至芙蓉园的夹城复道。这样就在长安东郭城外侧修建了一条与郭城平行的夹城通道。

夹城的宽度、高度皆与东郭城相同。当夹城通过东城墙的通化、春明、延兴三座城门时，由特别设置的蹬道登上城楼通过。皇帝利用夹道可自由潜行于大明宫、兴庆宫和芙蓉园之间。因夹道外筑高墙，外面的人不能看到皇帝的游赏队伍，只能听见那轰隆如雷的车辇声音，还可以闻见从夹城中飘过来的大批嫔妃宫女留下的阵阵香风。杜甫《乐游园歌》诗曰：“青春波浪芙蓉园，白日雷霆夹城仗”，描写的是前者；杜牧《长安杂题长句六首》诗云：“南苑芳草眠锦雉，夹城云暖下霓旄。……六飞南幸芙蓉园，十里飘香入夹城”，说的是后者。①

大明宫在长安城外东北角，十六王宅在长安城内东北角，兴庆宫东

---

① 两诗分别见《全唐诗》卷216、卷521。

墙靠长安城东墙，芙蓉园在长安城东南角。所以这条夹城北起大明宫，南至芙蓉园，中间经过十六王宅、兴庆宫与乐游园，其长度比长安城东墙还长。其南头新建了门阙，名新开门，现曲江村东北仍有村叫新开门，似当唐新开门位置。见图 2—18。

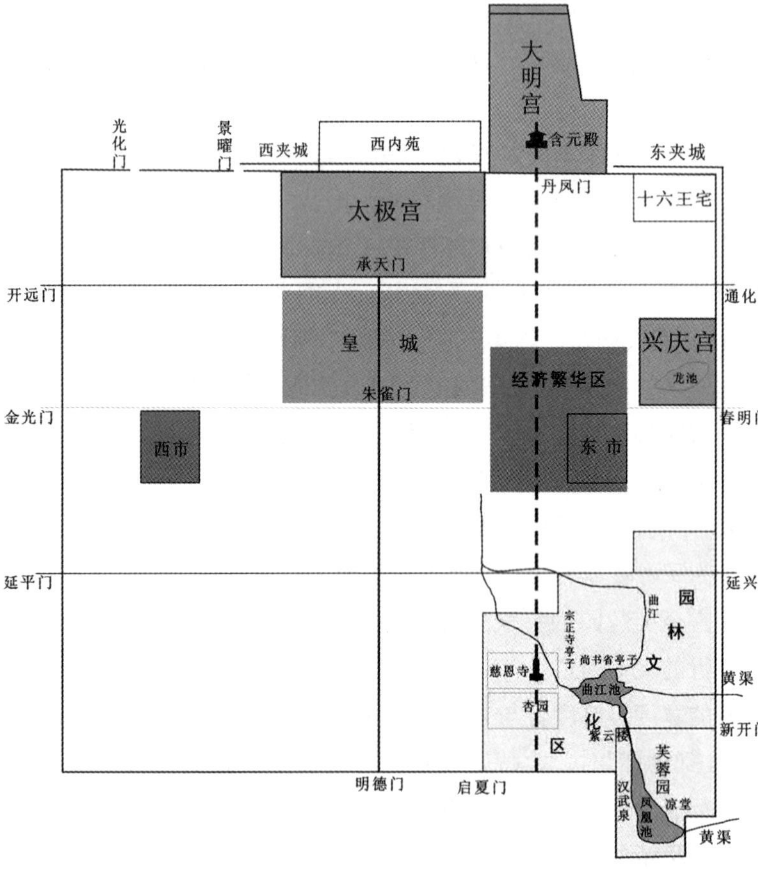

图 2—18　唐长安城政治、经济与文化地区中心线与夹城

上述夹道在长安城东侧形成了一条实际使用的皇家通道，它与原来的都城中心轴线朱雀街正好分布于含元殿—大雁塔心理轴线的两边，体现了龙首原龙脉巨大作用的真实显现。

以朱雀大街为界，唐代中后期，长安城的东半部更加繁荣，著名考古学家王仲殊先生有一篇论文就直接命名为《试论唐长安城与日本平城京及平安京何故皆以东半城为更繁荣》[1]，这也体现了此一龙脉轴线的现实作用。由图 2—18 可知，唐首都长安城的政治中心在北部的三宫之间，经济中心在中部东市与西市周边，文化中心在南部曲江风景区，基本可以连成一南北轴线，是唐都长安的真正龙脉即城市主轴线。

三　龙脉支线——狭义龙首原的建设

在风水地理学上，龙脉又有大小长短的分支，所谓“龙犹树，有大干，有小干，有小枝”。那么，西安北部东西走向的“初九高地”，即狭义的龙首原对唐大明宫的布设也起着不可忽视的影响。

初九高地龙首原对秦咸阳与汉长安城的布局与营建影响甚大。由于秦汉宫殿多高台建筑，而此原不太高，疏原为台基，不假板筑，秦咸阳渭南章台、兴乐宫与汉未央宫等皆建于龙首原北麓，著名的秦阿房诸宫则建于龙首原南缘。

隋文帝选择在广阔的龙首原上兴建新的国都，同时又把宫城以北直到渭河的广大地区圈占起来，建成皇家禁苑。宋敏求《长安志》卷 6 载：“禁苑在宫城之北，东西二十七里，南北三十三里。东接灞水，西接长安故城，南连京城，北枕渭水……（汉故长安城）东西十二里，南北十三里，亦隶苑中。”

有唐一代在对隋都禁苑建置设施增修的基础上，不断创新，除在禁苑内兴建大明宫这一唐代著名的建筑外，还在大明宫两侧分建东西内苑。据史念海先生绘制的地图集[2]，唐禁苑范围广大，东西长为 11—14 千米左右，南北长为 11 千米左右，周长当在 50 千米左右。西内苑在西内太极宫之北，故又称北苑。宋敏求《长安志》载西内苑的范围，“南北一里，东西与宫城齐”。东内苑是东内大明宫的一处风景园林区，位置在大明宫的东南隅，“南北二里，东西尽一坊之地”，其平面形制是一个南北长、东西窄的纵长方形。具体分布见图 2—19。

据《旧唐书·地理志》记载：“（禁）苑内离宫、亭、观二十四所。”

---

① 《考古》2002 年第 11 期。

② 参见史念海主编《西安历史地图集》，西安地图出版社 1996 年版，第 78 页唐长安县、万年县乡里分布图。

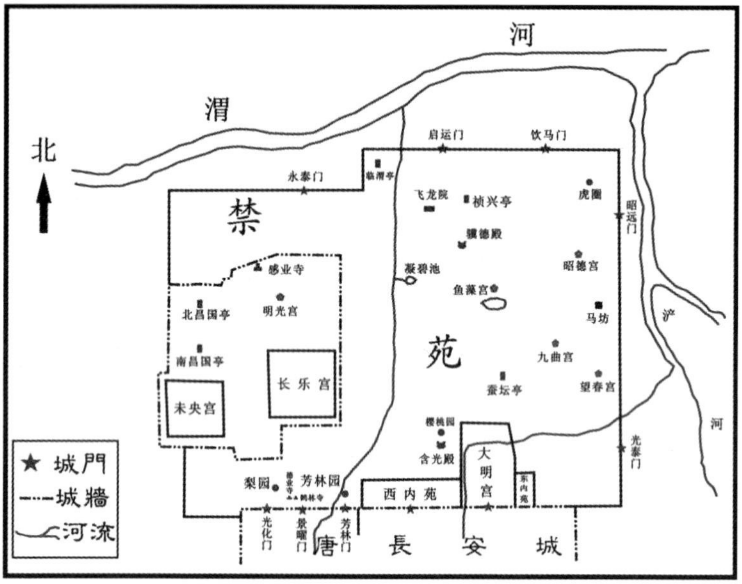

图 2—19 大明宫、西内苑与狭义龙首原

《唐两京城坊考》考证，禁苑中有望春宫、未央宫、含光殿、鱼藻池、广运潭、凝碧桥、上阳桥、临渭亭、球场亭、桃园亭、樱桃园、梨园、西楼、虎圈等建筑二十四所。西内苑内有观德殿、大安宫、樱桃园等殿宇建筑。东内苑在大明宫的东侧，苑内有龙首殿、龙首池、御马坊、球场亭子殿等建筑。下面就分布在初九高地上的主要建筑作一简单论述。

梨园　大致是以其内梨树栽植较多而名之，位于光化门正北。园中有梨园亭，并建有毬场。梨园最为知名的是因为唐玄宗李隆基在这里创办了皇家艺术学校。开元二年（714 年），唐玄宗在此置院，传习“法曲”，专门教习音乐舞蹈。男女艺人三百余人，得玄宗亲为点授，号称“皇帝弟子”，又称“梨园弟子”。梨园是由唐玄宗亲自指导、以演奏法曲和试奏唐玄宗的创作为主的乐舞表演、教学机构，它因设在禁苑之中的梨园，故名。

含光殿　位于大明宫西，距宫城西墙 210 余米。1956 年冬，在含光殿址南部殿基之下发现一块石志。石志呈正方形，长、宽各 53. 5 厘米，石心较周围磨制光滑，长、宽均是 31 厘米，上刻“含光殿及毬场等，大唐大和辛亥岁乙未月建”之文。[①] 大和，当为唐文宗皇帝年号，辛亥岁为大和五年（831 年），从而证明这里确曾是含光殿及毬场的所在地。

汉长安故城作为西汉以后八百余年的都城，得到隋唐皇帝的关注，故成为皇家园林的一大组成部分。皇帝曾经命令大修，而且临幸举行宴饮游乐活动，从某种意义上来说，起到了保护汉长安城的作用。

图 2—20　含光殿石志拓本

尤其引人注目的是，元和年间唐王朝还沿着长安城北城墙外侧，在禁苑内修建了一条东西向的夹城。《唐会要》卷 30：“元和十二年四月，诏右神策军以众二千筑夹城，自云韶门，过芳林门，西至修德里，以通于兴福寺。”芳林门为长安城西数第三个北门。据历史文献记载，唐敬宗曾经利用此夹城前往兴福寺。

由大明宫西向，先有西内苑和含光殿，后有北夹城，再就是文化圣地梨园，最后可以通到汉故都长安城。这个东西走向的禁苑中的建置还是非常重要的，它们有一个共同的特点，就是都位于狭义龙首原之上。

综上所述，笔者的观点是，正因为唐大明宫占据了长安龙脉龙首山

① 中国科学院考古所：《唐长安大明宫》，科学出版社 1959 年版，第 51—55 页。

与其支脉龙首原的制高点，所以才能够发展成为中华五千年文明的制高点，也成为公元八到九世纪世界文明的制高点。

现在的西安城市仍然有龙首原格局的深刻影响，新建大明宫国家遗址公园含元殿遗址、丹凤门向南是近代开始建设的西安火车站，再沿解放路、雁塔路正对西安市标志性建筑大雁塔；此南北轴线是现代西安市的经济文化主轴，北边是东城经济区，南面有文化产业出名的曲江新区。狭义龙首原规定的东西轴线则是现代西安市的经济环境轴线，西面是莲湖与未央两大经济区，东通浐灞生态旅游新区。笔者相信，西安市未来的城市发展还会受此人文地理格局的深刻影响。

第三章

最早的人间天堂：唐长安城南别业园林

由于城南少陵樊川之地南面终南山，气势辉煌，自然风光秀丽迷人；北对长安城，又邻近当时的政治文化中心京师重地。这里“京郊形胜”的秀丽景色就成为文人学士实现政治抱负，寄情山水的绝佳选择，因而隋唐时代这里营造私家园林别业之风盛行，除了韦杜两家之外，还有许多文人雅士在此建有别业以供游赏，形成唐长安城郊区最大最佳的别墅休闲区，其中位居城南的员半千庄景致绝佳，被时人誉为“人间天堂”。据雍正《陕西通志》记载：“唐京省入伏，假三日一开印。公卿近郭皆有园池，以至樊杜数十里间，泉石占胜，布满川路，至今基地尚存。”① 今就古籍文献与实地考察资料考证复原本区别业园林分布及繁盛的原因，并详细论述其园林元素及布局。

第一节　城南别业园林的分布与繁盛的原因

一　分布与数量

唐长安城南环境优雅，风光秀丽，山环水绕，为当时的贵族富人提供了一个娱乐休闲区域，大致在我们研究范围的园林别业就有40个，在上林樊川形成一片范围广大的贵族园林区。以下考证其分布地点，基本成果见表3—1和图3—1。

---

① 《陕西通志》卷98《拾遗一》。

表 3—1　　长安城南地区园林别业分布

名称	拥有者	具体位置	史料来源
郧公园池	张说	长安城南	张说《郧公园池饯韦侍郎神都留守序》
杜相公别业	杜鸿渐	城南樊川	钱起《题樊川杜相公别业》
樊川别业	刘得仁	城南樊川	刘得仁《夏日樊川别业即事》
樊川别业	李忠臣	城南樊川	《旧唐书·李忠臣传》
杜曲闲居	段觉	城南杜曲	许浑《送段觉归杜曲闲居》
杜邠公林亭	杜悰	城南	温庭筠《题城南杜邠公林亭》
樊川别墅	李中丞	城南樊川	项斯《春日题李中丞别墅》
李客师别业	李客师	长安城西南郊	《旧唐书·李靖传》
韦司马别业	韦见素	杜城南曲	张九龄《韦司马别业集序》
原东居	贾岛	城东南原上	贾岛《原东居喜唐温琪频至》《张郎中过原东居》
杜舍人林亭	杜舍人	长安城南	钱起《题杜舍人林亭》
韦澳别业	韦澳	城南樊川	《旧唐书·韦澳传》
韦卿城南别业	韦卿	城南杜陵	王维《晦日游大理韦卿城南别业四声依次用各六韵》
杜城郊居	杜佑	长安韦曲街道东南	杜佑《杜城郊居王处士凿山引泉记》；权德舆《司徒岐公杜城郊居记》《奉和于司空二十五丈新卜城南郊居接司徒公别墅即事书情奉献兼呈李裴相公》
杜城别业	李羽	城南杜曲	温庭筠《经李处士杜城别业》《题李处士幽居》
瓜洲别业	杜佑	潏水南岸	许浑《和淮南相公与宾僚同游瓜洲别业》
韦曲庄	杜黄裳	樊川韦曲	杜佑《杜城郊居王处士凿山引泉记》；宋之问《春游宴兵部韦员外韦曲庄序》
汾阳王别墅	郭子仪	城南	《旧唐书·郭子仪传》
元载别墅	元载	城南	《旧唐书·元载传》《新唐书·元载传》
崔宽别墅	崔宽	城南	《旧唐书·杨绾传》
鲜于秋林园	鲜于秋	城南杜陵	司空曙《题鲜于秋林园》
杜陵别业	岑参	城南杜陵	岑参《宿蒲关东店忆杜陵别业》

续表

名称	拥有者	具体位置	史料来源
高冠草堂	岑参	终南山高冠谷口	岑参《初授官题高冠草堂》《高冠谷口招郑鄂》《长安县志》卷13
韦安石别业	韦安石	樊川韦曲	骆天骧《类编长安志》
仇士良庄	仇士良	雁塔区三爻村	张礼《游城南记》
何将军山林	何昌期	城南韦曲西塔坡	杜甫《陪郑广文游何将军山林》十首；骆天骧《类编长安志》
杜顺故里	杜顺	长安城南	史念海主编《西安历史地图集》
韩愈庄	韩愈	韦曲东皇南	张礼《游城南记》；孟郊《城南韩氏庄》；骆天骧《类编长安志》
权载之别业	权载之	长安城南	《权载之文集》
岑参别业	岑参	杜陵	岑参《宿蒲关东店忆杜陵别业》《过酒泉忆杜陵别墅》
杜甫别业	杜甫	杜陵之侧	史念海主编《西安历史地图集》
韦应物宅	韦应物	长安城南	史念海主编《西安历史地图集》
韦庄宅	韦庄	长安城南	史念海主编《西安历史地图集》
郑潜旭庄	郑潜旭	长安城南	张礼《游城南记》
郑庄	郑虔	韦曲皇子坡南	张礼《游城南记》；骆天骧《类编长安志》
裴度庄	裴度	杜曲樊村	张礼《游城南记》
白序庄	白序	长安城南	史念海主编《西安历史地图集》
王诜庄	王诜	长安城南	史念海主编《西安历史地图集》
崔护居	崔护	长安城南	史念海主编《西安历史地图集》
牛僧孺别业	牛僧孺	长安区王莽乡韦兆村	《新唐书·牛僧孺传》；张礼《游城南记》
杜固居	杜固	长安城南	史念海主编《西安历史地图集》
员半千庄	员半千	长安城南	史念海主编《西安历史地图集》
南亭	韦坚	西安城南附近	孙逖《和韦兄春日南亭宴兄弟》
于宾客庄	于頔	长安城南杜曲	韩愈《题于宾客庄》；权德舆《奉和于司空二十五丈新卜城南郊居接司徒公别墅即事书情奉献兼呈李裴相公》

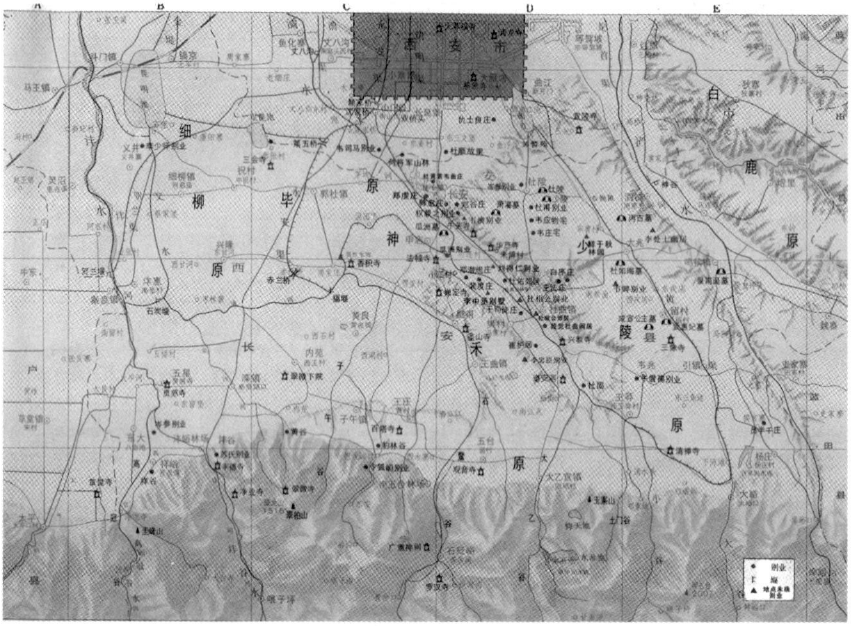

图 3—1　唐代少陵樊川别业园林分布图

1. 郕公园池

在长安城南郊。《全唐文》225 张说《郕公园池饯韦侍郎神都留守序》："郕公以弥甥之礼，扫郊园而留别。此地有离洲别屿，竹馆荷亭，曲沼环合而连注，丛山相望而闲起。幽隐长寂，萧条远风，通终南之云气，下昆明之水鸟。尔其驻马青林，肆筵碧岸，清管四发，坐客增悲。高台一望，游人忘返。"序中言"终南""昆明""郊园"，则园池当在西京长安南郊一带。

2. 杜相公别业

杜鸿渐别业，在长安城南樊川。《全唐诗》卷 237 钱起有《题樊川杜相公别业》诗。"数亩园林好，人知贤相家。结茅书阁俭，带水槿篱斜。古树生春藓，新荷卷落花。圣恩加玉铉，安得卧青霞。"杜相公，傅璇琮考订为杜鸿渐（见《唐代诗人丛考》第 458 页）。私邸在长兴里，见《旧唐书·杜鸿渐传》，《全唐诗》卷 149 刘长卿《奉和杜相公新移长兴宅呈元相公》。

3. 樊川别业（刘得仁）

刘得仁别业，在长安樊川。《全唐诗》卷544刘得仁有《夏日樊川别业即事》“无事称无才，柴门亦罕开。脱巾吟永日，著屐步荒台。风卷微尘上，霆将暴雨来。终南云渐合，咫尺失崖嵬”。可知刘得仁别业在长安城南樊川。

4. 樊川别业（李忠臣）

李中臣别业，在长安南郊樊川。《旧唐书》卷145《李忠臣传》：“泚败，忠臣走樊川别业，李晟下将士擒忠臣至，系之有司。兴元元年，并其子并诛斩之，时年六十九，籍没其家。”可知李忠臣别业在长安樊川。

5. 杜曲闲居（又名段觉闲居）

在长安城南杜曲（今西安市西南长安区内）。《全唐诗》卷528许浑有《送段觉归杜曲闲居》诗：“书剑南归去，山扉别几年。苔侵岩下路，果落洞中泉。红叶高斋雨，青萝曲槛烟。宁知远游客，羸马太行前。”可知段觉闲居在长安杜曲。

6. 元载别墅

元载别墅，在长安城南。《旧唐书》卷118《元载传》：“城中开南北二甲第，室宇宏丽，冠绝当时。又于近郊起亭榭，所至之处，帷帐什器，皆于宿设，储不改供。城南膏腴别墅，连疆接畛，凡数十所，婢仆曳罗绮一百余人，恣为不法，侈僭无度。”可知元载别墅在长安城南。

7. 郑潜旭庄

驸马郑潜曜池台，在长安神禾原。《全唐诗》卷225杜甫有《郑驸马池台喜遇郑广文同饮》诗，又同书卷224杜甫有《郑驸马宅宴洞中》诗，题下原注曰：“明皇临晋公主下嫁郑潜曜，神禾原有莲花洞，乃郑氏故居。”据此知郑驸马为郑潜曜，池台在长安神禾原，与莲花洞之居为一地。据宋张礼《游城南记》记载：“自思道之居，东行五六里，直樊川之上，倚神禾原，有洞曰‘莲花’。旧为村人郑氏之业。郑氏远祖乾曜，尚明皇之女临晋公主。”遗址在今陕西长安区樊川小江村郑谷庄。

8. 裴度庄

裴度别墅，在长安城南。由刘禹锡《裴祭酒尚书见示春归城南青松坞别墅寄王左丞相高侍郎之什命同作》[1] 可知青松坞别墅在城南。诗中有“因高见帝城”之句。“帝城”当为长安城，因为长安城南少陵塬的地势明显高于长安城才可以“因高见帝城”。所以，青松坞别墅当在长安城南。又据张礼《游城南记》：“癸丑，诣张思道，循原而东，诣莲花洞，经裴相旧居……”可知，裴相旧居在莲花洞附近。张注曰：自洞东行三四里为唐裴相国郊居。莲花洞即郑驸马洞，在今西安市长安区小江村。东行三四里可至裴相郊居，可知裴相郊居也在今西安市长安区小江村附近。

9. 白序庄

在长安城南杜曲夏侯村。据张礼《游城南记》记载：“辛亥，历废延兴寺，过夏侯村王、白二庄林泉。”白庄即朝奉郎白序的别墅。白序，字圣均。自言白侍郎之后。白侍郎当为唐时大诗人白居易。据《白居易年谱》：“大和二年戊申（828 年）白居易五十七岁。二年转刑部侍郎。”[2] 华州曹辅的题字上也有“香山居士有贤孙”之句，香山居士即白居易。但白序是否是白居易的后人，却无从考证。据《咸宁县志》记载：“兴国寺在夏侯村西原，离城三十里，唐三藏香火院，宋为延兴寺。”[3] 明、清多次重葺、修缮。又《长安县志》载，兴国寺位于杜曲镇和东西杨万坡之间。今天的西安市长安区杜曲镇，仍有东西杨万坡村和夏侯村。并在杨万坡村附近有延兴寺旧址（今为兴国中学），今存大雄宝殿 1 座，东西廊房各三间，占地面积 575 平方米。大雄宝殿南向，面阔三间，进深三间，硬山灰瓦顶，五价梁，前后带单步梁。有第三任校长李瘦枝题“唐兴国寺”匾额一方。顺年堂上题字“潏上堂成耳顺年”可知，白庄在潏水旁边。潏水出自西安东南 60 里的大义谷，俗名大峪口。西北流依次汇小峪、太乙峪诸水入樊川，经杜曲、夏侯村、新村、西北流至小江村。所以白庄大概就在今天的夏侯村附近靠近潏水的地方。

10. 王诜庄

驸马都尉王诜别墅，在长安城南延兴寺之东，称王庄，有林泉之美。

---

① 《全唐诗》卷 355。

② 朱金城：《白居易年谱》，上海古籍出版社 1982 年版。

③ 嘉庆《咸宁县志》卷 12《祭祀志》。

在白序庄的隔壁。据张礼《游城南记》记载："辛亥，历废延兴寺，过夏侯村王、白二庄林泉。"据《咸宁县志》记载："兴国寺在夏侯村西原，离城三十里，唐三藏香火院，宋为延兴寺。"明、清多次重葺、修缮。又《长安县志》载，兴国寺位于杜曲镇和东西杨万坡之间。今天的西安市长安区杜曲镇，仍有东西杨万坡村和夏侯村。并在杨万坡村附近有延兴寺旧址，今为兴国中学。可知，王诜庄在今天的长安区杜曲夏侯村附近。

11. 牛僧孺别业

据宋人张礼《游城南记》记载："过塔院，抵韦赵，览牛相公樊乡故居。"并注云："韦兆村有牛僧孺郊居，裔孙尚有存者，僧孺八世祖弘，隋封奇章公，城南樊乡有赐田数顷，书千卷，僧孺居之，依以为学，后成相。"这些史料证明，隋时宰相牛弘、唐时宰相牛僧孺曾居于该地。

12. 李客师别业

李客师，唐李靖之弟。《旧唐书》卷 67《李靖传》记载："靖弟客师，贞观中，官至右武卫将军，以战功累封丹阳郡公。永徽初，以年老致仕，性好驰猎，四时从禽，无暂止息。有别业在昆明池南，自京城之外，西际沣水，鸟兽皆识之，每出则鸟鹊随逐而噪，野人谓之'鸟贼'。"其别业在今长安区斗门镇东南。

13. 于宾客庄

于宾别墅，在长安城南杜曲。《全唐诗》卷 231 权德舆《奉和于司空二十五丈新卜城南郊居接司徒公别墅即事书情奉献兼呈李裴相公》："一德承昌运，三公翊至尊。云龙谐理代，鱼水见深恩。别墅池塘晓，晴郊草木蕃。沟塍连杜曲，茅土盛于门。卜筑因登览，经邦每讨论。退朝鸣玉会，入室断金言。材俊依东阁，壶觞接后园。径深云自起，风静叶初翻。宰物归心匠，虚中即化源。巴人宁敢和，空此愧游藩。"又，《全唐诗》卷 343 韩愈《游城南十六首》其二有《题于宾客庄》："榆荚车前盖地皮，蔷薇蘸水笋穿篱。马蹄无入朱门迹，纵使春归可得知。"于司空、于宾客均指于頔，司徒公为杜佑。于司空城南郊居连着司徒公杜佑的别墅。据考证杜佑别业在城南杜曲，可知于宾客庄在长安城南杜曲。

14. 韦卿城南别业

韦卿别业，在长安城东南杜陵。《全唐诗》卷 125 王维《晦日游大理韦卿城南别业四声依次用各六韵》："郊居杜陵下，永日同携手。仁里霭川阳，平原见峰首。园庐鸣春鸠，林薄媚新柳。"韦卿，陈铁民考证为韦虚心。①

15. 南亭

《全唐诗》卷 118 有孙逖《和韦兄春日南亭宴兄弟》诗："台阁升高位，园林隔旧乡。忽闻歌棣萼，还比报琼芳。门向宜春近，郊连御宿长。"题下原注："兄在京。"宜春是指宜春苑，本是秦离宫名字，在唐朝曲江池一带。御宿，川名，在长安城南，是城南三大名川之一。据原诗及注可知，南亭大致在唐长安城南附近。"韦兄"，《全唐诗》校注"一作韦尚书。"韦尚书为韦坚，据《唐仆尚丞郎表》卷 4 可知，韦坚在天宝四年九月迁刑部尚书，五年十一月贬缙云太守。

16. 崔护居

崔护是唐朝诗人。崔护有《题城南庄园》："去年今日此门中，人面桃花相映红。人面不知何处去，桃花依旧笑春风。"现在樊川的桃溪堡基本就是其位置，史念海先生《西安历史地图集》把崔护居划在今樊村东南。

17. 韦应物宅

韦应物在长安城南的别业，《全唐诗》卷 187 有韦应物《休沐东还胄贵里示端》诗云："宦游三十载，田野久已疏。休沐遂兹日，一来还故墟。山明宿雨霁，风暖百卉舒。泓泓野泉洁，熠熠林光初。竹木稍摧翳，园场亦荒芜。俯惊鬓已衰，周览昔所娱。存没恻私怀，迁变伤里闾。欲言少留心，中复畏简书。世道良自退，荣名亦空虚。与子终携手，岁晏当来居。"

诗中所记应为韦应物四十五岁左右任尚书员外郎时所作，别业在少陵塬胄贵里。胄贵里今已不存，旧址在今长安区司马村附近。

18. 郑庄

即郑谷庄，郑虔郊居。郑虔任广文馆博士。张礼《游城南记》记载他与友人自牛头寺出发，"循清明渠而西，至皇子陂，徘徊久之……览韩、郑郊居"，下注有"郑庄，在皇子陂下"。韩即韩愈，其郊居即韩庄。

---

① 陈铁民：《王维集校注》卷 2，中华书局 1997 年版，第 159 页。

骆天骧《类编长安志》："郑庄。即郑虔郊居，在韩庄东南。李商隐《过郑虔旧隐》诗曰：'宋玉平生恨有余，远循三楚吊三闾，可怜留得江边宅，异代应教庾信居。'杜牧之遗郑瓘诗曰：'广文遗韵留樗散，鸡犬图书先一船，自说江湖不归事，阻风中酒过流年。'瓘，乃虔之孙也。"《长安志图·中》："郑庄又在其（韩庄）东南，郑十八虔之居也。"可知郑庄在皇子陂下，韩庄东南处。

19. 杜甫别业

唐代大诗人杜甫在城南的居所。陈贻焮《杜甫评传》认为杜甫"一度家居杜陵附近的少陵，又自称少陵野老"。冯至《杜甫传》认为在"少陵北、杜陵西、曲江南、下杜城一带"。杜甫自称"少陵野老""杜陵野客"，又参照史念海先生《西安历史地图集》，可知杜甫别业在杜陵、少陵附近。

20. 杜顺故里

张礼《游城南记》："杜光村有义善寺，俗谓之杜光寺，贞观十九年建，盖杜顺禅师所生之地。"杜光村大致在今西安市雁塔区三艾村附近，可知杜顺故里也在此处。杜顺为华严宗初祖。唐代雍州万年（陕西临潼县北）人，俗姓杜。18岁出家，法号法顺。师事因圣寺之僧珍（道珍），受习定业，后住于终南山，宣扬华严教纲。

21. 仇士良庄

仇士良，唐宪宗朝至武宗朝宦臣，曾窃弄权柄，气焰十分嚣张。他在城南地区建有别墅。张礼《游城南记》云：杜光村东南为仇家庄，"庄，即唐时宦官仇士良别业也，士良死，籍没其家，后晋赐晋昌军节度使安彦威，安氏子孙世守之。"杜光村大致在今西安市雁塔区三爻村附近，故知仇士良庄也在此地。

22. 韦安石别业

唐武则天、中宗、睿宗三朝宰相韦安石在城南的别业。张礼《游城南记》云："出南门，行二十里至韦曲。自汉以来，诸韦居之。唐为韦安石别业，极林泉花木之胜。杜子美诗'韦曲花无赖，家家恼煞人'，即此也。"《类编长安志》："韦曲。在樊川。唐韦安石之别业，林泉花竹之胜境。韦庄诗曰：'满耳莺声满眼花，布衣藜杖是生涯。时人若要知名姓，韦曲西头第一家。'"《太平广记》卷389《韦安石》："神龙中，相地者僧泓师，与韦安石善，尝语安石曰：‘贫道近于凤栖原见一地，可二十余亩，有龙起伏形势。葬于此地者，必累世为台座。’安石曰：‘老夫有别业在城南，待间时，陪师往诣地所，问其价几何。同游林泉，又是高兴。’”藉此可知韦安石别业在长安城南韦曲。

23. 鲜于秋林园

《全唐诗》卷293有司空曙《题鲜于秋林园》：“雨后园林好，幽行迥野通。远山芳草外，流水落花中。客醉悠悠惯，莺啼处处同。夕阳自一望，日暮杜陵东。”据此可知，鲜于秋林园在长安城南杜陵一带。

24. 崔宽别墅

《旧唐书》卷119《杨绾传》：“御史中丞崔宽，剑南西川节度使宁之帝，家富于财，有别墅在皇城之南，池馆台榭，当时第一，宽即日潜遣毁折。”据此可知，崔宽别墅在长安城南。

25. 汾阳王别墅

《旧唐书》卷120《郭子仪传》：“城南有汾阳王别墅，林泉之致，莫与之比，穆宗尝游幸之，置酒极欢而罢。”《新唐书》卷137也说：“别墅在都南，尤胜垲，穆宗尝幸之，置酒极欢。”汾阳王即郭子仪，据此可知别墅在长安城南。新旧唐书上该别墅出现在郭子仪第六子郭暧的儿子郭鏦的传中，可以显见别墅传到了郭鏦的手中。郭鏦的母亲乃是唐代宗的女儿升平公主，而他又尚顺宗女汉阳公主。如此两代皇亲国戚，所以住在长安城区内的唐穆宗会多次临幸。

26. 韦曲庄

中宗韦后宗人韦某庄园，在长安城南韦曲一带。《全唐文》卷241有宋之问《春游宴兵部韦员外韦曲庄序》：“长安城南有韦曲庄，京郊之形胜也。却倚城阙，朱雀起而为门；斜枕冈峦，黑龙卧而周宅。贤臣作相，旧号儒宗，圣后配元，今为戚里。……万株果树，色杂云霞；千亩竹林，气含烟雾。激樊川而萦碧濑，浸以成陂；望太乙而邻少微，森然逼座。尚书未至，曳履惊邻；宫尹递来，鸣驺动壑。登玉俎，醉金觞，地高而珍物虽丰，理洞而清徽不杂。以醉观德，因谈获情，外戚遨游，自携歌吹，主人赏会，但有琴诗。于是下高台，陟曲沼，铺落花以为茵，结垂杨而代幄。”据序文可知，韦曲庄内有果树、竹林、池陂、高台、垂杨和各种花木，其地依高岗而成园林。

27. 杜城别业

《全唐诗》卷 581 有温庭筠《经李处士杜城别业》诗:“忆昔几游集,今来倍叹伤。百花情易老,一笑事难忘。白社已萧索,青楼空艳阳。不闲云雨梦,犹欲过高唐。”《全唐诗》卷 578 温庭筠《题李处士幽居》:“水玉簪头白角巾,瑶琴寂历拂轻尘。浓阴似帐红薇晚,细雨如烟碧草春。隔竹见笼疑有鹤,卷帘看画静无人。南山自是忘年友,谷口徒称郑子真。”前者所言“杜城别业”和此处“终南幽居”当是一处。李处士,《全唐诗人名考》中吴汝煜、胡可先考证为李羽。杜城在今西安城南长安区杜曲,李处士杜城别业在此处。

28. 杜佑别墅

杜佑置办城南别墅的时间和地点,据他在《杜城郊居王处士凿山引泉记》中记载:“佑此庄贞元中置,杜曲之右,朱陂之阳。”另据权德舆的《司徒岐公杜城郊居记》记载在“启夏南出,凡十有六里”,即杜佑庄园在长安启夏门南十六里处杜曲之西,今长安韦曲街道东南。

29. 瓜洲别业

杜佑在瓜洲置办的别业,在长安城南。《全唐诗》卷 535 有许浑《和淮南王相公与宾僚同游瓜洲别业,题旧书斋》:“碧油红旆想青衿,积雪窗前尽日吟。巢鹤去时云树老,卧龙归处石潭深。道傍苦李犹垂实,城外甘棠已布阴。宾御莫辞岩下醉,武丁高枕待为霖。”

30. 岑参高冠草堂

《全唐诗》卷 200 有岑参《初授官题高冠草堂》《高冠谷口招郑鄠》等诗。《长安县志》卷 13:“终南山自户县东南圭峰入(长安)县西南界,东为高冠谷,高冠水出焉。谷口有铁索桥,为长安、户县分界。”据此知草堂在高冠谷口。

31. 岑参杜陵别业

在长安城南杜陵,《全唐诗》卷 199 有岑参《宿蒲关东店,忆杜陵别业》:“关门锁归客,一夜梦还家。月落河上晓,遥闻秦树鸦。长安二月归正好,杜陵树边纯是花。”同书卷 200 岑参《过酒泉,忆杜陵别业》:“昨夜宿祁连,今朝过酒泉。黄沙西际海,白草北连天。愁里难消日,归期尚隔年。阳关万里梦,知处杜陵田。”

《唐才子传》卷 3 录:“别业在杜陵山中。”

32. 何将军山林

宋张礼《游城南记》记载当时“寻所谓何将军山林而不可见”，但在李好文《长安志图》中说：“曰塔陂者，以有浮屠故名，在韦曲西，何将军之山林也。”塔陂即塔坡，在今塔坡村。元骆天骧《类编长安志》中“何将军山林”条记载：“今谓之塔坡。少陵原乃樊川之北原，自司马村起，至此而尽，其高三百尺，在杜城之东，韦曲之西。山林久废，上有寺，浮图亦废，俗呼为塔坡。”明嘉靖《陕西通志》引用《类编长安志》所述。由此我们可以判断唐时何将军山林大致范围应为今塔坡村所在的范围，即位于当时长安城南明德门外樊川北原，距明德门大约30里的韦曲西边。塔坡后依据坡上坡下分为上、下塔坡两村，可知当时何将军山林从原下延伸到原上。

33. 韩愈庄

据张礼《游城南记》记载：“循清明渠而西，至皇子陂，徘徊久之，览韩、郑郊居。”张礼自注：“韩店，即韩昌黎城南杂题及送子符读书之地，今为里人杨氏所有。”宋代张舜民所撰《画墁录》亦记载：“长安启夏门里道东南亭子，今杨六郎园子。即退之所谓符读书城南处也。樊川花□所居焦咏府竹园，皆韩公别业也。”另据宋敏求《长安志图》：“曰韩庄者，在韦曲之东。”此庄现在在长安韦曲东皇子陂之南、牛头寺西南。

34. 权载之别业

权德舆宅，据《西安历史地图集》所标示在韦曲南与牛头寺之间。权德舆在城南别业进行休沐，《全唐诗》中留下多首他这期间的诗歌，如《郊居岁暮因书所怀》中写道：“烟霜当暮节，水石多幽致。三径日闲安，千峰对深邃。策藜出村渡，岸帻寻古寺。月魄清夜琴，猿声警朝寐。地偏芝桂长，境胜烟霞异。独鸟带晴光，疏篁净寒翠。窗前风叶下，枕上溪云至。散发对农书，斋心看道记。”

35. 韦庄宅

韦庄宅，据《西安历史地图集》所标示在司马村南部附近，今遗迹已经不存。《鄠杜旧居二首》就写道：“却到山阳事事非，谷云鹦鸟尚相依。阮咸贫去田园尽，向秀归来父老稀。秋雨几家红稻熟，野塘何处锦鳞肥。年年为献东堂策，长是芦花别钓矶。一径寻村渡碧溪，稻花香泽水千畦。云中寺远磬难识，竹里巢深鸟易迷。紫菊乱开连井合，红榴初绽拂檐低。归来满把如渑酒，何用伤时叹凤兮。”

36. 韦司马别业

在长安城南郊杜城附近。《全唐文》卷290有张九龄《韦司马别业集序》：“杜城南曲，斯近郊之美着也，背原面川，前恃太一；清渠修竹，左并宜春；山霭下连，此皆韦公之有也。”“太一”是终南山别称。“宜春”为唐时曲江池别称。由这两个我们可以解释前面所说的原为少陵塬，川为樊川，清渠为唐曲江池的引水渠黄渠。从这一段记载中我们可以看出韦司马别业在曲江池西边，少陵塬的北侧。

37. 李中丞樊川别墅

此别墅位于长安樊川华严寺附近。《全唐诗》卷554有项斯《春日题李中丞樊川别墅》：“心知受恩地，到此亦裴回。上路移时立，中轩隔宿来。川光通沼沚，寺影带楼台。无限成蹊树，花多向客开。”唐时樊川内有华严寺和牛头寺，而华严寺高塔耸立，楼台相连。诗中所写“寺影带楼台”指在别墅中能看到寺院的景色。另据《新唐书》本传载会昌中李回任刺史中丞，李回“以与德裕善，决吴湘狱，时回为中丞，坐不纠擿，贬湖南观察使”。而《新唐书》杨敬之本传载：“敬之尝为《华山赋》示韩愈，愈称之，士林一时传布，李德裕尤咨赏。敬之爱士类，得其文章，孜孜玩讽，人以为癖。雅爱项斯为诗，所至称之，繇是擢上第。斯，字子迁，江东人。”从中不难看出李回和杨敬之是相识的，而杨敬之又对项斯有知遇之恩，因此李回和项斯认识也很正常，项斯诗中“心知受恩地，到此亦裴回”前句亦可能指杨敬之的知遇之恩。因此可以判断，李中丞别墅就是李回在樊川的别墅。

38. 杜邠公林亭

杜邠公即杜悰。别业在今长安城南韦曲。《全唐诗》卷579有温庭筠《题城南杜邠公林亭》：“卓氏炉前金线柳，隋家堤畔锦帆风。贪为两地分霖雨，不见池莲照水红。”题下原注：“时公镇淮南，自西蜀移节。”《北梦琐言》卷4《温李齐名》：“杜邠公自西川除淮海，温庭筠诣韦曲杜氏林亭留诗：‘卓氏炉前金线柳，隋家堤畔锦帆风。贪为两地分霖雨，不见池莲照水红。’邠公闻之，遗绢一千疋。”杜邠公，顾嗣立考证为杜悰（见《温飞卿诗集笺注》卷5）。

39. 贾岛原东居

贾岛原东居在长安乐游原东昇道坊内。《全唐诗》卷572贾岛《原东居喜唐温琪频至》:“曲江春草生，紫阁雪分明。”同卷又有《张郎中过原东居》。齐文榜考证，诗当为贾岛居长安乐游原昇道坊时所作（见《贾岛集校注》卷4）。

40. 杜固

《新唐书》卷106《列传三一》:“正伦与城南诸杜昭穆素远，求同谱，不许，衔之。诸杜所居号杜固，世传其地有壮气，故世衣冠。正伦既执政，建言凿杜固通水以利人。既凿，川流如血，阅十日止，自是南杜稍不振。正伦工属文，尝与中书舍人董思恭夜直，论文章。思恭归，谓人曰:‘与杜公评文，今日觉吾文顿进。’无子，以兄子志静为嗣。”可知，杜固为城南诸杜所居之处。宋人张礼《游城南记》:“东次杜曲，前瞻杜固，盘桓移时。”又记:“杜固，今谓之杜坡，所凿之处，崖堑尚存，俗曰:‘马崩崖’，或曰‘凤凰嘴’。”据史念海先生考证，杜固的位置，一说在马崩崖，一说在凤凰嘴。前者又有二处，一在王莽村近处的原畔、潏河边。一在潏河源头南山之下。揆诸地势和川原形状，这两者均不可能。也许凤凰嘴就是杜固？凤凰嘴在彰仪村东北，神禾原上。站在少陵塬向西远望，此处正是潏河沿神禾原折西北流的地方。走下少陵塬来到樊川，在走近潏河仰望，其东、南、北三面凸出，超越原外，如同半岛。以“凤凰嘴”命名，十分形象。从相邻的北新街村直北的小路可以便捷前往。这条牧羊人日久天长踩踏成的小路，蜿蜒崖畔，再前则无路可行。攀缘崖上高低杂树，穿林而上，始达其地。这是神禾原边独特的地形，绛红色的土质，杂有红色更重的小砂，更显得独特。所谓川流如血者，殆为红土红砂逐流而下，使水流成为血色。史念海先生《西安历史地图集》中，杜固位于王莽村西北处。

二 城南园林繁盛的原因

由上述考证可知，少陵樊川地区唐代建设的园林超过了40处，而且有韩愈庄、何将军山林、杜佑郊居等这样各具特色的园林景致，还产生出员庄这样的中国最早的“人间天堂”。城内园林由于受土地限制，面积规模较小，而郊外的园林则因土地面积较大，且有山有水，地形富于变化而便于造园。在长安东郊，邻近大明宫、兴庆宫，处于浐、灞两河流域，供水方便。贵族权要的别业山庄多集中在这一带。太平公主南庄，长乐公主、安乐公主、驸马崔惠童、权相李林甫等的别业多在东郊。南郊的樊川附近，靠近终南山，山水秀丽，物产丰富。在川原之间坐落了许多古刹名塔。从汉代开始，这里就成为达官贵人造园之处，韦、杜两家世居于此。当时就有“城南韦杜，去天尺五”的说法。这里位处长安城南，交通便利。许多文人都选择这里作为自己郊居别业的建筑地，作为避暑纳凉、治学读书、修道习禅、雅集聚会、疗养疾病的场所。

唐都长安城的四郊，北面开辟成禁苑完全被皇帝所占，东西南三面则成为长安、万年两县所辖的乡里，特别注重文化景观的建设，为城市的重要组成部分。唐长安郊区八水分流，南有秦岭叠翠，东有骊山之秀，西有秦都之雄，园林遍布，风景秀丽，魅力无限。然从各个不同郊区的园林建设对比来看，南郊最盛，尤其是少陵樊川地方更成为唐都长安郊区中最宜居最繁华的生态文化区。

唐都长安东郊的园林不少，但是主要以皇家园林为主，著名的为太平公主南庄、长宁公主东庄、宁王宪池、薛王李业别墅、崔驸马山池等。见图3—2。

《全唐诗》卷96沈佺期有《陪幸太平公主南庄》诗：“主第山门起灞川，宸游风景入初年。凤凰楼下交天仗，乌鹊桥头敞御宴。往往花间逢绿石，时时竹里见红泉。今朝扈毕平阳馆，不羡乘龙云汉边。”李乂的《奉和初春幸太平公主南庄应制》：“平阳馆外有仙家，沁水园中好物华。地出东郊回日御，城临南斗度云车。”从这两首诗的描述可知太平公主南庄在长安东郊灞川一带。韩愈的《游太平公主山庄》这样说其范围：“公主当年欲占春，故将台榭压城闉。欲知前面花多少，直到南山不属人。”可见太平公主山庄从东郊灞川一直到南山附近，面积广袤，豪华气派，使得城阙为之色减。

李乂的《侍宴长宁公主东庄应制》：“紫禁乘宵动，青门访水嬉。贵游鳣序集，仙女凤楼期。合宴簪绅满，承恩雨露滋。北辰还捧日，东馆幸逢时。”崔湜的《侍宴长宁公主东庄应制》：“沁园东郭外，鸾驾一游盘。”据此可知，长宁公主东庄在长安东门外。《旧唐书·玄宗本纪》记载：开元十八年四月丁卯，“侍臣以下宴于春明门外宁王宪之园池。上御

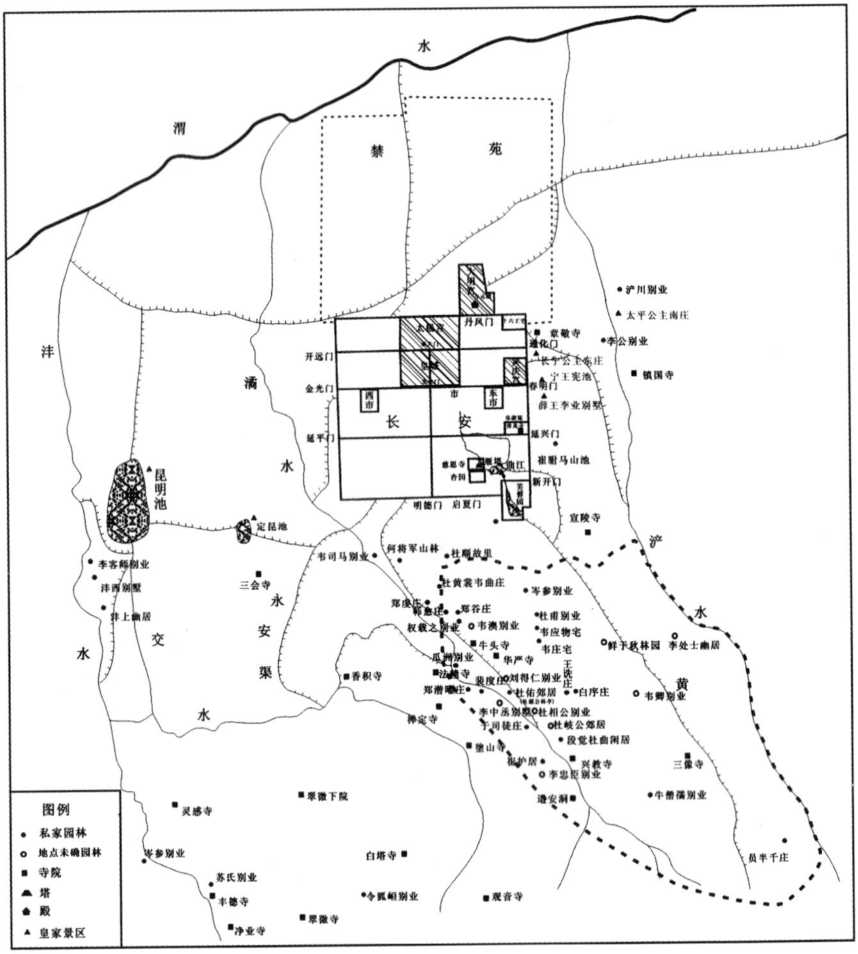

图3—2 唐都长安郊区园林布局图

花萼楼邀请其回骑，便令坐宴，递起为舞”。据此可知，宁王宪池位于长安外郭城的春明门外。《册府元龟》卷319《宰辅部·褒宠门》：“李林甫为相后，天宝中任遇大重，……城东有薛王别业，林泊幽邃，当时第一，特以赐之。”据此知别墅在长安城东。崔驸马即崔惠童，是唐玄宗的女婿，晋国公主的丈夫。《旧唐书》卷104《哥舒翰传》：“（天宝）十一载，禄山、思顺、翰并来朝，上使内侍高力士及中贵人于京城东驸马崔惠童池亭宴会。”

西郊的昆明池景观优美，也为皇亲国戚所占，私家文人园林不多，主要作为唐都长安城的蔬菜水果供应基地。比较有名的就是安乐公主所建的定昆池了。据历史文献记载，景龙二年（708 年）七月，安乐公主依宠仗势，请以昆明池为私沼，中宗不许，公主怒，于是以其西庄之地，并夺民田，用库钱百万亿，别凿一池，延袤数里。[①] 因欲以胜过昆明池，故取名定昆池。“定，言可抗订之也。”张礼《游城南记》：“定昆池，安乐公主西庄也，在京城之延平门外。”宋敏求《长安志》卷 12 载：“定昆池，在县西南十五里。”据此知池在长安城郊西南 7.5 公里处。

而长安城南郊的园林建设特盛，不仅有“距天尺五”这样的韦杜贵族园林，而且有韩愈、岑参庄园等为代表的学者园林以及何将军山林这样的特色园林；同时宗教园林也很突出，这里分布着闻名于世的樊川八大寺院，其中华严寺、兴教寺、香积寺、沣德寺、草堂寺还成为汉传佛教八宗的祖庭，影响巨大。最令人印象深刻的是，这里的园林建设特别具有代表性，员庄更被人们誉为中国历史上最早的“人间天堂”。

南郊园林分布特点明显，集中布设于少陵塬与樊川相接的地方，这里山水资源丰富，自然景观绝佳，同时还处于唐长安城文化轴线的延长线上。

少陵樊川地区除了园林繁盛、最宜人居之外，还有一个重要的特点，就是这里文化发达，人文深厚，凡居于此者受其环境熏陶，不仅事业兴旺而且可以持续发展，达到富贵永固。最明显的例子就是韦、杜家族的绵远流长，张安世家族的九世八侯，与汉代相始终。

郊区是伴随城市规模的扩大、城市功能的完善、市政界限的变迁而逐步形成的，地理概念上指包围城市又毗邻城市的环状地带，对城市发展具有特殊意义。以唐代长安城而言，皇帝有规模巨大、景象万千的宫城居住，但还是要占据城北建设禁苑供其游玩。人们在工作之余还要休闲娱乐，丰富自己的生活，那么郊区建设就成为必然。唐都长安郊区建有许多园林别业，不仅是别业主人的家居，也成为文人雅士的文酒会所，是长安市民游览的最佳去处。王仁裕《开元天宝遗事》卷下记载：“长安春时，盛于游赏，园林树木无闲地……都人士女，每至正月半后，各乘

---

① 《朝野佥载》卷 3 说：“夺百姓庄园，造定昆池四十九里，直抵南山。”

车跨马，供帐于园圃，或郊野中，为探春之宴。”

这里要研究的问题是，为何是城南少陵樊川地方成为唐都长安郊区建设的首选，而不是东郊或西郊。笔者觉得要从唐都长安城的宏观地理形势说起。

唐李吉甫《元和郡县图志》记载：“隋开皇三年（583 年），自长安故城迁都龙首川，即今都城是也。初，隋氏营都，宇文恺以朱雀街南北有六条高坡，为乾卦之象，故以九二置宫殿以当帝王之居，九三立百司以应君子之数，九五贵位，不欲常人居之，故置玄都观及兴善寺以镇之。”这里完整地提出了隋代初建大兴城时利用六爻地形的观点，即将横贯城间的六道黄土梁附会成乾卦之象，并按卦辞含义来规划城市建置。

长安城南郊与东郊相比，东郊主要是皇族和权要的聚居游赏区，南郊虽然也有一些贵族庄园，但更多的是士大夫知识分子的集中地。由于东郊，特别是霸河和浐河之间与大明宫、兴庆宫接近，这里的大片土地多被皇族和权要的山池园林所占据，成为少数人春秋游赏、夏日纳凉的非生产性的宴乐地区。唐高宗的女儿太平公主，唐中宗的女儿长宁公主，唐玄宗时的薛王李业、宁王李宪、驸马崔惠童、权相李林甫等，都在城东有很大面积的园林别业。唐代诗人多有描写城东的诗句，沈佺期的《陪幸太平公主南庄》“主第山门起霸川，宸游风景入初年。凤凰楼下交天仗，乌鹊桥边敞御宴”、韩愈的《太平公主山庄》“公主当年欲占春，故将台榭押城闉。欲知前面花多少，直到南山不属人”、钱起的《太子李舍人城东别业》《陪考功王员外城东池亭宴》《仲春宴王补阙城东山池》等，都描写了城东贵族别业园林的奢华和威严。

而南郊的园林别业则主要是供个人游玩闲居的所在。此类庄园因多以自然形胜为美，布置精巧，不加大量的工程浩大的建筑，受政治权势干扰小，所以持续时间较久。且由于诗人的咏吟赞扬，名声益著，后世人不断前往寻访，遂成名胜古迹。而东郊园林别业主要以一时的政治势力为背景，因而忽起忽落，如太平公主城东的园地，固然盛极一时，皇帝也曾去游览，但旋即失败被没收，“赐宁、申、薛、岐四王，都人岁祓禊其地”。[①]

---

① 《新唐书》卷 83《诸公主传》。

长安城南郊与长安城西郊相比，西郊主要是花木果蔬的种植栽培区，南郊则更多是田畦纵横诗人咏吟之处。唐朝官僚贵族祭享、日常食用需要大量花木果蔬，而长安西郊为都城的果蔬供应地。如长安县丰乐乡有郭橐驼种植能手、司农乡安乐公主城西庄有赵履温专管种植等。而南郊则呈现一片幽静农乐之图，如唐李约的《城南访裴氏昆季》："相思起中夜，夙驾访柴荆。早雾桑柘隐，晓光溪涧明。村蹊蒿棘间，往往断新耕。贫野烟火微，昼无乌鸢声。田头逢饷人，道君南山行。南山千里峰，尽是相思情。野老无拜揖，村童多裸形。相呼看车马，颜色喜相惊。荒圃鸡豚乐，雨墙禾莠生。欲君知我来，壁上空书名。"①

而且由于长安城南的园林形胜有悠久的历史传统，秦汉时此地为皇家御园上林苑的范围，建有许多宫殿苑囿，平民百姓不得随意进入。至隋唐时期，长安城的南移使国都直接和这一地带接连起来，使这一地区的风景园林由于和城市位置关系的不同而地位有所变化。同时，唐长安城的东南部本身就是当时著名的园林风景区。唐长安城的东南隅由于有大兴善寺、青龙寺、曲江池、芙蓉苑、杏园、乐游苑等游赏圣地的存在，加上政府对这一地区的兴修和组织的曲江流饮、雁塔题名活动的宣扬，就在此地形成了长安城中最具活力、最具文化氛围和优美环境的娱乐休憩和文化中心。而南郊与此地在其地域上相连，特别是曲江园林区与南郊樊川少陵塬紧为比邻，这就为南郊的兴起奠定了基础，更显示出南郊的地位，所以大量的私人园林别业在此兴修就成为必然。城南也就成为人们游览憩居的最佳选择。

与此同时，众多的宗教寺庙也在此兴起繁盛。大量寺庙的兴建一方面得益于当时唐政府的提倡和鼓励，另一方面则由于城南的地理位置。城南不但环境优雅，适合宗教所需的清静环境，更重要的是此地与终南山邻近，"终南在望"成为许多寺庙选址的重要考虑。终南山是古代人心中的宗教圣地，又邻近首都，所以就在这里出现了大量的寺庙，使之成为宗教圣地。

总之，唐代的长安城南郊是继以曲江园林区为中心的长安城东南隅游赏娱乐区之外又一个更为广大和自由的休闲游赏区，是长安城政治、

① 见《全唐诗》卷309。

文化、宗教的影响区和延伸区。正是由于这样一个环境优美、地理位置重要，集贵族、文人、僧侣、寺庙、私人别业庄园为一体的区域存在，才为长安城威严、壮观、里坊的限制提供了一个恬静、优雅、自然的自由场所。同时也正因为唐长安城的繁华、经济文化的发达、人民心态的开放自由，才会在南郊形成这样一个特殊的区域。

第二节　何将军山林

何将军山林在城南园林区中别具一格，相比较其他在文章中被记录下来的已知园林而言，它独冠以山林这一称呼，并且与那些因园林主人的名声而被后人记下的园林情况相反，何将军何昌其因他的园林而被后人记住。由于时代久远、战火波及和人为毁坏等原因，今天已不能再亲睹何将军山林当年风光。不过值得庆幸的是，杜甫在两次游览何将军山林后分别留下的《陪郑广文游何将军山林十首》和《重过何氏五首》诗篇为后人提供一窥当年风貌的机会，同时为重构当年何将军山林的美好景观提供宝贵参考。

一　主人及山林概况

1. 主人概况

何将军山林的主人何昌其在历史资料中留下很少的身世资料记载，因此后人无法对他进行充分的了解。我们仅能知道他是唐代一名千牛卫上将军，曾是郭子仪的偏将。从杜甫“床上书连屋，阶前树拂云。将军不好武，稚子总能文”中可以看出，何昌其虽然出身行列，却也是一个喜爱读书，有雅致的儒将，今传长安何家营鼓乐的流传也与其大力收集有关，因此他与文人墨客结交也不足为怪。杜甫诗中谓何氏“颇怪朝参懒，应耽野趣长”，这可能是促成何氏修建此山林的原因所在。

何昌其与郑虔（字广文）交好，同时郑虔与杜甫是同乡好友，因此当何昌其邀请郑虔的时候，杜甫也“平生为幽兴，未惜马蹄遥”，陪同郑虔一起第一次于天宝十二年夏天游览了山林。第二次于次年春天独自应邀故地重游。两次游览总共留下诗歌十五首，清代王士祯对这些诗篇评价甚高：“何氏十五首遂为咏园林之冠，为其人工之极，更近自然，不浅不深，正好而止。”

2. 山林位置

对何将军山林文献记载较为简略。宋张礼《游城南记》记载当时“寻所谓何将军山林而不可见”，但在李好文《长安志图》中说：“曰塔陂者，以有浮屠故名，在韦曲西，何将军之山林也。”塔陂即塔坡，在今塔坡村。元骆天骧《类编长安志》中“何将军山林”条记载：“今谓之塔坡。少陵塬乃樊川之北原，自司马村起，至此而尽，其高三百尺，在杜城之东，韦曲之西。山林久废，上有寺，浮图亦废，俗呼为塔坡。”明嘉靖《陕西通志》引用《类编长安志》所述。吕卓民老师在《古都西安》一书中提到一种猜测，即何将军山林可能位于韦曲南部的何家营，因无资料支持此猜测，暂不能成为立论。

由此我们可以判断唐时何将军山林大致范围应为今塔坡村所在的范围，即位于当时长安城南明德门外樊川北原，距明德门大约 30 里的韦曲西边。塔坡后依据坡上坡下分为上、下塔坡两村，可知当时何将军山林从原下延伸到原上。唐时此地除有潏水流经外，还有人工开凿的明清渠穿过，丰富的水源为园林的创建与经营创造十分有利的条件，因此会出现“名园依绿水”的景观。该地区环境优美，距离西北侧公共游乐场所的定昆池也不远，宋之问在《春游宴兵部韦员外韦曲庄序》写道：“长安城南有韦庄，京郊之形胜也。”位于韦曲西侧的何将军山林形胜也不会相差太远。唐时韦杜为文人墨客聚集之处，文化气息的浓郁也增加何昌其将自己园林选在此处的兴致。

3. 何为山林

何将军山林具体面积受资料所限无法判断。然在唐诸多园林中，它独冠以山林之称，我们可以从中找出一些线索。《汉书·滑稽列装·东方朔传》窦太主（馆陶公主号窦太主）言：“愿陛下时忘万事，养精游神，从中掖庭回舆，枉路临妾山林，得献觞上寿，娱乐左右。”颜师古引应劭注：“公主园中有山，谦不敢称第，故托山林也。”明王嗣奭《杜臆》注曰：“山林与园亭异。依山临水，连村落，包原隰，涵樵渔，王右丞辋川似之，非止一丘一壑之胜而已。”由此可知，何将军山林范围广阔，山林之内不仅仅只有亭台楼阁，还应有山川田地之类。这些在杜甫诗中也有印证：“百顷风潭上，千章夏木清”“石林蟠水府，百里独苍苍”“手自移蒲柳，家才足稻粱”。虽然“百顷”“千章”和“百里”之词可能存在一些文学夸张，但也从另一个角度反映庄园目视范围之内是广阔的。“家才足稻粮”反映出园中有足够广大的田地以供园中人的生产生活。“碾窝深没马”表明游览时需要乘马进行，也从另一个角度说明山林的广阔。

二 何将军山林的构成要素

在杜甫诗篇中出现众多的园林景物，构成一幅优美的山水相映、鸡犬相闻的田园风光。正是这美不胜收的风光使得杜甫流连忘返，又再次回来，最后还产生“何日沾微禄，归山买薄田”的想法。到底山林中包含哪些方面的景物，下面从各个方面进行分析。

1. 山林中房屋建筑及器物

书房

杜甫在诗中直接写房屋的诗句不多，仅在第一次游览时夜间留宿在山林，在其第九首诗中写到“床上书连屋，阶前树拂云”，可以确定这是何将军山林中的一处书房。从“听诗静夜分”和“凉月白纷纷”两句夜半时候月色照进房间白纷纷一片，可以推断出该书房是坐北朝南布局，读书之际，亦可以眺望终南山风景。书房前面既有高耸入云的树木，亦有缠绕在树上墙壁间的葱葱郁郁的女萝薜荔，使这里的环境十分清幽淡雅。书房是否和别的房间连接在一起因资料不足暂时还无法断定。

水磨

杜甫第四首诗中“碾窝深没马”一句，后人历来有不同的见解。清仇兆鳌在《杜诗详注》里认为是“车轮碾辙低陷处，水漩成涡”。恐非，因为车轮再怎么向下陷也不会形成“没马”的漩涡。碾当为硙碾，即水磨。《唐会要》第89卷载：“开元九年正月。京兆少尹李元纮奏。疏三辅诸渠。王公之家。缘渠立硙。以害水功。一切毁之。”足见因为当时王公贵族设立硙碾脱谷、制粉以牟取利润，导致硙碾在水渠旁边较多，以致影响水利灌溉。何将军山林靠近明清渠，加上本山林也是“家才足稻粮”，因此何将军山林有硙碾也不足为奇。只不过硙碾在后来的诏毁中被废除，留下杜甫所看到的碾窝，即当时为推动水磨所用流水的水渠。这种水渠仍可以在存水后形成“没马”的局面。

演武场

在第九首诗中何将军被杜甫认为“将军不好武，稚子总能文”，这里面有一些杜甫的个人感想，杜甫从自身文人角度出发，有此想法不为过。第二次游览何氏山林时，杜甫曾有“雨抛金锁甲，苔卧绿沉枪”的感慨，想以此说明何将军的重文之志。但是何将军作为一介武将，不可能完全放弃武艺。金锁甲为精细锁子甲，绿沉枪为枪柄用绿沉色漆装饰的长枪，按常理不应被习武之人随便丢弃，在此应该是被杜甫用来指代所看到的一般兵器。这些兵器从杜甫用“雨抛”“苔卧”的修饰状况来看应该是陈列于庄园之中房屋之外。因此此地极有可能是何将军习武所用的演武场。

钓鱼台

杜甫的《重过何氏五首》之中第三首描写平台之游：“落日平台上，春风啜茗时。石阑斜点笔，桐叶坐题诗。翡翠鸣衣桁，蜻蜓立钓丝。自今幽兴熟，来往亦无期。”这里应该是风潭边的一个高台，被何氏在靠水边的地方用栏杆装修，作为一个钓鱼台使用，同时也可以作为品茶和观赏风景的场所。杜甫重游时，就傍晚坐在平台上，放下钓鱼丝后，等待的时间里一边品着香茗，一边蘸着放在栏杆上的墨在梧桐叶上写下自己的新作。

碧筒饮

第八首诗中“醉把青荷叶”向人展示一种当时流行的用荷叶饮酒的方式。在后面故事中有详细介绍，这里不再赘述。

2. 山林的山水

杜甫在第一次游览山林时有“谷口旧相得，濠梁同见招”之句，运用两个典故来说明郑虔和何将军。“濠梁”一词源于《庄子》：“庄子与惠子，同游濠梁之上”，《庄子》中“濠”为古水名，一名石梁河，在今安徽凤阳县境内。杜甫用在这里其实已经传递出何将军山林水体很多的信息，这些水体在诗中也被进一步描写。

皂河、明清渠

杜甫诗中“名园依绿水”中的“绿水”当为潏水，在古代一般称河流为水，对于人工河流明清渠不会加以水的称呼。另据张礼《游城南记》记载：“明清渠……穿杜牧九曲池，寻坡而西，经牛头寺下，穿韩符庄，西过韦曲，至渠北村，西北流入京城。”史念海先生的校注云：“清明渠西北流经韦曲，韦曲在今西安市长安县韦曲镇，明清渠从这里沿少陵原坡下又西北流向长安城。”从何将军山林在韦曲西的地理位置及其广阔的面积来看，明清渠当穿过何将军山林。这也解释了山林之中会出现“风磴吹阴雪，云门吼瀑泉”的原因，因为是明清渠从少陵塬上激流而下所造成的景观。水流向下经过曾经的硙碾，然后流到风潭，后流出山林。从明清渠流出的活水为山林中的生产生活提供了极大的便利，生活用水和灌溉用水得到满足，何将军山林中的稻田生产就有保障。同时也是山林中其他各个水体的源头，只要明清渠存在，山林的水面景色就不会消失，风潭依旧会保持“百顷”之广，瀑泉还是可以飞溅“阴雪”。

风潭

“百顷风潭”是杜甫进入庄园后展现在他面前的第一大景观，即第二首中所言的“百顷风潭上，千章夏木清”。虽然杜甫的百顷有一些夸张的成分在里面，不过后来杜甫写到“翻疑舵楼底，晚饭越中行”。杜甫年轻时在南方游历，曾经见到南方大船尾有舵楼，此时看到风潭想起当年水中行船的情景，这足以见得风潭也拥有广阔水域。“醉把青荷叶”可以说明在风潭里面种有荷花。在第一次游览时杜甫提到“鲜鲫银丝脍”和“野老来看客，河鱼不取钱”，在重游时提到“蜻蜓立钓丝”，足以证明在风潭之中有鱼的存在。后人在写景时经常用风潭的典故，如元人奥敦周卿在描写西湖时曾写道：“西湖烟水茫茫，百顷风潭，十里荷香。宜雨宜晴，宜西施淡抹浓妆。尾尾相衔画舫，尽欢声无日不笙簧。春暖花香，岁稔时康。真乃上有天堂，下有苏杭。”唐代园林中开凿池潭已是传统，如白居易洛阳别墅中“有水一池”。

假山

杜甫第五首诗中出现的“剩水沧江破，残山碣石开”，应该是描写一处山林中的假山。主人在正渠之外穿池垒石，因此大地上会出现剩水残山，然其气势之雄阔，足以破沧江而开碣石。早在汉代在昆明池中已出现牛郎织女的假山石，到唐代贵族园林中大量出现用石之作，比何将军稍晚一些的白居易、牛僧孺、李德裕等人均在园中布置大量假山，并有撰文传世。杜甫本人也有众多假山诗，如《假山》：“一匮功盈尺，三峰意出群。望中疑在野，幽处欲生云。慈竹春阴覆，香炉晓势分。惟南将献寿，佳气日氤氲。”园林中假山池水合理布置可以达到拳石藏岳、滴水出海的效果。

瀑泉

杜甫第六首诗中虽出现“风磴吹阴雪，云门吼瀑泉”的景象，并不是真正在夏季出现阴雪，而是激流在下降过程中所形成小瀑布后上升起的水雾，并且伴随响声。小瀑布应该是清明渠在下落的时候所形成，不过也应该进行了人为的整理。由于水汽的上升，在这里形成一个局部的小气候。同时在这周围应该就是在来时所看到的“野竹上青霄”的所在地，会有茂密竹丛，虽然是炎炎夏日，这里却十分阴冷，“酒醒思卧簟，衣冷欲装绵”，可见是一个避暑的好去处。在这里也应该是生长香芹的碧涧所在。

石林水府

第七首诗中出现的“石林蟠水府，百里独苍苍”，讲的是山林中或山林周围有一片很开阔的地方，在这里丛石如林，旁边白水苍苍，唯独不曾有树木生长。“百里”当为夸张之词。

3. 山林中动植物

鱼

风潭及明清渠中有鱼的存在，“鲜鲫银丝脍”“野老来看客，河鱼不取钱”，在重游时提到“溪喧獭趁鱼”“蜻蜓立钓丝”，足以证明在风潭和明清渠中都有鱼的存在。可能就是所提到餐桌上“鲜鲫银丝脍”所用的鲫鱼。

鸟

山林中不但看到第二首诗中的“接叶暗巢莺”，莺类在桐树上结巢。还可以从重游第二首一览“鸦护落巢儿”，见鸦类的爱子之情。在重游第三首诗里面出现的“翡翠鸣衣桁”中“翡”为赤羽雀，“翠”为青羽雀，“衣桁”为晾衣架。“翡翠”或为何昌其养在笼中的雀鸟，以期听到美妙的鸟音。还可以看到“清晨野鹤出”，野鹤到水田觅食的景象。

犬

第二次重游中“犬迎曾宿客”，看到“曾宿客”，连狗都跑出来迎接。

蜻蜓

“蜻蜓立钓丝”，主客闲适钓鱼时，连蜻蜓也来凑热闹。

蝴蝶、水獭

缘溪行既有美丽的自然风景，也可以看到重游第一首中的“花妥莺捎蝶，溪喧獭趁鱼”的有趣情景。

竹林

何将军山林中存在大片的竹林，这是吸引第一次杜甫不请自来的主要原因。同时第二次“问讯东桥竹，将军有报书”，这又促成杜甫“重来休沐地”。诗中四次提到竹，是出现次数最多的植物。山林中的竹林高耸茂密，在远处看“野竹上青霄”。当然有竹林的地方还有竹笋，“绿垂风折笋”，正是描写竹笋遇风折断的情况。

泡桐

在杜甫诗篇中提到“百顷风潭上，千章夏木清”，有许多的高树围绕在风潭周围，却没有提及是何树。在重游中有“落日平台上，春风啜茗时。石阑斜点笔，桐叶坐题诗”，诗人在休闲的时刻不会再去远处捡拾桐叶回到台上再题诗，应该是春风将桐叶吹落在平台上，被诗人随手捡起题诗在上面。由此可见，杜甫第一次所见“千章夏木”应该就是泡桐树。泡桐树，可高达 12 米，叶为掌状，夏季开花，花小，黄绿色，果实成熟时分裂。树干光滑，叶大优美，观性好，中国古代传说凤凰“非梧桐不栖”。因此家中多栽有梧桐树。桐树长大后枝叶繁茂，夏季会结出像一串葡萄样下垂的种子串，与“卑枝低结子”状况极其相似。另外，桐树叶极大又重叠茂密，也容易形成“接叶暗巢莺”的情况。

水芹

第二首诗中与“鲜鲫银丝脍”相提并论的“香芹碧涧羹”所用香芹应是水芹菜。《说文》：“楚葵，水芹也，今水中芹菜。一名水英。”水芹别名水英、细本山芹菜、牛草、楚葵、刀芹、蜀芹、野芹菜等。主要生活在河沟、水田旁，杜甫说香芹生在碧涧中也符合水芹菜生长习性。山林之中水源丰富，为大面积种植水芹提供可能。

独活

杜诗第三首诗中所提“万里戎王子，何年别月支？异花开绝域，滋蔓匝清池”的“戎王子”历来被人解释为独活，独活别名胡王使者、独摇草、独滑、长生草、川独活、肉独活、资历邱独活、巴东独活、香独活、绩独活、大活、山大活、玉活。因“胡”与“戎”在古代很多时候是通用，所以“胡王使者”和“戎王子”被认为是同一植物。今采前人说法。唐人园中多有药圃，杜甫在成都草堂就有药圃，其在《高楠》中提到“近根开药圃，接叶制茅亭”。

红梅

杜甫用“绿垂风折笋，红绽雨肥梅”描写了烹笋摘梅的惬意状态。长安地区到中唐时期依旧温暖湿润，适合梅子生长，《诗经・秦风》中有“终南何有？有条有梅”，九世纪时唐皇宫和曲江池还都种有梅树。核果近球形，有缝合线，黄色或绿色，被柔毛，味酸，果肉与核粘附不易分离，6—7 月果实成熟，古人经常用它代替醋作为调味品。梅树可用于园林、绿地、庭园、风景区，可孤植、丛植、群植等；也可屋前、坡上、石际、路边自然配植。

荷花

风潭之中种有荷花，杜甫在诗中“醉把青荷叶”“茵蔯春藕香”涉及这种植物。后人在文学作品中也常用“百顷风潭，十里荷花”的句子，也可能从杜诗化用。

棘树

游览时，在第七首诗中出现“棘树寒云色”也极为常见，在今天的原上，棘树也是很常见的灌木。

茵陈蒿

茵陈蒿经冬不死，春则因陈根而生，故名因陈或茵陈。至夏其苗则变为蒿，故亦称茵陈蒿。据《中国医典》介绍：“茵陈主产于陕西、河北、山西等省。商品通称绵茵陈，陕西产者称西茵陈，质量最佳。除供应本省外，并运销南方诸省。其他种省、区产者，多自产自销。”中国民间现尚有以米粉做茵陈糕、团的习惯。茵陈做菜，要采嫩苗，老的则入药，是茵陈蒿。故有“二月茵陈，五月蒿”的说法。

女萝、薜荔

女萝即松萝。多附生在松树上，成丝状下垂。《楚辞・九歌・山鬼》：“若有人兮山之阿，被薜荔兮带女罗。”王逸注：“罗，一作萝。”唐元稹《梦游春》诗：“朝蕣玉佩迎，高松女萝附。”薜荔俗称凉粉果、木馒头，亦有别名薜、牡赞、木莲、木莲藤、过水龙、辟萼、石壁莲、木瓜藤、膨泡树、壁石虎、木壁莲、爬墙虎、风不动、彭蜂藤、王不留行、石莲、常春藤、石龙藤、石壁藤、补血王、追骨风、爬岩风、墙脚柱、田螺掩、大鼓藤、抬络藤、老鸦馒头藤、凉粉藤、石绷藤、薜荔络石藤、木隆谷、邦邦老虎藤、乒乓抛藤、爬山虎、巴山虎、乒抛藤、泊壁藤、墙壁藤、有蜂藤、小薜荔、抱树莲。为桑科常绿攀援或匍匐灌木植物，含乳汁。《植物名实图考》："木莲即薜荔，自江而南，皆曰木馒头。俗以其实中子浸汁为凉粉，以解暑。"薜荔叶质厚，深绿发亮，寒冬不凋。园林栽培宜将其攀缘岩坡、墙垣和树上，郁郁葱葱，可增强自然情趣。成熟果可食用，其果胶含量达 32.70%，蛋白质含量为 3.80%，含糖量达 20.33%，粗纤维含量为 5.05%，维生素和矿质元素丰富，且脂肪含量极低为 2.67%，因而属于低脂、低热量食品。杜甫所在书房"阶前树拂云"也为"絺衣挂萝薜"创造了有利条件，另外萝薜也可以攀附在墙壁上。

蒲柳

在重游第四首中"手自移蒲柳"的蒲柳即水杨，它生长于水边，质性柔弱且又树叶早落。山林中有大量水体的存在，为蒲柳的生长提供了有益的环境。蒲柳也许是文人最不喜欢的植物。白居易说："蒲柳质易朽，麋鹿心难驯。"因此杜甫所提到的"手自移蒲柳"，有可能是将蒲柳铲除掉。不过"手自移蒲柳"还有另一种情况解释，《尔雅疏》："杨，一名蒲柳，生泽中，可为箭笴。"笴，即箭杆。从这个角度来说蒲柳可能是何昌其亲手种植的，用来为自己打造箭杆。

水稻

山林中有稻田，"家才稻粮足"可以看出山林在生产方面能达到自足。《长安志图》中记载："今其地出美稻，土人谓之塔坡米。"塔坡米或是何将军山林稻田之传承。后面有进一步说明。

4. 食物

脍鲜鲫

刚进山林作者就品尝到第二首诗中所说的"鲜鲫银丝脍"，何氏用鲜鲫鱼招待郑杜两人。"银丝"点明所作的鲜鲫鱼的形状和颜色。《酉阳杂记》记载："进士段硕常识南孝廉者，善斫脍丝。薄丝缕轻可吹起。"不知杜甫所见是不是这样的脍丝。

香芹羹

"香芹碧涧羹"同样出现在第二首诗所描写的午饭中。杜甫有"香芹调羹，皆美芹之功”之赞。

茵陈

在游览到原上时进行的晚餐，有第七首中“茵陈春藕香”一说。茵陈可做菜肴，在中国流传着，“正月茵陈二月蒿，三月拿来当柴烧”的谚语。此时为夏季，极有可能只是杜甫听说有此做法，却未曾亲自尝到。

春藕

杜甫在夏季尝到春藕，在炎炎夏日因此会有“脆添生菜美，阴益食单凉”的感慨。

茶

重游第三首中“落日平台上，春风啜茗时”描绘出诗人品茶的一种闲适状态。茶在陆羽《茶经》问世后才开始普及，之前主要在贵族中流行。

5. 其他

鼓乐

鼓乐虽没有在杜甫诗中出现，但今天何家营鼓乐被认为是何将军保留下来，专家称为“活在地面上的兵马俑”“中国古代的交响乐”。何家营鼓乐，是以打击乐器的鼓为主，及与笛、笙、管等吹奏乐器混合演奏的大型乐种。在师承关系上，鼓乐原分玄和释两家。何家营鼓乐乐器的音调和保留曲目近于僧家，但又不断吸收民间乐调，形成高扬、浑厚、热烈而奔放的俗家演奏风格，同时又保留了宫廷音乐典雅清幽的色彩。

何家营鼓乐演奏的乐器以鼓、锣、铙、钹、木鱼、水铃、去锣、方匣子为主，加以笛、笙、管等吹奏乐器。演奏形式分行乐和坐乐两大类。行乐是行走时演奏乐曲，所用乐器较为简单，多为单牌子散曲，节奏规律、严整；坐乐为坐着演奏的曲牌，人员众多，场面壮观，乐曲舒展激越，颇具将军风范。

三　何将军山林的布局及其毁坏

1. 布局考证

明王嗣奭《杜臆》曰：“此十首诗明是一篇游记，有首有尾，中间或赋景或写情，经纬错综曲折变幻。”作者推测杜甫第一次游览所作的十首诗歌是按先后顺序排列的，从“不识南塘路，今知第五桥”开始到“只应与朋好，风雨亦来过”结束。

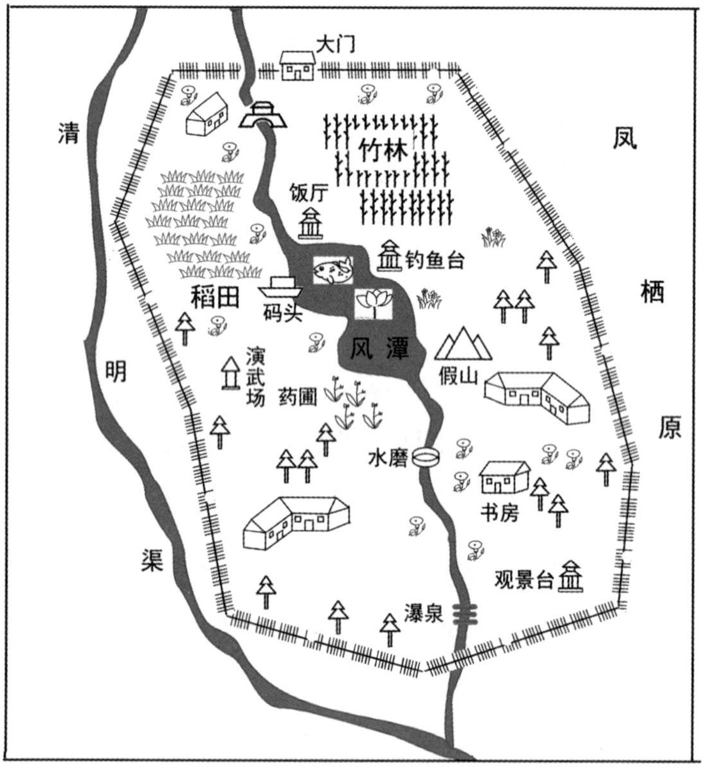

图 3—3 何将军山林布局推测图

游览路线从南塘路开始，这里也许曾路过后来所回忆到的“忆过杨柳渚，走马定昆池”，经过第五桥后，遥遥看见“名园依绿水，野竹上青霄”。

第二首诗是进山林后所看到的景色，我们从诗中可以推测出进园后该处的大致布局：有一大型风潭，在它周围种植了大量梧桐树。从山林所在少陵塬的地理范围和明清渠的流向来看，山林地势应该是东南高于西北，平台高于水面，平台位置应该在风潭的东部和南部之间。杜甫被招待吃饭时，能由风潭想到游览南方时“翻疑舵楼底，晚饭越中行”的情景，那吃饭地点应该距离风潭很近。炎炎夏日不会露天用餐，或为一厅，或为房舍。

从各诗描写景物来看，能出现“风磴吹阴雪，云门吼瀑泉”，饭后应是向原上游览。所经过的第一个地点应该就是第三首诗“万里戎王子”独活所在的药圃。

第四首就是继续往前走，出现篱笆外面隐藏在高竹后面的旁舍，可以邻近看到向下面的风潭流去的渠水，这里还有硙碾拆除后留下的碾窝。另外，第二次所写到的稻田也应该位于这一地带。缘溪行能看到第二次游览时“花妥莺捎蝶，溪喧獭趁鱼”的情景，溪水边有蒲柳。

第五首是前行中看到假山，假山后面是大片竹林，竹林里隐藏有竹笋和红梅。游人曾在这里坐下休息——“兴移无洒扫，随意坐莓苔”，兴致所在也就随意坐下，哪怕是没有打扫的莓苔。这里已经接近原，因此竹林后面就出现第六首诗里面渠水从原上冲下所形成的瀑布。

竹林本来就阴凉，又受到扑面而来的水汽影响，造成“酒醒思卧簟，衣冷欲装绵”。在这里还看到淳朴的野老在取鱼。

第七首就是上原后看到满丛棘树，在这里吃了晚餐，进食的食物中有藕片。站在高处四处张望因此会想到“野鹤清晨出，山精白日藏”，也会看到“石林蟠水府，百里独苍苍”的情况。游览到这里应该天色不早，已经到打道回府的时间。

因此第八首再一次出现和风潭有关的诗句“刺船思郢客，解水乞吴儿”，这时已经回到风潭边休息，也就有了“坐对秦山晚”。

第九首出现夜间住宿的情况，初到生地，虽然已经是“静夜分”，月光透过外面的女萝薜荔照进房间，白纷纷一片。面对上与屋齐的书籍，看着外面高耸入云的树木，杜甫依然不能入睡。

第十首就写到离开时候了，“出门流水住，回首白云多”，并提到“只应朋友好，风雨亦来过”。

2. 毁坏原因与时间

对于何将军山林的消失，多无资料记载。杜甫两次游览何将军山林是在天宝十二年、十三年，天宝十四年发生“安史之乱”。在“安史之乱”后也不见有山林的出现，据此推测山林可能毁于“安史之乱”。唐至德二年（757 年）安禄山叛军攻长安，命关西节度使安守忠、李归仁陈兵于潏河及清明渠两岸。朝廷命关内、河东副元帅郭子仪率兵征剿，两军各守阵地七日，互不相进。叛军安守忠令军队假退诱官兵进攻，以骁骑九千为长蛇阵，从首尾两翼夹攻郭子仪军，官兵大溃，子仪去武功向肃宗请罪降职。同年九月，肃宗于凤翔设宴慰劳诸将，再次命郭子仪率兵进击长安叛军。以广平王李椒为元帅，郭子仪为副帅，率朔方等军及回纥兵15万，列阵于清明渠两岸，横亘15公里，从香积寺北对叛军追击，四面围剿，战于杜城南清明渠至茅坡一带，自午至酉，酣战半日，斩首不计其数，叛军大溃，余众逃入长安，官军乘胜追击，叛军弃城而逃，长安收复。该战事持续一段时间，且叛军很长一段时间占有主动，何将军为郭子仪副将，其山林极有可能被叛军破坏或在战事中毁坏。何家营或为这一时期何将军的驻地，或者为山林被毁后，令迁此地后重建的庄园，只是规模远逊于第一个庄园。

第三节 杜佑庄园

韦杜风景秀丽，吸引无数文人墨客，留下不少的文人遗迹，庄园就是其中之一，如韩愈庄、岑参别业。世代居于此地的韦杜家族基于自身优越条件，两姓所建设的庄园更是美轮美奂，如“朱雀起而为门”[①] 的韦曲庄。这里的贵族庄园虽然都建设得让文人墨客不惜笔墨描写，最为优胜者还是被誉为“城南之最”的杜佑别墅。虽然为今天看不到这个城南之最而感到遗憾，不过我们可以从当时的记载中勾勒出杜佑庄园的胜景。

一 杜佑其人及庄园概况

1. 杜佑其人

杜佑出生在世代显赫的城南杜姓家族，祖上多为唐朝高级官吏，曾祖被封南阳郡公，祖父为右司员外郎，父亲为恒州刺史、河西太守。杜佑本人更是超越了他的前人，转任唐朝多个显职，镇守扬州十六年，后调入朝廷担任宰相，“佑性敦厚强力，尤精吏职，虽外示宽和，而持身有术。为政弘易，不尚皦察，掌计治民，物便而济，驭戎应变，即非所长。性嗜学，该涉古今，以富国安人之术为己任”[②]，撰有《通典》一书流传

① （唐）宋之问：《春游宴兵部韦员外韦曲庄序》，载《全唐文》卷241，中华书局1983年版，第2437页。

② 《旧唐书》卷147《杜佑传》，中华书局1975年版，第3982页。

于后人，被封为岐国公。杜佑致仕后居于城南庄园，两唐书均有传。《旧唐书》评价杜佑："佑性勤而无倦，虽位极将相，手不释卷。质明视事，接对宾客，夜则灯下读书，孜孜不怠。与宾佐谈论，人惮其辩而伏其博，设有疑误，亦能质正。始终言行，无所玷缺。"[①] 其子孙也多在朝任职，曾出现父子同朝为官的局面，孙子杜牧更是以文学留名于后世。杜牧在诗中说"我家公相家，剑佩尝丁当"[②]，一点夸张也没有。杜牧曾在诗中提到"第中无一物，万卷书满堂"[③]，点出杜佑家族有靠读书走进仕途的传统，而不是依赖于荫封，杜牧更是在二十六岁时，连中进士与制策两科，所谓"两枝仙桂一时芳"。[④]

2. 庄园概况

杜佑城南庄园据文献记载至少有两处：杜曲庄园和瓜洲别业。

关于杜佑庄园《旧唐书》记载："佑城南樊川有佳林亭，卉木幽邃，佑每与公卿宴集其间，广陈妓乐。诸子咸居朝列，当时贵盛，莫之与比。"[⑤] 杜佑之子杜式方传中记载："时父作镇扬州，家财钜万，甲第在安仁里，杜城有别墅，亭馆林池，为城南之最。"[⑥] 可见在唐时人们已经认为杜佑庄园在城南众多庄园中脱颖而出，成为"城南之最"。

杜佑在城南杜曲建设别墅，一是这里本来就是杜氏祖居地，二来这里风景优美，杜牧《朱坡》诗中记载"北阙千门外，南山午谷西。倚川红叶岭，连寺绿杨堤"。[⑦] 因此，杜佑在拥有安仁里宅居后，在城南又建造自己的庄园。

杜佑置办城南别墅的时间和地点，据他在《杜城郊居王处士凿山引泉记》中记载："佑此庄贞元中置，杜曲之右，朱陂之阳。"[⑧] 另据权德

---

① 《旧唐书》卷147《杜佑传》，中华书局1975年版，第3983页。

② （唐）杜牧：《冬至日寄小侄阿宜诗》，载《全唐诗》卷520，中华书局1960年版，第5941页。

③ 同上。

④ （唐）杜牧：《赠终南兰若僧》，载《全唐诗》卷524《杜牧》，中华书局1960年版，第5998页。

⑤ 《旧唐书》卷147《杜佑传》，中华书局1975年版，第3981页。

⑥ 《旧唐书》卷147《杜式方传》，中华书局1975年版，第3984页。

⑦ （唐）杜牧：《全唐诗》卷521，中华书局1960年版，第5957页。

⑧ （唐）杜佑：《全唐文》卷477，中华书局1983年版，第4878页。

舆的《司徒岐公杜城郊居记》记载，在“启夏南出，凡十有六里”。[①] 即杜佑庄园在长安启夏门南十六里处杜曲之西，今朱坡之东南。杜佑庄园不是一次修建完成，而是一个连续的过程。王易简为杜佑开凿引泉就是在园林修好以后的一次改造。杜牧也曾对庄园进行过一次改造，杜牧外甥裴延翰在《樊川文集·序》中写道：“长安南下杜樊乡，郦元注《水经》，实樊川也，延翰外曾祖司徒岐公之别墅在焉。上五年（宣宗大中五年，851 年）冬，仲舅自吴兴守拜考功郎中知制诰，尽吴兴俸钱，创治其墅。”这里的“创治其墅”当为扩建。杜牧道出修建原因：“一旦谈啁酒酣，顾延翰曰：‘司马迁云，自古富贵，其名磨灭者，不可胜纪。我适稚走于此，得官受俸，再治完具，俄及老为樊上翁。既不自期富贵，要有数百首文章，异日尔为我序，号《樊川集》，如此顾樊川一禽鱼一草木无恨矣，庶千百年未随此磨灭邪！’”[②] 可见杜牧因“适稚走于此”，对此感情极深，并已打算以樊川命名文集，使这里不会被磨灭。杜佑庄园后来的情况我们可以从张礼《游城南记》了解大概：“此庄向为杜氏所有，后归尚书郎胡拱辰。熙宁中，侍御史范巽之买此庄于胡，故俗谓之‘御史庄’。中有溪柳、岩轩，江阁、圃堂、林馆，故又谓之‘五居’。”虽然杜佑庄园两次转手，保留的状况还是比较好。

二　杜佑庄园中的构景要素

杜佑庄园在唐时被文人墨客赞扬，同时被冠以“城南之最”写进正史传记之中。庄园之中亭台楼榭，池泉湖沼，并花草争艳，松竹斗胜，锦鸡飞舞，霜鹤旋环。九曲池上船来帆往，佳林亭里歌舞升平。庄园中的美景通过家人及去过的宾客记录下来，让后人有了想象的空间，由于时间久远和文献缺失，能流传下来的名物也许仅为当时十之一二。本节从现存的诗文中将各种名物挑拣出，让今人可以看到当时杜佑庄园的状况。

1. 庄园建筑

佳林亭

《旧唐书·杜佑传》记载：“佑城南樊川有佳林亭，卉木幽邃，佑每

---

① （唐）权德舆：《全唐文》卷 494，中华书局 1983 年版，第 5045 页。

② （唐）裴延翰：《全唐文》卷 759，中华书局 1983 年版，第 7881 页。

与公卿宴集其间，广陈妓乐。诸子咸居朝列，当时贵盛，莫之与比。”佳林应该由是“嘉林”一词得来，“嘉林”一词出自《史记·龟策列传》：“有神龟在江南嘉林中。嘉林者，兽无虎狼，鸟无鸱枭，草无毒螫，野火不及，斧斤不至，是为嘉林”[①]，在这里用“佳”代“嘉”，因为“佳”同时有美好之意。佳林亭是杜佑庄园的重要建筑，是杜佑安排与到访公卿举行宴会的场所，《旧唐书·宪宗本纪》记载“三月辛丑朔，宰相杜祐与同列宴于樊川别墅，上遣中使赐酒馔”[②] 中的宴会应该就是在这里举行。

玉钩亭

张礼《游城南记》记载：“其地有九曲池，池西有玉钩亭。许浑诗所谓‘九曲池西望月来’，池迹尚存，亭则不可考也。”[③] 中国古人饮酒时有藏钩游戏，藏钩所用的器具，是一枚小小的钩子，或金或银或铜或玉所制。藏者，将钩子藏于左右两手的任何一只手中，让对方猜是哪一只手；或规定只藏于某一只手中，猜“空”（未藏）与“实”（藏了），输者罚酒。这种简单的游戏，旨在增添酒宴的欢乐气氛。李商隐曾有“隔座送钩春酒暖，分曹射覆蜡灯红”[④] 诗句，这“送钩”和“射覆”，均为酒宴游艺项目。玉钩亭当在九曲池的西面，也是举行宴会的场所。

亭台

《郊居记》记载：“萦回岩巘，左右胜势，径术逶迤于木杪，亭台山蹇（左山右蹇）嵼于山腹。”这里的山腹指的是半塬上，这是权德舆记载的杜佑庄园位于半塬上的一处平台，上面建有一个亭子。在这里可以眺望下面风光。此或为张礼《游城南记》中提到范氏“五居”之一的“岩轩”。

夏屋

《郊居记》记载：“下崇冈，冒青苍，步履平夷，以至于堂皇。四敞宾榻，中容宴豆。”堂皇形容气势盛大，宾榻为平地的建筑，古代宴

---

① 《史记》卷128《龟策列传》，中华书局1950年版，第3227页。

② 《旧唐书》卷14《宪宗本纪》，中华书局1975年版，第430页。

③ （宋）张礼撰，史念海、曹尔琴校注：《游城南记校注》，三秦出版社2006年版，第129页。

④ 叶葱奇：《李商隐诗集疏注》，人民文学出版社1985年版，第136页。

饮时盛食品的器具。另据权德舆《大唐杜公淮南遗爱碑铭序》："辕门言言，夏屋耽耽，可以张射侯，可以容宴豆。"[①] 宾榻应是后者提到的夏屋，为平台一间比较盛大的房屋，可以将四面都打开，在这里举行消夏宴饮。

孤斋闲馆

《郊居记》记载："孤斋闲馆，幽概随之。"孤斋闲馆或为一幽静之处，可能是杜佑读书之处。据《旧唐书·杜佑传》记载："佑性勤而无倦，虽位极将相，手不释卷。质明视事，接对宾客，夜则灯下读书，孜孜不怠。"并且据杜牧城里住宅的情况"第中无一物，万卷书满堂"，说明杜佑是一个极其喜欢读书之人，古人习惯在僻静之处置书斋，因而这孤斋闲馆极有可能是书斋。此或为张礼《游城南记》中提到范氏"五居"之一的"林馆"。

□□馆

据《清异录》下卷记载，杜岐公别墅有薝蔔馆，形状像薝蔔六出，房间里面器用之类的也都很像薝蔔。《本草》：栀子一名木丹，一名越桃。[②] 其实就是西域薝蔔。

池心岛

杜牧《朱坡绝句》第二首中有："藤岸竹洲相掩映，满池春雨鸊鹈飞。"[③] 许浑《朱坡故少保杜公池亭》中出现："杜陵池榭绮城东，孤岛回汀路不穷。"[④] 这里"竹洲"和"孤岛"应该是指同一个地方，就是位于池中的小岛，这个小岛种满竹子，有小路和长满绿藤的岸边相连。

湘桃坞

语出杜牧《朱坡》："火燎湘桃坞。"[⑤] 此园中有一湘桃园，并建有一桃坞。古人有"一树湘桃飞茜雪"[⑥] 句，描写湘桃盛开时的风景。

---

① （唐）权德舆：《全唐文》卷 496，中华书局 1983 年版，第 5055 页。

② （宋）陶穀：《清异录》，载《宋元笔记大观》第 1 册，上海古籍出版社 2001 年版，第 81 页。

③ （唐）杜牧：《全唐诗》卷 521，中华书局 1960 年版，第 5959 页。

④ （唐）许浑：《全唐诗》卷 533，中华书局 1960 年版，第 6088 页。

⑤ （唐）杜牧：《全唐诗》卷 521，中华书局 1960 年版，第 5959 页。

⑥ （宋）周密：《清平乐三首》，载《全宋词》，中华书局 1965 年版，第 3280 页。

2. 庄园水景

泉

杜佑修建庄园后，又“邀屈再三”，请来了王易简为其庄园凿山引泉，并作《引泉记》记下整件事情。该泉源应该位于杜佑在《引泉记》中所记的岩腹双洞。《郊居记》也对这个泉水作了一番描述：“乃开洞穴，以通泉脉，其流泠泠，或决或渟。激而杯行，瀑为玉声，初蒙于山下，终汇于池际。”由此可见，由泉水形成的园中一景——溪流经过蜿蜒曲折最终流到山下的池子。泉的开凿对整个园林风景有一个画龙点睛的作用，《引泉记》记载开凿之后整个园林的景象为之一变，众人都惊叹不已。许浑在《朱坡故少保杜公池亭》中描述为“高岫乍疑三峡近”，将溪流比作三峡，足见溪流的壮阔。泉水最终流到下面的池中，为维持水面起到很大作用。

九曲池

语出许浑“九曲池西望月来”。九曲池应该就是杜佑《引泉记》中所提到的“曲池滃沦，美景良辰，贤英迭臻”中的曲池，这个池塘面积比较大，许浑更是在《朱坡故少保杜公池亭》中用“远波初似五湖通”之句，将这个池塘比作太湖。“泛方舟而骋怀，听清商而怡神，宁知景之将曛，胜事嘉趣。”[①] 杜佑和朋友经常在这里和朋友一起泛舟，在旁边亭子里欣赏轻歌曼舞。《郊居记》也提到泛舟之事，“白波沦涟，缭以方塘，轻舻缓棹，沿洄上下”。

清明渠

杜牧《朱坡绝句》第一首记载：“故国池塘依御渠。”“御渠”为朝廷开凿的清明渠。杜牧记载的九曲池靠近清明渠，而在《游城南记》中出现另一种记载：“今其渠自朱坡东南分沉水穿杜牧之九曲池，循坡而西。”[②] 这里是九曲池倚靠清明渠还是清明渠穿过九曲池已经不可知，不过九曲池和清明渠之间距离很短是可以肯定的。九曲池水体面积巨大，其中池水的一部分除来源于所开凿的山泉外，另一部分水应来源于清

---

① （唐）杜佑：《全唐文》卷477，中华书局1983年版，第4878页。

② （宋）张礼撰，史念海、曹尔琴校注：《游城南记校注》，三秦出版社2006年版，第107页。

明渠。

3. 庄园动植物

鹤

杜牧《朱坡》诗有“迥野翘霜鹤”。在庄园中可以有幸看到白鹤飞翔。

锦鸡

杜牧《朱坡》诗有“澄潭舞锦鸡”。锦鸡为观赏性动物，从诗中看，或是放养于九曲池中的小洲上面。

鹿

杜牧《朱坡》诗有“沙渚印麑蹄”。麑为小鹿，当是杜佑庄园中所放养，或许数量不是很多，只为观赏不为猎取。

□鹈

杜牧《朱坡绝句》第二首有“满池春雨䴙鹈飞”。䴙鹈另名䴙䴘，为候鸟冬来春去，外形如鸭，嘴直而尖。又名“水葫芦”，因体形短圆，在水上浮沉宛如葫芦而得名。

翠鸟

杜牧《朱坡》诗有“拂面翠禽栖”，翠禽历来被解释为翠鸟。

楸木

许浑《朱坡故少保杜公池亭》诗有“楸梧叶暗潇潇雨”。民间称不结果之核桃木为楸，又据《尔雅·释木》记载，槐树大叶而皮质粗糙的叫作楸。

桐树

许浑《朱坡故少保杜公池亭》诗有“楸梧叶暗潇潇雨”。梧当为梧桐树。

萱草

杜牧《朱坡》诗有“眉点萱牙嫩”，山坡上应是种植了萱草。萱草又名“萱苏”“谖草”“金针”“宜男草”等，《救荒本草》叫它“川草花”；《古今注》称之为“丹棘”；《说文》记载为“忘忧草”；《本草纲目》名之为“疗愁”。

柳树

杜牧《朱坡》诗有“风条柳幄迷”。幄指帐幕。描写了风吹柳条形成像帐幕一样的景观。

竹

杜牧《朱坡》诗有“森严竹阵齐”“幽笋稚相携”句，同时在其《朱坡绝句》第二首中出现“藤岸竹洲相掩映”句，我们可以看到在池中小洲上面种满了密密麻麻的竹子。

荷花

杜牧《朱坡》诗有“小莲娃欲语”，生动地描写出莲藕的形状。由此可以判断九曲池种有荷花，为在池中泛舟带来乐趣。

松树

杜牧《朱坡》诗有“偃蹇松公老”，用来描写在山坡上高耸但又苍老的松树。

紫桂

杜牧《朱坡》诗有“侵窗紫桂茂”，描写了窗外种植的紫桂树的枝繁叶茂。东晋时成书的《拾遗记》记载：“阍河之北，有紫桂成林，其实如枣，群仙饵焉。”① 相传紫桂是仙家粮食。

荇菜

许浑《朱坡故少保杜公池亭》诗有“菱荇花香淡淡风”。荇为荇菜，多年生草本植物，叶略呈圆形，浮在水面，根生水底，夏天开黄花；结椭圆形蒴果。全草可入药。《诗经·关雎》有“参差荇菜，左右流之。窈窕淑女，寤寐求之”② 等语。

七叶树

张礼《游城南记》记载：“其地有七叶树，每朵七叶，因以为名。罗隐诗所谓‘夏窗七叶连檐暗’是也。”③ 七叶树又名天师栗、开心果、猴板栗。七叶树种子可食用，但直接吃味道苦涩，需用碱水煮后方可食用，味如板栗。也可提取淀粉。木材细密可制造各种器具，种子可作药用，榨油可制造肥皂。七叶树树形优美、花大秀丽，果形奇特，是观叶、观花、观果不可多得的树种，为世界著名的观赏树种之一。

---

① （东晋）王嘉撰，孟庆洋、商微姝译注：《拾遗记译注》，黑龙江人民出版社 1989 年版，第 19 页。

② （清）阮元：《十三经注疏》，上海古籍出版社 2000 年版，第 273 页。

③ （宋）张礼撰，史念海、曹尔琴校注：《游城南记校注》，三秦出版社 2006 年版，第 129 页。

4. 其他

班雉乐

杜牧《朱坡》诗有“班雉草萋萋”。据《晋书·乐志》记载：“汉时有短箫铙歌之乐，其曲有《雉子班》……武帝受禅，改《雉子班》为《于穆我皇》，言圣皇受禅，德合神明也。”① 杜牧所提“班雉”可能是这首《雉子班》。

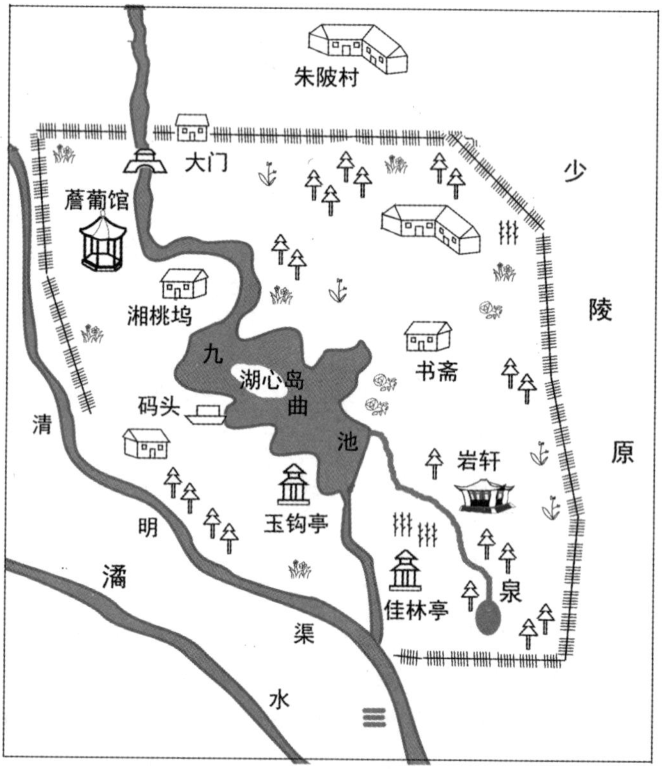

图3—4 杜佑郊居布局推测图

三 杜佑庄园局部布局构思

根据权德舆《郊居记》的记载，我们可以将杜佑庄园的局部地区的布局勾画出来。

① 《晋书》卷23《乐志》。

在塬的半腰处有开凿出的两眼泉水，这里比较陡峭，远远看上去，道路就像是蜿蜒盘桓在高耸的松树梢上一样。在这附近的一处岩石上建有一座被后人称作岩轩的亭子供人休息，可以观赏刚出洞的山泉，也可以欣赏下面的风景。泉水从山上飞奔而下，如同悬布垂练一般。从山腰向下走，路过蟠蛟冈，这里青草茂密，到达平稳之处后会看到豪华的夏屋，主人喜欢在这里举行消夏宴会。远处的书斋隐隐出现在树林后面，那是主人安心读书的幽静处。不远处就是泉水最终到达的九曲池，池岸边长满茂密的柳树，岸和水交际处生长着藤萝。池水中长有荷花和荇菜，不时还有鹈鹕游来游去。池边系着几叶方舟，以便主人和宾客兴致高起时，到池中泛舟。池中有一长满绿竹的小洲，不时可以看到锦鸡的身影，可以通过与岸边相连的小道到上面游玩。九曲池的西面有玉钩亭，在这里可以一边欣赏里面的轻歌曼舞，一边欣赏九曲池里的荷花美色。

杜佑庄园是唐代世家贵族的一个缩影，既是韦杜家族城南豪华别业的重要代表，也是杜佑及其家族兴盛的重要标志。杜佑及其家人在这里休假住宿，教育后人，接待亲朋好友，杜佑致仕后居于此。随着城南杜氏的衰落，退出权力舞台，别业也几经转手，成为张礼笔下的范氏庄。

第四节　中国最早的“人间天堂”——员庄

员庄是唐代员半千晚年在长安城南的隐居之所，因其景致秀美而被时人称为“上有天堂，下有员庄”。成为中国历史上最早的“人间天堂”。时至今日，员庄已经湮灭，而且其“人间天堂”的美誉也被后起的苏杭夺去。但是，我们依然能够从前人留下的字里行间看到人们对员庄曾经的赞誉，那就让我们循着古人的赞美之词来重新领略员庄的天堂美景。

一　员半千生平

员半千，字荣期，唐代齐州全节人。原籍彭城，祖姓刘，其十世祖刘凝之，为南朝刘宋起部郎，刘宋灭亡后逃奔北魏，自以忠烈比伍员，北魏皇帝因此封赐其姓氏“员”。半千本名余庆，因拜学士王义方为师，义方非常欣赏余庆的才能，对他说：“五百年有一贤者降生，你对此当之无愧。”因此改名为“半千”。

半千父早亡，由伯父抚养，自幼熟通经史，客居晋州时，被举为童子。唐咸亨年间，连中八科制举，授武陟县尉。

员半千为人正直，敢于担当。据《大唐新语》载："时属旱歉，劝县令开仓赈恤贫馁，县令不从。俄县令上府，半千悉发仓粟，以给百姓。"[①] 员半千为官之地连年旱灾，他建议县令赈济饥民，不从。后来员半千乘县令外出之机，开仓放粮，百姓得以稍免饥馁。但此事却惹怒了怀州刺史郭齐宗，将其下狱。按《旧唐书》记载："时黄门侍郎薛元超为河北道存抚使，谓齐宗曰：'公百姓不能救之，而使惠归一尉，岂不愧也！'遽令释之。"

员半千熟知兵法。唐高宗曾亲临武成殿问兵："高宗御武成殿，召诸州举人，亲问曰：'兵书所云天阵、地阵、人阵，各何谓也？'半千越次而进曰：'臣观载籍，此事多矣。或谓：天阵，星宿孤虚；地阵，山川向背；人阵，偏伍弥缝。以臣愚见，谓不然矣。夫师出以义，有若时雨，得天之时，此天阵也；兵在足食，且耕且战，得地之利，此地阵也；善用兵者，使三军之士，如父子兄弟，得人之和，此人阵也。三者去矣，其何以战！'高宗甚嗟赏之。及对策，擢为上第。"[②]

员半千是目前我国已知的最早的武举人。武举设于武后时期，目的是为国家选拔军事人才。

《新唐书》记载："其外，又有武举，盖其起于武后之时。长安二年，始置武举。其制，有长垛、马射、步射、平射、筒射，又有马枪、翘关、负重、身材之选。翘关，长丈七尺，径三寸半，凡十举后，手持关距，出处无过一尺；负重者，负米五斛，行二十步：皆为中第，亦以乡饮酒礼送兵部。"[③] 唐朝积极开拓边疆，需要大量的专业军人。唐代初年府兵制为唐军提供了足够的兵源，但是随着疆域的扩大，专业的军官就不足了。武后时代所面对的外敌更加强大，在北边曾经降唐内附的突厥人重新建立起自己的政权，西南方向吐蕃频频进犯河西与安西都护府辖地，而在中亚大食也开始蚕食曾经臣服唐王朝的西域小邦。再加上武后即位

---

① （唐）刘肃：《大唐新语》卷4。

② 《旧唐书》卷190中《列传第一百四十　文苑中》。

③ 《新唐书》卷49《志第三十四　选举志上》。

以来政治形势并不平静，无法全力应对外敌，所以武后时代的疆域相较于高宗朝有所缩小。在这种形势下，朝廷对专业军官的需求就明显增多了。

从《新唐书》中所载武举的考试标准来看，员半千能中举一定力大过人，并精通弓马骑射。这样的人自当效命疆场，然而武举出身的员半千却不是简单的一介武夫。

员半千中武举后不久，本要奉命出使吐蕃，但后来武则天又没有让他出使。之后，员半千被任命为弘文馆直学士。《旧唐书》中载："嗣圣元年，半千为左卫长史，与凤阁舍人王处知、天官侍郎石抱忠，并为弘文馆直学士，仍与著作佐郎路敬淳分日于显福门待制。半千因撰《明堂新礼》三卷，上之。则天封中岳，半千又撰《封禅四坛碑》十二首以进，则天称善。前后赐绢千余匹。"①

可见，员半千虽中武举，却富于文采，并不是仅有蛮力的匹夫。

武则天时代，不少奸佞小人为讨得则天宠幸极尽谄媚，而正直的员半千却耻于和他们为伍。《旧唐书》载："长安中，五迁正谏大夫，兼右控鹤内供奉。半千以控鹤之职，古无其事，又授斯任者率多轻薄，非朝廷进德之选，上疏请罢之。由是忤旨，左迁水部郎中，预修《三教珠英》。"员半千耻于与张易之兄弟为伍，不惜触怒武则天。从当年违抗上命开仓济贫到后来的耻入控鹤府，员半千始终保持这种不卑不亢的性格。这在武则天时代更加可贵!

员半千一生侍奉过高宗、中宗、睿宗、武则天、玄宗五位皇帝。晚年自请辞官，定居于尧山、沮水间，放情山水，仍励清白之节。开元二年卒，享年 94 岁。死后吏民哭于野。

二　"上有天堂，下有员庄"

人们习惯性地将人间的美景形容为"天堂"。明清以来，苏州和杭州风光旖旎，物产丰富，两地更是当时的丝织业中心。故有"上有天堂，下有苏杭"这样的谚语产生。然而，正如"天府之国"最早并不是用来形容成都平原一样，"人间天堂"的美誉最早也并不是为苏杭而设。早在

① 《旧唐书》卷 190 中《列传第一百四十　文苑中》。

盛唐时代，长安城南终南山下已经流传着“上有天堂，下有员庄”的乡谚。

《全唐诗》收录了唐时人们对员庄的描述：“员半千庄在焦戴川，北枕白鹿原。莲塘、竹径、茶醾架、花坞、药畦、碾磨、麻稻，垅塍鳞次。里谚曰：上有天堂，下有员庄。”此外，唐代以来的文献中提及员庄时也多是与这句乡偐大同小异。如清代翟灏所作《通俗编》，根据北宋刘焘《树萱录》记载：“员半千有庄在焦戴川北，枕白鹿原。莲塘、竹径、酴醾架、海棠洞、会景堂、花坞、药栏、碾磨、麻、稻垄塍鳞次。里谚曰：上有天堂，下有员庄。”可是，员庄内究竟又是怎样一番美景却已经不得而知了。但是，毕竟《全唐诗》已经为我们勾勒出了员庄的外形，我们不妨展开联想，畅游人间天堂。

员半千隐居终南山下时，已是晚年。所以，员庄中的景致不仅仅是一座普通庄园的风光，更是员半千性情的体现。

按《全唐诗》中这段乡谚的描述，员庄在焦戴川。焦戴川在今天西安的东南方向。西安市蓝田县今天还下辖有焦岱镇。《全唐诗》提及员庄北枕白鹿原，白鹿原在今天西安东郊地区，焦戴川就在白鹿原的南边。焦戴是蓝田县一个古镇。据宋《九域志》记载：“因其位于岱峪河上游，早年为焦姓人家在此定居，故名。”另据《类编长安志》记载：“焦戴川自东南来，嘉川自西南来，两川相合为浐河。川两岸出泉无数，中间莲池、稻塍、竹木、桑麻、花园、蔬圃，春时游人不绝。樊川、御宿与嘉川号为三川，近城游赏之处。”焦戴川无疑是浐河的一条支流，另外，《类编长安志》还有对嘉川的记载：“嘉川，即浐川也。”但是，如果浐河在进入关中平原后基本上保持东南—西北走向，与前文提到的西南走向差距太大。同时，如果焦戴川真的是一条汇入浐河的支流，那么它也只可能从浐河的左岸注入。因为，浐河右岸是白鹿原，原上无水注入浐河。按《西安历史地图集》所绘，员半千庄在今西安长安区侯官寨村。此地靠近库峪，库峪发源自秦岭，流向基本由南向北稍稍西，于鸣犊镇附近注入浐河。库峪满足焦戴川的条件，位于西安的东南方向，于浐河左岸注入浐河。

中国古代的庄园别业里的景致中的很多要素都被赋予了人格化的成分，员庄也不例外。员庄中有莲塘，莲花很美丽，对于中国古代的文人而言莲花更是被赋予了“出淤泥而不染，濯清涟而不妖”的高尚人格。很多人的园林中都有莲花，当然并不是所有人都能配得上这高洁的莲花。在员半千一生中，多次为了自己为人、为官的原则而不惜违抗上命。这样的人品配着高洁的莲花是再合适不过的了。中国古代园林善于用人工的手法再现自然的山水，假山与池塘属于常用的手法。而且，假山与池塘往往位于园林的核心位置。员庄所在的地方属于平原地区，没有自然山地可资利用。而目前我们所见到的对员庄的记载中也没有关于人工建设的假山的记录。那么，在员庄中莲塘这样的水体景观就显得很突出了。员庄的景致中，莲塘很可能是位于整个员庄的核心位置。

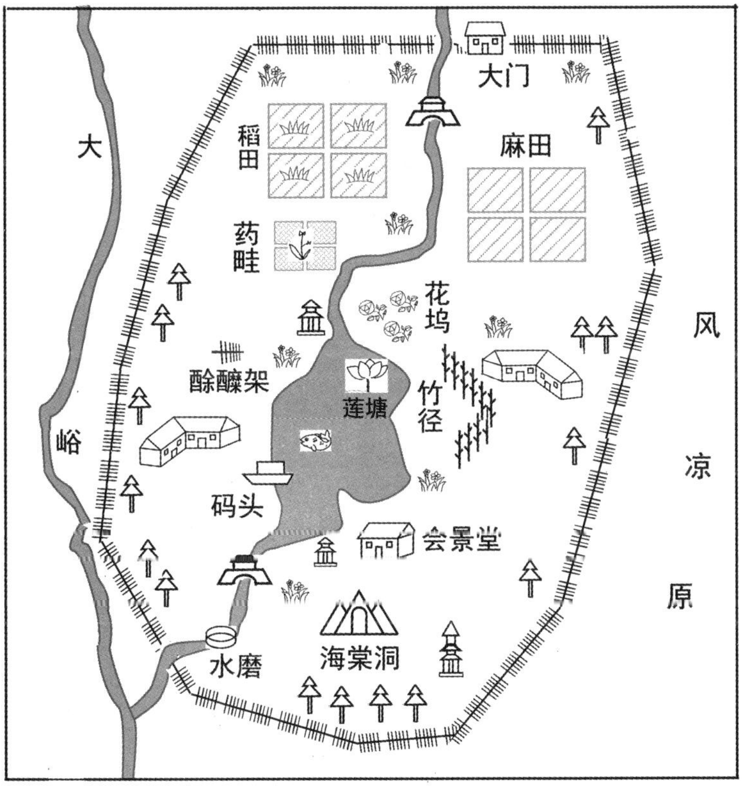

图 3—5　员庄布局推测图

员庄中还有一个能体现主人性格的景致，那就是竹径。竹与莲一样都是被古代文人高度人格化的植物，竹身上那种宁折不弯的气质是每个人都希望做到的，但是却很少有人能真正地做到。员半千曾被召入控鹤府，控鹤府被当时武则天的宠臣张易之兄弟控制。这二人气焰嚣张，仗势欺人。员半千耻于与他们为伍，上疏请辞。员半千身上就有着宁折不弯的品质。员庄中的竹径更是对员半千这种性格的写照。竹径本身是为了便于人们在园内行走，竹径很可能从员半千的住处通往莲塘。在我国古代园林中，一个很重要的特点就是私家园林中的居住区与风景区并没有明确的分界。主人的住宅就在园中，这样才能实现古代文人内心中对自然的向往，满足他们与自然环境融为一体的目的。

酴醾，亦作“酴醿”“酴醾”“荼蘼”，是一种路边、荒地上常见的野花。古人诗词中有不少提及过“酴醾”这种小花。如王淇的诗歌《春暮游小园》曰：“一从梅粉褪残妆，涂抹新红上海棠。开到酴醚花事了，丝丝天棘出莓墙。”宋人欧阳修的《渔家傲》词也云：“三月清明天婉娩，晴川祓禊归来晚，况是踏青来处远。犹不倦，秋千别闲深庭院。更值牡丹开欲遍，酴醚压架清香散。花底一尊谁解劝，增眷恋，东风回晚无情绊。”

员庄中有酴醾架。欧阳修的《渔家傲》中有“更值牡丹开欲遍，酴醚压架清香散”这样的词句，可见人工栽植的酴醾应该是缠绕在架子上的，很像牵牛花。酴醾并不是什么名贵的花种，但是员半千偏偏喜爱。员庄中并没有唐朝时公认最美丽的花朵牡丹，那是因为牡丹为皇家所喜爱，然而员庄之于员半千是他晚年隐居的地方，所以庄内的一切景物都是以简朴为主要基调的。牡丹的出现倒显得格格不入了。

会景堂是员庄中又一个重要的景致。会景堂在我国古代很多地方都存在。比如，宋代文人鲜于侁就有一首《会景堂》诗：“金城环雉堞，云屋瞰阛贵。双林耸江右，九陇觇天外。”从这首诗来看，作者笔下的会景堂应是在“江右”，也就是今天的江西省。另外，宋代大文豪苏轼曾经在凤翔为官，任内带领官民百姓借古“饮凤池”之地营建东湖，灌溉周边土地。东湖也成为休憩之所，苏轼在此营造诸多亭台楼阁，其中就有“会景堂“一处。可见，会景堂这个名字在古代的使用频率还是相当高的。然而，上述两处会景堂都出现在宋代，员庄中的会景堂却建于唐代。所以，这两处会景堂很可能是后人借用员庄内会景堂的名称。

堂在我国古代是一种级别比较高的建筑。《说文》解释道："堂，殿也。"《说文古本考》中："殿，堂之高大者也。"一直到今天我们也经常把殿和堂放在一起连用，如"艺术殿堂"这样的词汇。从古人对堂的理解来看，会景堂应该是员庄内的核心建筑。按《礼记·檀弓》中的注文载："堂形四方而高。"会景堂按其名称的含义，应是一个能够遍览员庄胜景的所在。所以，我们大致可以想象坐于员庄会景堂内，眼前是荷叶密布的莲塘，莲塘附近是通往宅院的竹径，会景堂的周围环绕着酴醾架，这般美景胜地不正是员半千历经仕途坎坷后绝佳的居所吗！

员庄中还有花坞、药畦。坞，是指四周高而中间低的地方。同时，小型堡垒也叫坞，如东汉末董卓所筑的郿坞。在员庄内显然是不会修筑堡垒的，员半千着意营建了一个四边如屏的花木深处，这里远离尘嚣，员半千可以休憩、读书甚至练武。可以说，这个百花深处正是员半千自己的"桃源"！

《说文》：畦，田五十亩曰畦。员庄中拥有四五十亩的一块土地种药明显是不现实的。畦还有田陇的含义，这倒是比较符合员庄的实际。中国古代为自给自足的农业社会，衣食都仰仗土地，药材亦然。员半千于自己的庄园内种植些药材满足家用足见其生活简朴之至。

员庄还种有麻、稻这两种作物。麻长期以来都是我国古代重要的衣料作物。还可以制作绳子、口袋这样的日用品。在我国古代很长一段时间里，基本上都是权贵衣丝绸，平民穿麻布，"布衣"基本上成了平民的代名词。而员半千身居高位，还在自己家中种麻织布，足以令当朝权贵羞愧。稻，是我国自原始社会后期以来就广泛种植的主要粮食作物。尤其在南方广泛种植。员庄所在的关中平原地区属于温带季风气候，在今天并不适合种植水稻。可是，唐代的关中地区气候较现在更加湿热，而且员庄紧邻终南山，又有焦戴川作为水源，种植水稻亦属自然。员半千于庄内自种水稻，一方面供给家用，另一方面又能体会农耕之乐，对于一个封建社会的士大夫绝对是一件怡情的乐事！

员庄内的景致应以莲塘为核心，竹径连接莲塘与员半千的居所。会景堂位于莲塘一侧，可遍览庄内美景。堂外环绕酴醾架，花坞药畦植于莲塘之侧。麻田、稻田或在会景堂后。员半千经历过仕途坎坷后选择员庄作为自己隐居之所，在这里他营造了一个既能享受农耕之乐又能体会隐逸之情的“人间天堂”，来过此处的人无不羡慕不已。作为一个中武举而又富有文采的古代士大夫来说，员庄无疑是他最喜爱的地方。而后人不断传诵“上有天堂，下有员庄”的美名，与其说是赞美员庄的景致，倒不如说是赞美员半千在员庄中这种隐逸耕读的快意生活。对中国古代那些苦于官场纠葛的文人来说，员庄真的是一个名副其实的“人间天堂”！

第五节　其他学者别业

一　郑潜曜庄

在今西安市长安区小江村郑谷庄有莲花洞遗址。据宋张礼《游城南记》记载：“自思道之居，东行五六里，直樊川之上，倚神禾原，有洞曰‘莲花’。旧为村人郑氏之业。郑氏远祖乾曜，尚明皇之女临晋公主。”其中“乾曜”，有书作“潜曜”，曾见其碑亦作“乾曜”。

《长安志图》中：“莲花洞在神禾原，即郑驸马之居。”郑驸马即郑潜曜，据《新唐书》记载：“郑潜曜者，父万钧，驸马都尉、荥阳郡公。母，代国长公主。开元中，主寝疾，潜曜侍左右，造次不去，累三月不靧面。主疾侵，刺血为书请诸神，丐以身代。火书，而‘神许’二字独不化。翌日主愈，戒左右无敢言。后尚临晋长公主，历太仆光禄卿。”[①]郑潜曜先祖为荥阳大族。其母代国公主温柔贤惠，教之以德。郑潜曜更是以孝行出名。唐朝时，皇室选婿重姻亲血缘。郑潜曜的父亲郑万钧也是驸马，娶了代国长公主。所以，郑潜曜也得以成为驸马，得娶临晋公主。

1. 宅内建筑、植物

据记载，郑潜曜在城南地区置建别墅。与其他贵族官员的宅院所不同的是，郑驸马的宅院并不是简单的宅院。而是择地于樊川神禾原，邻原岸凿洞。杜甫的诗文《郑驸马宅宴洞中》[②] 有“主家阴洞细烟雾”，这里的“主家”就是郑潜曜夫妇。其中的“洞”即“莲花洞”，亦称“郑

① 《新唐书》卷195《列传第一百二十》。

② 《全唐诗》卷224。

驸马洞”，也就是我们平常所说的窑洞。《拾遗记》：“洞穴阴源，下通地脉。”[①] 所以有“阴洞”之说。这里冬暖夏凉，是公主和驸马夏天避暑纳凉的地方。所以杜甫有“误疑茅屋过江麓，已入风磴霾云端”之句。洞中凉爽惬意的感觉，让他误以为自己的茅庐飞过了河。莲花洞在城南庄园中独树一帜。

池台　从杜甫《郑驸马池台喜遇郑广文同饮》[②] 可知，郑驸马庄内当有池，并且在池的旁边修有台。池台，池苑楼台。台最早用于祭祀。《释名》云：“台者，持也，言筑土坚高，能自胜持也。”[③] 园林中的台，“或掇石而高上平者；或木架高而版平无屋者；或楼阁前出一步而敞者”。台的周边常有精美的栏杆，起着围护和装饰的作用。台与自然接触最多，空间开敞，视野宽阔，可供眺望、坐息、纳凉、赏月等。台上起屋曰榭，《释名》云：“榭者，藉也，藉景而成者也，或水边，或花畔，制亦随态。”在园林中，榭多临水设置。

楼阁　杜诗中有“自是秦楼压郑谷”之句，可知郑驸马宅中建有楼阁。秦楼，相传是秦穆公为其女弄玉所建之楼。在这里泛指楼阁。“压郑谷”，此“郑谷”绝非唐末著名诗人郑谷，而当为附近的地名。“压郑谷”说明郑驸马宅中的楼阁在这附近是数一数二的。

竹　杜诗中有“留客夏簟青琅玕”之句。簟，竹之意。琅玕，翠竹的美称。唐时诗人白居易《溢浦竹》[④] 有“剖劈青琅玕，家家盖墙屋”之句。由此可见，郑驸马宅内竹林成片。

2. 生活设施、娱乐活动

宴饮　杜甫《郑驸马宅宴洞中》诗中写到“春酒杯浓琥珀薄，冰浆椀碧玛瑙寒”。诗中提到“琥珀”“玛瑙”“松脂入地千年，化为琥珀”，琥珀是一种极其珍贵的矿物，唐宋时期长期作为一种高级贡品。《册府元龟》记载：“波斯国遣使献真珠琥珀等。”[⑤] 冰浆在此指冰凉的酒。古人有喝冷酒、冰酒的习惯，就是在夏天也能做到。古代有器物名“冰鉴”，

① （东晋）王嘉：《拾遗记》卷1。

② 《全唐诗》卷225。

③ （东汉）刘熙：《释名·释宫室》。

④ 《全唐诗》卷424。

⑤ 《册府元龟》卷792。

置冰于其中，以冷藏食物。白居易《三月三日》[①] 有“莲子数杯尝冷酒”之句。魏文帝《玛瑙赋序》曰：“玛瑙，玉属也，出自西域，文理交错，有似马脑，因以名之。”[②] 杨炫之《洛阳伽蓝记》：“元琛酒器，有水晶钵、玛瑙琉璃碗、赤玉卮数十枚。”[③] 从中就可以看出当时公主家豪华的聚饮场面。这对于当时并不得志的杜甫来说，是件很奢侈的事情。

乐舞 在杜诗《郑驸马池台喜遇郑文广同饮》有“重对秦箫发，俱过阮宅来。留连春夜舞，泪落强裴回”之句。“秦箫”“夜舞”都指代乐舞。说明在当时的郑驸马庄园内经常会有乐舞表演。

3. 郑驸马与杜甫

杜甫当时是驸马家的常客，从他为临晋公主生母淑妃皇甫氏所作的《唐故德仪赠淑妃皇甫氏神道碑》[④] 就可以看出。他写道：“甫忝郑庄之宾客，游窦主之园林，以白头之嵇阮，岂独步与崔蔡。而野老何知，斯文见托，公子泛爱，壮心未已。”在这里杜甫自称是郑庄之宾客，经常出入于公主府邸，能够作此文是因为公子的“泛爱”。

唐初太平公主以及安乐公主干政，因而唐中后期朝廷严禁公主参与政事，甚至对驸马也有诸多限制。郑潜曜虽贵为驸马，在政治上却不得志。

皇室与驸马等外戚是一个在政治利益上既一致又矛盾的集团，驸马一方面是皇帝的姻亲，另一个方面又可能是皇权的挑战者。玄宗以前，驸马多在朝廷中担任要职。但在唐前期，不少驸马卷入了宫廷权力的争斗。尤以安乐公主、太平公主为甚。鉴于此，玄宗加强了对驸马的监督和防范。甚至说：“自今以后，诸王、公主、驸马、外戚除非至亲以外，不得出入门庭，妄说言语。”[⑤] 同时收夺驸马手中的权力，不仅禁止驸马与外戚之间的交往，而且禁止其与大臣的交往。这就大大限制了驸马的仕途发展，使其很难在政治上有所作为。

于是，他们不得不把生活的重心放在另一面，杜甫的《奉陪郑驸马

---

① 《全唐诗》卷456。

② 《全三国文》卷4《魏四》。

③ （北魏）杨炫之:《洛阳伽蓝记校注·序》。

④ 《全唐文》卷360。

⑤ 《旧唐书》卷183《外戚传》。

韦曲二首》就描写了杜甫陪郑驸马逛韦曲的景色。“韦曲花无赖，家家恼杀人。绿樽须尽日，白发好禁春。石角钩衣破，藤萝刺眼新。何时占丛竹，头戴小乌巾。野寺垂杨里，春畦乱水间。美花多映竹，好鸟不归山。”描写了好一幅韦曲美丽的景色：有花、有竹、有水、有山、有石、有萝。

谈到杜甫，就不得不再提另一个人，郑虔，字若齐，河南荥阳人。学富五车，才高八斗。曾被玄宗御署“郑虔三绝”，并特置广文馆与最高学府国子监，诏授首任博士，从此名扬天下，时号郑广文。郑虔是郑潜曜的叔叔。他与杜甫两人的交往更是一段佳话。

安史之乱以后，杜甫在郑驸马宅遇见郑虔，写下了《郑驸马池台喜遇郑广文》，郑广文即是郑虔。从题目中可以看出，郑驸马宅中当有池台。有池台，就必然有水。在水边的池台上，喝着美酒，看着周围美丽的景色。还遇见了自己的老朋友，本该是一件多么开心的事情。可现实的情况却是郑虔刚刚从东都洛阳回到长安，而且还背着陷贼之名。此诗中，既有战乱后初逢的惊喜，劫后余生的庆幸，还有对时代剧变的感伤以及对前途未卜之未来的忧惧，诗中交织了喜庆与忧伤的双重对立的因素。

庄园一直为郑氏后人所有，时至今日，在小江村还有郑氏后人。但其繁华却早已不在。

二 于司徒庄（于宾客庄）

于頔，字允元，河南人。权德舆《奉和于司空二十五丈新卜城南郊居接司徒公别墅即事书情奉献兼呈李裴相公》：“一德承昌运，三公翊至尊。云龙谐理代，鱼水见深恩。别墅池塘晓，晴郊草木蕃。沟塍连杜曲，茅土盛于门。卜筑因登览，经邦每讨论。退朝鸣玉会，入室断金言。材俊依东阁，壶觞接后园。径深云自起，风静叶初翻。宰物归心匠，虚中即化源。巴人宁敢和，空此愧游藩。”① 其诗中有“沟塍连杜曲”之句。于司空是于頔，司徒公为杜佑。《杜佑郊居王处士凿山引泉记》：“佑此庄

① 《全唐诗》卷321。

贞元中置，杜曲之右，朱坡之阳……”[1] 可知杜佑别墅在长安城南杜曲之右，朱坡之阳。另据权德舆的《司徒岐公杜城郊居记》记载在“启夏南出，凡十有六里”。[2] 即杜佑庄园在长安启夏门南十六里处杜曲之西，今朱坡之东南。于司空城南郊居接司徒公别墅。由此可知，于宾客庄在城南杜曲附近。

其在长安生活了将近有十多年的时间。《游城南十六首》[3] 其二有《题于宾客庄》，其中的于宾客就是于頔。“榆荚车前盖地皮”，说明在道路的两旁种有榆树。据记载，唐长安街道植树多种槐、杨、柳、榆诸种，尤其以青槐为主。但在一些小街短巷却没少种植榆树，在每年的五月初，长安盛飞榆荚。某人扫聚竟得斛余。[4] 而且，“榆荚”又名“榆钱”，因为它酷似古代串起来的麻钱。又因为与“余钱”谐音，村人在房前屋后种榆树以讨彩头。诗句“榆荚盖地皮”，说明韩愈大概就是在五月份的时候去的城南。又《游城南十六首·楸树二首》“几岁生成为大树，一朝缠绕困长藤。谁人与脱青罗帔，看吐高花万万层。”可知，在城南附近有许多的楸树。古人对楸树有很多的记载，不同的古籍有着不同的称呼，较早时多称楸为梓，“楸，梓也”。[5] 实际上是对楸梓这一类乔木的总称。在道教里，因其花为紫色，有“紫气东来”之意。所以，多被视为吉祥之树。其树干高大挺拔，冠形优美，枝叶繁茂。

韩愈坐在车上，穿行在榆树与楸树之间，看着楸树紫色的花，闻着榆荚发出的芬芳，来到了于司徒庄门前。“蔷薇蘸水笋穿篱”，看到了水边的蔷薇花，鲜艳地开在篱笆上。新发的竹笋，探出了篱笆上的洞。可知，在于司徒庄中，有篱笆、蔷薇，还有竹林。裴说《蔷薇》：“一架长条万朵春，嫩红深绿小巢匀。”[6] 蔷薇属落叶乔木，蔓生，开白色或红色的小花，每到春天，当微风吹来，从远处望去，好似一条万花点缀的线毯，厚厚的绿叶中点缀着万朵红、白花，无不使人心波荡漾。在篱笆里

---

① 《全唐文》卷447。
② 《全唐文》卷494。
③ 《全唐诗》卷2。
④ 《太平广记》卷243。
⑤ （东汉）许慎：《说文·木部》。
⑥ 《全唐诗》卷720。

更有一片竹林。竹子是因其特殊的美感和自然物性，常被应用于园林当中。早在周朝时期，就有种竹造园活动。在魏晋南北朝时期，更因其特性而成为文人标榜的象征。东晋名士王徽之“尝暂寄人空宅住，便令种竹，或问：‘暂住何烦尔?’王指竹曰：‘何可一日无此君’?”① 到了唐代，竹子更是大面积种植于各处园林之中。在于宾客庄中，大片的竹子随风摇曳。行到庄前的韩愈，看到如此景色，不免心神荡漾。

《全唐诗》卷三二一权德舆《奉和于司空二十五丈新卜城南郊居接司徒公别墅即事书情奉献兼呈李裴相公》曰：“别墅池塘晓，晴郊草木蕃。沟塍连杜曲，茅土盛于门。”从中可以看出，在于宾客庄内有池塘，而且有沟渠连接着杜曲。池塘是唐代庭院最重要的建筑，是庭院的主体。建筑基本上都是围绕着庭院来建设的。池面宽广的池塘，中可筑岛，并可游舟。庭上造景，也多环池而行之。有连接杜曲的沟渠，说明池水是活水，是连接着经过杜曲的沟渠的。

现在还没有找到直接描写于宾客庄内生活场景的诗句。据记载：“于頔为襄州，点山灯，一次上油二千石。”② 且其子尚宪宗公主。可知，其庄内生活设施的豪华程度绝不是一般人所能想象的。又于司空頔撰《顺圣乐》，其曲将半，行缀皆伏，独一卒舞于其中。頔又令女妓为六佾舞，声态壮妙，号《孙武顺圣乐》。③ 可知，在设宴的时候都会有舞曲。这可以说是当时的风气了。其中最著名的就是公孙大娘。杜甫有《观公孙大娘弟子舞剑器》诗：“霍如羿射九日落，矫如群帝骖龙翔。来如雷霆收震怒，罢如江海凝清光。”

于頔在元和八年坐子敏杀人及其他不法事，贬恩王傅。九月改太子宾客，十年为户部尚书。十二年致仕，八月卒，谥厉，后改谥思。其家族很快没落，城南郊居也很快衰败，至张礼游城南时，已经无迹可寻。

三　牛僧孺别业

沿西（安）汤（峪）公路经过韦曲，过杜曲再东南行四公里，有一

① 《晋书》卷80《列传五十》。

② （唐）佚名：《大唐传载》。

③ 《新唐书》卷22《志十二》。

村子依原傍水，位于公路北侧，名韦赵村，亦名韦兆村。分为韦一、韦二、韦三、韦四四个村民委员会。据宋人张礼《游城南记》记载："过塔院，抵韦赵，览牛相公樊乡故居。"并注云："韦兆村有牛僧孺郊居，裔孙尚有存者，僧孺八世祖弘，隋封奇章公，城南樊乡有赐田数顷，书千卷，僧孺居之，依以为学，后成相。"这些史料证明，隋时宰相牛弘、唐时宰相牛僧孺曾居于该地。

《隋书·牛弘列传》[①] 载："牛弘，字里仁，安定鹑觚人也，本姓寮氏。祖炽，郡中正。父允，北魏侍中、工部尚书、临泾公，举家迁长安，赐姓牛氏。"牛弘在后周曾做过内史上士、纳言上士，专掌文翰，甚有美称，加威烈将军，员外散骑侍郎。其后袭封临泾公。宣政元年转内史下大夫，进位使持节、大将军、仪同三司。隋文帝开皇初，牛弘迁授散骑常侍、秘书监，曾奏请开献书之路，皇帝诏令"献书一卷，赍缣一匹"。两年之内，典籍稍备。晋爵奇章郡公，邑千五百户。三年以后，官拜礼部尚书。牛弘请求皇帝按照古制修立明堂。后授大将军，拜吏部尚书。奉文帝诏，弘曾于杨素、苏威等制定隋法《开皇律》；隋炀帝时奉命制《大业律》。当时：弘所立议，众咸推服之。"晋家山吏部，魏世卢尚书，莫言先哲异，奇才并佐余。学行敦时俗，逆素乃冲虚，纳言云阁上，礼仪皇运初。彝伦欣有叙，垂拱事端居"，便是其中的一首。大业二年，晋上大将军。大业三年改授光禄大夫，从隋炀帝拜恒山，下太行，经常被皇帝召入内帐，赐他与皇后同席饮食，其礼仪之重可见一斑。牛弘对他的子女言道："吾受非常之遇，荷恩深重，汝等子孙，宜以诚敬自立，以答恩遇之隆也。"大业六年陪隋炀帝巡视江都，卒于江都郡，时年66岁。皇帝甚为感伤，赠予甚丰，归葬于安定，追赠他为开府仪同三司、光禄大夫、文安侯，谥曰宪。

牛弘的八世孙牛僧孺也居于韦兆。据《新唐书·牛僧孺列传》载："牛僧孺，字思黯，隋仆射奇章公弘之后裔。幼孤，下杜樊乡有赐田数顷，依以为生，第进士。元和初以贤良方正对策，与李宗闵、皇甫湜取第一，条指失政，其言鲠汗，不避宰相……"[②] 据新编《长安县志》记

① 《隋书》卷49《列传十四》。

② 《新唐书》卷174《列传九十九》。

载："牛僧孺，隋仆射牛弘之后，原籍安定鹑觚人。祖上后魏时迁居长安下杜，德宗贞元进士，因对策批评时政，为宰相李吉甫所斥，久不得用。穆宗时，累官户部侍郎同平章事。敬宗时出任武昌节度使。文宗大和四年，还朝任兵部尚书同平章事。武宗时李德裕为相，牛僧孺被贬为循州长史，宣宗时还朝做官，不久病死，赠太子太师，谥曰文贞。"

张礼曾经亲履牛僧孺郊居故地。城南樊乡之韦兆村世为牛氏别居，该处即是今天长安区王莽乡韦兆村。位于樊川东端少陵塬下。时至今日，在韦兆仍有牛氏后人居住。

四　裴度宅

由刘禹锡《裴祭酒尚书见示春归城南青松坞别墅寄王左丞相高侍郎之什命同作》[①] 可知，青松坞别墅在城南。诗中有"因高见帝城"之句。"帝城"当为长安城，长安城南少陵塬的地势明显高于长安城，可以"因高见帝城"。所以，青松坞别墅当在长安城南。又据张礼《游城南记》"癸丑，诣张思道，循原而东，诣莲花洞，经裴相旧居……"可知，裴相旧居在莲花洞附近。张注曰：自洞东行三四里为唐裴相国郊居。莲花洞即郑驸马洞，在今西安市长安区小江村。东行三四里可至裴相郊居，可知裴相郊居也在今西安市长安区小江村附近。

裴祭酒尚书乃唐晋国公裴度。裴度，字中立，河东闻喜人。唐德宗贞元年间进士，由监察御史升任御史中丞。力主削除藩镇，升任宰相。元和十二年，督师攻破蔡州，平定了吴元济的叛乱，河北藩镇大惧，多表示服从中央。唐代藩镇叛乱的局面暂告平息。晚年以宦官当权，辞官退居洛阳。死后册赠太傅。

1. 青松坞内建筑

房屋

"连甍耸翚飞。"甍，屋脊；屋栋，相邻的房子屋脊都连在了一起，用来形容屋舍紧密相连，指住户众多。晋左思《蜀都赋》："比屋连甍，千庑万室。"[②] 说明在青松坞内房屋众多，并且装饰得十分华丽，如鸟斯

① 《全唐诗》卷355。
② 《全晋文》卷74。

革，如翚斯飞。其檐阿华彩而轩翔，如翚之飞而矫其翼也，盖其堂之美如此。

独木桥

“野彴度春水”，“彴”，独木桥的意思。可知青松坞内有条小溪，溪上有独木桥。

池潭

“澄潭环钓矶”，“澄潭”，清澈的池潭。“钓矶”，钓鱼时所坐的岩石。可知庄内有池潭，而且在池潭的周围有钓鱼用的台子。庄内的小溪当和此池潭相连。

2. 青松坞内植物

青松

顾名思义，青松坞当有青松。且权德舆有诗句“青松郁成坞”，青松繁盛得都把房屋遮盖住了，说明庄内的松树很多，很茂盛。

蔷薇

“林下步绿薇”，可知在庄内林下种着蔷薇花。蔷薇属于落叶乔木，有多种颜色。常见的多为红色。在林下的蔷薇，有可能是主人特意种植的。但更可能是在林下自己长出来的。在林下随意生长的几株蔷薇，更显其情调。

竹子

“修竹盈尺围”，可知庄内有竹子，“盈尺围”说明竹子很多。中国古代庄园内几乎都有竹子。由于竹子特殊的品性，古代文人雅士对竹子喜爱到无以复加的程度，以至于达到不可居无竹的地步。

山花

“山花映岩扉”，在岩壁上长着几株野花，虽然这些花儿并不是什么名贵品种。但是，在光秃秃的岩石间能看到几株开着的鲜花，也不失为一种情趣。

以上就是根据权德舆的诗所猜测的青松坞内的情形。虽然只是很少的一部分，但仍可以看出裴度城南郊居青松坞的情况。以至于几百年以后，张礼过裴相国郊居的时候，发出“林泉之胜，亦樊川之亚”的赞叹。但千百年后的今天，裴度城南郊居早已无迹可寻。

五　白序庄

在西安市城南杜曲镇有一村子名夏侯村，据张礼《游城南记》记载："辛亥，历废延兴寺，过夏侯村王、白二庄林泉。"白庄即朝奉郎白序的别墅。据《咸宁县志》记载："兴国寺在夏侯村西原，离城三十里，唐三藏香火院，宋为延兴寺。"① 明清多次重葺、修缮。又《长安县志》载，兴国寺位于杜曲镇和东西杨万坡之间。今天的西安市长安区杜曲镇，仍有东西杨万坡村和夏侯村。在杨万坡村附近有延兴寺旧址（今为兴国中学），今存大雄宝殿 1 座，东西廊房各三间，占地面积 575 平方米。由《中国文物地图集》陕西分册下第 114 页顺年堂上的题字"潏上堂成耳顺年"可知，白庄在潏水旁边。潏水出自西安东南 60 里的大义谷，俗名大峪口。西北流依次汇小峪、太乙峪诸水入樊川，经杜曲、夏侯村、新村、西北流至小江村。所以白庄大概就在今天的夏侯村靠近潏水的地方。

白庄在金朝时为石氏庄园，据《类编长安志》记载："金朝为石氏园亭。疏泉为方池曲槛。"② 可知，其庄内有池，且在池周边有"槛"，即栏杆。"曲槛"就是曲折的栏杆。前蜀李珣《菩萨蛮》词："曲槛日初斜，杜鹃啼落花。"③ 栏杆，阑板间曰栏杆。傍池或可用。以石栏为最古，木栏为雅。宋朝时，栏杆的上下设望柱，起到稳定栏杆的作用，望柱头高于栏杆，雕出各种花饰。栏杆只对人的安全起保护作用，因此在造型上显得比较空灵和舒朗。至于池水的来源，从"疏泉"以及"王、白二庄林泉"，"杜陵原下石磷磷，凿破寒泉彻底清"可知，庄园内当有泉水。

"杜陵原下石磷磷"，可知池内有石。"磷磷"，水中石头突立的样子。中国园林理石之法，大体经历了从置到叠，由横向散置到纵向堆叠的发展过程。前期以置石为主，意境清旷自然，由唐代置逐步转变为特置，以及宋代以后的人工堆叠。向以人工求天巧的诗情画意式园林发展，乃至于"一勺代水，一拳代山"。大规模的叠石造山，至少在北宋以后才开始逐步流行，而以前的园林则是以土筑为主。园林景观石又以太湖石为

① 嘉庆《咸宁县志》卷 12《祭祀志》。

② （元）骆天骧：《类编长安志》，三秦出版社 2006 年版。

③ 《全唐诗》卷 896。

贵。唐代著名的两个宰相李德裕和牛僧孺，在朝时结党相仇，势不两立，可是对于形状奇诡的山石和湖石，却有着惊人的相似爱好。牛僧孺当朝时，他的僚属“多镇江湖，知公之心，惟石是好乃钩深致远，献瑰纳奇，四五年间累累而至。公于此物独不廉让，东第南墅列而置之”。[①]

“庵前鹤在君須问”，可知园内有仙鹤。鹤，其体高俊，绿足龟文最为可爱。鹤在中国传统文化中跟仙、道、人的精神品格有着密切的关系。古人多用白鹤比喻具有高尚贤德的贤达之士。早在先秦时期《诗经》中就有“鹤鸣于九皋”[②] 之句。水声潺潺再与园中的鸟鸣结合，此乃园中之趣。

正大七年，赵尚书来游，题诗曰：“石氏园中竹一围，眼前胜事只心知。幽禽有语能留客，流水无情自入池。客里岁华将尽日，鬓边白发独来时。醉吟吟后往吟者，又得闲闲一首诗。”可知，园内当有竹林。竹子是我国古典园林较常使用的一种植物。其几乎是高雅、纯洁、虚心、有节的精神文化象征，古今庭园几乎无园不竹，居而有竹，则幽篁拂窗，清气满院；竹影婆娑，姿态入画，碧叶经冬不凋，清秀而又潇洒。

又从园内有“辛夷亭”“严桂亭”可知，园内当有“辛夷”“桂”。辛夷树属木兰科，落叶乔木，高数丈，木有香气。花初出枝头，苞长半寸而尖锐，俨如笔头，因而俗称木笔。及开则似莲花而小如盏，紫苞红焰，作莲及兰花香，亦有白色者，人又呼为玉兰。今多以“辛夷”为木兰的别称。早在先秦时期就有“桂栋兮兰橑，辛夷楣兮药房”[③] 之句。唐杜甫《逼仄行，赠华曜》诗：“辛夷始花亦已落，况我与子非壮年。”[④] 宋王安石《乌塘》诗之二：“试问春风何处好？辛夷如雪柘冈西。”[⑤] 在每年开花的时候，引得“满树红香蝶不知”。“桂”，常绿小乔木或灌木，叶椭圆形，开白色或暗黄色小花，有特殊的香气，供观赏，亦可做香料，通称“木樨”；桂花还有很多的别名：入梫木、岩桂、七里香、圭木、广寒仙、岩犀、树杞、紫阳花、无暇玉华、仙友、仙客、金雪、古香、珠

---

① 《白居易集笺校》外集卷下《太湖石记》。
② 《诗·小雅·鹤鸣》。
③ 《楚辞》卷29《湘夫人》。
④ 《全唐诗》卷217。
⑤ 《王安石集》卷30《乌塘》。

英、洗枝、幽隐树等。“为怜桂种异凡材，特向严限趁雨栽”，因为特别喜欢这株特殊的桂树，特地找了一个雨天种在了一个角落。也正是因为种在了角落，所以，“风过天香无觅处，晃然疑是月中来”。当风吹来阵阵香气的时候，遍寻不见，仿佛那香气是从天空中的月亮中来的。唐朝诗人宋之问《灵隐寺诗》中有“桂子月中落，天香云外飘”[①] 之句。

园内建筑主要分为五种：堂、室、庵、阁、亭。

堂有挥金堂、顺年堂。堂，正室之意。凡正室之有基者，则谓之堂。“堂之制，宜宏敞精丽，前后须层轩广庭，廊庑俱可容一席；四壁用细砖砌者佳，不则竟用粉壁。梁用球门，高广相称。层阶俱以文石为之，小堂可不设窗槛。”[②]

室有疑梦室。堂后之正室。古人房屋内部，前叫“堂”，堂后以墙隔开，后部中央叫“室”，室的东西两侧叫“房”。《说文》：“室，堂之内，人所安止也。”

庵有醉吟庵。圆形草屋谓之庵。又其后“高人今日榜茅茨”之句，“茅茨”亦作“茆茨”，就是茅草盖的屋顶。可知其庵当为茅草结构。

阁有翠屏阁。多层房屋最下面是平坐的，称为阁，最下面是殿屋的称为楼。但由于其形近似，楼与阁的称呼早已混淆不清。阁的形象在初唐壁画中出现的频率很高，足以说明它是当时广为流行的一种建筑类型。

亭有林泉亭、辛夷亭、严桂亭。《释名、释宫》：“亭者，人所停集也，传转也。人所止息而去，后人复来，转转相传，无常主也。”亭原是一种供旅人途中遮阴避雨，稍事停憩的建筑，它较早用于园林之中。宋朝亭四面开敞，这正是宋亭对唐亭的发展。又由“竹下幽亭石作基”可知，其亭基为石头所做。

庄内可以考证的生活设施主要有屏、几案以及屐。全都出现在翠屏阁里。“终南重叠倚晴天，恰侣屏开几案前。”屏，屏风也。是室内陈设用以挡风或遮蔽的器具，上面常有字画。宋朝大诗人陆游有“犹有余情被花恼，醉搔华发倚屏风”[③] 之句。在阁楼里的屏风，主要就是用

---

① 《全唐诗》卷53。

② 《长物志》卷1《室庐》。

③ 《陆游诗全集》2《和谭德称送牡丹》。

来挡风。其上的字画也起着一定的装饰作用。其阁名翠屏阁，可知此屏风当为青绿色。几案，几是古代人们坐时依凭的家具，案是人们进食、读书写字时使用的家具。从主人的身份以及几案所处阁楼的位置来看，此几案应为主人读书写字作画时使用的家具。屐，木头鞋，泛指鞋。“晚雨池塘见屐痕”，下过雨的晚上池塘边可以很清晰地看见鞋踩过的痕迹。

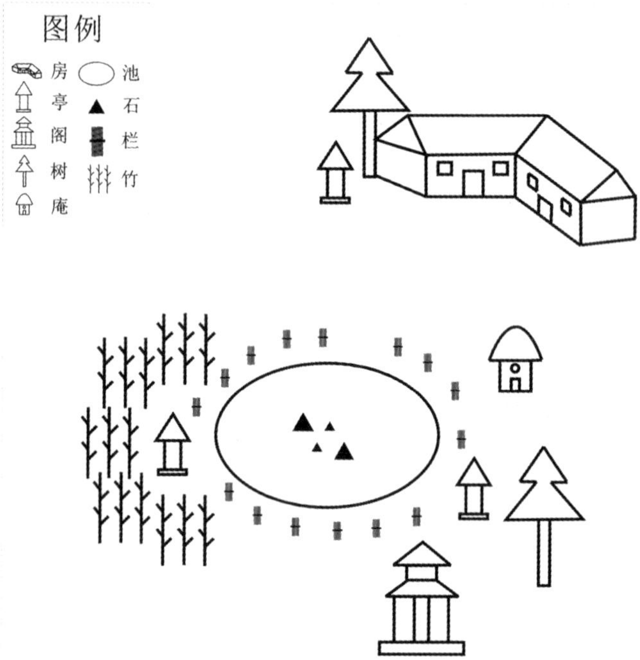

图 3—6　白序庄布局推测图

以上就是白庄内的主要建筑物。由于时代的变迁，宋代建筑遗留下来的少之又少。但从遗存下来的宋朝山水画中可以看出，其布局模式受到自古以来院落式群体组合方式的深刻影响，多呈院落式布局。而且，表现出了很强的顺应地形、因形就势的处理倾向。并进行巧妙的人工调试，使复杂的地形环境适宜建造房屋，以达到既得天然意趣，又方便日常生活、观赏景致之用。并在造园手法上运用了“借景”，借景是中国园林的传统手法，即有意识地把园外的景物“借”到园内视景范围中来。

一座园林的面积和空间是有限的，为了扩大景物的深度和广度，丰富游赏的内容，运用借景的手法，可以收无限于有限之中。在平地造园，视野有限，利用楼阁以提高人的视点，借原外可借之景开阔视野，突破园林本身的空间限制。“终南重叠倚晴天，恰侣屏开几案前。”站在白庄翠屏阁里，可以看到远处的终南山。

庄内的主要娱乐活动有下棋与饮酒赋诗。

先说下棋。“春风楼阁闻棋响”，可知主人时常在楼阁里面和人下棋。此棋当为围棋，是当时文人雅士消遣娱乐的主要手段。

再说喝酒吟诗。庄内有“醉吟庵”，可知主人时常在此庵内与朋友喝酒吟诗。

从白庄建筑物的名称可以看出，庄园的主人有着很深的隐逸思想。“潏上堂成耳顺年，肯将轩冕换林泉”，为了这林泉，主人宁愿拿自己的官位爵禄来换。隐逸是一种深含历史积淀的文化现象，从先秦开始，可谓源远流长，影响深远。到了宋朝以后，国家积贫积弱，一方面表现在对外关系的软弱上，另一方面又体现为持续了160多年的内部党争。长期的内斗使得绝大多数的士大夫卷入了这个旋涡，并且几乎没有一个是善始善终的。在宦海无涯的沉浮进退中，他们对政治产生了厌倦与伤感，往往滋生出“出世”的念头，向往逍遥自在的无为之乡。到了宋代，仕与隐构成了文人士大夫的双重人格，“隐于园”已普遍为士人们所接受。通过园居生活能够在一定程度上冲淡仕与隐的矛盾，拉近仕与隐的距离，甚至可以把两者结合起来而达到“仕隐齐一”的精神境界。在他们自己创造的封闭的、精美的、缩微的园林之中，可以避开尘世的烦扰，亨受人间的清福。

疑梦室上的题诗“既往悲欢如梦寐，眼前劳役厌形开。利名不是尊生事，得失应从数昧来”道出了世间真谛，人世间的一切名利富贵都是南柯一梦。利益和名声不是我们全部的追求，得和失我们都不应该过多去计较。

北宋很快就被金国所灭，今西安市长安区也成为金国属地。白氏庄也在金朝的时候成为石氏园亭。长安又在金朝灭亡以后，成为元朝的属地。在骆天骧写《类编长安志》时，白氏庄也为故中书陕西四川宣抚使襄山杨公谥忠肃公祠堂，有碑。中书杨忠肃公，名惟中，字彦诚，弘州人。① 在白庄的遗址上建有祠堂。但今天，白庄已经无从寻找。

六 王诜庄

驸马都尉王诜别墅，在长安城南延兴寺之东，称王庄，有林泉之美。在白序庄的隔壁。据《咸宁县志》记载："兴国寺在夏侯村西原，离城三十里，唐三藏香火院，宋为延兴寺。"② 明清多次重葺、修缮。又《长安县志》载，兴国寺位于杜曲镇和东西杨万坡之间。今天的西安市长安区杜曲镇，仍有东西杨万坡村和夏侯村。并在杨万坡村附近有延兴寺旧址，今为兴国中学。可知，王诜庄在今天的长安区杜曲夏侯村附近。

王诜为王全斌五世孙。"全斌，并州太原人，累官至武宁军节度，赠中书令。曾孙凯。凯字胜之，祖审均，尝为永兴军路住泊都监，以击贼死。遂家京兆，饶于财。凯散施结客，日驰猎南山下。以践蹂民田，捕至府。时寇准守长安，见其状貌奇之。为言全斌取蜀有劳，而审均以忠义死，尝录其孤。……凯治军有纪律，善抚循。……故士卒畏信，战无不力。……子缄。缄子诜。"③

王诜，字晋卿，尚英宗女蜀国公主，为利州防御使。虽在戚里，而其被服礼义，学问诗书，常与寒士角。平居攘去膏粱，黜远声色，而从事于书画。作宝绘堂于私第之东，以蓄其所有。而东坡为之记，或赠诗云："锦囊犀轴堆象床，义竿连幅翻云光。手披横素风飞扬，卷舒终日未用忙。游意澹泊心清凉，属目俊丽神激昂。"④ 其所画山水学李成，皴法以金碌为之，似古。今《观音宝陀山状小景》，亦墨作平远，皆李成法也。故东坡谓"晋卿得破墨三昧"，有《烟江叠嶂图》《房相宿因图》《山阴陈迹》《雪溪乘兴》《四明狂客》《西塞风雨图》《著色山水》等图传于世。

---

① 《国朝名臣事略》卷5《元朝名臣史略》。

② 嘉庆《咸宁县志》卷12《祭祀志》。

③ 《宋史》卷255。

④ 《画继》卷2。

但到了宋朝，在张礼游城南时，王氏林泉已久不治。到了今天更早已无迹可寻。

七　岑参别业

岑参出身于官僚家庭，曾祖父、伯祖父、伯父都官至宰相。与同代的高适齐名，并称“高岑”。他父亲两任州刺史，但去世早，家道衰落。他自幼从兄受书，遍读经史。二十岁至长安，献书求仕。求仕不成，奔走京洛，漫游河朔。天宝三载（744 年）也就是 30 岁时中进士，授兵曹参军。天宝八载（749 年），充安西四镇节度使高仙芝幕府书记，赴安西，至德二载（757 年）才回朝。他回朝后，由杜甫等推荐任右补缺，以后转起居舍人等官职，大历元年（766 年）官至嘉州刺史，世称岑嘉州。以后罢官，客死成都旅舍。

岑参在长安有多处别业，在长安城南杜陵，《全唐诗》卷 199 岑参有《宿蒲关东店，忆杜陵别业》：“关门锁归客，一夜梦还家。月落河上晓，遥闻秦树鸦。长安二月归正好，杜陵树边纯是花。”同书卷 200 岑参《过酒泉忆杜陵别业》曰：“昨夜宿祁连，今朝过酒泉。黄沙西际海，白草北连天。愁里难消日，归期尚隔年。阳关万里梦，知处杜陵田。”《唐才子传》卷 3 记录，“别业在杜陵山中”。

八　韦应物别业

韦应物是京兆万年人。韦氏家族不但贵宦辈出，文学方面亦人才迭见。《旧唐书》论及韦氏家族说：“议者云自唐以来，氏族之盛，无逾于韦氏。其孝友词学，承庆、嗣立力量；明于音律，则万里为最；达于礼仪，则叔夏为最；史才博识，以述为最。”这些韦姓人物，还只说到中、盛唐以前。中唐前期的韦应物，可以说是韦氏家族中作为诗人成就最大的一位。

韦应物 15 岁起以三卫郎为玄宗近侍，出入宫闱，扈从游幸。早年豪纵不羁，横行乡里，乡人苦之。安史之乱起，玄宗奔蜀，流落失职，始立志读书，少食寡欲，常“焚香扫地而坐”。代宗广德至德宗贞元间，先后为洛阳丞、京兆府功曹参军、户县令、滁州和江州刺史、左司郎中、苏州刺史。贞元七年退职。

韦应物在长安城南的别业，《全唐诗》卷187有其《休沐东还胄贵里示端》诗云："宦游三十载，田野久已疏。休沐遂兹日，一来还故墟。山明宿雨霁，风暖百卉舒。泓泓野泉洁，熠熠林光初。竹木稍摧翳，园场亦荒芜。俯惊鬓已衰，周览昔所娱。存没恻私怀，迁变伤里闾。欲言少留心，中复畏简书。世道良自退，荣名亦空虚。与子终携手，岁晏当来居。"

诗中所记为韦应物四十五岁左右任尚书员外郎时所作，别业在少陵塬胄贵里。胄贵里今已不存，旧址在今长安区司马村附近。

九　郑谷庄

郑谷庄为郑谷寓居长安时的城南别业。郑谷为唐末时人，郑谷以鹧鸪诗得名，至有"郑鹧鸪"之称。据宋代张礼《游城南记》记载："己酉谒龙堂，循清明渠而西，至皇子坡，徘徊久之。""郑谷庄在坡之西，今为里人李氏所有。韦曲在韩、郑庄之北。""皇子坡"，《四库全书》本和《关中丛书》本《游城南记》均为"皇子陂"。由此可见，郑谷庄在韦曲南边，皇子陂西面。《全唐诗》卷676存有郑谷《郊墅》诗曰："韦曲樊川雨半晴，竹庄花院遍题名。画成烟景垂杨色，滴破春愁压酒声。满野红尘谁得路，连天紫阁独关情。渼陂水色澄于镜，何必沧浪始濯缨。"《全唐诗》卷674又有同名诗云："蓼水菊篱边，新晴有乱蝉。秋光终寂寞，晚醉自留连。野溼禾中露。村闲社后天。题诗满红叶，何必浣花笺。"由此我们可以一窥当时郑谷庄园的优美风光。

十　韦庄宅

韦庄宅，据《西安历史地图集》标示在司马村南部附近，今遗迹已经不存。韦庄，字端己，为唐末五代时杜陵人，一生颇具传奇色彩，相传为韦应物四世孙，在长安应试不中，遇到黄巢之乱，逃出长安后，又有宝鸡迎驾之事。唐亡后，韦庄拥立王建在四川称帝建立蜀国，他也成为后蜀的宰相。另据陕西社科院董乡哲的研究，认为韦庄、鱼玄机及五代时的和凝为同一人，又为其增添一份神秘色彩。

早期的韦庄居住在长安，留下多首回忆樊川旧居的诗歌，如《鄠杜旧居二首》就写道："却到山阳事事非，谷云鹦鸟尚相依。阮咸贫去田园尽，向秀归来父老稀。秋雨几家红稻熟，野塘何处锦鳞肥。年年为献东堂策，长是芦花别钓矶。一径寻村渡碧溪，稻花香泽水千畦。云中寺远磬难识，竹里巢深鸟易迷。紫菊乱开连井合，红榴初绽拂檐低。归来满把如渑酒，何用伤时叹凤兮。”

在这里韦庄为我们描写他所记忆的宅子附近的景色：几场秋雨之后，大片的红稻已经成熟。积水所形成的水塘中，到处可以看到银光闪闪的游鱼。一条小路傍着小溪而行，一架小桥横跨在小溪之上。在这里有大片竹林，隐隐约约可以听到远处寺院所传出的磬声。宅子中有一眼水井，在它的周围开满了紫菊花。屋檐下的石榴树上红色的花骨朵正要绽放，完全是一幅优美的田园风光山水画。

十一　权德舆宅

权德舆宅，据《西安历史地图集》标示在韦曲南与牛头寺之间。

权德舆，字载之，两唐书均有传。王侯将相去世后，请权德舆作铭的十有八九，当时的人认为他是一代宗师，今《全唐文》保留了很多他所作的铭。

权德舆在城南别业进行休沐，《全唐诗》中留下多首这期间写的诗歌，如《郊居岁暮因书所怀》中写道：“烟霜当暮节，水石多幽致。三径日闲安，千峰对深邃。策藜出村渡，岸帻寻古寺。月魄清夜琴，猿声警朝寐。地偏芝桂长，境胜烟霞异。独鸟带晴光，疏篁净寒翠。窗前风叶下，枕上溪云至。散发对农书，斋心看道记。”写权德舆在冬季时期在城南别业所看到的风景。

另外据其《竹径偶然作》：“退朝此休沐，闭户无尘氛。杖策入幽径，清风随此君。琴觞恣偃傲，兰蕙相氛氲。幽赏方自适，林西烟景曛。”可以看出在权德舆宅附近有茂密的竹林，环境清幽淡雅，漫步竹林可以陶冶情操。

十二　韩愈庄

韩愈庄，据张礼《游城南记》记载：“循清明渠而西，至皇子陂，徘徊久之，览韩、郑郊居。”张礼自注：“韩店，即韩昌黎城南杂题及送子符读书之地，今为里人杨氏所有。”宋代张舜民所撰《画墁录》亦记载：

“长安启夏门里道东南亭子，今杨六郎园子。即退之所谓符读书城南处也。樊川花□所居焦咏府竹园，皆韩公别业也。”另据宋敏求《长安志图》：“曰韩庄者，在韦曲之东。”

韩愈为唐代古文运动的发起者，被苏轼誉为“文起八代之衰”，明人推其为“唐宋八大家”之首，有“文章巨公”和“百代文宗”之名。韩愈重视学问的培养，曾撰写《答李翊书》《师说》《送李愿归盘谷序》等文章鼓励为学，为青年答疑解惑。韩愈送其子韩符在城南读书，并撰写《符读书城南》诗，对韩符进行谆谆教导。这首诗所讲到的道理，对今天的家庭进行培养子女的学习主动性也有十分有益的帮助。

韩愈和孟郊、张籍、贾岛三人交往密切，经常邀请三人到城南郊游，互有诗歌来往。我们从历代记载和四人作品中来了解韩愈庄及其周围的环境。《类编长安志》记载：“韩庄在韦曲东皇子陂，南引皇陂水为南塘。”南塘在韩庄南边，在皇陂北边，有一水渠与皇陂相连接。该水渠或者就是韩愈《南溪始泛三首》中所描写的南溪。张籍在《祭退之》中回忆韩愈养病城南庄时，韩愈、张籍、贾岛三人游览城南的两个月时光。张籍写道：“去夏公请告，养疾城南庄。籍时官休罢，两月同游翔。黄子陂岸曲，地旷气色清。新池四平涨，中有蒲荇香。北台临稻畴，茂柳多阴凉。板亭坐垂钓，烦苦稍已平。共爱池上佳，联句舒遐情。偶有贾秀才，来兹亦同并。移船入南溪，东西纵篙撑。划波激船舷，前后飞鸥鸧。回入潭濑下，网截鲤与鲂。踏沙掇水蔬，树下烝新粳。日来相与嬉，不知暑日长。柴翁携童儿，聚观于岸傍。月中登高滩，星汉交垂芒。钓车掷长线，有获齐欢惊。夜阑乘马归，衣上草露光。公为游谿诗，唱咏多慨慷。自期此可老，结社于其乡。”

在这段文字中张籍描写了优美的景色，以缅怀好友韩愈。其中“新池四平涨”所说的应该就是新开凿的南塘。并将南塘周围的风景描绘了下来。南塘中有香蒲和荇菜，南塘北面是稻田，稻田和南唐之间是茂密的柳树，柳树下建有供垂钓用的板亭。还可以乘舟驶进南溪中游览。

另外，孟郊在《游城南韩氏庄》中写道：“初疑潇湘水，锁在朱门中。时见水底月，动摇池上风。清气润竹林，白光连虚空。浪簇霄汉羽，岸芳金碧丛。何言数亩间，环泛路不穷。愿逐神仙侣，飘然汗漫通。”在这里孟郊写到韩氏庄园中的水体当为南塘水，提到庄园中有茂密的竹林。虽然韩氏庄园仅数亩大小，里面的道路却被安排得蜿蜒曲折，给人一种无穷尽的感觉。

从各方面来看，虽然韩愈庄没有城南韦杜世家庄园豪华大气，但也有自己的一番风景，数亩之间，亦存壶秘之景。

第四章

西安学其他专题

第一节　西安古都的四大城址及其变迁的地理基础

西安古称长安，是中国历史前半期繁荣昌盛王朝周秦汉唐的都城，作为中国的政治中心城市超过了千年，留下了丰富的物质文化遗产，其中四大城址最有代表性。那么，中国历史前半期为何定都于关中，周秦汉唐都城的选址又为什么屡有变迁？这是由关中的宏观地理形势与西安小平原的特殊地理特征所决定的。本节将介绍西安周边留存的四大古都城址，并具体分析历史时期定都关中、周秦汉唐都城选址变迁的地理原因。

一　周秦汉唐四大古都城址的变迁及现代遗存

公元前11世纪，周文王作丰邑，后来周武王都镐京，至公元前770年周平王东迁洛邑，近300年间，丰、镐二京既是西周王朝政治、经济、文化的中心，也是西安作为中国首都城市的开始，在中国古代都城发展史上占有重要的地位。

丰邑位于沣水西岸，因沣水而得名，沣水即今沣河。见图4—1。现代考古发现丰京大致的范围，其东界紧靠沣河，西达灵沼河，南至鲁坡头村与石榴村，北极眉乌岭岗地北缘，包括今客省庄、张家坡、马王村、大原、曹家寨、新旺村、冯村、石榴村在内，面积约在8—10平方公里。这一地区四面环水，南北狭长，区域相对比较封闭。考古人员在这一区域发现了许多大型夯土建筑基址、平民居址、车马坑、青铜器窖藏、大型墓葬等。

镐京，得名于滈池或滈水。镐京大体位于今沣河东岸的长安区斗门镇一带，西临沣水，北界滮池，南部为汉唐昆明池所毁，东至北丰镐村。考古人员在昆明池以北的斗门镇、花园村、上泉村、普渡村、落水村、白家庄等大约 5 平方公里的地方陆续发现了许多西周的遗迹和墓葬，这里是镐京的重要区域，见图 4—1。

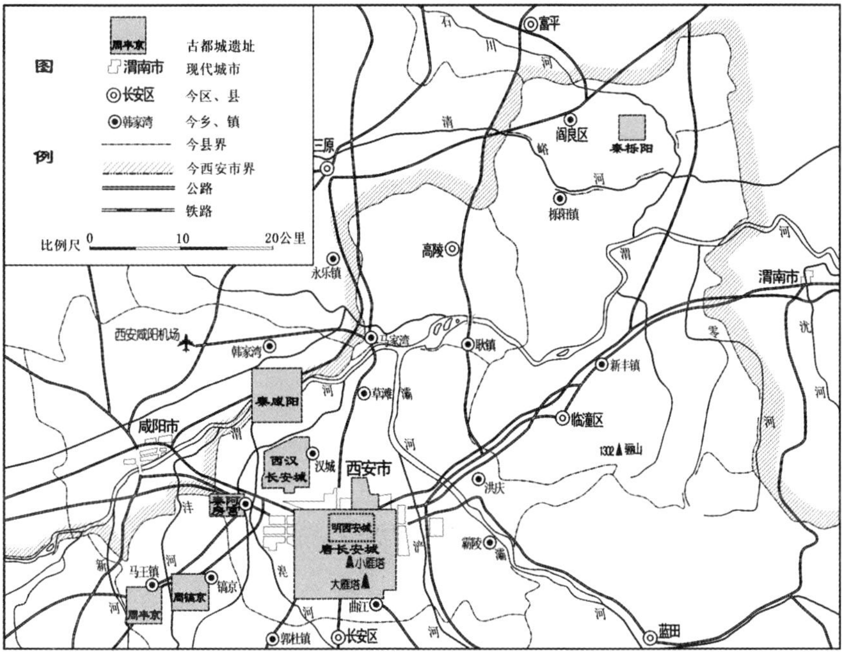

图 4—1　西安地区西周丰镐、秦咸阳以及汉唐长安四大城址变迁示意

丰镐二京一河之隔，相距不过十里。武王迁镐后，丰京并没有废弃，仍然有周王宗庙，历代天子常居于丰，在这里主持祭祀大典，处理国政。西周时的丰邑仍享有京都的地位。由于两京同时并存，均有都城的功能，同时又距离很近，区域相连，所以经常被看作一个整体，丰镐并称。

在周人之后，秦人也以关中为根据地统一了全国，并先以栎阳后以咸阳为首都，建立了中国历史上第一个中央集权的统一王朝，影响深远。

秦献公决心改革秦国内政。公元前383 年，他上台第二年，就修筑栎阳城，并迁居于此，使都城靠近秦魏前线，以便于与魏人争夺河西失地。栎阳城位于今西安市阎良区武屯东北（见图4—1），是秦在今西安市境内建立的第一个都城。根据1980年中国社会科学院考古研究所栎阳发掘队的勘探与试掘，栎阳城呈长方形，东西长约2500米，南北宽约1600米。

商鞅变法国力逐渐增强以后，秦国又迁都咸阳，以便东出函谷，逐鹿中原。咸阳城兴建于渭水北岸，位于今咸阳市东10公里的窑店附近，见图4—1。经过不断扩展，至秦始皇时代，咸阳发展成为“渭水贯都”的宏大规模。秦昭王在位56年，秦国东进趋势已不可阻挡，伴随对外战争的顺利发展，秦都咸阳已开始跨越渭河，向南扩展。渭水南岸至少已有兴乐宫、甘泉宫、章台、诸庙、苑囿等秦王室重要建筑的建成，又建有渭河大桥连接南北，基本形成《史记·秦始皇本纪》所载的“诸庙、章台、上林皆在渭南”的咸阳城市布局。

秦始皇统一全国后，渭南地区更成为建设的重点，先是修建了信宫（极庙），最后甚至决定把皇宫从渭北迁出，在渭南上林苑中兴建新的施政中心——朝宫（阿房宫）。秦始皇三十五年（前212年），始皇帝嫌渭北咸阳宫太小，遂开始在渭南上林苑中动工营建一座规模更为宏伟的群体建筑，并决定建成后作为新的朝宫，来体现统一帝国的非凡气魄。至秦二世覆亡前，仍在陆续修建，尚未完全峻工。由此可见，其设计规模极其宏伟，如果不是秦王朝二世而亡，那么咸阳的中心区域一定会转移到渭水南岸。在阿房宫遗址范围之内，考古人员陆续发现几十处建筑基址遗存，可以想见其当时“五步一楼，十步一阁”的宏伟景象。其主体建筑是前殿，经过两千多年的风雨剥蚀和人为毁坏，现在仍保留着东西1200米，南北410米，面积约492000平方米，高出地面7—9米的巨型夯土台基。

随着渭南章台、兴乐宫、甘泉宫尤其是阿房宫这样的宫殿与昭王庙、极庙等礼制性建筑的兴修，渭南已经被视作都城咸阳不可分割的一部分，《三辅黄图》描述秦都咸阳规模时说：“渭水贯都，以象天汉；横桥南渡，以法牵牛”，认为秦都咸阳已经横跨渭水南北两岸。

自秦孝公十三年（前349年）徙都咸阳，至二世三年（前207年）秦亡，咸阳为秦都凡历8君143年。这期间咸阳发生过许多惊天动地的重大事件——商鞅变法革新、蔺相如完璧归赵、荆轲献图刺秦王、始皇帝焚书坑儒、赵高指鹿为马，尤其是秦始皇以咸阳为指挥中心，扫灭六国，统一天下，使咸阳成为我国第一个统一的中央集权大帝国秦王朝的首都，并在这里制定出一套完备的集权制度，推向全国，在中国历史上影响巨大。

公元前202年，汉高祖刘邦定都关中，在今西安市西北郊龙首原北麓兴修起长安城，见图4—1。其后二百余年一直作为西汉王朝的政治经济文化中心，缔造了文景之治，经历了汉武盛世，也成为“丝绸之路”的东方起点，与罗马并称东西方世界著名都市的双子星。魏晋南北朝时期，作为多个割据政权的都城①，汉长安城一直使用到隋文帝建成大兴城的583年，近八百年历史的汉长安城是古都西安城市发展史上光辉灿烂的绚丽篇章。

汉高帝五年（前202年）正式定都长安，委派萧何负责都城的营建工作。萧何首先以秦兴乐宫为基础，兴建长乐宫作为皇宫，接着又在秦章台的基础上兴建了未央宫，并在长乐宫和未央宫之间修筑了武库，在长安东南修建了太仓。西汉长安城城墙的建筑则是在惠帝时期，自惠帝三年（前192年）春至惠帝五年（前190年）九月，汉王朝先后3次征集全国各地男女劳力修筑长安城，从而使汉长安城的结构粗具轮廓。武帝时，又在城内修筑桂宫和明光宫，在城西修筑建章宫，最终确定了汉长安城的布局形式。

汉长安城的平面近似方形，方向基本上作正南北方向。通过考古测量，长安城各面城墙的长度不尽相同，东墙6000米、南墙7600米、西墙4900米、北墙7200米，总面积约36平方公里。汉长安城的平面形状为不规则方形，除东墙平直外，西、南、北三面城墙多曲折，其中尤以南、北城墙更为突出，北城墙的曲折达7处之多。汉长安城西墙的弯曲主要是受泬水的影响，西墙北段只能向东偏移，否则就要横跨于泬水之上，也不利于长安城的建筑与防御。长安城以北的渭河呈西南—东北流向，北城墙的走向与渭河平行，城墙的设计者考虑到加强防卫的因素，并未

---

① 永嘉之后，中国进入十六国和南北朝长期分裂混乱的时期。以长安为都的王朝先后有前赵（319—329年）、前秦（351—383年）、后秦（384—417年）、西魏（535—556年）和北周（557—581年），共126年。

沿直线修筑城墙。北城墙多处曲折，平面看来颇似北斗七星分布的情况。长安城南城墙是在未央宫、长乐宫和高庙建成后才修建的。考虑到二宫和高庙的安全，城墙与二宫城南墙和宗庙之间不宜再修筑其他建筑，因而南城墙与宫城相距很近。它基本是依照未央、长乐二宫南宫墙的走向筑造的，这样也就形成了南城墙近似天上“南斗”的平面形状。有人认为，这是当时修筑长安城的设计者以天上的“北斗”和“南斗”为蓝图设计的。

公元582年，隋文帝在今西安市区龙首原畔修建大兴城，唐代沿用，改称“长安”，故一般通称为唐长安城或隋唐长安城。唐长安城不仅与汉长安城前后辉映，而且是我国古代史上规模最为宏大壮丽的都城，成为当时世界上最繁荣昌盛的国际性大都市，被誉为“天可汗之都”，是古都西安城市发展的顶峰，在整个中国古都城市建设史上也占有非常重要的地位。

隋统一全国后，仍都汉长安城，但城内满目疮痍。“汉营此城，经今八百岁，水皆咸卤，不甚宜人”，可见隋初的长安城供水、排水严重不畅，污水往往聚而不泄，以至于生活用水也多遭受污染，成为咸卤。因而很多大臣向文帝进言，希望择地另建新都，并认为“龙首山川原秀丽，卉物滋阜，卜食相土，宜建都邑，定鼎之基永固，无穷之业在斯”①，汉长安城南的龙首原自然环境优美，地势开阔平旷，适应建设大一统王朝的都城。隋文帝于开皇二年（582年）六月丙申正式颁诏开始营建新都，整个工程的进展速度很快，至当年年底，即已基本完工。第二年三月，隋文帝迁入新都，并把新都命名为大兴城，见图4—1。

隋末李渊在太原起兵，首先直取都城长安，其后即因隋人之旧，定都于此，并把大兴城更名为长安城。唐代曾三次增修长安城，两次在高宗永徽五年（645年），一次在玄宗开元十八年（730年）。增修后的唐长安城规模巨大，外郭城东西长约9700米，南北长约8600米，周长约36千米，是我国古代规模最大的国都。

唐朝还在城北龙首原上兴修大明宫。《长安志》卷6云：大明宫“北据高原，南望爽垲，每天晴日朗，南望终南山如指掌。京城坊市街陌，

---

① 《册府元龟》卷13《都邑一》，中华书局1960年版，第152页。

俯视如在槛内，盖其高爽也”。唐高宗李治患风痹病，厌恶太极宫潮湿，便决定迁皇宫于大明宫，只是因为唐高宗与武则天多居于东都，彼时大明宫的政治中枢地位尚不十分突出。到唐肃宗收复长安以后，大明宫重新成为唐朝后期的政治中枢，并成为终唐一代的皇宫。

隋唐长安城的建设受当时政治、经济、军事、文化因素的多重影响，城市布置经过缜密的考虑，宇文恺以城内著名的六道高坡为基址，把全部重要建筑物都布设在高地上，增大了城市的立体空间。城市的平面布局以宫城的承天门、皇城的朱雀门和外郭城的明德门之间的连线为中轴线，宫城中的建筑物也基本保持东西对称的布局，以其雄伟的气势展现皇权的威严，追求天人感应、天人合一的理想境界。

隋唐长安城对于后世影响深远，从其城市选址角度来说，其后直到清代，西安的城市发展基本没有脱离隋唐长安城的范围。

如图 4—1 所示，西安古都的四大城址当然是指前文所述的西周丰镐、秦咸阳城、汉长安城与隋唐长安城，秦咸阳城主体的渭北部分在今天的行政区划上属于咸阳市范围，但我们仍然认为它属于古都长安城市发展链条上不可或缺的一个环节，因为它兴起与发展的地理基础与西安基本一致。而位于现代西安市范围内的栎阳城虽说也做过秦人的都城，但因为离西安城区较远，一般不算作西安城市发展的重要环节。古都西安四大城址的变迁与转移代表着西安城市发展的历史地理轨迹。

西安古都的四大城址与现代经常说到的四大遗址有所差别。秦都咸阳的咸阳宫部分超出了今西安市所辖范围，但位于西安市西郊的秦阿房宫却规模巨大，可以看作一个独立的大遗址；隋唐长安的外郭城由于后来宋元明清直到现代千余年人类活动的破坏，尤其是现代西安城市建设飞速发展的影响，已经在地面上很难找到重大遗迹了，只有范围广达 3. 2 平方公里的大明宫区，因为长期以来有意识地保护，还留下了不少地面遗址，也被看作一个独立的大遗址。这样一来，西安市的四大遗址具体是指，留下了丰富历史文化遗产的西周丰镐（保护区 25 平方公里）、秦阿房宫（保护区 14 平方公里）、汉长安城（保护区 36 平方公里加上西面的建章宫等共 65 平方公里）、唐大明宫（保护区 3. 2 平方公里）。

二 定都长安：关中的宏观地理形势

古都长安位居关中平原，关中平原包括渭河中下游地区，南倚秦岭山脉，北临北山山系，东部宽阔，有三四百里，逐渐向西减少为百十里宽；西起宝鸡以陇坻为界，东至潼关以黄河华山为限，东西约八百里，自古有“八百里秦川”之称。

天下上游，交通四达 关中在全国的宏观地理位置十分优越，故古人选都往往以此区为首选。第一，它位于中国地形大势第二阶梯黄土高原的东南部，雄踞黄河中游，对下游各地形成居高临下之势。古人云：“自古帝者必居上游”，就是说国都要能够起到高屋建瓴的作用。杜佑《通典・州郡典》曰：“夫临制万国，尤惜大势，秦川是天下之上腴，关中为海内之雄地”，故“秦川自古帝王都”。第二，关中处于我国华北、西北、西南和中南几大地区的交界之地，位置十分重要。它西北通戎狄，西南连巴蜀，东北接三晋，东南达荆楚。《战国策・秦策》记苏秦说秦惠王曰：“关中，西有巴蜀、汉中之利，北有貉、代马之用，南有巫黔中之限，东有崤函之固，沃野千里，地势形便，此所谓天府，天下之雄国也。”

西汉初年娄敬说刘邦定都关中时说：“陛下入关而都之（关中），山东虽乱，秦之故地可全而有也。夫与人斗，不搤其亢，拊其背，未能全其胜也。今陛下入关而都，案秦之故地，此亦搤天下之亢而拊其背也。”① 张良也认为：“关中左崤函，右陇蜀，沃野千里，南有巴蜀之饶，北有胡苑之利，阻三面而守，独以一面东制诸侯。诸侯安定，河渭漕挽天下，西给京师；诸侯有变，顺流而下，足以委输。”② 关中居天下之上游，从山水地理形势来讲，为黄河中游，渭河中下游，中国地形第二阶梯的中段，其对关东诸侯用兵，正如田肯对汉高祖所说，有如高屋建瓴，势如破竹。

图4—2表示了中国的空间构成，一看长安（西安）的立地特征，便会发觉它不是中国内地的中心，它是在中国内地和中国边疆交界的地域

① 《史记》卷99《刘敬叔孙通列传》。

② 《史记》卷55《留侯世家》。

内立地的。这一点，和北京的立地基本一致。在中国漫长的历史中，西安和北京，是地位最重要历史最长的国都，其能持续下去的根本理由，就是因为这两个都城均是在中国内地和中国边疆的交界地域立地的。作为国都的机能，维护国内统治和便于对外拓展，是必须同时具有的不可欠缺的两个条件。由于来自中国西北边疆的压力，作为中国边疆和中国内地结合部的都城，中国历史前半期的西安是最合适的，后半期北京则是最合适的。在中国的内蒙古和东北地区，强有力的游牧、狩猎民族的出现，同时中国的长江下游流域成为主要经济区，作为其媒介地的北京登场以前，西安长时期是中国最重要的政治中心。

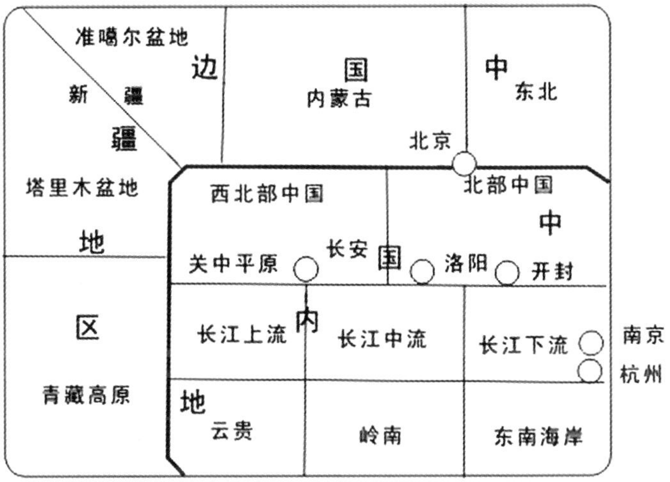

图 4—2 关中及长安在中国的位置示意图

金城千里，四塞为固 古都西安所在的关中四面环山绕河，山谷河畔设关置隘，东有崤山、华山与黄河，设有函谷关、潼关与蒲津关；南面秦岭终南，设有峣关、子午关、大散关与武关；北倚北山山脉，有萧关与金锁关；西控陇坻，上设陇关；四塞为固，金城千里，为天下形胜。“关中”之“关”或以二关之间释之，如潘岳《关中记》谓：“东自函谷，西到陇关”，《三辅旧事》则以为“西以散关为界，东以函谷为界”；或以四关甚至五关释之，徐广曰：“东函谷，南武关，西散关，北萧关”，胡三省注《资治通鉴》则曰：“西有陇关，东有函谷关，南有武关，北有临晋关，西南有散关。”

崤山是河南省灵宝市至三门峡市之间黄河南岸诸山的总称，为秦岭向东伸延的支脉。因为黄河北岸横亘着险峻的中条大山，故崤山谷道成为关中东通中原的唯一道路。谷道两边悬岸陡壁，苍松翠柏遮天蔽日，使其更形险要。战国时秦占据崤山以后，为控制东西交通，在今河南省灵宝市东北弘农河畔的王垛村置关，关城在山谷中，而谷道又深险如函，因此命名为函谷关。[①] 崤山、函谷为秦东方门户，闭关以守，一夫当关，万夫莫开，号称天险；启关以进直指中原腹地，六国咸受其害。潼关控扼关中东向逐鹿中原的要道，位于陕西省东部，南有华山屏障，北临黄河天堑，地当陕西、山西与河南三省要冲，形势险要，向有“鸡鸣闻三省，关门扼九州”之说，号称“三秦门户”。至东汉时代，潼关的地位凸显出来，逐渐替代了函谷关的军事地理位置。当时中原与关中往来交通必经黄河与秦岭之间的黄土台原，而台原被秦岭溪流切割成很深的沟壑，东西行旅必须翻越沟壑和塬面。东汉末就在今潼关县城东北约 10 公里的远望沟与禁沟之间的塬上设置潼关。潼关在军事上具有重要的战略意义，历来为兵家必争之地。历史记载发生在潼关的战争达 40 余次，其中著名的大战超过 10 次。蒲津关在滔滔的黄河之上，控扼关中直通河东的交通要道，在古代军事地位极其重要。

终南山是丰镐南部一个著名的山峰，同时又是横亘关中南边的山脉的总称，它东西绵延八百里，山坡北陡南缓，山势巍峨壮丽，为秦国南部的天然屏障，故后人通称为秦岭。南山有许多峪口可以沟通荆楚与汉中巴蜀，其中东南趋向楚国的大道上秦人设置有峣关与武关，成为防卫京师的要塞。峣关设在今陕西省商州市西北牧护关附近，因近峣山而得名，又因其位于秦时蓝田县境内，亦称蓝田关。武关设在陕西省丹凤县东南的丹水河谷地，是历代兵家必争之地，战国时苏秦说楚威王：“（秦）一军出武关，一军下黔中，若此，则郢（楚国都城）动矣”[②]，可见武关在战略上的重要地位。子午关设在道通南北的子午道上，后来人叫石羊关，在今沣峪河谷内 20 公里处。大散关在陕西省宝鸡市西南 26 公里处的

---

① 史念海：《关中的历史军事地理》，载《河山集》四集，陕西师范大学出版社 1991 年版。

② 《战国策》卷 14《楚一·苏秦为赵合纵说楚威王》。

大散岭上，西周时这里属散国地，故名。地当秦岭山脊北坡，控扼关中西南进入蜀汉的交通要道，素有“川陕咽喉”之称。散关形势险要，既是终南山西向的尽处，又是陇坻东起的开头，清姜河萦绕其周，进可以攻，退可以守，历来为兵家必争。

北山是关中盆地北部一系列山脉的总称，包括有九嵕山、仲山、嵯峨山与岐山等。北山构造上属鄂尔多斯地台南缘的断褶带，山体南陡北缓，从关中盆地望去犹如一条气势磅礴的黄龙，首饮黄河，尾衔西天，为长安北方屏障。萧关位于今宁夏固原东南的古城乡，关城平面为长方形，东西 800 米，南北 500 米，城外有护城河。因其易守难攻，故有“长安咽喉，西凉襟带”之美称。金锁关位于今铜川市冰水河谷地，控扼关中北进鄂尔多斯的大道，自古有“堑天雄关”的称号。

陇坻，又称陇山、陇坂，指今六盘山南段，位于今陕西陇县西北，南北延伸于陕甘宁边境，北连朔漠，南带清渭。山势陡峻，海拔 2000 米左右，为秦中与陇西高原的分界。张衡《西京赋》谓：“右有陇坻之隘”，即指此为关中西部之天险，其上设置的陇关古今闻名。

关中四面都有天然地形屏障，犹如一座规模庞大的天然城堡，更加上人们在险要处立关设隘，所以战国时就有了“四塞之国”的说法，娄敬说：“秦地被山带河，四塞以为固”，而张良则谓“金城千里”，意思都是说关中具有易守难攻的军事地理形势。长安居关中之中部，守险在数百里之处，“阻三面而守，独以一面东制诸侯”，进可以并天下，退可以封函谷，确保都城安全。这一点早在战国时就有人看到了，范睢就曾说：“（秦）四塞以为固，北有甘泉、谷口，南带泾渭，右陇蜀，左关阪……此王者之地也。”①

天府之国，陆海之地　《汉书·地理志》记载说：“秦地有鄠杜竹林，南山檀柘，号称陆海，为九州膏腴。”这是说关中平原沃野千里，成为举世公认的富饶之区。司马迁《史记·货殖列传》认为：“渭川千亩竹”与“秦千树栗”，“此其人皆与千户侯等”。如果一个人在渭川拥有千亩竹林，或在秦岭山区拥有千树之栗，其收益可与千户侯相等。泾洛汧三河源远流长，构成了渭河北岸最长的三大支流，为关中农田水利的

① 《史记》卷 79《范睢列传》。

开发与繁荣奠定了基础。关中最早兴修的大型水利工程，是战国时期著名的引泾淤灌的郑国渠。《史记·河渠书》记载："用注填阏之水，溉泽卤之地四万余顷，收皆亩一钟。于是关中为沃野，无凶年，秦以富强，卒并诸侯，因命曰郑国渠。"认为此渠促进了关中农业的发展，增强了秦国的经济实力，是秦统一天下的物质基础。到了汉武帝时期，关中又掀起了一个兴修水利的高潮，先后修建了漕渠、龙首渠、六辅渠、白渠、成国渠、蒙笼渠等水利工程，充分利用了泾渭汧洛这几条流量较大的河流，在关中形成了一个规模宏大的灌溉网络，对汉代关中农业的发展起到了极大的促进作用。其中尤以引泾灌溉的郑国渠与白渠系统效益明显，当时的老百姓歌咏道："田于何所？池阳谷口。郑国在前，白渠起后。举锸如云，决渠如雨。泾水一石，其泥数斗。且溉且粪，长我禾黍。衣食京师，亿万之口。"谓郑白渠既能灌溉，又有增肥之功，促进了农业的增产，满足了京师长安的粮食需求。班固也在《西都赋》中以"郑白之沃，衣食之源"来颂扬二渠之功。关中成为全国富庶的中心所在，《史记·货殖列传》对其富饶程度作了一番估计："关中之地于天下三分之一，而人众不过什三，然量其富，什居其六。"

早在战国时期苏秦说秦惠王时，已称关中为"天府"："大王之国，地势形便，此所谓天府。"这还主要是从军事形胜而言的，郑国渠建成后，关中平原沃野千里，农业经济进一步发展，全国最为富饶，其天府之国的美誉更加流行。西汉初期，娄敬劝刘邦定都关中时就说："因秦之故，资甚美膏腴之地，此所谓天府者也。"张良更说得明白："夫关中左崤函，右陇蜀，沃野千里，南有巴蜀之饶，北有胡苑之利，……此所谓金城千里，天府之国。"

三　城址变迁：西安小平原的特殊地理特征

选择了关中，那为什么还会有周秦汉唐四大城址具体位置的转移呢？除各个朝代的社会政治条件外，主要是由西安小平原在关中的位置及其本身特殊的自然面貌所决定的。西安周边八水环绕，资源丰饶；原隰相间，地面辽阔；同时又处于整个关中的中部、水陆交会的位置，因此古代城址再转移却总也在今天的西安市区周边。

八水环绕，资源丰饶　西安位于八百里秦川中央，四周山环水绕，形成关中平原中的一个小平原，被称为“西安小平原”。小平原上河流密集，东有灞浐，南有潏滈，西有沣涝，北有泾渭，形成了“荡荡乎八川分流”横贯环绕的局面，即我们常说的“八水绕长安”。渭河发源于甘肃省东部渭源县鸟鼠山，东流到宝鸡进入陕西境，东西横贯关中盆地，于潼关县入黄河。渭河是黄河的最大支流，在关中盆地的流域面积达330平方公里。渭河是条羽状河流，像一棵大树的主干，而关中其他诸河则如这棵大树上的大小枝条。泾河是渭河最大支流，发源于宁夏六盘山东麓，东南流经陇东高原，由长武进入陕西，至高陵县南注入渭河。灞河原名滋水，春秋时秦穆公为显示其称霸之功，改称霸水。它发源于秦岭山麓，循白鹿原之东，接纳西南来的浐水后，北流入渭。潏水发源于终南山大义峪，流经路线基本同今皂河。滈河位于潏水之西，今名太平河，先入滈池，池水北出注入渭河。古时候二河水量丰沛，曾为秦在上林苑营建的阿房宫的水源，杜牧《阿房宫赋》歌之曰：“二川溶溶，流入宫墙。”沣河也称丰水，发源于终南山的沣峪，北流注入渭河。涝河发源于鄠邑区西南秦岭北坡，北流入渭。见图4—3。

长安八水提供了周秦汉唐都城的生活与园林用水，同时也滋养着西安小平原，使其土壤肥饶，亩产一钟。东方朔就说：“丰镐之间号为土膏，其贾亩一金。”亩值一金成为当时土地的最高价值，后来成为中国传统社会形容土地高价的代名词。秦岭北麓物产富饶，自古有陆海之称，秦代括南山北麓建为上林苑，广建离宫别馆，多养珍禽异兽，成为专供王室贵族游乐纵猎的皇家苑囿。南山富饶的动植物资源是秦汉上林苑兴造的基础，东方朔曾经论说南山物产之饶：“大南山，天下之阻也，南有江淮，北有河渭，其地从汧陇以东，商洛以西，厥壤肥饶。汉兴，去三河之地，止灞浐以西，都泾渭以南，此所谓天下陆海之地，秦之所以虏西戎兼山东者也。其山出玉石，金银铜铁，豫章檀柘，异类之物，不可胜原，此百工所取给，万民所仰足也。又有秔稻梨栗桑麻竹箭之饶，土宜姜芋，水多龟鱼，贫者得以人给家足，无饥寒之忧。”说到了植物、动物、农作物，还有丰富的矿产、玉石等，号称“天下陆海”。《汉书·地理志》也说：“秦地有鄠杜竹林，南山檀柘，号称陆海，为九州膏腴。”海是万物所出之区，而西安小平原川原高敞，物产富集如海，是有“陆海”之誉。唐人颜师古说得很明白：“高平曰陆，关中地高故称耳。海者，万物所出，言关中山川物产饶富，是以谓之陆海也。”

原隰相间，地面辽阔 西安小平原是关中中部地势最为开阔的地方，若以渭河、秦岭间而论，临潼以东或周至以西，南北长均不过二三十里，独西安小平原长达百里，而且原隰相间，为建设规模宏大的都城奠定了场地基础。

西安小平原是由许多黄土台原组成的，台原土质深厚肥沃，水草较丰美，同时又地形高亢，不受河水泛滥之灾。古代都城的许多宫殿如咸阳宫、章台宫、兴乐宫、阿房宫、未央宫、大明宫等都建筑在渭北的咸阳原与渭南的龙首原畔，而灞浐之间的白鹿原则成为咸阳东南侧的军事形胜之地。古都西安北有咸阳原，它是渭泾两河的分水岭，据唐朝李吉甫的《元和郡县图志》记载，“原南北数十里，东西二三百里”①。原面开阔，地下水深约20—50米。

龙首原又叫龙首山，长六十里，呈南北走向，南起樊川，北至渭水南岸。《水经注》说，秦时有条黑龙从终南山出来至渭河饮水，它所经过的地方形成了一条土山，形状如龙，故名。其实，它是由多条土岗构成的，其中最北部的一条土岗似龙头高昂，在今西安市区北部，故又有单指此为龙首原者，这是狭义的龙首原。由于秦汉宫殿多高台建筑，而此原不太高，疏原为台基，不假板筑，秦咸阳渭南章台、兴乐、阿房诸宫皆建于龙首原北麓，汉唐也是倚龙首原营都，龙首原对秦咸阳与汉唐长安的布局与营建影响甚大。乐游原、少陵原、凤栖原、鸿固原等都是广义龙首原分化出来的小原。

白鹿原位于今西安市东南灞水与浐水之间，北起西安东郊纺织城，南至秦岭北麓，南北长约二十五公里，东西宽约六七公里，东北稍高，向西南倾斜。传说周平王时有白鹿游于此，古代视白鹿为吉祥动物，为纪念白鹿的降临，故取名白鹿原。② 其地势高亢，海拔600—700米，为古代长安东南的制高点，又控制着函谷关与武关两条交通要道，故成为西安周边的战略要地。白鹿原与其东的芷阳原分据灞水两岸，居灞河渡口之上游，故谓之霸上，刘邦即是由武关道攻入关中，屯兵霸上，然

① 《元和郡县图志》卷1《关内道·咸阳县》。

② 《水经注》卷19《渭水下》。

后西取咸阳，东扼项羽之师。此地为历代兵家必争之地，军事地位很重要。

关中腹心，水陆交会　古都西安不仅位居关中盆地的中部，而且也处于关中四通八达水陆交通的枢纽位置，号称“天下辐辏，并会而至”，而这也是古都兴起的基本地理条件。古代渭河水量丰沛，西安以下河段可以航行大船，春秋时期著名的泛舟之役，秦由雍都向晋国运送粮食，其中部分走的是渭河水路。[①]

横贯关中东西的交通大道滨渭而行，其形成很早，可以追溯到新石器时代。渭河两岸仰韶文化遗址的分布有以下特征，即在秦咸阳以东渭河南岸比较密集，而在其西部则多分布在渭河北岸，这种差异说明了这条大道当时已经形成，而且同后来的路线一样是在西安附近跨渡渭河的。[②] 到了春秋时代，沿渭河北岸东出蒲津关的道路也已开辟，如此看来，长安不仅是控制关中东西干道的渡口，而且也控制着东出蒲津趋向三晋的道路。

沿灞水与丹水谷地东南行穿越秦岭的道路是沟通关中与荆楚的最便捷之道，这条道路受地形限制，只能在灞河下游与函谷道相交。可见东出函谷与南下武关两条大道的交点也是确立长安城址的交通条件。西安小平原可以控制东出函谷、蒲津，南下武关，西至岐雍的多条重要交通干线，秦统一全国以后，以这几条干线为基本框架，兴修驰道、直道，形成了以咸阳为中心全国统一的交通网。

西周的丰京建立于沣水西岸，镐京则位于沣水东侧、滈水的旁边，可以说长安八水之二的沣滈决定着丰、镐二京的选址。秦咸阳城兴起于渭水以北咸阳原之南，正位于山水俱阳的位置，故名咸阳；而后来建设的阿房宫则是在狭义龙首原的西头，其前殿基址就利用了自然的高岗地形。汉长安城在狭义龙首原与渭水之间，形制受渭水的影响较大，而宫殿又主要建设于原的北侧。隋唐长安城建设于广义的龙首原之间，大明

---

① 秦穆公十二年，“晋旱，来请粟……卒与粟。以船漕车转，自雍相望至绛”，见《史记》卷5《秦本纪》。

② 史念海：《古代的关中》，载《河山集》，三联书店1963年版。同时该文还详细分析了东西干道在西安附近渡渭的地理原因。

宫则建设于狭义龙首原的南麓。总之，河流与山原决定着西安古代四大城址的变迁。

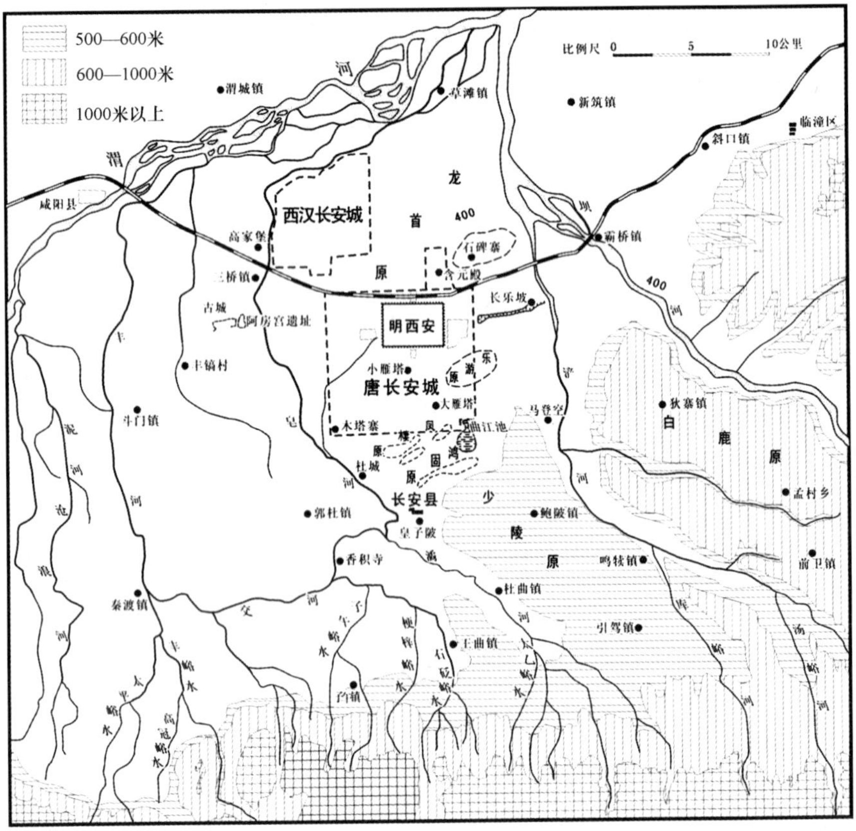

图4—3 西安市周边山川地理形势

第二节 周秦都邑迁徙的比较研究

典籍文献记载，周人自后稷居邰到建立西周，凡四迁其都邑；秦人由非子邑秦到建立秦帝国，共八迁其都邑。而周秦都邑迁徙的相近之处颇多，两者都是从关中之外迁都于周原以后才逐渐发展强盛起来的，而作为其逐鹿中原夺取天下的重要步骤，周秦又都是向东迁都。周人迁于丰，定于镐，秦人先居泾阳、栎阳，定于咸阳，最后选择的区域非常接近。本节比较周秦都邑迁徙过程的异同之处，分析其前因后果，以期探明中国先秦时代都邑发展的特点及关中都邑选择之大势。

一　周人的发展与都邑迁徙

1. 周部族中心居地的转移——由邰到豳

周之始祖名弃。据《史记·周本纪》记载，弃只知其母，不知其父，是周人的第一个男性祖先。初生时有神异，少时善种植，“及为成人，遂好耕农，相地之宜，宜谷者稼穑焉，民皆法则之。帝尧闻之，举弃为农师，天下得其利，有功……封弃于邰，号曰后稷。”其中关于弃的生活时代虽有问题[①]，但所谓“封弃于邰”却是有根据的。《诗·大雅·生民》谓：“厥初生民，时维姜嫄……诞后稷之穑，有相之道。茀厥丰草，种之黄茂。实方实苞，实种实褎。实发实秀，实坚实好，实颖实栗，即有邰家室。”此诗不仅可证弃始封于邰，也可说明弃教民耕稼也是事实。

邰，又写作斄。西汉时有斄县，《汉书·地理志》谓“斄，周稷所封”。此应有所据。《水经·渭水注》也谓：“渭水又东迳斄县故城南，旧邰城也，后稷之封邑矣。即《诗》所谓有邰家室也。城东北有姜原祠，城西南百步有稷祠，眉之斄亭也。”后人在此修筑有姜嫄庙、后稷祠、教稼台等纪念性建筑，也是一大证据。邰在今陕西省咸阳市杨陵区与扶风县的交界处。考古资料也证明，此处是古邰国的中心地区。[②]

邰是周部族首领后稷的居地，是周族之发祥地，后人以其为周人之第一都邑。实际上邰可能仅是个大型聚落，与后世的国都有些不同。又因邰是后稷封地，还可代表周部族兴起时的分布区域。

《史记·周本纪》曰：“后稷卒，子不窋立。不窋末年，夏后氏政衰，去稷不务，不窋以失其官而奔戎狄之间。不窋卒，子鞠立。鞠卒，子公刘立。公刘虽在戎狄之间，复修后稷之业，务耕种，行地宜，自漆沮度

① 据《史记·周本纪》记载，自弃至文王共传十五世，与商代自成汤灭夏到纣王十七世大体相当，由是可知如本纪世系准确的话，弃只能在夏末，与上述弃与尧舜同时代的说法矛盾。学者们有两种意见，一是认为记载时代正确，弃与尧舜同时，其后世系有缺失；二是认为弃生活在夏末。

② 《杨陵区发现古邰国遗址》，《陕西日报》1985 年 5 月 7 日第 1 版。

渭，取材用。行者有资，居者有蓄积，民赖其庆。百姓怀之，多徙而保归焉。周道之兴自此始。”

由上可知，后稷子不窋带领其部族离开了邰地，迁徙到“戎狄之间”①。不窋所居具体地点，《括地志》有载：“不窋故城在庆州弘化县南三里，即不窋在戎狄所居之城也。”在今甘肃庆阳县境。这也与《太平寰宇记·庆州安化县》所引《水经注》观点相同。② 故学者多以为不窋迁居庆阳县一带，只是当时恐未筑城。

公刘带领周部族迁居于豳，《诗·大雅·公刘》记有此事。其首章曰：“笃公刘，匪（非）居匪（非）康。乃场乃疆，乃积乃仓。乃裹𫗪粮，于橐于囊，思辑用光。弓矢斯张，干戈戚扬，爰方启行。”明确说周人收拾行装，带上“𫗪粮”“弓矢”，“启行”到新的地方。

其末二章曰：“笃公刘，既溥既长，既景乃冈。相其阴阳，观其流泉，其军三单。度其隰原，彻田为粮。度其夕阳，豳居允荒。笃公刘，于豳斯馆。涉渭为乱，取厉取锻。止基乃理，爰众爰有。夹其皇涧，遡其过涧。止旅乃密，芮鞫之即。”是说公刘带领部族迁到了豳地，定居下来，“于豳斯馆”。在这块有较好水源的原野上，大力发展农业生产，“相其阴阳，观其流泉”，“度其隰原，彻田为粮”。而且以豳地为据点南下涉渭，西征密芮等地，周人势力从此发展起来。

豳之所在，古今学者多以为在今陕西旬邑、彬县一带。汉时右扶风有县名栒邑，在今旬邑县东北，《汉书·地理志》谓，“栒邑，有豳乡，《诗》豳国，公刘所都”。石璋如先生经过实地考察和文献考证，认为“豳还是只有现在的邠县城一个”。③ 邠县，现改写成彬县。周人在豳地的生活仍是较为原始的，《诗·大雅·绵》谓其时“陶复陶穴，未有家室”，则豳地仍未筑城，似仍是大型聚落。

---

① 或曰弃族为夏之农师，应入夏都为官，迁入今山西境，后由山西北迁。笔者认为，无论如何周都部族之民众应居其封地邰，故其部族迁徙也应由邰出发。

② 《水经注》：“尉李城，亦曰不窋城。洛水南迳尉李城东北，合马岭水，号白马水。”谢钟英《补泾水》谓其中“洛水”当为泥水之误。泥水即今马莲河。尉李城，汉为郁郅县，属北地郡，唐时名弘化。

③ 石璋如：《传说中周都的实地考察》，《中央研究院历史语言研究所集刊》第二十本，1949 年。

周人在豳地经营农业时间很长，大约经过了十代三百余年。他们开垦了不少耕地，种植麦、稻、黍、豆、瓜等粮食和蔬菜，而且养蚕种麻，饲养家畜，这在《诗·豳风·七月》篇中可以反映出来。于是“居者有蓄积”，产品有了剩余，促使其原始公社制度逐渐解体，开始了向文明社会的过渡，故有“周道之兴自此始”之说。

2. 周人立国及其走向强盛的都城——岐周

《史记·周本纪》载：古公亶父迫于戎狄之攻掠，“乃与私属逐去豳，度漆沮，踰梁山，止于岐下。豳人举国扶老携弱，尽复归古公于岐下。及他旁国闻古公仁，亦多归之。于是古公乃贬戎狄之俗，而营筑城郭室屋，而邑别居之。作五官有司”。

古公亶父由豳南迁于岐周，也有《诗》文可证。《大雅·绵》云：“古公亶父，来朝走马。率西水浒，至于岐下。爰及姜女，聿来胥宇。周原膴膴，堇荼如饴。爰始爰谋，爰契我龟。曰止曰时，筑室于兹。”

《史记》《诗》所谓“岐下”“岐阳”，又称周原，史称岐邑，西周铜器铭文称“周”。又因其北倚岐山，人多以岐周称之。岐周在周原之上，居岐山之阳（山南曰阳），更由于西周王朝建立后，“周”作为周王朝的圣都，始终保持着宗教祭祀的特殊权力，都邑规模得以维持并有所扩展，故“周”城所在已很明确。根据考古调查和发掘资料，岐周应该在岐山县的凤雏村与扶风县的召陈村一带。

自古公亶父筑城到文王徙丰，岐周作为周都凡历三世，约百年。其间周人建都邑宫室，规划开垦农地，整顿部落组织，设官置吏，正式跨入阶级社会，建立了奴隶制国家，称周，而且逐渐强盛发展起来。

周人迁入周原后即大筑宫室，正式建立了都城。《史记》所谓：“营筑城郭室屋。”《吴越春秋·吴太伯传》也载：“居三月成城郭，一年成邑，二年成都，而民五倍其初。”《诗·大雅·绵》描述了都城的建设情景：“乃召司空，乃召司徒，俾立室家。其绳则直，缩版以载，作庙翼翼。捄之陾陾，度之薨薨，筑之登登，削屡冯冯，百堵皆兴，鼛鼓弗胜。乃立皋门，皋门有伉。乃立应门，应门将将。乃立冢土，戎丑攸行。”据后人解释，“皋门”为宫门，“应门”乃朝门，“冢土”乃大社。可知岐周城初建时已有朝寝、宗庙、社稷之类大型建筑，都城规制完备。

周人迁居周原后，发扬以农立国的传统，在广阔肥沃的周原上大力发展农业。《诗·大雅·绵》谓其“乃疆乃理，乃宣（通作畎）乃亩，自西徂东，周爰执事”，就是自西向东大规模地开发农地，修起田界和治理农田，开筑田沟和垄亩，其开垦种植方法较豳地更加先进。周人对天时变化节气更易、水源利用等都特别注重，促进了农地的开发和收成的提高。

古公亶父“作五官有司”，建立政治机构，形成了粗具规模的国家，自称“周”。其政治影响很快发展，到其子季历时代开始向西北方的戎狄发动武装进攻，《古本竹书纪年》谓：“武乙三十五年，周王季征西落鬼戎，俘二十翟王。”“太（文）丁四年，周人伐余无之戎，克之。周王季命为殷牧师。”文王立，“是为西伯”，其苦心经营数十年，对西北与西南各部族恩威兼施，不断开拓疆土，形成了“三分天下而有其二”的战略格局①，促使了克商并夺取天下形势的成熟。

周人迁都岐周为何能取得如此迅猛的发展呢？笔者认为这取决于周原地区优越的自然地理条件及原住部族与周人有强大的亲和力。周原广漠，东西延袤七十余公里，南北宽达二十余公里，土地肥美，宜于耕稼，正所谓“周原膴膴，堇荼如饴”；当时周原地区气候温和，雨量较为充沛，丰富的水源不仅有利于种植业，也有利于渔业。周原的气候、水文、土地条件当然是北部豳地无法比拟的，同时也较关中东部地区优越一些，因为当时渭河南部被商朝与国崇侯占据，而关中东部渭北区域多沮洳盐卤之地，不宜农耕。周原的军事地位重要，进可攻，向东居高临下，向西北、西南等有川道可达，而其自身三面临山，利于防守。

周原及其周边地区分布着众多的亲周部族，是岐周强盛发展的群众基础。据史念海先生主编的《西安历史地图集》中的关中地区商时期遗址分布图，商文化关中类型之遗址多在关中东部，关中西部是先周文化的分布范围，渭漳之会、汧渭河谷以及泾河中游彬县、长武一带的先周文化尤其发达。位居泾河中游的应该是周部族创造的豳地文化遗迹，而同时期在周原及其周边地区发展的文化，如王家庄、周公庙、凤雏、董家、贺家、礼村、刘家、案板，尤其是郑家坡等先周文化遗址所反映的内容，也多是农耕为主，且与豳地周人的生产技术水平基本一致。② 在

① 《逸周书·太子晋》曰：“如文王者……三分天下而有其二，敬人无方，服事于商。”

② 张洲：《周原环境与文化》，三秦出版社 1998 年版，第 320 页。

《殷墟甲骨刻辞类纂》所收录有关“周方”的87条卜辞中，80条为武丁时期，内容是记载商周之间的一场大战和其他密切往来。武丁以后的卜辞只有7条，且内容简略，不明详情。此时周部族仍居豳，其卜辞中的“周方”主体应该是分布关中西部创造上述先周文化的部民。古公亶父带其部民由豳迁居周原，也吸引了豳地的诸多部民，《史记》所谓“及他旁国闻古公仁，亦多归之”。从先周文化在关中西部比较发达的分布态势来看，周原新兴的周国更强烈地吸引着附近具有相近文化的众多部落之民，正是他们纷纷投入周人集团，周才迅速扩大其领土和人口，国力不断增强起来。

周原是周人发展强盛的舞台，岐周是周人建国后的第一个都城。古公亶父迁都岐周在周人发展史上意义重大，故《诗·鲁颂·閟宫》有言：“后稷之孙，实维大王（古公亶父后来之封号）。居岐之阳，实始剪商。至于文武，缵大王之绪。”

3. 东进灭商时的都城东移——丰、镐

《史记·周本纪》载：“明年，伐崇侯虎。而作丰邑，自岐下而徙都丰。明年，西伯崩。”是说文王去世的前一年迁都于丰。这在《诗·大雅·文王有声》也有歌咏：“文王受命，有此武功。即伐于崇，作邑于丰。”

文王晚年，周人力量已足以抗衡殷商，东进灭商势在必行。只是此时周人仍未全有关中，在渭水以南户县以东至西安、蓝田、华阴一带为殷人与国崇侯所据。东进灭商的首要任务就是消灭崇国，统一关中。实际上周人与崇国的矛盾早已激化，文王被囚羑里就是崇侯虎暗中要的计谋，而文王晚年据说也曾迁居渭北咸阳原的程，军锋直指渭南崇国。① 从当时周崇对立形势分析，文王在渭北咸阳原上设置军事重镇并亲临驻屯，并非没有可能。只是“宅程”据说在伐密须以后，其后二年文王伐崇作丰邑，居程时间很短，不能视作迁都。

文王消灭崇国全有关中以后，直接面对的是更强大的敌人殷商。对于志在灭商的文王来说，都城设于岐周，距离今河南安阳的殷都就过于

① 《逸周书·大匡》，载“维周王宅程”，《诗·大雅·皇矣》孔颖达疏云：“《周书》称文王在程，作《程寤》、《程典》。皇甫谧云：‘文王徙宅于程。’”可知文王曾一度居程。程之所在，《太平寰宇记》谓：“安陵故邑，周之程邑”，在今咸阳市之东。

悬远，有些鞭长莫及，于是他果断地在沣河西岸“作丰邑，自岐下而徙都丰”。文王徙都丰邑的第二年就去世了，克商大业是由继位的武王完成的。武王即位后，又把都城向外扩展，在沣水东岸与丰邑相对的地方营建了镐京。《诗·大雅·文王有声》叙写文王“作邑于丰”后，接叙武王营建镐京：“考卜维王，宅是镐京。维龟正之，武王成之。”毛传曰：“武王作邑于镐京”，郑玄笺云：“武王卜居是镐京之地，龟则正之，谓得吉兆，武王遂居之，脩三后之德以伐纣，定天下，成龟兆之占，功莫大于此。”知周人在徙居丰邑后不久即开始营镐，其时当在武王伐纣之前。

周人的丰镐二京虽然分别命名，但后世往往丰镐并称。这是因为它们相距很近，实际上紧密相连，而且武王营建镐京以后也没有把丰邑弃置不用。《史记·匈奴列传》等书提到武王居丰镐，并不是专居镐京。现代考古资料证明，丰京位于沣水中游西岸，西至灵沼河，北极郿坞岭岗地北缘，南至石榴村；而镐京遗址西濒沣水，东至丰镐村，北界沣水与滮池，南部已为汉唐昆明池所毁。实际上丰镐二京隔沣水相对，也可看作是一所都城的两个区域。

周人都邑由岐周迁到丰镐，完成了灭商夺取天下的大业，而且在其后的西周王朝二百多年时间内，一直以镐京为首都。这是由镐京所在的地理区位优势所决定的。第一，这里位于关中中心地带，便于控制整个关中。对于周人来说，在丰镐建立之初，关中是其全部疆土，这个中心点的意义尤为重要；对于后代割据或偏安于关中的统治者来说也是如此。第二，这里地势平衍，土地肥沃，南倚秦岭，物产富饶，有“陆海”与“天府之国”的美誉；河道纵横交错，湖泊星罗棋布，素有“八水绕长安”之称，故城市生活用水与农业灌溉不会发生问题。第三，这里处于关中四通八达交通的枢纽位置，号称“天下辐辏，并会而至”，尤其是横贯关中东西的交通干线在此横跨渭河，使其控制着东进逐鹿中原的重要交通线，不仅可以作为夺取中原的据点，而且足以担负起统治天下的重任。

4. 西周时期的陪都洛邑及多都并用制度

据《史记·周本纪》，武王灭商后仍十分忧虑，以致“自夜不寝”，周公旦问其故，答曰：“我未定天保，何暇寐。”他深感首都设在丰镐，对于统治整个中原来说，确有鞭长莫及之忧，因为当时的交通条件还很落后。于是他决定在夏人旧居的伊洛河谷建立新的政治据点，“营周居于雒邑而后去”。东都洛邑的正式建成是在成王时期。由于三监联合武庚叛乱，周公东征三年才彻底平定，在平乱过程中洛邑应该发挥了重大作用。这件事让西周统治者强烈认识到洛邑在统治东方诸侯方面的重要性，于是成王复大规模营筑洛邑，正式作为陪都。《史记·周本纪》曰：“成王在丰，使召公复营洛邑，如武王之意。周公复卜申视，卒营筑，居九鼎焉。曰：此天下之中，四方入贡道里均。”《尚书》中的《召诰》《洛诰》两篇记述了营建洛邑的详细过程。

新建成的洛邑又称成周，取周人成功之义。[①] 其规模很大，《逸周书·作雒篇》谓：“立城方千七百二十丈，郛方七十里，南系于雒水，北因于郏山，以为天下之大凑。”洛邑坐落于今河南省洛阳市，只是具体位置没有得到考古的证实。

由于地理位置的优势，陪都洛邑在西周历史发展过程中发挥有特别重要的作用。首先，作为维护东方的军事中心，常年驻屯有大批军队，号称“成周八师”，既控制着被迫迁居洛邑的大量殷商贵族，又对整个东方的诸侯及夷蛮部落起着威慑作用。不仅屏卫了首都丰镐，而且稳定了东土中原。其次，其位居天下之中，“四方入贡道里均”，故洛邑成为东方财赋的集中地。它不仅是对周围“郊甸”征发人力、物力的中心，而且是对四方诸侯及被征服夷戎部落征收贡赋的中心，在稳定西周王朝经济基础方面起到了超过镐京的作用。最后，国之重器九鼎居此，加上周王有时也来成周处理政务，故其政治地位很高。当镐京被犬戎攻陷之时，洛邑成为周平王迁都首选之地，也奠定了东周历史发展的基础。

西周统治者不仅营建成周，实行陪都制度，而且还能充分发挥原有都邑的特殊作用，利用岐周、丰京的宗庙祭祀设施，新建莽京，实行的是一种以镐京为首都的多都并用制度。

岐周作为周人的发祥之都，在整个西周时期都保持着崇高地位。成王时“有岐阳之蒐”，以成功祭告祖庙[②]，康王在歧周之西宫举行饮酒礼、烝祭。据金文记载，岐周都邑内设有周宫、周庙、成宫、康宫、康

---

① 《史记·鲁周公世家》集解曰：“何休曰：‘名成周者，周道始成，王所都也。’”

② 《左传·昭公四年》曰：“周武有孟津之誓，成有岐阳之蒐，康有丰宫之朝。”

庙、康寝、大庙及康宫中的诸王宫庙等，多是历代周天子的祖庙。考古工作者在凤雏村旁发掘出西周时代的大型宗庙建筑遗址，规制宏大。文献与考古资料充分证明了岐周作为周人圣都以祭祖为主要功能的宗教地位。

丰京设有天子宗庙、宫室，在西周二百余年间经常有周王来此举行各种重要的政治活动。继武王即位的周成王“灭淮夷，还归在丰，作周官”①，营建东都洛邑的命令也是在丰邑发布的。其后的康王、穆王、恭王、懿王等也常居于丰，这都有文献或金文铭辞可以证明，康王和恭王时，还曾在丰京举行大典，大会诸侯。正如《雍录》所说：“武王继文，虽改邑于镐，而丰宫原不移徙。每遇大事，如伐商作洛之类，皆步自宗周而往，以其事告于丰庙，不敢专也。”由是可知，丰京作为镐京都城的一部分仍发挥着重要的行政作用。

西周时还新设了一个重要都邑莾京。有关莾京的史迹，典籍文献几乎失载，而传世或出土的西周铜器铭文中却保留了20余条材料。据其所载，莾京内设有辟雍大池，周天子在此曾乘舟举行大礼，练习射猎；还有学宫，为贵族习艺之所。莾京主要体现出布教、习艺、学射的教育功能。最新研究成果表明，莾京位居岐周城南部今刘家村附近，作为学宫与岐周连成一体。

总起来看，西周王朝实行了多都并用制度。岐周、宗周镐京、成周洛邑从西向东连成一线，首都居中，又有莾京、丰京分别与岐周、宗周连成一片。西周王室利用这几处都邑，从宗教、宗族、政治、经济、军事、教育等方面，牢固地统治着王畿地区，并由此而驾御四方的诸侯，有效地统治着全国，也推动了西周两百余年社会经济文化的不断发展。

二 秦人的发展与都邑迁徙

1. 秦立国前的都邑——秦、西（西垂、西犬丘）、汧

据《史记·秦本纪》，秦为颛顼帝的后裔，商代末期，秦之先祖中潏一支归于周室，迁居渭水上游的天水地区，“在西戎，保西垂”，成为周

---

① 《尚书·序》。

王室镇守西部边境的部族，部族中心在西犬丘。至西周中叶，因非子善于养马，为周王室主马政有功，周孝王打算让他继承大骆为“適嗣”，但因“申侯之女为大骆妻，生子成为適”，故申侯极力反对此举。孝王只得“分土”封非子“为附庸，邑之秦，使复续嬴氏祀，号曰秦嬴”，亦“不废申侯之女子为骆適者，以和西戎”。这就形成了以成与非子各为宗主的两个支系，也出现了西犬丘与秦并立的两个都邑。虽然西犬丘较为重要，形成也较早，但非子是秦得姓之始，也是秦人受封之始，故秦之世系通常由非子算起。春秋时秦成公作器秦公镈，刻文曰：“丕显朕皇祖受天命，竈（奄）又（有）下国。十又二公，不家（坠）在上。”[①] 由成公向前数 12 人，正是非子。“秦”邑是秦人所筑作为政治中心的，其时非子虽仅为附庸，尚不能称秦国，但秦人地位毕竟较前有所提高，当时是不准随意修建城邑的，而周天子却允许秦人“邑之秦”；而且非子死后子孙相继，其重孙秦仲又立为大夫，并未闻居地改变，其间 50 余年都居于秦。故“秦”作为秦人第一个政治中心城邑，似当列为秦都邑之首。

秦邑所在，《括地志》云：“秦州清水县本名秦，嬴姓邑。”参照《水经·渭水注》的记载，基本可定秦邑在今甘肃清水县北。其名为秦，似源于秦水。

西犬丘是秦人世代相承的宗邑，至少从非子起，每当西犬丘遭犬戎攻击出现危险或陷落时，秦人就会不分宗系，不论彼此，团结一致去保卫它，甚至为此而献身，体现了秦人内部极其牢固的民族凝聚力。《史记·秦本纪》载，非子传二世至秦仲，“秦仲立三年，周厉王无道，诸侯或叛之。西戎反王室，灭犬丘大骆之族”。秦仲奋起反击，后也被戎人杀死。秦仲之子庄公誓报父仇，率兄弟五人与周王室所与兵七千人合力猛攻，终于击破西戎，收复了犬丘。宣王鉴于大骆一系已覆灭，将犬丘也划归庄公，封其为“西垂大夫”，庄公也似从秦邑移居西犬丘。秦人继承了大骆宗嗣，由小宗跃居大宗，成为秦部族的领袖，西犬丘也成为秦人的第二个都邑。

---

① 李学勤：《秦国文物的新认识》，《文物》1980 年第 9 期。

西犬丘，也叫西垂[①]或西[②]，战国秦时称西县。由于为秦历代祖先大宗所居，成为秦人在陇西的最重要的政治中心，秦襄公始列为诸侯也都于此，并“立西畤，祠白帝”。后人解释曰：“畤，止也，言神灵之所依止也”[③]，说明了西犬丘在秦人心目中的地位非常重要。秦王朝建立后，《史记·封禅书》曰：“西亦有数十祠”，仍然是一个宗教神圣之地。

西犬丘的具体地点现已基本可以判断。早几年在甘肃省礼县永坪乡大堡子山发现的秦早期墓葬群，以其形制之巨大，墓葬规格与出土文物等级之高引起了海内外考古工作者与历史学者的广泛关注。虽然墓主为谁大家尚有争论，但把它作为秦先公陵区即西垂陵区的学术认定是共同的。先秦时代各国陵墓与都邑统一规划并相近分布，可知西犬丘在今礼县境，这也与文献记载方位一致。

《帝王世纪》：“秦襄公二年徙都汧。”因其时襄公尚未得封为诸侯，故学者多认为此观点有误。考诸当时实际形势，汧作为秦人由陇西涉足关中所建的第一个军事据点或有可能。秦人在同西戎的斗争中发展壮大，襄公立七年时，犬戎攻陷周人镐京，襄公将兵救周不仅“战甚力”，而且护送周平王东迁洛邑，立下大功。这说明秦武力已达一定规模，而且很可能早已涉足关中，其在陇山之夹道中建立一个军事据点，以与盟主西周共同对付犬戎是可以成立的。再说，现代考古材料也支持此观点，考古工作者在今陕西省陇县县城东南 13 里左右的磨儿塬上，发现了城墙遗迹和春秋早期的陶罐、陶鬲等遗存，在其附近的边家庄有八座以较高级青铜礼器为基本组合的春秋早期大型秦墓。[④] 这里正是文献所载汧城之所在。此处乃汧河谷地，宜于农牧，又有汧山为屏，河谷作通道，进能直指岐雍之地，退可入保陇西，确是入关与犬戎争战的理想据点。

---

① 西垂一名有广狭两义。广义泛指西方边陲、边境之地，非具体地名，如中潏“在西戎，保西垂”，“西垂大夫”者也；狭义者指一具体城邑，与西犬丘同义，如《秦纪》载：“襄公既侯，居西垂”，死后“葬西垂”，文公也是“居西垂宫”。

② 据西周晚期铜器不其簋铭文，秦庄公率昆弟五人破西戎就在“西”这个地方，“西”之名成立很早。

③ 《史记》卷15《六国年表第三》，又见《史记》卷5《秦本纪》及其后《索隐》。

④ 《陕西陇县边家庄五号春秋墓发掘简报》，《文物》1988 年第 11 期；张天恩：《边家庄春秋墓地与汧邑地望》，《文博》1990 年第 5 期。

2. 入主关中时的都邑选择——汧渭之会、平阳、雍

秦襄公七年，其被周封为诸侯，“于是始国，与诸侯通使聘享之礼”。周室东徙以后，关中大部分地区被戎族控制，平王赐秦岐西之领土，并对襄公说：“戎无道，侵夺我岐丰之地，秦能攻逐戎，即有其地”，这就为秦人伐戎占领整个关中找到了合法的理由。[1]

秦人随后开始了对关中诸戎的征伐，不断地向东开拓国土，而都邑也随之逐渐东移。据《史记·秦本纪》，襄公十二年（前766年），“伐戎而至岐”，惜其当年去世，没能在关中站稳脚跟。其子文公在西垂即位，立三年，“文公以兵七百人东猎。四年，至汧渭之会……乃卜居之，占曰吉，即营邑之”，建立了秦人正式立国后在关中的第一个都邑。汧渭之会，顾名思义当为汧水、渭水相汇处，今宝鸡市以东卧龙岗、贾村、石羊庙一带发现有大面积春秋早期居址与墓地，汧渭之会应在此范围之内。[2] 这里隔汧水东北与雍地诸戎相峙，实为文公进攻犬戎的前哨重地。从其连一个正式名称都没留下来看，此邑仅是一个临时性都邑。而正是凭此都邑，秦文公用十余年时间基本击溃了诸戎在岐雍的势力，完全占有了歧山以西的封地，“十六年，文公以兵伐戎，戎败走，于是文公遂收周余民有之，地至岐，岐以东献之周”。

秦宪公承文公之位，立二年（前714年），乃东越汧河，“徙居平阳”，建立了秦立国后在关中的第二个都邑。平阳故城在今宝鸡市杨家沟乡、阳平镇一带，这里南临渭水，北倚凤翔塬，为渭北第一级台地，土肥水美，也是建都立邑之好去处。迁都平阳的当年，宪公“遣兵伐荡社，三年，与亳战，亳王奔戎，遂灭荡社”。秦人势力推进到关中中部今三原、咸阳、西安一带。其后武公立，元年（前697年），“伐彭戏氏，至于华山下”。秦人势力范围扩大到关中东部的华山脚下。

秦立国东进关中之时，选择了汧渭之会与平阳这两个都邑，受军事形势所迫均设置在汧渭两河的河谷台地上，虽然易守难攻，但地窄土狭，发展的空间不大，更缺乏控制整个关中的气势，所以都是临时性的。当秦人夺取关中大部分领土，另行选择一座地势开阔，既可固守又利于控

---

① 《史记》卷5《秦本纪》。以下凡不注出处者皆同此。

② 《秦物质文化史》，三秦出版社1994年版，第68页。

制关中全局的大型都城就势在必行。秦人走上雍岭，眼前展现出一片辽阔的原野，这里位处周原西部，不仅地势较高，向东具有俯冲之势，还位居西去汧陇、南下巴蜀的交通枢纽，加之西周时代为周畿腹地，人文荟萃，有繁荣的经济文化基础。这样，雍城就应运而生了。德公元年（前677年），“初居雍城大郑宫”，其后至献公二年（前383年）东迁栎阳为止，秦人都雍城294年，建都时间最长。

位于今陕西省凤翔县城南的雍城是秦国历史上极为重要的一个都城。司马迁在《史记·秦本纪》中记述德公居雍后，接着说：“后子孙饮马于河”，《正义》释曰：“卜居雍城以后，国益广大，后代子孙得东饮马于龙门之河。”确实，秦国建都于雍，既占据了周原的有利地理条件，又吸引了西周的文化遗产，使秦国的政治、军事实力和社会经济得到了较迅速的发展，正如后来孝公所说：“穆公自岐雍之间，修德行武，东平晋乱，以河为界，西霸戎翟，广地千里，天子致伯，诸侯毕贺，为后世开业，甚光美。”

3. 东争河西与逐鹿中原时的都邑转移——泾阳、栎阳、咸阳

由于内乱迭起，秦国在战国中期处于落后状态，中原各国很瞧不起秦，“夷翟遇之”，连诸侯间的会盟也不约秦参加，更有甚者，由于军事上的劣势，秦人被动挨打，大片国土被人侵占。秦灵公六年（前418年）开始，魏国向河西进攻，没多久就抢占了黄河与洛河之间大片的秦国领土，并在这里设置河西郡。面对魏国咄咄逼人的军事压力，秦灵公也很注重东方的防务，曾经亲自驻屯泾阳，加强防守和反击力量。《史记·秦本纪》后附的《秦纪》据说是秦史官所记最原始的秦国史，其说：“灵公居泾阳”，不能无因。从当时形势和秦人的传统分析，泾阳应为秦君的临时都邑。泾阳城位置在今陕西省泾阳县西北三里。

秦献公上台后锐意改革秦国内政，颁布一些新的社会经济法令，还修筑栎阳城。把都城迁到这里，使都城靠近了秦魏前线，以便于与魏人争夺河西失地。栎阳城位于今西安市阎良区的武屯东北，东临石川河，交通发达，《史记·货殖列传》称其为：“北却戎翟，东通三晋。”秦迁都栎阳确实收到了显著的效果，对魏的军事战争形势开始向有利于秦的方向发展。献公二十年（前365年）秦大败魏赵联军，“斩首六万”，关东诸侯震惊，天子赐以“伯（霸）”的称号。魏国被迫修筑长城，采取

守势。

献公之后的秦孝公认为秦国没有能收复河西失地，“诸侯卑秦，丑莫大矣”，于是即位当年就发布“求贤令”，立志变法图强。其变法图强的目的不仅在于收复河西失地，更在于富国强兵东进中原与六国争雄，故汉人贾谊《过秦论》说：“秦孝公据崤函之固，拥雍州之地，君臣固守以窥周室，有席卷天下、包举宇内、囊括四海之意，并吞八荒之心。”而为了与六国争雄逐鹿中原的更高目标，其后的军事斗争焦点应该由河西转移到函谷关外的中原与武关外的江汉流域。这样，能够照顾全局的都城咸阳就应运而生了。咸阳最初兴建于今咸阳市东渭城区窑店乡，正位于渭水北岸，九嵕山之南。秦人把都城由栎阳向西转移到咸阳，是经过认真比较后作出的重要选择，咸阳在地理条件、交通位置、军事形势尤其是对东方的攻势方面都较栎阳具有很大的区位优势。因为咸阳后来扩展到渭河以南，与周人的丰镐区位接近，故咸阳的区位优势也同上节我们分析的丰镐的优势相同，此处不再赘述。① 以下简要分析一下咸阳向渭南的扩展过程和原因，并勾勒出咸阳对秦帝国建立的巨大推动作用。

秦昭王时代，咸阳城逐渐扩展到了渭水南岸，当时在渭南修建了一些重要建筑如章台宫、兴乐宫等，并在那里举行许多重大的国事活动。秦始皇时代尤其是他统一全国以后，更加大规模地规划建设渭南区域，先是修建了信宫与甘泉前殿，最后甚至决定把皇宫由渭北迁出，在渭南上林苑中兴修新的施政中心——朝宫。通过渭南章台、兴乐、阿房等宫殿及极庙这样礼制性建筑的兴修，咸阳已经发展成为横跨渭河两岸的都市格局，正如《三辅黄图》所描述的那样：“渭水贯都以象天汉，横桥南渡以法牵牛。”当然，这种都市格局并非秦都咸阳所独有，隔沣水而前后兴起的丰镐，实际上也是西周都城密不可分的两个区域，与其类似。②

咸阳从孝公“大筑冀阙”，“秦徙都之”，到秦灭亡遭项羽焚毁，作为秦国与秦王朝八代国君之都长达144年。这期间咸阳发生过许多惊心动魄

---

① 参见李令福《秦都咸阳兴起的历史地理背景》，《中国历史地理论丛》1999年第4期。

② 秦都咸阳扩展的具体过程，参见李令福《秦都咸阳形制若干问题的探索》，中日历史地理合作论文集第一辑《汉唐长安与黄土高原》，1998年4月。

的重大事件——商鞅变法革新，蔺相如完璧归赵，荆轲献图刺秦王，始皇帝焚书坑儒，赵高指鹿为马，尤其是秦始皇以咸阳为指挥中心，扫灭六国，统一天下，使之成为我国第一个统一的中央集权制秦帝国的都城，并在这里制定了一套较为完备的统治制度，影响深远。

三 周秦都邑迁徙的比较研究

以上论述了周、秦发展的历程及其都邑的选择和迁徙，可知秦人是在周人的羽翼下成长壮大起来的，最富有周人文化的滋养，也洞悉周人发展的轨迹。于是也沿着一条极为相似的路线，重演了周人由西东渐的历史进程，最后立足于离周人旧都丰镐不远的咸阳统一天下。下面将具体分析其迁都的相似点与不同点，并讨论其形成原因。

1. 周秦都邑迁徙的相似点

首先，周秦兴起之初都居于戎狄相间地区，仅处于部族发展阶段，其都邑仍为部族中心，并不完全具备后来国都的性质。周始祖后稷虽在关中，可不窋还是“奔戎狄之间”，在今甘肃庆阳、陕西彬县一带活动，公刘所建豳都仅是部族中心聚落。秦人“在西戎，保西垂”，居于陇山以西，作为周王室的部族奴隶，与戎人杂处，善畜牧，有戎狄之风。非子以养马之功得为附庸，邑之秦，实际上也没有形成完整意义上的国家。襄公得封诸侯之前所居的三个都邑即秦、西垂与汧都都只是部族之都性质。这一点是中国先秦时代都邑与后来不同的地方，各部族如夏商周秦甚至春秋时期兴起的宗主国都有自己祖先的发祥之地和迁徙发展之区，在崇尚祖先崇拜的古代，其祖先所居之地仍可算作为都。因每个部族中心聚落都会有其祭礼祖先的祭坛存在，相当于后来的宗庙性质。

其次，周秦都把关中西部当作自己的立国之本，都城均建立在周原之上，积极发展农业生产，称霸一方。周人由豳迁居岐周，正位居周原腹地，以农立国，很快富强起来成为西方大国。秦人立国后也积极向岐雍周原之地发展，最后定都于周原西部的雍城，利用周余民完成了由畜牧为主向农业为主的转化，社会经济得到发展，东向饮马于河，西进独霸西戎。这一点当然是由于辽阔肥沃的周原在关中的区位地理优势所决定的。

最后，周秦向东发展的首要任务是控制整个关中，其由西东渐进而统一天下的路线和都邑选择原则与区域也非常相近。周文王志在灭商，由岐周东迁都邑到对敌即对崇国斗争的前沿阵地，先宅程，后邑丰，而此后武王都镐，东征而统一天下。秦人为东争河西失地，灵公居泾阳，献公迁栎阳，也把都城设在了与魏国争战的前沿阵地，最后孝公定都咸阳。而且咸阳城在昭王与始皇帝时期又不断向渭南地区扩展，始皇帝选择朝宫的原则就是“丰镐之间，帝王都也”，向往周人的旧都丰镐，决定把施政中心迁去。都邑选择的最终地点竟如此相近，这当然是今西安小平原在关中甚至全国的地理区位优势决定的。

总起来看，周秦相继崛起于关中并进而统一天下，其发展阶段、都邑迁徙路线与选择地点都有不少相近之处。对此著名考古学家石兴邦先生已有概括：“我们不能说秦人历史发展是周人历史发展的重演，但确有十分相似之处。我觉得秦人是步周人后尘，亦步亦趋而达到统一中国之目的的。”①

2. 周秦都邑迁徙的不同点及其形成原因

周人与秦人自身的特点及其兴起发展的社会背景并不完全相同，故其都邑的迁徙与选址仍存在不少具体的差异。

首先，在兴起阶段，周人都邑形态落后，邰、豳仅是部族之中心聚落，似无城邑之筑；而秦人却相对先进一点，作为附庸的“秦”虽很小，但既称作“邑”，则似应有城。

其次，在迁往周原选择都城之时有两个不同之处：一是周人一蹴而就，建立了岐周，而秦人却要经过汧渭之会与平阳的临时选择，多年以后才定鼎雍城。其原因乃是周人入主是自然式的迁徙，原居此地的姜姓部族是周人传统姻亲联盟，文化与周人接近，自愿接纳周人的领导；而秦人要占领周原就不那么容易，当时其地为戎人占据，非经过战争是无法夺取过来的。秦人是用武力逐步占领关中西部地区的，故其都邑也只能是多次选择，临时性很强。二是最终选择地点，周都岐周在岐山之阳，处于周原腹地，而雍城则偏于周原西部。这当然是因为迁徙方向的影响，周人由东北豳地迁来，居岐山下，可凭险防止戎狄入侵；而秦则来自于

---

① 石兴邦：《秦代都城和陵墓的建制及其相关的历史意义》，载《秦文化论丛》，西北大学出版社 1993 年版。

陇西，考虑到与发祥之都西垂的联系，定都雍城也是自然的。

再次，向东迁都的具体路线也不一致，周人是先迁丰后都镐，都在渭水南岸，而秦人则在渭水北岸经营很久，泾阳、栎阳更远在泾水以东，咸阳的初建也在渭北，虽然其最后扩展到渭南。形成原因当然是周秦在关中面临的敌人在不同方位，周人当时在关中的主要敌对势力是崇国，位居渭水以南；而秦人主要敌对势力却在渭北，是与魏国争夺河西之地。把都城设在对敌斗争的前沿是周秦勇敢进取的表现。

最后，夺取天下之后实行的都城制度也有差异。周武王克商后，仍然不低估东方部族的实力，以致夜不成寐，思考应付方法，后营建了东都洛邑。正是洛邑为周公平叛打下了基础，其后成王实行陪都制。洛邑在经济和军事上的地位很高，而且西周灭亡时，洛邑又成为东周的首都。周人的陪都制对周王朝的建立和长期延续做出过重大贡献。而扫灭六国的秦始皇却踌躇满志，自以为“德过三皇，功盖五帝”，在咸阳大修宫殿，修筑阿房宫之刑徒竟达几十万，而对东方六国贵族的反抗估计不足，虽然采取了修驰道、多次巡幸等措施，但考虑到秦人都邑多方面效法周人，则容易使人反思其为何不能像周人那样在洛邑设置陪都以加强对东方的统治呢！此点失误也算作秦二世速亡百种原因中的一个吧！

比较研究周秦都邑迁徙，在现代学术和城市化建设方面笔者认为有两点启示。

第一，今后在研究先秦时代中国都邑迁徙与制度时应该注意分析以下三个方面的区别与联系。①都与邑的不同。《左传·庄公十二年》记：“筑眉，非都也，凡邑有宗庙先君之主曰都，无曰邑。邑曰筑，都曰城。”而《吕氏春秋·八月纪》也有都邑之区别：“国有先君宗庙曰都，无曰邑。”具体分析秦人都邑，可知西垂、雍、咸阳为都，而秦、汧渭之会只是邑的性质。②部族之都与国都的差别，远古部族中心聚落，无论其筑城与否一定有其祭祀之地，相当于后来的先君宗庙，古人也称作都，如周人之邰、豳。古史记载，四海之内分为万国，商汤时犹有三千，周初存千八百余，规模很小，其都算作是部族之都。③都城与王公临时居地有别。比如周文王宅程、周懿王居犬丘与秦灵公居泾阳之类，应该仅是临时性的行都性质，原有都城的地位没有改变。注意了这些问题，才能深入研究夏商周秦的频繁迁都现象。

第二，周秦兴起于关中进而统一全国，很相近的择都过程说明了关中都邑的区位所在，一是关中中部的西安附近，这里还特别适合作为全国大一统王朝的政治中心，中国历史前半期强盛王朝如周秦汉唐的都城皆坐落于此，现在西安市仍然是西北地区的经济文化中心城市。二是关中西部的周原附近，是控制关中的都会，唐人曾以凤翔府为西都，与其位置相近的今宝鸡市为陕西省第二大城市，也说明了历史选择的正确性。关中地区都市建设的这种区位特征，对今天进行关中大城市的合理布局与规划很有指导意义。

第三节　秦成都“与咸阳同制”考辨

无论是对秦都咸阳的研究，还是对早期成都城的研究，文献所载战国时张仪所筑成都“与咸阳同制”的资料都被广泛引用。但是，“与咸阳同制”的究竟是成都城的形制布局，还是在城市中推行的制度？是怎样的“同制”？至今众说纷纭，有必要再作深入考辨。在此略陈己见，以抛砖引玉。

一　有关成都“与咸阳同制”的古代文献

有关战国时期成都“与咸阳同制”的古代文献记载很多，但尚未发现最原始的直接资料，多为摘引转述前人的记录。在辗转传抄中，不仅文字上有省衍现象，而且原文意思也发生了变化，致使越到后来观点越多。故这里先对有关史料进行分析，为下文考辨提供相对真实的文献证据。

在笔者所见到的现存文献中，晋人常璩撰写的《华阳国志》是明确记载成都“与咸阳同制”的最早文献。《华阳国志》卷3《蜀志》曰：“（秦）惠王二十七年，（张）仪与（张）若城成都，周回十二里，高七丈；郫城周回七里，高六丈；临邛城周回六里，高五丈。造作下仓，上皆有屋，而置观楼射兰。成都县本治赤里街，若徙置少城内（城）。营广府舍，置盐、铁、市官并长丞，修整里阓，市张列肆，与咸阳同制。”

之前成书的《蜀王本纪》也有类似记载：“秦惠王遣张仪、司马错定蜀，因筑成都而县之。成都在赤里街，张若徙置少城内，始造府县寺舍，令与长安同制。”[1]

《华阳国志》的作者常璩，晋代蜀郡人，作宦成汉，掌著作，有史识，孙盛称为“蜀史”；《蜀王本纪》的作者为扬雄，见《隋书·经籍志》[2]，雄也出生蜀地，为西汉末大文学家。二人皆蜀人，兼有文史之才，所述蜀事当有所据；从具体内容来看，这两条史料虽有详略不同与文字差异，但实质却基本相同。《蜀王本纪》所说“与长安同制”实际等同于《华阳国志》的“与咸阳同制”，因为在汉代人的心目中，“长安，故咸阳也”。[3] 秦取蜀后城成都，置官建署，立市设里，推行的制度理应用当时的国都咸阳来作为模板，原始资料当写作“与咸阳同制”，至《蜀王本纪》扬雄之时代，首都为长安，故其引用时改成了“与长安同制”，这是正常的。至晋代常璩作《华阳国志》，原始资料仍然存在，不然，其内容无法如此充实详细，在他引用时国都已不在关中，故能够基本尊重原文。

如此说来，这两条史料可以相互校勘。据文献资料，成都确有大城少城之分，成都县本治赤里街，似当大城之中[4]，后移置少城内。大城与少城本身皆不称内城，少城之中又没别筑内城，《华阳国志》却写作“若徙置少城内城”，显然有误。与《蜀王本纪》“若徙置少城内”相校，知其“内”字以下的“城”字应为衍文。不如此则无法通解，如断句为：“若徙置少城。内城营广府舍……”，把大城当作内城，或读作“若徙置少城——内城。营广府舍……”把少城当作内城，均与原文前后意思不符。[5]

上述两段史料叙述较为详细，不仅无歧义矛盾之处；相反，却可以相互补充，明确“与咸阳同制”的真实含义。而后来《郡国志》与《水经注》的摘引却特别简略，且容易使人产生异议。《郡国志》原书已佚，

---

① 《蜀王本纪》原书已佚，此文见《太平寰宇记》卷72引。

② 也有人认为《蜀王本纪》为谯周所作，见《论〈蜀王本纪〉成书年代及作用》，《社会科学战线》创刊号。

③ 《史记》卷93《韩信卢绾列传》。又汉魏时也有称咸阳为长安者，如《三秦记》即说：“始皇都长安，引渭水为长池。”

④ 刘琳先生谓赤里街“在大城南门内”，见《华阳国志校注》，巴蜀书社1985年版，第198页。

⑤ 前者见任乃强《华阳国志校补图注》，上海古籍出版社1987年版，第131页；后者见《秦物质文化史》，三秦出版社1994年版，第144页。

《太平御览》卷 193 有其引文，曰：“成都郡，秦惠王二十七年张仪筑，以象咸阳，沃野千里，号曰陆海。”据清人王谟《重订汉唐书钞》，晋人袁山松撰有《郡国志》，时代较《蜀王本纪》与《华阳图志》为晚。“以象咸阳”字面意义与“与咸阳同制”无大差别，但它直接接在筑城以后，省略了上述资料中位居其间的“营广府舍，置盐铁市官并长丞，市张列肆”，给人的印象是城市的形制像咸阳，造成了与《蜀王本纪》《华阳国志》的不一致。

北魏郦道元撰《水经·江水注》时，再省略其文曰：“秦惠王二十七年遣张仪与司马错等灭蜀，随置蜀郡焉，王莽改之曰导江也。仪筑成都，以象咸阳。”当时南北对立，郦在北朝，无缘亲莅其城，所参考文献也非全部，故引文简略，给后人造成了错觉。

到了明朝，董说更把成都秦时有“小咸阳”之称与筑城“以象咸阳”结合起来。其所著《七国考》卷 14《秦琐征·小咸阳》曰：“扬雄云：秦使张仪作小咸阳于蜀。按《郡国志》，秦惠王二十七年使张仪筑城，以象咸阳，沃野千里，号曰陆海，所谓小咸阳也。”此处所引扬雄之语，不见于前人所引《蜀王本纪》，不知其转引出处。后文据上述《郡国志》解释“小咸阳”得名原因，今人据此判定：“张仪等人设计建筑成都，确是仿效咸阳的布局的，所以成都有‘小咸阳’之称”，“成都既然有‘小咸阳’之称，可知成都布局确是按照咸阳模式的”。[①] 实际上这种判断的理由并不充分。成都又称“小咸阳”，虽未见于早期文献，但尚属可信，如《华阳国志·蜀志》载蜀人谓成都北门曰咸阳门。原因并非在于成都与咸阳城市布局相似，似在于以下两点：首先，秦克蜀后，蜀地成为秦人移居之主要地区，据《华阳国志·蜀志》，蜀地“戎伯尚强，乃移秦民万家实之”。后来蜀成为秦人流放犯人之区，云梦秦简记载，咸阳某里士五甲告其子士五丙，地方官甚至没有讯问一下丙所犯何罪，就轻易地满足了其父的要求，判其流放蜀地，“令终身不得去迁所”，这也说明将一般秦民迁入蜀正是政府求之不得的。[②] 这些移民思念家乡，遂把故乡的地名移置过来，《四川总志》云：“古泾口，去峡江县西北五里。昔秦惠王徙秦

① 杨宽：《中国古代都城发展史》，上海古籍出版社 1993 年版，第 102 页。

② 《云梦秦简·治狱爰书程式·迁子》。

人万家于南安，思泾水不得，饮此似之，故名。石壁上有古泾口三大字。”“秦水在峨嵋山西南二十里。秦惠王克蜀，移秦人万家以实之，秦人思秦之泾水，于此水侧置戍，谓之泾口。”[①]《舆地纪胜》引《旧经》曰：“秦人思秦之泾水，于其水侧置戍，谓之泾口戍，天宝六年改名秦水。”马非百《秦集史》按语云：“其事必可信。”泾水是秦地名川，其名可移；咸阳为秦之国都，移其名也未尝不可，况移居蜀地者尚有不少咸阳之民，已如上述。

第二个原因则是蜀地物产富饶，货殖充沛，商业较发达，故司马错以为“得其财足以富民”，可以“利尽西海”。事实也确实如此，“蜀既属，秦益强富厚，轻诸侯”。[②]咸阳近郊为八百里秦川，黄壤沃土为天下第一，是当时富庶之区，当时成都为蜀地物产财货中心，其富可比咸阳，故有“小咸阳”之称。这一点从《郡国志》行文可知，即把《郡国志》句读为“成都郡，秦惠王二十七年张仪筑。以象咸阳沃野千里，号曰陆海”也未尚不可。这也正符合《七国考》所谓“小咸阳”得名的原因分析。到了汉代，关中与蜀仍皆有陆海之称，其富庶仍可相互类比，班固《西都赋》曰：“竹林果园，芳草甘木，郊野之富，号曰近蜀。”李善注云：“言秦境富饶，与蜀相类，故号近蜀焉。”

综上可知，由于《郡国志》对史料有删减，使其具有了两重含义，而《水经注》又仅引其前半句，这就使原义发生了根本转变，导后人以歧途。

还有一种关于成都城“从周制”的说法，这里不妨略作分析，以资对比。《蜀中名胜记》卷4引张咏《创设记》曰：“按《图经》，秦惠王遣张仪、陈轸代蜀，灭开明氏，卜筑蜀郡城，方广十（一作七）里，从周制也。分筑南北二少城，以处商贾。”按《春秋穀梁传》隐公七年注曰：“建国立城邑有定所，高下大小存乎王制。”王制即周制也。西周分封之时，等级森严，所筑城的面积大小、城墙高度等因等级不同而有定制，不得稍有逾越。大抵天子之城方九里，公城方七里，侯伯城方五里，子男城方三里。秦取蜀“贬蜀王更号为侯”，其城应方五里，今为十里

① 《古今图书集成》卷630《嘉定州古迹考》，卷627《嘉定州山川志》所引。

② 《战国策》卷3《秦策·司马错与张仪争论于秦惠王前》。

（或七里），只能说基本从周之制。同时后半句“分筑南北二少城”，因与历代记载不合，学界多不赞同。左思《蜀都赋》有“亚以少城，接乎其西”，是说少城在大城之西。李膺《益州记》对少城方位描写得更具体，“少城惟西南北三壁，东即大城之西墉”。由于《创设记》所记成都具体方里并不“从周制”，又与《华阳国志》方十二里的详细记载不同，而且，其南北二少城之说很难成立，故其说法后世较少引用。

二　现代各家观点评述

现代学者因受上述歧义文献的影响，更加上研究角度不同，故不同学者对成都“与咸阳同制”的看法差异很大。这里略作评述。

一种观点是从城的大小方面考虑，如任乃强先生在其大作《华阳国志校补图注》中认为“秦（成都）城周回十二里，则纵横径三里，仅当今城面积九分之一而已。然在周秦间，已为大城，可比咸阳矣”。此说显系受张咏《创设记》之“从周制”的影响。但仔细阅读《华阳国志》原文，则可知此观点不能成立，假若如其所言，则“与咸阳同制”应该置于记载成都等三城周回高下之文字的后面。证之《蜀王本纪》也并未言及城之大小，可知也。

另一种观点从成都城市布局“与咸阳同制”出发，认为由于渭水北移冲没了秦都咸阳的遗址，要复原咸阳的城市布局，可以依据秦成都城的布局特征。最先倡导此说的是咸阳市博物馆的逸人先生，他说：“秦代的咸阳城在始皇以前，位置居渭水以北。近年来虽然作了调查，但还不能探知它的建筑布局。但由一些史籍记载，秦惠王曾使张仪筑成都城，谓之小咸阳。雇（顾）名思义，方（应）与秦都咸阳相同，有内外城，县治小城内，如皇帝居宫城内一样，官寺里居都在小城外，大城内。小城在大城西南这种宫城位居西南的制度，是否源自周代尚不可定，但是秦始皇阿房宫和西汉的未央宫设置方位来自咸阳宫是无疑的。”① 他首次把咸阳宫城与外城比定于成都小城大城之制。1983 年 9 月，著名古史专家杨宽先生在东京召开的第三十一届亚洲北非人文科学国际会议上更进

---

① 逸人：《汉唐长安城建筑设计思想初探》，陕西省文物局 1982 年印刷《陕西省文博考古科研成果汇报会论文选（1981）》（内部资料）。

一步在此基础上展开论述，把这个观点发扬光大。其具体论证过程共分两部分，首先论证了成都布局是按照咸阳模式的，其次由秦成都少城大城西东连接推断秦都咸阳的构造也必定为小城大郭西东相连。其后不久，杨先生有关此论的大作《中国古代都城的起源和发展》就在日本出版了。在日译本序言中，日本著名学者西嶋定生对其评价甚高，说是“对秦都咸阳和汉都长安的考察，称得上是本书最为精彩的两章，其全新的观点和周密的论证显示了作者独步于这一领域的气势”。[①] 1985 年与 1993 年上海古籍出版社先后出版了杨宽先生的《中国古代陵寝制度史研究》与《中国古代都城制度史研究》两本专著，均用较大的篇幅论述了秦都咸阳西城东郭的观点。这一观点在国内外影响甚巨，但仔细推敲，其有关论证的每一步骤都不周密，致其“全新的观点”失去了说服力。[②]

杨先生论述的第一部分有两个推断，一是《郡国志》所说张仪筑成都城“以象咸阳”，就是《华阳国志》所说“与咸阳同制”。二是“成都既然有‘小咸阳’之称，可知成都布局确是按照咸阳模式的”。似乎均难成立。

先说其一，从字面意义来讲，“以象咸阳”和“与咸阳同制”基本相同，但从其具体的前面连接文字上看，它们修饰的部分差异很大，故二者不能简单地等同起来。细读上节《华阳国志》与《郡国志》原文，这一点是明确的。杨先生自己也承认，《华阳国志》所说成都“与咸阳同制”，就是包括把县治“徙置少城内城，营广府舍，置盐铁市官并长丞，修整里阓，市张列肆”。[③] 那么，它怎么能等同于《郡国志》所谓成都城“张仪筑，以象咸阳”呢？

其二，成都又称“小咸阳”并不能构成判断“成都布局按照咸阳模式”的充分条件。董说《七国考》解释成都又称“小咸阳”时说：“以象咸阳，沃野千里，号曰陆海，所谓小咸阳也”，似乎是从经济原因上判定的。笔者的家乡靠近安徽省淮北市，知道淮北素有“小上海”之称，

---

① 参见《中国古代都城制度史研究》的序言与日译本序。

② 这里仅针对杨先生由成都“与咸阳同制”而推断咸阳西城东郭的讨论。至于其两大专著有关中国古代陵寝、都城制度演变的综合研究，笔者以为体大精深，确有前不见古人之气势。

③ 《中国古代都城制度史研究》，上海古籍出版社 1993 年版，第 102 页。

究其原因乃因为淮北市乃煤炭产地，经济发展为皖北中心城市。绝不能因淮北又称“小上海”而得出淮北城市布局模仿上海的结论。

“成都布局确是按照咸阳模式的”，是杨先生第二段推论的大前提。如上所说，这个前提是很难成立的，则其最终推论当然不能与实际相符。现在我们退一步讲，假若这个前提条件能够成立，看看其“秦都咸阳西城东郭”的最终结论是否正确。笔者认为答案仍然是否定的。

假若成都布局与秦都咸阳相同，则只要弄清成都城的布局，即可推断出咸阳城的布局。秦成都的形制是比较清楚的，张仪筑成都城分为大城与小城两部分，大城在东，小城在西，且相互连接，少城东垣用的即是大城西墉。这在《蜀都赋》与《益州记》等古代文献中有明确记载。杨先生由此即推断出成都的祖型咸阳也是小城大郭相连接的布局，更具体地说是西城东郭的形式。这里明显地遗漏了一个必要的论证步骤，即为什么说少城是内城的性质、大城具有外郭的性质。仅用面积大小作为区分标准是不行的，因为明代北京城在南面修筑的外郭城明显偏小，无论如何不能具有内城性质。

城郭的划分标准很明确，正如《吴越春秋》所说：“筑城以卫君，造郭以居民。”[①] 这是一般诸侯国的形制，而秦筑成都时，蜀侯仍然是存在的。据《华阳国志·蜀志》：“周郝王元年（前 314 年），秦惠王封子通国为蜀侯，以陈壮为相。置巴郡。以张若为蜀国守。……二年，分巴、蜀置汉中郡。”蜀侯既置相辅佐，不应再设守助之，是其守似为太守。当时“成都县本治赤里街”，知有县的设置。这说明秦对蜀的统治方式是分封制与郡县制并行，谭其骧先生《秦郡新考》与刘琳先生《华阳国志校注》也基本持此观点[②]。张仪等筑成都城时，先筑大城，内设蜀侯、蜀郡与成都县之官署；而由于当地盐铁交换活动迅速发展，商贸之民皆集于大城西墉之外，民户渐繁，故有少城之续筑，即少城原为保护商民、整齐市场而设。张咏《创设记》引《图经》曰筑少城“以处商贾”。直到汉晋时代，少城一直是工商发达之区，左思《蜀都赋》：“亚以少城，接乎其

---

① 《太平御览》卷 193 引。

② 谭其骧：《长水集》，人民出版社 1987 年版，第 2 页；刘琳：《华阳国志校注》，巴蜀书社 1984 年版，第 194 页。

西。市廛所会，万商之渊。列隧百重，罗肆巨千。贿货山积，纤丽星繁。”晋张载《登成都白菟楼诗》：“郁郁少城中，岌岌百族居。街术纷绮错，高甍夹长衢。”至于成都县移驻少城，乃因其地工商繁盛，应设官治理，理应移级别较低的县令去，这也没有什么疑议。由是可知成都大城乃为捍卫官寺，与国都相比有内城性质，而少城乃“以处商贾”，为工商发达之区，具有外郭城之性质，从建筑时间上看，大城在先，少城在后，也符合先城后郭的建筑顺序。

秦所筑成都大城少城性质既明，则可知，即使秦都咸阳与成都城布局相同，也无法得出“西城东郭”的结论。当然，杨先生还以秦始皇陵布局等方面对其“秦都咸阳西城东郭说”进行了论证，但其推论均有不少问题，因与本节论题无关，留待另文详细讨论。今只说明把张仪等人城成都“与咸阳同制”说成是两城布局形制相同的观点，虽然影响很大，但仍是与事实不符，无法成立的。

最普通的观点是直接利用《华阳国志》原文，认为成都城“置盐铁市官并长丞，修整里阓，市张列肆”，这种经济管理体制与市场形制与咸阳相同，王学理、罗开玉等先生即持此观点[①]。连杨宽先生 1980 年再版的《战国史》也认为：“秦惠王时蜀守张若在成都建设城市，‘市张列肆，与咸阳同制’，还设置有盐铁市官”[②]，是基本与此观点相同。这种观点是正确的，惜至今没人充分展开论述。笔者认为，秦筑成都与咸阳同制的不仅是经济管理体制与市场形制，而且还包括政治建制上的“营广府舍”，后者也等同于《蜀王本纪》所说“造郡县寺舍”。详细论述，请见下节。

三　成都“与咸阳同制”之我见

秦国占领以前的蜀国虽是“戎狄之长”，但其文化发展仍停留在青铜时代，是一个无城郭、无郡县、无市里的部落奴隶制国家。秦国占领蜀国后，一方面实行羁縻政策，封原蜀王子弟为蜀侯；另一方面用本土先进的制度进行殖民改造。在筑成都城后，参照商鞅变法以来渐趋完善的

---

① 王学理：《秦都咸阳》，陕西人民出版社 1985 年版，第 92 页；罗开玉：《秦在巴蜀的经济管理制度试析》，《四川师院学报》1982 年第 4 期。

② 《战国史》，上海人民出版社 1980 年版，第 101 页。

政治经济管理体制，在成都“始造府县寺舍”，“置盐铁市官并长丞，修整里阓，市张列肆”。笔者认为这就是文献所载成都“与咸阳同制”的真实含义。

无论是《蜀王本纪》所说“始造府县寺舍”，还是《华阳图志》所谓“营广府舍”，均指营建官署衙门。《左传·隐公七年》孔颖达疏引《风俗通义》曰：“府，聚也，公卿牧守府，道德之所聚也……寺，司也，庭有法度，令官所止，皆曰寺”，其中“令官”系指县令之官。此可证郡衙门一般称府，而县衙门一般称寺。当然也有将郡县官署通称为“寺”的，如颜师古注《汉书·何并传》即曰：“诸官曹之所，通呼为寺。”①营建官寺正是实行郡县之制必要的措施。应劭注《汉书》曰：汉高祖七年，以“太上皇思欲归丰，高祖乃更筑城寺里市如丰县，号曰新丰，徙丰民以充实之”。②《汉书·元帝纪》也载，元始二年，为安置内地贫民，“罢安定呼池苑以为安民县，起官寺市里，募徙贫民，县次给食至徙所”。

以上两个例子说明置郡县不仅要营建官寺衙门，同时还应设市建里，为城市居民居住和生活创造条件。③ 秦在成都时也是如此，不仅“营广府舍”，而且还“修整里阓”。先说里，《说文·里说》曰：“里，居也”，《汉书·食货志上》云，“在野曰庐，在邑曰里”，是知里为城邑中住民聚居的基本单位。从出土的咸亭陶文来看，咸阳市亭所辖经营手工业的里就有三十多个，而这些仅为咸阳里名的一部分。④ 为便于管理，里必须建筑围墙，设置里门，按时启闭，以供出入。里内居民住宅与巷道布局有序，《三辅黄图》卷2《长安城中闾里》载：“长安闾里一百六十，室居栉比，门巷修直。”张衡《西京赋》也说：“街衔相径，廛里端直。”成都居民区“里”的修整必然是以咸阳里的建置为蓝本的。

“阓”，崔豹《古今注》曰：“市墙曰阛，市门曰阓。”既然修整市

① 师古注《汉书》卷77《何并传》：林卿“令骑奴还至寺门，拔刀剥其建鼓”。

② 应邵注《汉书》卷1《高祖纪下》：汉十二年夏四月，“令丰人徙关中者皆复终身”。

③ 《史记》卷128《龟策列传》褚先生补文：“故牧人民，为城郭，内经闾术，外为阡陌”，闾，里居也；《汉书》卷47《晁错传》也说：“营邑立城，制里割宅，通田作之道”，把建城与置里结合起来。

④ 王学理：《秦都咸阳》，陕西人民出版社1985年版，第106—109页，列举渭北里名三十四个，如屈里、完里、泾里、当柳里等，虽不知其确切位置，但从陶器出土地点判断，皆在渭北咸阳遗址范围。

门，可知必有市墙，《说文》即谓：“市，买卖所之也，市皆有垣。”战国时期在城里固定区域建立的市肆正是垣墙环绕，以与里居相隔，设市门定时出入。考古工作者在秦国都城雍的东北部发现了市的遗址，经详细勘探，知其平面似长方形，四周围以夯土墙，西墙长 166.5 米，南墙长 230.4 米，东墙长 156.6 米，北墙长 180 米，宽 1.8—2.4 米。四周围墙中部都发现有“门塾”建筑，门塾一般宽 21 米以上，进深 14 米左右。从残存建筑遗物看，门上有四坡式的屋顶。[①] 发掘者推测建造年代属于战国，结合文献来看，雍都市的建筑，似乎即是献公时期创设的，《秦记》说，秦献公“七年（前 378 年），初行为市”，当时的都城正在雍城。根据《史记》《长安志》等文献记载，秦都咸阳城中有咸阳市、直市、平市等，其中咸阳市规模很大，商庶云集，最为繁闹。吕不韦尝以相国之身，公布其《吕氏春秋》一书于“咸阳市门，悬千金其上，延诸侯游士宾客能增损一字者预千金”。[②] 秦二世尝“杀大臣蒙毅、公子十二人僇死咸阳市”，李斯父子也被“腰斩咸阳市”。[③] 雍都与咸阳的市是政府统一设置于城中，旨在把商业经济纳入城市管理体系；市外围以墙，四周开门。张仪在成都修整的市也是此类建制，由成都出土的汉代《市井》画像砖可以证明这一点。

还应该指出的是，在成都兴修官寺里市是秦国的先进制度向蜀地的移植，就连建筑形式也与原蜀地截然不同。蜀人原多为干栏式二层建筑，全为竹木，二层居人，底层牧畜，房顶无瓦，而用树皮或木板制成，这适合南方多雨潮湿之气候特征，也是蜀地社会落后的反映。新修的府舍里市皆用秦人建筑方式，周围夯土城垣，房舍为土木结构，顶上覆瓦防雨。考古工作者在成都遗址中发现大量秦瓦当，足证此论不误。

在兴修官寺里市的同时，成都的官僚机构也从郡县到里、市、盐、铁全面设置完成，这当然也是秉承咸阳当局的旨意，把秦国本土的模式推广移植过来了。

商鞅变法时，普遍推行县制，集诸小乡邑聚为县，建置三十一县，

---

① 《秦物质文化史》，三秦出版社 1994 年版，第 90 页。

② 《史记》卷 85《吕不韦列传》。

③ 《史记》卷 87《李斯列传》。

"县设令丞"；后来在县官之下设置"有秩史"，县一级地方行政机构正式完善。《商君书・垦令篇》说："百县之治一形，则从；迂者不饰，代者不敢更其制，过而废者不能匿其举。"是说各县的行政制度形态相同，则人人遵从，奸佞之官不敢玩弄花样，接替之吏不敢变更制度，因过失而被罢免之官不能掩盖其错。如此看来，成都县官吏及制度的建置应该与秦本土县基本相同，县以下基层群众组织的建置似也应以咸阳为原型。战国时秦国的里的长官叫"里正"，据载，昭王有疾时，百姓杀牛谢神，因触犯无故不得杀牛之法，昭王"赀其里正与伍老屯二甲"。[①] 在云梦出土的《秦律》中，里的长官叫"里典"，这可能是此秦律抄自始皇之时，为避其讳而改。里正的职司范围很广，如登记户口、协助官府办理案件等。在里居内部，五家住宅连接成排，编为一伍，而与对面一伍组成一什，设伍长、什长，实行相互告发和同罪连坐的制度。秦国实行的这种基层组织制度，也被推广到成都。

除行政上由郡县到基层设官治理外，秦为开发蜀地盐铁资源，收取商业之税，还设置有盐、铁、市官并长丞。

蜀国被秦占领前似仍停留在青铜时代，八十年代初，在成都附近的新都县发掘一个年代被确定为秦来蜀前不久的墓葬，出土青铜器 158 件，却无一件铁器。[②] 秦占蜀以后，发现蜀地有丰富的盐铁资源，于是占为政府所有，即把商鞅变法实行的"壹山泽"政策也推广到这里（《春秋穀梁传》僖公九年范注："壹，专也"，即专有独占之意，壹山泽即将原属公共使用的山林川泽收归国有），而且专设盐官、铁官。这些官员也同咸阳一样不是直接经营盐铁生产，而是主持盐政、铁政，收取包租。[③] 至秦统六国时，有卓氏、程郑迁到蜀地，自择处所，募民鼓铸，皆成巨富，声名远扬。[④]

秦入蜀前，蜀地商业市场是随意发展的，旷地而聚，市罢各散，属自由草市性质。秦民移来，商业渐趋繁盛，及筑大城，商民乃附依西墉

① 《韩非子・外储说右下》。
② 《四川新都战国木椁墓》，《文物》1981 年第 6 期。
③ 张传玺：《论秦汉时期三种盐铁政策的递变》，载《秦汉史论丛》第 2 辑。
④ 《史记》卷 129《货殖列传》。

之外。于是用秦制，建设市场，专设市官长丞，收取商税。据《汉书·食货志下》，王莽时更名“成都市长”为均都司，可证秦汉时成都确有“市长”之设。据云梦秦简《金布律》的规定，市中的商贾也与里中住户一样按伍编组设有列伍长，协助官吏监督商民的经营。

成都与咸阳同制的还有更具体的一项，即市场的布局“市张列肆”。崔豹《古今注》曰“肆，所以陈货鬻之物也”，谓肆为摆设商品用以买卖的货台，又因各肆是排列成行的，故又称“列肆”。列肆有时又称市列、市行，如《汉书·食货志》“小者坐列贩卖”，注曰：“列者，若今市中卖物行也。”市张列肆主要是为便于进入市场的商品分区分类地进行交易，也有利于市场的管理。市的这种形制很早即已产生，《周礼·天官·内宰》：“凡建国，佐后立市，设其次，置其叙，正其肆，陈其货贿，出其度量淳制。”成都西郊与新繁县出土的《市井》画像砖系同模而制，形象地反映了成都的市肆容貌：市井平面略呈方形，有市垣环绕，三市设门，市楼耸立于市井中央，四条通道称隧，四隧内人物数起，是行商小贩与客人交易的情形；隧的两侧为列肆，如长廊式建筑，共分四个交易区，每区的肆有三至四列；此外，其间还有市亭之类的建筑、纵横交错的市宅、堆积货物的邸店。画像砖上的市井，肆与廛排列众多，门垣与市楼、市隧齐备，制度完备。这说明不仅是“市张列肆”与咸阳同制，而且市井的市垣、楼亭、隧店等都应与咸阳制度相同。据云梦秦律《封诊式》“盗马”条，“市南街亭求盗”在亭旁捉到盗马者，说明当时咸阳市的南街设有亭，既然有南街，也还该有北街，可能还有东西街，市中十字形交叉的四条街，不正等同于成都《市井》画像砖上的十字交叉之隧吗？而其中北隧中正有类似小亭的建筑。甚至还可以进一步推论，连成都市场上实行的度量衡与货币也应该是与咸阳同制的。

综上所述，成都“与咸阳同制”是政治、经济多方面的，它表示成都是秦人建立的咸阳式的新型城市，不仅包括新建的府舍市里，而且还包括设置各级行政与经济管理长官，甚至还有市场的形制。

通过本节的论述可以基本明确：一、在记载成都“与咸阳同制”的文献中，以《华阳国志》与《蜀王本纪》为最早，也最准确；二、成都“与咸阳同制”的不是城的规模大小，也不是城的平面布局，因而也无法推论出秦都咸阳布局为西城东郭；三、成都“与咸阳同制”的是“造府县寺舍”，“置盐铁市官并长丞，修整里阓，市张列肆”，指政治、经济上推行的秦国制度。

第四节　从渭北五陵的卫星城作用看秦汉新城建设①

陵邑，又称陵县，是通过迁徙大量人口聚居在陵旁而形成的行政区域。它以帝陵、后陵为中心，以满足古代帝王等修筑庞大陵寝园林、保护陵寝以及祭祀需要为目的，是帝陵的重要组成部分。西汉时期七座正式的陵邑中高祖长陵、惠帝安陵、景帝阳陵、武帝茂陵、昭帝平陵都坐落在渭河北岸的咸阳塬上，史称“五陵原”。作为京畿特别行政区，陵邑对于京师长安大都市功能的实现多有裨益，被认为是都城长安的“卫星城”。为着力打造西安国际化大都市，陕西省政府建立起以渭河为中轴线，西起规划中的西咸环线，东至泾渭交汇口，东西横贯 50 公里、南北扩展 5—10 公里的西咸新区。秦汉新城是陕西省委、省政府按照国务院《关中—天水经济区发展规划》要求，重新规划成立的西咸新区管委会五个组团之一，位于渭河以北，泾河以南，东到包茂高速，西至茂陵，总规划面积约 291 平方公里。该区城市是在古代城市体系基础上继承和发展起来的，其中的秦汉新城组团就规划在咸阳塬上，历史考察和对比剖析可以在一定程度上指导当代城市规划，为秦汉新城的建设提供有益借鉴。

一　渭北五陵的卫星城性质

所谓卫星城，是借用了宇宙间卫星和行星的关系，借以表明卫星城与“母城”之间的相互依存关系。一般来说，卫星城是指在大城市周边一定距离范围内，具有一定数量人口规模，在生产、生活方面与中心城市既有一定联系又相对独立的新兴城镇，其综合水平（人口规模、配套设施、经济实力、产业布局等）可满足大城市不同程度地转移部分城市

① 本节合作者为喻曦。

职能的需求。[①]

西汉陵邑恰好发挥着这样的作用。自高祖起至元帝永光四年（前40年）罢黜陵邑，期间各朝多次徙民迁豪，不仅利于“拱卫京师”，还对整个关中地区的社会生活产生了深远影响。渭北五陵起辅卫凭翼作用，实际上是都城长安的卫星城。班固《西都赋》云：“若乃观其四郊，浮游近县，则南望杜、霸，北眺五陵，名都对郭，邑居相承，英俊之域，黻冕所兴，冠盖如云，七相五公。与乎州郡之豪杰，五都之货殖，三选七迁，充奉陵邑。盖以强干弱枝，隆上都而观万国。”[②]

1. 渭北五陵的空间布局

陵邑制度始于秦代，《后汉书·东平宪王苍传》曰：“园邑之兴，始自强秦。古者丘陇且不欲其著明，岂况筑郭邑，建都郛哉!”秦始皇丽邑是历史上帝陵设置陵邑的肇始之作。汉承袭秦制，西汉一代高、惠、文、景、武、昭、宣七帝帝陵和薄太后、赵婕妤二后后陵都设置了陵邑。

渭河北岸的帝陵陵邑即正式的陵邑共有五处。长陵邑高祖设，城址位于今咸阳市秦都区韩家湾乡怡魏村。[③] 安陵邑惠帝设。故址在今咸阳市东北。[④] 阳陵邑景帝设。故址位于泾河南岸台地上，城址平面呈长方形。[⑤] 茂陵邑武帝设。故址在今兴平县东北，周长11190米，总面积5536500平方米。[⑥] 平陵邑昭帝设。故址西自平陵，东至北上照村，南起渭惠渠，北到庞村一带。东西和南北长约1500—2000米。[⑦]

从空间上看，渭河北岸的五座陵邑从东到西一字排开，全部置于成国渠沿线，均在汉长安城以北，半径35千米的范围之内。[⑧] 平陵邑、茂陵邑与长安相隔七八十里，长陵邑、安陵邑则距长安较近，只有三四

---

① 王圣学主编：《大城市卫星城研究》，社会科学文献出版社2008年版。

② 《后汉书》，中华书局1965年版。

③ 石兴邦等：《长陵建制及其有关问题——汉刘邦长陵勘察记》，《考古与文物》1984年第2期。

④ 刘庆柱等：《西汉十一陵》，陕西人民出版社1987年版。

⑤ 国家文物局：《中国文物地图集·陕西分册》，西安地图出版社1998年版。

⑥ 刘卫鹏、岳起：《茂陵邑的探索》，《考古与文物》2008年第1期。

⑦ 咸阳市博物馆：《汉平陵调查简报》，《考古与文物》1982年第4期。

⑧ 陈梦家：《亩制与里制》，《考古》1966年第1期。

十里。

表 4—1　　　　　渭北五陵相对长安的方向、里程①

陵县	长陵	安陵	阳陵	茂陵	平陵
方位	北	北	东北	西北	西北
距离（汉里）	35	35	45	80	70

2. 渭北五陵的人口规模

西汉都城长安城市人口规模空前。众所周知，西汉长安城内居住空间狭小。长安城内面积大约是 36 平方公里，而皇家宫殿、国家机构及公共设施在城内所占面积超过六成。诸陵邑距离长安不远，渭河三桥又便利了两岸交通，将过于集中的人口分散至周围陵县，成为分散长安人口压力的上乘之选。《汉书·地理志》载，长陵邑“户五万五十七，口十七万九千四百六十九”，茂陵邑“户六万一千八十七，口二十七万七千二百七十七”。据王云渠先生估计杜陵人数量，在茂陵以上，当在三十万左右。② 由此推想渭北五陵作为卫星城容纳了许多首都长安承载不了的人口。

3. 渭北五陵的功能和作用

陵邑随陵所处而设，是皇家专门用以守卫、祭祀陵寝的特殊建制。西汉之初特殊的政治背景，使陵邑不得不在继承“奉山园”的传统上附加新的政治、经济功能，以护卫京师、安定社会。由于渭北五陵与长安同治一处，增强了都城的辐射强度，在其周围形成了次级职能中心。

陵邑的设置在一定程度上解决了西汉王朝的内忧外患，不但巩固了京师长安的政治中心地位，对防范匈奴的入侵也起到了一定的遏制作用。渭北五陵还是政府官吏的重要来源地，关中地区“群士慕响，异人并处”③，九卿以上的高级官吏籍隶诸陵者颇多。

---

① 参见何清谷《三辅黄图校释》，中华书局 2005 年版。

② 王云渠：《西汉徙民于诸陵考》，《师大史学丛刊》1931 年第 6 期。

③ 《汉书》，中华书局 1962 年版。

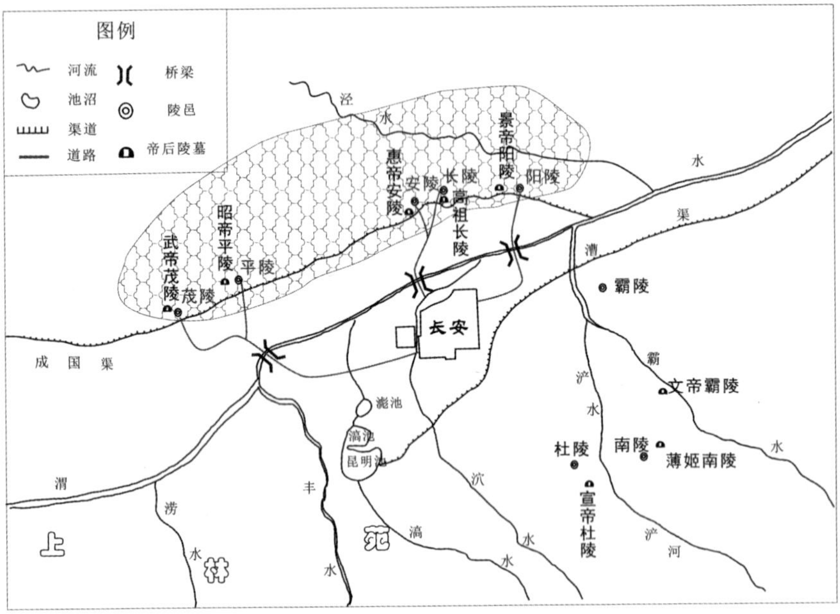

图 4—4 西汉渭北五陵分布示意图①

渭北五陵在振兴传统农业经济和地区商业贸易方面也起到了不容忽视的作用。五陵徙民中的许多人都来自关东农业发达地区，他们经验丰富，又有先进的管理思想和生产技术工具，与关中地区的农业技术交流融合，推动当地恢复农业生产。由于农业所容纳的劳动力有限，故民多趋末“商贾为利”。人口云集的陵邑地区消费水平较高，由此创造的丰富商机进一步刺激经济腾飞。

西汉渭北五陵区的文化非常发达，是关中地区的文化中心。世家地主大都“好礼义”，他们中的大多数人在其原籍就世修儒文，迁徙至关中后仍秉承家学，或聚徒授经，或拜师习经。渭北五陵地区名彦硕儒层出不穷。长陵有《易经》博士施雠，茂陵有杜邺、孔奋、董仲舒、司马相如，平陵邑则云集了如朱云、张山拊、郑宽中、吴章等名冠当时的大儒。

① 史念海主编：《西安历史地图集》，西安地图出版社 1996 年版。

二　渭北五陵作用发挥的基础

凭借邻近都城的区位优势，渭北五陵起到了卫星城的作用，其功能的发挥很大程度上得益于沟通渭河两岸的交通网络。“八街九陌”中的“九陌”可能指长安城内通往郊区的九条大道。① 例如专供皇帝乘舆行走的驰道就可以连接长安和长陵、安陵二邑。除此之外，当数复道、阁道等特殊的立体道路形式和渭河三桥的作用最为显著。

1. 复道和阁道

复道，即上下有道，皆可行人行车，类似于现代道路交通系统中的高架桥。秦始皇就经常利用复道往来于渭河两岸的宫室之间，“自雍门以东至泾、渭，殿屋复道周阁相属”。又“为复道，自阿房渡渭，属之咸阳以象天极阁道绝汉抵营室也”。② 汉代继续利用这种空中立体交叉的复杂道路。如长安城内的桂宫就有复道直通渭河以北，“桂宫周匝十里，内有复道，横北渡，西至神明台。”③ 又司马迁《史记》记载：“孝惠帝为东朝长乐宫，及间往，数跸烦人，乃作复道，方筑武库南。”

阁道是复道的一种变化形式。与复道不同的是，阁道应是单层建筑，多为高大建筑周围的架空通道。秦代宫殿之间多筑阁道相连。如渭北的咸阳宫“在咸阳北阪上，殿屋复道，周阁相属”，渭南的阿房宫“周驰为阁道，自殿下直抵南山。表南山之颠以为阙”。④ 西汉长安城亦有阁道直通渭北。《汉书·霍光传》载：元平元年（前 74 年），霍光与群臣联名上奏，昌邑王刘贺在昭帝丧期“上前殿，击钟磬，召内泰壹宗庙乐人辇道牟首，鼓吹歌舞，悉奏众乐”。如淳注曰：“辇道，阁道也。”牟首即牛首池，是上林苑西头的池陂，看来长安城中有阁道一直通往上林苑西端。沿阁道经上林苑过便桥直至咸阳北坂可谓通途。

2. 渭河三桥

渭水是黄河中游的重要支流，源自陇东，横穿关中平原。汉长安城

---

① 刘运勇：《再论西汉长安布局及形成原因》，《考古》1992 年第 7 期。

② 《史记》，中华书局 1959 年版。

③ 佚名撰，张澍辑，陈晓捷注：《三辅旧事》，三秦出版社 2006 年版。

④ 《史记》，中华书局 1959 年版。

正位于渭水之南，为了便于交通往来，秦汉时期在长安附近的渭河上架设有三处桥梁，以其所在的地理方位，分别称为“西渭桥”“中渭桥”和“东渭桥”，统称渭河三桥。

渭河上最早的桥梁即中渭桥，介于秦都咸阳宫殿区以南与后来的汉长安城横门之间，故而叫“横桥”或“横门桥”，它是秦汉时期连接渭水南北的重要通道。秦汉时期渭河北岸的最重要的三条道路蒲关道、渭北道和直道都需要通过中渭桥才能够和汉长安城实现连接。文帝由代地至长安是“至高陵休止”再“驰至渭桥”①，继而入京师即天子位的。汉宣帝甘露三年（前51年），匈奴呼韩邪单于来朝也是经横桥入长安的：“上自甘泉宿池阳宫。上登长平阪，诏单于毋谒。其左右当户之群皆列观，蛮夷君长王侯迎者数万人，夹道陈。上登渭桥，咸称万岁。单于就邸。置酒建章宫，飨赐单于，观以珍宝。”李广利将军也曾领兵过横桥跨渭水北击匈奴：“贰师将军李广利将兵出击匈奴，丞相为祖道，送至渭桥，与广利辞决。”②

东渭桥始建于西汉景帝五年（前152年），显而易见的是解决长安和阳陵的交通往来。它既是长安和阳陵间的纽带，又是都城北通塞外交通要冲。经东渭桥联通东渡黄河有蒲关道北通汾晋、雁代。经过蒲关道入关者可选择西至阳陵，过东渭桥入长安。此道基本为一直线，较之前者走直角的中渭桥路更为便捷。《后汉书·刘玄刘盆子传》载：“军及高陵，与更始叛将张卬等连和，遂攻东都门，入长安城，更始来降。”《三辅黄图》曰：“宣平门，长安城东面北头第一门也，其外郭门名东都门。”③“东都门”即“宣平门”，叛军所取当即此路。

西渭桥的修筑与茂陵邑徙民事并论，同样是满足帝陵建设需要。昭帝平陵的营建，应该也是借用便门桥连接长安的这条交通线。汉武帝将寿陵选择在咸阳塬的西端，物资运送无法利用东渭桥，只能从长安城以北的横桥北上，再西拐沿渭水北岸的道路前往茂陵，道路艰阻绕远，很难保证茂陵和茂陵邑施工的顺利进行，西渭桥的修筑则解决了这一困难。

① 《史记》，中华书局1959年版。

② 《汉书》，中华书局1962年版。

③ 何清谷：《三辅黄图校释》，中华书局2005年版。

同时还大大缩短了长安城西出前往西域的里程。“武帝作茂陵在渭北兴平县西南十里，秦世已有中桥，可趋兴平，迂迴难达，便门在长安西面，于趋陵得以为便。”①

三　秦汉新城与渭北五陵类似的卫星城作用

现代城市体系规划是在历史时期城市布局基础之上进行的，历史城市的发展变化对现代城市体系布局具有很大影响。秦汉新城的地域空间与渭北五陵基本一致，区域内的自然条件和人文环境良好，城市体系的发育比较早又相对完善，可以说前者是在对后者继承的基础上逐渐形成的，因而拥有很多共性。

秦汉新城和渭北五陵具有共同的地域基础。秦汉新城是陕西省委、省政府按照国务院《关中—天水经济区发展规划》要求，重新规划成立的西咸新区管委会五个组团之一，总面积291平方公里，包括渭城区的正阳、窑店全镇以及渭城、周陵镇的部分区域，秦都区的双照镇，兴平市南位镇，泾阳县高庄镇的部分区域。②与渭河北岸的五座陵邑所占范围大致相当。

二者不仅地理空间一致，发挥的作用也是大同小异，旨在推动区域中心城市的建设和发展。陵邑设置之初为吸引徙民充实关中，还在经济上给予移民“与利田宅”的特殊安置，在“贾亩一金”③的关中，算是一笔极大的财富。为促进西安、咸阳一体化，大力扶持西咸新区，陕西省政府也出台了一系列优惠政策。秦汉新城当然享受同样优待，为更好地辅助西安国际大都市的建设和发展起到了良好的推动作用。

作为西咸新区的一部分，秦汉新城在西安国际化大都市的规划中也担当着卫星城的角色。按照西咸新区的总体功能定位，秦汉新城是大西安国际商务窗口区，近期重点是建设渭河北岸商务区，增进中心城市西安的经济实力，打造西部大开发新的经济增长极。这里还将成为具有世界影响力的秦汉历史文化聚集展示区和西安国际大都市生态田园示范新

① 程大昌：《雍录》，中华书局2002年版。

② http：//www. xixianxinqu. gov. cn/。

③ 《汉书》，中华书局1962年版。

城。文化是城市的灵魂，与西咸新区中的其他新城相比，秦汉新城的最大特色是坐拥无可替代的历史文化资源，如周陵、秦咸阳宫遗址、西汉帝陵、唐顺陵等都具有唯一性和垄断性。在保护文物古迹、弘扬传统文化的基础上，力推文化产业。这和渭北陵邑在西汉时期发挥的经济、文化作用是一致的。

四　从渭北五陵的卫星城作用看秦汉新城建设

渭北五陵是西汉首都圈卫星城的重要组成部分，由于地理位置优越、陵邑分布密集，形成了别具一格的人文地理区，对区域经济和文化发展都起到了极大的助推作用。现代秦汉新区作为西咸新区的五大组团的核心区域，是西安国家化大都市不可或缺的卫星城。目前秦汉新城正在努力营建“一轴、双核、三带、四区”的空间结构。建立世界秦汉文化综合展示中心，形成西咸新区的生态绿心，西安咸阳国际化大都市北部的生态屏障。无论是西汉时期的渭北五陵还是现代建设中的秦汉新城，它们都具有卫星城性质，对区域中心城市的扩大和发展起着不容小觑的作用。既然功能类似的城市古之已有，那么现代化城市的规划和发展更应该总结和借鉴历史经验。

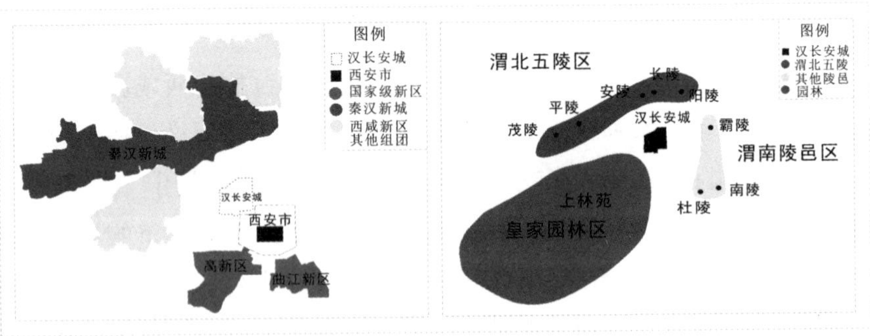

图4—5　渭北五陵和秦汉新城区域位置图

综观西汉渭北五陵的建设和作用，以下几点经验值得借鉴。

一是就全国范围来说，秦汉新城需要提高地位。秦汉新城建设尚处于起步阶段，其影响力有限，各种优惠政策有待进一步地加大和落实。

此时应该践行“整合优势、文化强区”的理念，努力将秦汉新城建设成为国家级示范区。

西汉时期，都城长安是全国的政治、经济、文化中心。它的卫星城陵邑不像普通县那样由郡统辖，而是由中央职官太常执掌，是国家级的特殊行政单元。当今西安不再是一国之都，仅是副省级城市，仅就关中—天水经济区小范围来说是区域中心城市。包括秦汉新城在内的西咸新区作为西安市的卫星城是副省级新区，不由中央直属而是省人民政府派出机构。其区域地位明显不及西汉陵邑，甚至和市内其他新区相比亦略显不足。例如西安市西南郊的高新技术产业开发区是国家级的高新区、东南郊的曲江新区是国家级的文化产业示范区。无论是经济发展还是文化建设，目前的秦汉新城和以上两个新区还有一定差距。要想实现有突破性的创新发展，争取更多、更有利的政策，秦汉新城必须聚集西安、咸阳两市的科教、信息、产业等资源，依托丰富的历史遗存，在优先保护的基础上整合历史文化资源，让经济建设和文化发展齐头并进，把秦汉新城建设成为具有国际影响力的国家级示范区。

二是就西安国际化大都市区域来说，秦汉新城亟待完善城际交通设施。统一、协调、畅通的交通网络体系是西咸一体化的必要保证。秦汉新区应尽快完善城际快速交通基础设施，提升轨道交通在公共交通中的比重。建立西安—秦汉新城半小时交通网，解决市内和新城往来不便的问题。

西汉时期，横亘于渭河之上的横桥、便桥和东渭桥，大大缩短了长安与陵邑的往来路程。两汉之际最常用的交通工具应以马为主。依皇帝乘舆行速较高时的情形，以现今最便捷路线的里程计，可日行 60 公里左右。[①] 依当时的交通水平，远可日行单程，近可当天往返。另有复道、阁道等专用高速道路供都城长安与渭北五陵交通。复道、阁道都是专供皇帝车辇行驶的道路，它们伴随秦汉盛行的高台建筑因运而生，既方便帝王出行又不影响民间交通往来，充分保证安全的同时又不用卫士清道戒严。秦汉新城的发展也注意到了交通等基础设施的重要，如南起咸阳横桥，北至泾阳县的秦汉大道，就是秦汉新城南北向的一条重要交

① 王子今：《秦汉交通史稿》，中共中央党校出版社 1994 年版。

通干道。道路全长16.3公里，道路红线宽100米，双向八车道。秦汉大道沟通了西安和咸阳，大大缓解城市交通压力。但是这样大规模的道路势必占用过多的土地，造成资源的浪费。如果能够借鉴西汉时期复道、阁道等凌空而架的建筑方式，大力提倡互通式立交，将单纯的地上交通变为跨越式的组合交通，应该可以缓解城市交通拥堵问题，增强交通供给能力。

三是就西咸新区内部来说，秦汉新城应力推文化建设。西咸新区共有沣东、沣西、空港、秦汉、泾河五大组团，虽然各个新城的战略定位各有侧重，但具体的功能却部分交叉重合。秦汉新城如果不能充分利用历史资源凸显其文化特色就无法有别于其他组团从中脱颖而出。

渭北陵区人文荟萃，文化内蕴丰富，对后世影响深远。东汉时期的著名经学大师都家居五陵。茂陵人杜林“博洽多闻，时称通儒”，后世推崇其为“小学之宗”。“马融字季长，扶风茂陵人也”，一生专攻古文经学，注书甚多。他设帐授徒，门人有千人之多，汉末北中郎将卢植、经学大师郑玄都是马融的门徒。还有《三辅决录》的作者赵岐则是“京兆长陵人”。[①] 渭北五陵都坐落在咸阳北阪，因此后世将其统称为“五陵原”。由于在此居住的很多少年都出身富家官宦之家，他们依仗家势无所拘束，因生活自由所以行为放荡不羁，同时又崇侠尚武行侠仗义，从而形成了一个特殊的“五陵少年”群体。直至唐代，“五陵原”和“五陵少年”作为西汉文化的缩影，还频繁出现在唐诗之中。如李白《杜陵绝句》：“南登杜陵上，北望五陵间。秋水明落日，流光灭远山。”崔颢《渭城少年行》中的五陵少年：“贵里豪家白马骄，五陵年少不相饶。双双挟弹来金市，两两鸣鞭上渭桥。”[②] 秦汉新城的文化发展具有历史优势，必须继承悠久的文化传统，借助丰富的文化遗存，积极推动城市文化创新，营建文化创意产业集聚区，孕育具有地方韵味的当代关中文化。可以参考韩国Heyri建立政府引导模式的文化艺术区，解决商业和文化的融合。

---

① 《后汉书》，中华书局1965年版。

② 《全唐诗》，中华书局1960年版。

第五节 唐青龙寺建筑的平面布局[①]

青龙寺是唐长安著名的佛教寺院，它位于西安市东南郊铁炉庙村以北的乐游原上，即唐长安城延兴门内大街以北紧邻东城墙的新昌坊内。前身是隋代的灵感寺，创建于隋开皇二年（582年）。唐武德四年（621年）该寺一度被废，龙朔二年（662年）城阳公主复奏为观音寺，景云二年（711年）改为青龙寺。[②] 会昌五年（845年）在全国性灭佛活动中，青龙寺被废毁，收为皇家内园，这是青龙寺遭受的严重浩劫之一。翌年五月，寺院再度恢复，并改名护国寺，但规模已大不如前。[③] 人们仍习惯称青龙寺，该寺大约在北宋元祐元年（1086年）以后就彻底废毁了。[④] 青龙寺是长安佛教密宗的重要传播之地，日本最著名的"入唐八家"中，其中就有六家曾在青龙寺受法并灌顶，因此青龙寺在中日文化交流史上是一座有纪念意义的寺院。

有关唐代寺院的记载不少，考古也屡有新的收获，但关于青龙寺方面的不是很多，今人对其研究也不够深入。本节试就手头现有的历史文献资料（包括唐诗资料）及考古发掘的资料，对唐代青龙寺寺院建筑的平面布局进行简单的复原。其平面布局研究共分为两个层面，先是分析整个寺院的构成要素——院，其后还将深入探讨院的内部布局。

一 青龙寺的院

唐长安城著名的寺院，一般内部分成若干院落，青龙寺的结构也是如此。

留唐日僧圆仁《入唐求法巡礼行记》记载青龙寺有"东塔院"，是惠果法师居住的地方。[⑤]

笔者从《全唐诗》中有关青龙寺的诗篇中得知还有其他的院，如昙

---

① 本节合作者为吴朋飞。

② 《长安志》卷9。

③ 《旧唐书》卷18下《宣宗本纪》。

④ 陈元方辑注：《游城南记》，西安地图出版社1989年版。

⑤ 白化文等校注：《入唐求法巡礼行记校注》，花山文艺出版社1992年版。

上人院[1]、上方院[2]、昙壁上人院（昙壁上人兄院）[3] 等。

考古人员发掘出一个完整的院落，中有塔基，且位于寺院的西部，故推测其为“西塔院”，另有一个东院遗址，西侧紧靠“西塔院”。

另青龙寺还有上、中、下三藏经院和位于西南角的传法院。[4] 空海回国后，曾在天皇宫中按青龙寺布局建置“真言院”（又称“修法院”，“曼荼罗道场”），可知青龙寺中似乎还有真言院。据空海回国后在若干真言密教寺院中仿青龙寺的建置，知道还有“灌顶院”“戒坛院”之类。[5] 总之，青龙寺的院很多，另外肯定还有浴堂院、僧厨院等，实际数目远不止以上所述。

究竟青龙寺中有多少院落？笔者试对此进行探讨：今据考古发掘得知青龙寺位于新昌坊十字街东南隅，占全坊面积的1/4。实测青龙寺占地东西长530米，南北宽约250米，面积为132500平方米。由于“西塔院”“东院”是考古所得，此处尝试采用其面积来进行研究。考古实测回廊遗址所围成的“西塔院”，南北长132米，东西广98米，面积为12936平方米。而“东院”，笔者根据“青龙寺遗址勘测总图”测得其东西宽50米，南北长83米，面积计算为4150平方米。将“东院”与“西塔院”的面积合起来共25872平方米，则青龙寺还剩下106628平方米。现假设理想状态下以“东院”为青龙寺最小的院，经推算求得只能布置25.7个这样的院，加上两个塔院，

---

① 由《全唐诗》中司空曙《宿青龙寺故昙上人院》（《全唐诗》卷293，第3335页。《全唐诗》，中华书局1960年版，下同）诗，可知青龙寺有“昙上人院”。

② 由《全唐诗》中李益《与王楚同登青龙寺上方》（《全唐诗》卷282，第3210页），李端《早春同庾侍郎题青龙寺上方院》（翟春玲、李三记选注：《青龙寺唐诗选注》，陕西人民出版社1986年版，第19页），皇甫冉《清明日青龙寺上方赋得多字》（《全唐诗》卷249，第2804页），白居易《和钱员外青龙寺上方望旧山》（《全唐诗》卷437，第4846页）等诗可知青龙寺有“上方院”。

③ 由《全唐诗》中王缙《同王昌龄裴迪游青龙寺昙壁上人兄院集和兄维》（《全唐诗》卷129，第1310页），王昌龄《同王维集青龙寺昙壁上人兄院五韵》（《全唐诗》卷293，第3335页），裴迪《青龙寺昙壁上人院集》（《全唐诗》卷129，第1312页），王维《青龙寺昙壁上人兄院集（并序与王昌龄、裴迪、弟缙同作。序与江宁大兄，即昌龄也）》（《全唐诗》卷127，第1290页）等诗，可知青龙寺有“昙壁上人院（昙壁上人兄院）”（昙壁上人兄院和昙壁上人院可能为同一院，此处列为同类）。

④ 戴藩豫：《唐青龙寺之教学与日本文化》，《现代佛学》1957年第3期。

⑤ 杨鸿勋：《唐长安青龙寺密宗殿堂（遗址4）复原研究》，《考古学报》1984年第3期。

则总数小于28个。又假设先排除“东院”的面积，以“西塔院”的面积为标准则最多只能布置9.9个这样的院，取10个加上“东院”则共11个，由此可知青龙寺的院数当在11—28之间。另据傅熹年先生研究，“六院”可能是唐代预定寺院规制时常用的基本模数之一①，如此，则笔者认为青龙寺的诸院数可能在12、18、24之间选择，且12最有可能，具体有多少院，还得靠以后研究的进一步深入来证实。何况在隋唐三百年的时间内，各时期院的数量也会有所不同，而且名称也会有所变化。

青龙寺中的院按性质可分四类：（一）以院内建筑兼表明方位的院，如“东塔院”“西塔院”等。“东塔院”是有唐代文献明确记载的，“西塔院”是考古实测的，两者都是肯定存在的。（二）以大德僧人的名称命名的院，如“昙上人院”“上方院”“昙壁上人院”（昙壁上人兄院）等，说明是以此僧人为主的院落，应该也是存在的，如《寺塔记》大兴善寺中就有“素和尚院”。②（三）为佛教寺院所必需的院，如“真言院”“藏经院”。（四）作为密宗仪式而特设的院落，如“传法院”“灌顶院”“戒坛院”等。“传法院”是有文献记载的，肯定存在。其他院是推断出来的，是有可能存在的。

隋唐佛寺的规制，史料中未见明确记载，而现存实物又很少。要完整复原青龙寺的平面布局，难度较大。隋唐佛寺的布局，一般由中院和别院组成。中院又称“佛地”。院内集中设置佛塔、佛殿、讲堂、佛阁等建筑物，是寺院中最主要的部分。可惜青龙寺遗址今仅剩一小部分，中院的遗址已无从考究。根据发掘的北门遗址，笔者认为可据此定中轴线，中院当位于中轴线上。别院中“西塔院”“东院”的位置确定，而“东塔院”与“西塔院”沿中轴线对称分布，位置大体可定。“传法院”位于西南角。其他院的位置就无从考定了。

二　院的内部布局

中国社会科学院考古所西安唐城队先后于1963年、1973年、1979年

---

① 傅熹年主编：《中国古代建筑史——两晋、南北朝、隋唐、五代建筑》第2卷，中国建筑工业出版社2001年版，第480页。

② 《寺塔记》，见卢辅圣主编《中国书画全书》，上海书画出版社1992年版。

和1980年对青龙寺进行了全面的发掘。[①] 所发现的建筑遗址，大部分集中在青龙寺西端，从布局来看，这些遗址应是东西并列的两座伽蓝院落遗址，一般称作“西塔院”“东院”。下面据考古资料来具体探讨这两个院的平面布局。

1. “西塔院”

西塔院遗址位于青龙寺西部，是现存比较完整的一座伽蓝院落遗址。院落由中三门、塔、殿、回廊和两侧配房等五部分组成。考古发掘得知，其建筑遗存晚期遗址叠于早期遗址之上，从有关记载和出土的石灯台纪年铭文看，早期建筑毁于唐武宗会昌五年（845年）毁法灭佛时，晚期建筑的恢复则为翌年，即公元846年。

（1）早期的建筑布局（见图4—6）

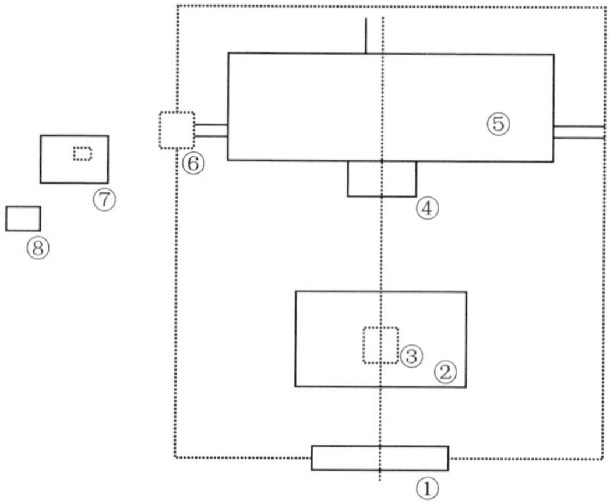

图4—6　青龙寺“西塔院”早期平面布局示意图

注：①中三门遗址　②塔基遗址　③坛座遗址　④月台遗址　⑤佛殿遗址　⑥晚期配房遗址　⑦早期房址（内有陶瓷遗址）　⑧早期灶址

从发掘资料可知，此时期的主要建筑物有①中三门、②塔、⑤殿，附属建筑有⑦早期房址（内有陶瓷遗址）、⑧灶址。

塔基平面呈正方形，长宽皆15米，方向北偏东1°。塔基中部有一南

① 中国社会科学院考古所西安唐城队：《唐长安青龙寺遗址》，《考古学报》1989年第2期，下文未注明出处的，均见此文。

北长4.4米，北宽4米，南端宽4.4米的直壁方形坑，应为塔心的地宫。此塔可能为隋唐时所盛行的木塔。院内殿址为长宽57.2米×26.2米的长方形。殿堂面阔十三间，进深约五间，间距为4米，方向北偏东1°，与塔基遗址一致。

另在塔院之外，即西配房（晚期）之西，发现一早期房址（室内有陶瓷），房广在两间以上，在房址西南还发现有一半地穴式的圆形土灶，此房址可能为早期的僧房或厨房遗址。图中塔基位于中三门遗址正北25米处，与中三门相接的为6米宽的甬道。殿址坐落在塔基以北43米处，南距中三门85米，这三座建筑形成一条南北中轴线。

总之，早期建筑有明显的中轴线，在中轴线上由南向北依次分布：中三门，门北有塔，塔北有殿。“西塔院”院落遗址即隋灵感寺遗址，塔的体量为佛殿的1/3。前期的青龙寺平面基本保持了南北朝佛寺前塔后殿的传统布局，但佛塔的体量已明显小于佛殿①，此布局已反映出我国佛寺布局逐渐发生了变化。

（2）晚期的建筑布局（见图4—7）

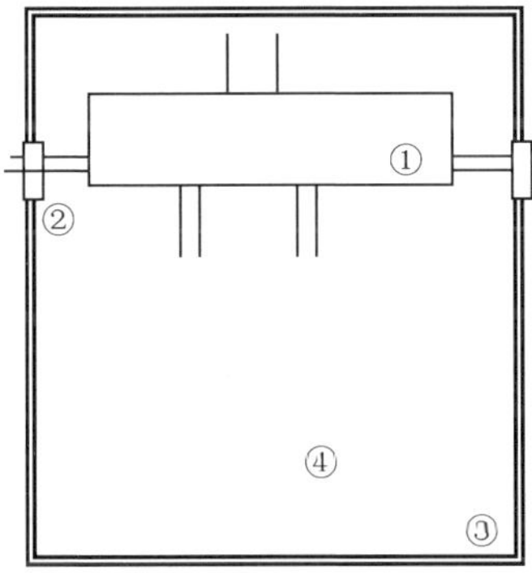

图4—7　青龙寺“西塔院”晚期平面布局示意图

注：①佛殿遗址　②东西配房遗址　③回廊　④广场

从发掘资料可知，此时期主要的建筑物有①殿址和④广场，附属建

① 傅熹年主编：《中国古代建筑史——两晋、南北朝、隋唐、五代建筑》第2卷，中国建筑工业出版社2001年版，第480页。

筑有②东西配房和③回廊。

后期中三门遗址已不存在，而是以回廊围成院落，封闭了中三门。塔在后期也未修复。图4—7中只剩下殿址遗址，殿堂面阔九间，进深约五间，间距为4米，长宽为40.4米×24.9米。方向为北偏东1°30′。佛殿南有一面积广阔的广场存在。殿堂南面有宽3.8米、长3.6米的左右阶踏道遗迹两处，东侧一处稍偏西。殿堂北面正中有宽4.3米的踏道遗迹，殿堂东西两侧南端有对称的慢道遗址，慢道宽6.7米，向东向西与配房相接。殿北20米，有一门址存在，可能为塔院通向坊内的北门。配房有两座，位于殿址东西两侧的廊址中，配房与殿堂有慢道相接，且配房为一穿堂门。

此应为公元846年宣宗恢复青龙寺时某院的建筑。晚期建筑以殿为主，塔未恢复，主要由佛殿、配房、回廊等组成一座封闭的伽蓝院落。晚期殿址、回廊和配房遗址，均属同一时期、同一院落的建筑整体。

此时期青龙寺的"西塔院"则突出了佛殿的地位，以殿为主，塔已不存在了。院落中只有一个偏于北部的殿堂，南部为广场，显得很空旷，如此大的空间不可能没有其他建筑物的存在，应该还有其他临时设施和用场。中唐以后，佛寺更广泛地向公众开放，有的内设剧场，有的以"俗讲"（近似于说唱的形式）向人宣传佛教，成为重要公共场所。① 如钱易《南部新书》记载："长安戏场多集于慈恩，小者在青龙，其次荐福、永寿。"② 此院中空旷广场或许正是青龙寺的戏场所在，或许就是进行"俗讲"的地方，或许还有其他娱乐活动，今已不得而知了。

比较两图可看出"西塔院"早晚期内部布局的变化：①早期主要建筑物有中三门、塔、殿，有明显的中轴线；晚期主要建筑物仅剩佛殿一座，而且位置明显偏于北部，南部为空旷的广场，无中轴线。②早期佛殿前有月台遗址，晚期则为左右两阶道；早期在西配房之西有房址和灶址，晚期则在佛殿左右有配房。③早期未发现墙址，可能有回廊存在；

---

① 傅熹年主编：《中国古代建筑概说》，载《傅熹年建筑史论文集》，文物出版社1998年版。

② 钱易：《南部新书》卷戊。

晚期则以回廊封闭整个院落。

综上所述，“西塔院”呈现出由前期的前塔后殿且以塔为主的布局转变为后期的以佛殿为主的建筑特色，这正是我国佛寺由隋唐前期的以前塔后殿且以塔为主的布局向盛唐时期的以佛殿为主转变的最好体现，这也就恰恰印证了此时期我国佛寺建筑布局的变化过程。而早期“西塔院”的佛塔的体量已明显小于佛殿，正说明“西塔院”又处于这一转变过程中的转变期。可以讲“西塔院”是个活样本，很值得重视研究。

2. “东院”的内部布局

“东院”位于西塔院东侧，这是晚期“东院”建筑遗址，早期建筑在其下部。周有围墙自成院落，院中有①殿堂遗址和③一段墙址（参见图4—8）。

早期殿址未发掘，规模比晚期大，殿广及进深均为五间。早期没有围墙，早期佛殿的工程质量与西塔院遗址相同，而且与“西塔院”恰好在同一东西轴线上，保持统一的整体关系。①

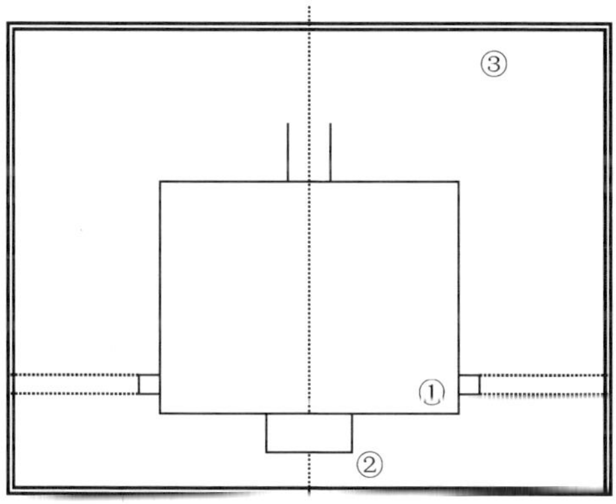

图4—8　青龙寺“东院”平面示意图

注：①殿堂遗址　②月台遗址　③土墙遗址

由图4—8可知，晚期佛殿遗址偏南，方向为1°30′，与西塔院晚期殿址方向一致。其具体位置与“西塔院”的塔址东西相对。据推测，它是

① 杨鸿勋：《唐长安青龙寺密宗殿堂（遗址4）复原研究》，《考古学报》1984年第3期。

晚唐武宗毁寺后重建的殿堂遗存，殿堂面阔五间，进深四间，长宽为28.75 米×21.75 米，中心减柱部位有 3 米×5 米的坛座残基。

台基南侧正中有月台遗迹，长宽为 6.6 米×4.4 米。月台南有露道，宽 2.5 米。台基北部正中有宽 7.2 米的踏道遗迹。台基东西侧有慢道遗迹，宽 4.8 米。

晚期殿堂以北的 20 米处，发现一道东西向的版筑土墙遗址，墙下压着一座晚期偏早时候的唐代窑址。晚期四周都有围墙。从中也可知殿堂与围墙合在一起自成院落，是青龙寺的诸院之一，而且地位很可能不同寻常，仅一个大殿就构成一个院落，杨鸿勋认为早期似为灌顶堂，晚期似乎为转法轮堂之类，显然此院落在诸院中占有重要地位。

青龙寺为隋唐长安一代名寺，是佛教密宗的重要传播之地。通过以上分析，可得出如下认识：①青龙寺具体的总体平面布局今已不可考求，但从上文对青龙寺部分院的名称及大致数目范围的论述，得知青龙寺有十多个院，且院的数目大致在 12、18、24 之间选择，以 12 最为贴近。②从上文对“西塔院”早晚期平面布局的比较论述可知，“西塔院”由前期的前塔后殿且以塔为主的布局向后期的以佛殿为主的建筑特色的转变，正是我国佛寺布局由隋唐前期的以前塔后殿且以塔为主的布局转变为盛唐时期的以佛殿为主的最好体现，同时也印证了此时期我国佛寺建筑布局的变化过程，而早期的“西塔院”又处于这一转变过程中的转变期。“东院”的建筑布局具有特殊性，且地位不同寻常，主体建筑或许为密宗重要建筑转法轮堂之类。

第六节　华严宗的成立与祖庭华严寺

华严宗是汉传佛教八宗之一，因以《华严经》为根本典籍，故名。又因实际创始人法藏号贤首，也称贤首宗。因以发挥“法界缘起”的思想为宗旨，又称法界宗。华严祖庭华严寺在唐长安城南少陵塬南畔，南面樊川，与樊川其他寺庙组成“樊川八大寺”，也成为长安城南郊宗教文化发达、寺庙园林繁盛的标志之一。本节从华严宗的成立、华严祖庭等几个方面来论述隋唐时期少陵塬宗教文化的繁荣与发展。

一　华严宗的成立及其背景

1. 佛教中国化的趋势与各宗派的建立

佛教从汉代开始传于中国，经过魏晋南北朝的传绎承继，至于隋唐，和中国文化长期交汇融溶，产生了众多具有中国特色的佛教宗派，犹如争奇斗艳的群芳，令中国佛教园地中五彩缤纷。佛教的宗，是共同遵守同一知见的修行团体。不同宗系，各自拥有依据自己的根本知见而建立起来的修行体系。所谓派，是在宗的基础上，进一步分支出的派别。佛教传入中国后，在中国的影响越来越大，但一直未形成完整的系统。

佛教起源于古印度，西汉末年开始传入中国。为了方便传播，佛教依附于当时流行的道术（方术），特别强调因果报应，跟中国本土的福善祸淫思想相通。这时的佛教学说大体上为神不灭说和因果报应说，佛成为中国传说中的天地神仙。其在中国的发展缓慢，仅流行于宫廷。魏晋时中国的学术大变，以老庄思想为骨架的玄学流行，佛教转而依附于玄学，佛经译家即用老庄学说中的概念来比喻佛家经典中的名词，僧肇的般若理论是佛教中国化的典型，这时的佛教活动主要是译经。

东晋以后，长期战乱，佛教在中国有了广泛的传播，民间信仰日益广泛和深入。中国原有文化与印度佛教文化发生了矛盾与冲突，以南北朝时为最激烈，有政治、经济利益之争，也有哲学和宗教论理的不同。一时门派众多，互相争鸣，推动了中国文化的发展。东晋末年，佛家经典越来越多，讲经论经之风兴起，这是中国佛教史上的大论战。公元5世纪初，鸠摩罗什大师把大乘教系统地传入中国，大力传授大乘教中观思想，使中国佛教有了新发展。此后，在中国逐渐形成了研习《成实》《涅槃》等为主的早期佛教学派。公元6世纪初，菩提流支把大乘教唯识思想传入中国，在中国形成了“地论”等唯识学派。各种早期学派的形成，对中国佛教的发展起到了一定的推动作用，但尚未出现完整的佛教宗系。

中国佛教大宗的建立，起始于公元6世纪。第一个中国佛教的大宗系是隋唐智颛大师所建立的天台宗，此后，中国佛教的各大宗派相继建立，早期一些佛教学派也开始开宗明义形成宗派。唐朝时期，中国国力强盛，经济繁荣，文化发达，佛教的中国化也基本完成。印度佛教教义与中国传统思想相结合，中国佛教产生了十三大宗，即所谓“中土十三宗”：天台宗、地论宗、摄论宗、成实宗、涅槃宗、三论宗、法相宗、俱舍宗、净土宗、禅宗、华严宗、律宗、密宗。其后各宗各派传承发展，如大树枝繁叶茂，大德圣者辈出，灿若群星，后来逐渐演变成汉传大乘佛教的八宗。公元8世纪，藏传佛教建立起来。公元11世纪前后，藏传佛教开始形成各大教派。

经过千年的中国化过程，佛教的某些教义已经深入中国人的内心，化为血肉，真正成为中国自己的宗教。这种中国式的佛教，与印度佛教相比，理论上的“三界唯心”与实践上的简易性成了中国佛教的基本特征。表现为以下三点：

一是明心见性、见性成佛。认为佛性是人的本性，人人都具先天菩提智慧，因此又能觉悟本性而成佛；众生没有成佛，就是因为迷惑，一旦万念俱灰，真智显露，就明心见性，内外彻悟，见性成佛。唐译《华严经·十地品》以为：“三界所有，唯是一心。”以至提出“心造诸如来”的论断，引出“见心”即是“见佛”的结论：“若人知心普造诸世间，是人则见佛，了佛真实性。”意谓，若知“三界唯心”，即是见佛。

禅宗六祖慧能更把心外佛变成了心内佛，把佛变成了平常人。禅宗的创始人是达摩，西方名僧，梁武帝时从海道来中国，叫达摩东渡，一苇可航，其神异如此。洛阳南嵩山少林寺旁有达摩洞，传说其在此面壁十八年，终于悟出新境界，即佛乃心。禅宗祖庭为洛阳（嵩山）少林寺。

第五代传到唐朝时，弘忍为教主，驻（湖北省）黄梅县之双峰山，门徒多至千人，一次要选法嗣——教主继承人，让门徒们各写一首偈。神秀是其大弟子，每日钻研学理，偈曰：“身是菩提树，心如明镜台。时时勤拂拭，莫使沾尘埃。”意思是说身体像圣树菩提，心境明亮如镜，且要时时注意，不要有污点，不要做也不要想不正之事！弘忍说：“只到门前，还未入门呢！”

有一舂米行者，不识文字但特别聪颖，叫慧能，口占一偈曰：“菩提本非树，明镜亦无台。佛性常清静，何处有尘埃。”从四大皆空的观点来看，慧能的空无观较神秀的更加虚无，成为彻底的唯心主义。弘忍特别认同故把袈裟（象征教主地位的法器宝物）传给了慧能。慧能南走南华禅寺，开创了禅宗南派，而且后来成为佛教的主流。

二是顿悟成佛，与渐悟相对。提出一念觉悟，刹那成佛，以华严宗与禅宗为代表，充分反映了中国佛教的简易化倾向。

三是净土宗，提出“称名念佛”的易行道。实行称名念佛为外因，实想念佛、观想念佛为内因，内外相应。每天念一声“南无阿弥陀佛”，即可成佛。又有“放下屠刀，立地成佛”的说法。速成法，念一声迟则七日，速则一日，速生净土，即极乐世界。这种不需要高深理论的修行法特别适合普通大众。

中国对外来文化接受得很慢，如对西方佛教中国就消化了一千多年，而日本能很快地接受外来文化。有人形象地比喻说：中国对待外来文化是当饭吃，要慢慢地消化，不对味要生病呕吐出来进行排斥，而逐渐地适应，加入自己的一些东西，以适合自己的口味和身体，就变成了营养。与此相对照的是，日本接受外来文化是当衣服穿，外来文化好，那么实行“拿来主义”，引进就用，而且特别标准，在唐时不惜毁掉已建好的藤原都，而又仿照唐都长安城建造京都。后来西方欧洲文明发达了，于是高呼“脱亚入欧”，倡导穿西装吃西餐。外来文化是表面的东西，内在的还是大和文化的精神。

南北朝以来在北方流行的地论学（《地论》指《十地经论》，为世亲所著的《华严经》中之《十地品》的释论），至陈、隋时代愈趋兴旺。与此同时，南方则有三论学的兴起（三论指《中论》《十二门论》《百论》）。地论宗与三论宗皆重视《华严经》，客观上促进了华严思想的传播，从而使华严宗的建立具备了某种先行条件。如三论宗之创始人嘉祥大师吉藏（549—623）平生曾宣讲《华严经》数十遍，并著《华严经游意》，为《华严经》之重要注疏。

天台、三论、法相等宗派的相继建立，不仅各具特色，且均具有相当的理论规模。佛学研究之整体繁荣、诸宗所达到的理论深度及其普遍影响，实际上亦促成华严学人须在理论上成就其自身的特色。故天台等中国佛教诸宗派的先行建立，虽在理论上各有宗主，却实为华严宗之真正建立所必不可缺的先导。

2. 华严学的发展奠定了华严宗形成的学理基础

因为学派和宗派之间存在很大的区别，所以，这里所谓华严学说指的是《华严经》在中国的传播、翻译与研究。

《华严经》全名《大方广佛华严经》，是大乘佛教修学最重要的经典之一，被大乘诸宗奉为宣讲圆满顿教的“经中之王”。据称是释迦牟尼佛悟道后宣说的第一部经典，在14天内，佛祖为文殊菩萨、普贤菩萨等上乘菩萨们讲解了华藏世界及其思想，被认为是佛教最完整世界观的介绍。

相传佛灭度后，此经在印度曾经隐没。六百年后出世的龙树菩萨真心弘法，辩才无碍。据法藏之《华严经传记》卷1载，龙树菩萨在学完当时所有已知的佛经之后，认为释迦牟尼佛所说的法并不圆满，这时龙王邀请他到龙宫阅读海龙所收藏的佛经。龙树菩萨在龙宫见到了完整的上中下三本《华严经》，由此领悟到释迦牟尼佛确实具有无比圆满的智慧。因为上本与中本数量巨大且含义深奥，非一般世人所能理解，于是他只把下本《华严经》从龙宫带出，并使之在世间流通，此即是十万偈四十八品（或谓三十八品）之《华严经》。

梵本《华严经》原藏于遮拘盘国（今印度境内），被视为传国之宝，严禁外流，直到东晋时期才从西域第一次传译到中国，唐代又陆续翻译了两次，成为此后汉地流行的三大译本。

第一译六十卷本，题名《大方广佛华严经》六十卷，后称《旧译华严》或《六十华严》。此经梵文原本三万六千偈，于东晋元熙十四年（418年）在扬州（今南京）道场寺请天竺三藏佛陀跋陀罗主持翻译，沙门法业、慧严、慧义等百余人参与，元熙二年（420年）完成，分为三十四品，有“七处八会”的说法。

第二译八十卷本，它的梵文原本四万五千偈，系唐则天武后遣使从于阗求得，并请来其地三藏实叉难陀，于证圣元年（695年）在洛阳大遍空寺开始翻译，武后亲临法座撰写序文，首题品名。沙门菩提留志、沙门净同宣梵本，后付沙门复礼、沙门法藏等并参与受笔润文，次年在佛授记寺译毕。成八十卷，内分三十九品，由“七处九会”的说法而成。此为最全译本，也最流行，被称为《八十华严》。

第三译四十卷本，一般称为《四十华严》。其梵本原本一万六千七百偈，系南天竺乌荼国王亲手书写，遣使于德宗贞元十一年（795年）十一月八日送赠来唐。翌年六月，唐德宗嘱罽宾三藏般若在长安崇福寺从事翻译，至十四年（798 年）二月译毕，成四十卷。它的全称，据《贞元录》为“大方广佛华严百千偈中所说善财童子亲近承事五十三位圣者善知识入不思议解脱境普贤行愿品”。其内容即旧新两译《华严经》的《入法界品》一品的异译本，但文字大为增广，尤其是第四十卷有普贤广大行愿，和新添的普贤大愿王清净偈，是前此两译《华严经》本所无。

《华严经》义理丰富、逻辑严密、准确无误，用佛教的话说，便是“圆融无碍”的经典，在中国赢得了上至帝王下至僧俗的一致推崇。它直接导致了一个宗派的兴起。唐朝时，对《华严经》的传播和研究空前兴盛。从杜顺和尚开始，“华严宗”开始形成；而贤首大师，即法藏法师将其发扬光大，构建起四法界、十玄无碍、六相圆融等哲学体系，集“华严宗”之大成。其后“华严宗”成为汉地八大宗派之一，绵延至今。

3. 隋朝的统一使长安城成为佛教发展的中心

隋朝结束了长时期的南北分裂局面，而且很快开创了开皇盛世。当时南北政治统一，国家经济发达，文化交流融合，佛教也随着异说求同求通的趋势，表现为出现中国化佛教的大发展。

首先，国家的统一促使南北各地的僧人出于不同原因流入京城。作为宗教界的领袖人物，这些人在大兴城宣传自己的学术成果及其宗派理论，同时也接受和吸收其他宗派的理论和思想，为消除矛盾、统一佛教学术思想和整顿僧纪奠定了基础。隋朝首都大兴城即后来的唐长安城成了不同学派、不同学风的交融地。各个宗派在此相互切磋，共同进步，揭开了佛教开宗明义的新高潮。

其次，隋朝统治者适应新形势，采取了积极扶持佛教的政策，也对隋初佛教的发展贡献很大。隋高祖文帝杨坚幼年时由智仙尼养育，即位后经常对人提起智仙神尼的事情，他认为“我兴由佛法”，认为自己能够当皇帝都是佛祖保佑的结果。所以他特别热心兴办佛教事业，即位后立即废止北周毁佛政策，下诏修建寺院，重整经像。文帝于开皇二年（582 年）敕令建造大兴善寺，成为隋初国家的根本寺院，后代许多著名高僧及译经家如开元三大士善无畏、金刚智、不空等，皆曾奉诏驻锡于此，成为密宗发源地，也是译经的中心。同时积极提倡义学，于开皇十二年选聘当时各学派著名的高僧硕德，以首都为中心，依不同经论进行系统教学，计分为“五众”与“二十五众”。“五众”是指大论众、讲论众、讲律众、涅槃众及十地众，每众各设众主一人，以领导教学。“二十五众”亦为开皇十二年文帝所敕选的二十五位高僧组成的教化团体，由他们来教授大众佛教概论、读经法、出家修养论等。文帝一生致力于佛教的推广，所度僧尼达五十多万人，修建寺院三千多所，立塔一百一十座，写经十三万卷，佛教在隋文帝时代的盛况可见一斑。

隋炀帝承文帝以佛教治国的方针，对佛教的提倡亦不遗余力，建寺、度僧、造像一如文帝，并亲从天台智者大师受菩萨戒，迎请吉藏大师入慧日道场弘扬三论，因此三论与天台二宗在隋代帝王的大力护持下能开宗立派。另外，信行以末法思想为前提，所创的三阶教亦流行一时。当时民间书写佛经成风，社会上流传的佛教经典要比儒家的六经多数十倍到上百倍。

在隋朝两代帝王支持下，隋代佛寺有3985所，僧尼236200人，并形成了天台宗、三论宗和三阶教等宗派。在译经方面的成就：隋朝在短短三十多年中，共译经典一百七十部七百卷。

隋朝时候，华严学也得到一定的发展，在终南山天子峪内的至相寺出现了华严宗的萌芽。至相寺最早起源于北周武帝灭法时期，北周武帝禁断佛教政令严酷，除个别僧人以身殉法以及进入国家保留的道观外，其他僧人要么还俗，要么逃入山林或隐迹尘俗。那时，终南山成为逃难僧人的一个集中地，至相寺开始建寺并获得发展。被封为隋朝六大德之一的慧藏，一生特重《华严经》，大业元年（605年）圆寂后把至相寺作为其归宿之地。智正精通《华严经》，在至相寺经常讲解该经，并著有《华严疏》十卷，他于贞观十二年（639年）卒于该寺，并“在寺之西北凿岩龛之，铭记如在”。由此可见，当时至相寺的华严学风浓厚，已得到天下众多佛学大师的认可。

4. 初祖杜顺大师的草创

唐太宗虽表示“至于佛教，非意所遵”①，表明他个人并不信仰佛教，

① 《旧唐书》卷63《萧瑀传》。

但出于政治的需要仍然在各地建寺度僧，支持佛教事业，特别积极支持玄奘的译经事业。

在隋末唐初统治者扶持佛教的时代背景下，在至相寺华严学兴盛的基础上，在长安城南形成了新的佛教宗派——华严宗。

杜顺大师（557—640 年）被公认为华严宗的初祖，具有开创之功。

杜顺法名法顺，杜是他的姓，一般都叫他杜顺。雍州万年县杜陵人，他生于北朝时代，因为当时佛法很盛行，他小时候就受佛法的熏陶，表现出领悟佛法的天赋：经常将一批小孩子聚集在坟山上，自己坐在中间讲法。稍大读书，他博通儒家经论，很有才华，十八岁在义善寺出家。后来广泛活动于终南山和关中一带，劝人诵读《华严经》，并且依照此经修习"普贤行"。他宗仰华严，肯定去过至相寺，一些书籍则直接说杜顺曾住在至相寺。

法顺传教弘法于民间，首先是以神异动众。道宣把他的传纪列在《感通篇》，视其为神异僧人，法藏则直呼其为"神僧"。到宗密时，法顺就被塑造成文殊菩萨的化身了。早期各类传记对其事迹有不同记述，但在突出他的神异灵迹方面基本一致。法顺神异事迹的主要特点，是把认为从禅定修习中获得的诸种有益于众生的神秘能力，用之于反对民间宗教信仰方面，以扩大佛教的影响。据说他能通过"示语慈善"而"导发异类"，如驯服牛马、驱除虫蚁等，另外还能治疗天生聋哑等。同时，对于非佛教信仰的民间宗教活动，法顺一概采取激烈行动予以扫除。

法顺以"减通幽显，声闻朝野"，曾经引起唐太宗的重视，后引入内禁，隆礼织敬，"储宫王族懿戚重臣，戒约是投"。唐王朝统治者眷顾法顺基于两点：其一是仰其"神"，就是被法顺的诸多神异功能所吸引；其二是本其"德"，指他"言不涉世，全不留心；随有任用，情志虚远；但服粗弊，卒无兼副；虽闻异议，仍大笑之。其不竞物情，又若此也"。不与世争，生活从简，超然大度，此即为其"德"。

唐太宗有一次生病，御医怎么也治不好，就问杜顺大师如何治。答曰："皇上啊，你最好是大赦天下！"因为唐太宗南征北讨杀了很多人，这是冤业病。唐太宗听其言大赦天下，并做了很多法事，超度亡灵，不久唐太宗的病就好了。由此太宗李世民对杜顺很感谢，加上听他讲法也合心意，就赐其法号“帝心”，即深合“皇帝之心”。

杜顺大师一生志在读《华严经》，行在普贤行愿。所著《五教止观》，判释一代教法为五教十宗，奉《华严经》为最高经典，成为华严宗判教的奠基者。又著有《华严法界观》，把止观分为五等，根据他修学《华严经》的心得，建立了法界三观，又叫三门：真空门、理事无碍门、周遍含融门。[1] 这三门到四祖澄观大师时候发展成为四法界。

杜顺大师依《华严经》修行，既有禅僧、神僧的品格，又有“显言正理”、重视培养义学弟子的法师品格，最重要的是他确立了华严宗的判教，开创了《华严经》的法界观，因而被尊为华严宗的初祖。

5. 二祖智俨大师的肇成

华严二祖为智俨大师（602—668 年），又称“至相尊者”，以其曾居至相寺。因曾讲经于云华寺，故别号云华和尚。其生于隋朝末年，12 岁时随杜顺出家，接触到杜顺华严宗的思想与理论。后来杜顺又将其托付给弟子达法师，在至相寺学习佛法。文献上说，有两位外国僧人来游至相寺，见智俨精爽非常，便教其梵文。两外国僧很欣赏他的才华，常对他人说：“此童子当为弘法之匠也。”[2] 智俨因为法门繁旷，为了专一学习，便在经藏前礼拜，暗自立誓，然后信手取之，获得《华严经》。于是就在所居住的至相寺跟从智正法师听受此经。他善于思考，勤于阅读，很快就对华严义理有了深刻的理解。据说他对华严的六相圆融不能够理解，有一次在梦中见到一个印度高僧对他说：“你把《华严经·十地品》好好读一下，其中有解释六相的，你如能将六相融通，对事事无碍法界就可解释清楚了。”他果然依高僧指点学习《十地品》，建立六相，以六相配释十玄门，经过广泛研究与著述，终于完成了中国华严宗的正式创立。在智俨之前，杜顺大师在华严宗理论上已有所建树，智

---

① 关于“三门”的解释：“真空门”主要是扫荡妄情执着，消灭我、法二执，证悟我空、法空，也就是真心的境界，真如的境界。“理事无碍门”就是说心与事物是融通的，不能分开的，理中有事，事中有理，宇宙事事物物，千差万别，都是通于理，都离不开心，这叫理事无碍。“周遍含融门”就是说真心遍于法界，事事物物，大至山河，小至微尘，无不没有真心。了解这个道理，在事物中就可以破除差别，圆融无碍，行住坐卧，言谈举止都在道中，这个境界很广大的，所以叫周遍含融。

② 《华严经传记》卷 3，第 163 页。

俨著述约二十余部，基本完成了自成体系的学说，并为后继者所接受。可以说建立了华严宗学说的整体框架，实现了从华严学说到华严宗学说的过渡。

智俨大师通过系统诠释60卷《华严经》而立新说，作《搜玄记》5卷，以十玄、六相等论述法界缘起，草创五教，立因门六义、种子六义给予六相圆融之基础理解。在实践观门上加上教义，已有施行教理之整备；从宗门看，有渐由实践门转移到教义门之趋势。

同时他还撰写有《华严孔目章》5卷，《华严经五十要问答》2卷，《华严一乘十玄门》1卷。决定了十玄缘起之名目，构成其理论的组织，立同别二教之意义。

智俨大师不仅对中国华严宗的形成做出了巨大的理论贡献，而且其学说东传，为日韩华严宗的建立奠定了基础。

智俨在至相寺有两大高足：一为中国华严宗三祖法藏，二为海东华严初祖义湘。义湘（625—702年），为新罗鸡林府人，天资英迈，弱冠出家，于唐高宗龙朔二年（662年）诣终南山至相寺，以智俨为导师，与法藏同学，在寺中习《华严经》达十年之久。其归国后于新罗太白山创浮石寺，弘扬华严教义，学徒云集，被尊为海东华严初祖。后来法藏寄义湘书中曾记："是知如来灭后，光辉佛日，再转法轮，令法久住者，其唯法师矣！"[①] 其赞誉可谓备至。法藏与义湘的同窗友谊，传为华严宗传播之佳话。日本天平十二年（740年），新罗僧人审详到日本宣讲华严宗义，传法于日僧良辨，以奈良东大寺为根本道场，开创日本华严宗。

至此，以《华严经》为经典，中国佛教人士创造性地建立了一个具有传承有序的佛教理论体系和修证体系，这标志着华严学向华严宗转变的完成。相对于华严学来说，华严宗主要有以下五个特点：一是师徒相承，形成严格的传法谱系，并以这种谱系为核心，形成自己的僧团体系。二是具有本派内部公认的完整而相对定型的理论和实践体系。三是通过判教进行正统性论证，把本宗奉行的学说与其他学说区别开来，并确定为佛法的最高境界。四是具有自己的弘法中心，表现为相对稳定的

---

① 《三国遗事》卷四，第1006页。

道场和祖庭。五是具有强烈的宗派意识，主要表现为对自成一系的教义和修持的宗奉，对创宗和传承祖师的认定与崇拜，对道统的认可与维系等。

表4—2　　华严学到华严宗的发展

人物/年代	著作	思想事迹
马鸣 公元100年至160年	《大乘起信论》	一心、二门，真如门、生死门。与如来藏唯心缘起思想有相通之处
龙树 公元100年至200年	将《华严经》从龙宫取出来，著《十住毗婆沙论》十七卷	为最早的《华严经》注解，《十地品》之初地、二地注解
世亲 公元320年至380年	《十地经论》十二卷	将《十地经》逐字解释，六地解中有唯心思想，卷一中有六相论
杜顺禅师（本名法顺） 公元557年至640年	《法性颂》 《法界观文》 《法界观门》一卷 《五教止观》一卷	生平行实以修观为主。 成为自家华严教学之根本。 从禅定中悟出三重观门，开显实践修行的观门。 事事无碍十玄缘起之根基，为五判教之渊源
智俨禅师（至相云华） 公元602年至668年	《搜玄记》五卷 《华严孔目章》五卷 《华严经五十要问答》二卷 《华严一乘十玄门》一卷	明六相开十玄，草创五教，立因门六义、种子六义给予六相圆融之基础理解。在实践观门上加上教义，已有施行教理之整备；从宗门看，有渐由实践门转移到教义门之趋势。 决定了十玄缘起之名目，构成其理论的组织，立同别二教之意义

续表

人物/年代	著作	思想事迹
贤首法藏 公元 643 年至 712 年	《探玄记》二十卷 《华严一乘教义分齐章》四卷 《华严经传记》五卷 《游心法界记》一卷 《妄尽还源观》一卷	为《六十华严》之注解。 确立判教为三时五教，判华严教理为别教一乘，确立了一乘教，即教《华严经》之组织分科说，在宗趣论上有了整然体系。关于判教上决定了五教、十宗、同别二教等；教学之根本体系上有三性同异义，缘起因门六义法，十玄缘起无碍法门义，明确而完整，成为教学体系之一大组织，使从印度以来，在教学思想上所流传之空、有二大思潮，得以巧妙统一成为有、空一体之安排，并确立了以法界缘起为华严教学之中心
清凉澄观 公元 738 年至 839 年	《华严经疏》六十卷 《华严经随疏演义钞》九十卷 《三圣圆融观门》一卷 《法界玄镜》一卷 《华严略策》是华严经之注解及纲要 《华严经疏钞玄谈》九卷	为《八十华严》之注解，内容总括大、小、性、相、空、有，发挥华严要义，竖立华严宗之标帜。出生于法藏殁后二十七年，但其教学传统得自法藏，《宋高僧传》中曾明示继承法藏正是澄观。教学之立场多根据于唐译《八十华严》，先后宣讲五十余遍。又当般若翻译，参与四十卷华严的翻译工作。其教义之因果门更偏重固守行门为本之立场，所以能见其教、禅融合之理念。以华严之一心体同于荷泽禅之灵知不昧之一心，又以如来不断性恶，阐提不断性善，染净之缘起，其体不异之观点，种种表示其才能之锋锐，但未脱离华严学之传统
圭峰宗密（定慧禅师） 公元 780 年至 841 年	《圆觉经大小疏钞》 《注法界观门》一卷 《禅源诸诠集都序》四卷 《禅源诸诠集》一百卷 《普贤行愿别行疏钞》六卷 《行愿疏科》一卷	祖述清凉禅教并重其思想体系，皆与清凉一贯，著书两百余种。 泛论儒道二教本源说，而究明佛教的源奥。宗密的特色是教禅一致，很明显是传承五教之判释。有时认为终顿相同，又说顿、圆相通。其性起趣入说，以行门为本之立场，完全同于澄观

二　华严宗的发展与繁荣

1. 武则天与华严宗的发展

“无上甚深微妙法，百千万劫难遭遇。我今见闻得受持，愿解如来真实义。”如今，翻开任何一本经书，扉页上都会写着这首《开经偈》。此偈气吞山河，朗朗上口，却甚少有人知道，它原是出自女皇武则天之手，而此偈，正是武则天在阅读新译完的《华严经》（她支持翻译的《八十华严》）后，为经中恢弘微妙的文句打动，心内非常欢喜。因而题下此偈。这首偈颂有着大开大阖的手笔，千百年来很多人试图修改其中文字，但都难以超越原作，可见其一气呵成。

武则天的母亲是虔诚的优婆夷，她从小便耳濡目染。在感恩寺出家后，她也曾刻苦钻研佛学理论，对佛教有深切的了解，也有深厚的感情。重新进入皇宫以后，没有忘记佛教，特别是大乘佛教经典里的《华严经》。当然，武则天扶持佛教也有其利用佛教争权夺利的因素在内。

《华严经》最早的翻译叫《六十华严》，其中的缺点是卷帙不全，很多内容没有完全译出。武则天对此深感遗憾，希望得到全本，后来听说在于阗国，就是现在新疆的西部和田地区，有一个印度尊者实叉难陀，学问广博。武则天就派人迎请他到当时的洛阳，同时还带来了梵文《华严经》原本四万五千颂。武则天请实叉难陀主持翻译，选派了不少高僧大德参与，于证圣元年（695 年）三月十四日在洛阳大遍空寺开始，到圣历二年（699 年）十月十八日在佛授记寺翻译完成。[①] 新译经典即为现今流行的《华严经》八十卷本，习称《八十华严》或《唐译华严》。它的出现对《华严经》研究是个大的促动，也促进了华严宗的发展。

《华严经》翻译完后，武则天题写书名，亲自作序，不久就请法藏大师进宫宣讲《华严经》。法藏大师即是贤首国师，是正式建立华严宗的祖师之一。法藏曾被武则天召到长生殿去讲“六相”“十玄”的义理，讲了半天武则天也不能理解。于是他指着殿前的金狮子做比喻，反复阐明，

---

① 《开元释教录》卷9。

“帝遂开悟其旨”①，这就是现存的《金狮子章》。

武则天是中国历史上唯一的女皇帝，同时还是一位笃信佛教的女皇。她对《华严经》的翻译与弘扬工作贡献很大，同时，武则天对华严宗的发展也有巨大的推动作用。

武则天之所以重视《华严经》，与她努力制造瑞应神异有关。在翻译和宣讲过程中有几个预兆，当实叉难陀要开始翻译《华严经》的时候，武则天有天晚上做梦，梦到天降甘露，起来以后感觉奇特殊胜；永昌元年（689 年）正月七日夜，法藏等奉旨在玄武门“建立华严高座，八会道场，阐扬方广妙典”，第二天，“僧尼众数千人共设斋”。据说，因讲《华严经》设斋会，出现了冰中有佛塔形象的稀有瑞应，立即引起武则天的重视，专为此作《听华严诗并序》。据《法藏和尚传》《宋高僧传》等载，法藏曾奉武则天之命讲《华严》，讲到《华藏世界品》时，“讲堂及寺中地皆震动”。这种震动不是普通的地震，动而不受灾，是吉祥的预兆，被武则天视为神异。

女皇武则天对法藏大师特别宠信，不但把法藏请到皇宫开坛宣讲《华严经》，还让他参与朝廷政治活动，授予三品朝官以示嘉奖，据说还尊赐法藏大师为贤首国师。三祖法藏大师在朝廷上的崇高地位当然有利于华严宗的发展。

2. 三祖法藏大师的贡献

法藏（643—712），祖籍康居国（今中亚撒马尔罕一带），故以康为姓，祖父辈迁居长安，其父受赠左卫中郎将。据《法藏碑》，显庆三年（658 年），法藏到岐州（今陕西省扶风县）法门寺内的阿育王舍利塔前，燃一根指头，以申供养，表明他树立坚定的佛教信仰。

法藏 17 岁时入太白山求法，后来听说智俨在云华寺讲《华严经》，就去听讲，因设数问请教，为智俨所赞赏，从此列为门徒，前后数年，深深领会智俨的妙旨。智俨圆寂前把他付托于弟子道成、薄尘，高宗咸亨元年（670 年）正式度为僧人，住太原寺，奉诏在此讲《华严经》。后又在云华寺开讲，声望日隆，皇室遂命京城十大德为其授具足戒，并把《华严经》中贤首菩萨的名字赐给他，从此被称为贤

---

① 《宋高僧传》卷 5《法藏传》。

首国师。

法藏因能通西域诸国语与梵文经书，遂奉命参与译事，先后译出《八十华严》《大乘入楞伽经》等十余部，拓展了其研究视野。其对华严义理多方探究，成就斐然，如他为了使人们对《华严经》中缘起无尽、圆融无碍的理论得到感性的认识，曾设十面镜子，“八方安排，上下各一，相去丈余，面面相对”，然后在中间放一尊佛像，点一支蜡烛照之。于是十面镜子中，“互影交光”，佛影重重，而“学者因晓刹海涉入无尽之义”。

讲经授徒是法藏一生中的重要活动。他先讲晋译《华严》，《八十华严》译出后立即接讲，前后讲新旧两经三十余遍。法藏讲经或奉朝廷之命“承旨”，或应僧众之求学，或应地方官吏之请，听众经常达到千人以上，对促进《华严经》的流行和华严宗学说在朝野的发展起了重要作用。他的许多著作是讲经的记录稿，或是为讲经而准备。在讲经过程中，他培养了一批义学弟子，知名者十余位。

法藏得到武则天的直接支持，其成名后为迎合武则天的政治需要，常住太原寺，成为武后家庙和尚。他曾为唐中宗、睿宗授菩萨戒，成为皇帝门师。除奉旨讲经外，法藏还为唐王朝作各种佛教法事，以祈福消灾。垂拱三年（687 年），奉诏于西明寺立坛祈雨有灵。神功元年（697 年），唐王朝出师讨伐契丹，他“建立十一面道场，置光音像行道”，得武则天“优诏劳之”。长安四年（704 年），他奉诏至法门寺迎佛指舍利。

法藏晚年还曾介入宫廷内部的权力斗争。中宗神龙元年（705 年）正月，张柬之诛杀张易之等人，助中宗复位。中宗登基后又依武三思、韦后等诛杀张柬之。此后中宗谓法藏在这一系列事件中“预识机兆，诚恳自衷，每有陈奏。奸回既殄，功效居多”（《法藏和尚传》），故赏其三品官爵，法藏不受，又转授其弟宝藏。中宗、睿宗皆谓法藏为菩萨戒师。至玄宗先天元年（712 年），法藏逝世，唐王朝赠“鸿胪卿”。

法藏毕生致力于华严教学，曾在长安、洛阳及吴、越、清凉山五处建立华严寺，广为宣扬华严教旨，朝野归信。又将佛教各种思想体系分为五教十宗，对华严宗的理论贡献很大。其著述三十多部百余卷，现存与华严有关的 15 部，能够比较集中反映其华严思想的重要著作有《探玄记》《华严一乘教义分齐章》《华严旨归》《华严经问答》等。

法藏在智俨学说的基础上，对华严宗教理进行了系统组织。完整地建立了华严的“三时五教”观。“三时”按一天来算，第一时就是指太阳初升时，佛说《华严经》，佛在菩提树下成道后，经过二个七日说华严教；第二时就是太阳渐次上升，到中午对小乘缘觉说十二因缘，对声闻说四谛法；第三时是到了太阳落山时，太阳回光返照，对大地众生说大乘教、圆教，不舍众生。这叫三时，称为三时教。“五教”就是小、始、终、顿、圆。小乘教最初讲《阿含经》，讲四谛；始教包括法相和般若；终教讲心性，如《楞严经》《起信论》所讲；顿教不在言语上表示，言不尽意，如《圆觉经》《楞伽经》所讲；最后是圆教，就是华严。这三时五教，与天台判教五时八教相仿。

法藏大师活到七十岁，生平经历五个皇帝，五个皇帝都拜他为师，成为五帝国师。他虽然进行了不少政治活动，主要还是从事大量的译经、讲经和著述工作，大振华严的宗风。智俨所创教相和观行的新说，得到法藏详尽的发挥，才使一宗的教观建立周备。法藏大师对华严宗贡献颇大，世称其为“华严三祖”，有学者甚至说就是法藏创立了华严宗。

3. 四祖澄观大师的创新

澄观（738—839），字大休，越州会稽（今浙江绍兴）人。生于唐玄宗开元二十六年（738 年），诞生之辰，光明满室。九岁礼佛学法，不一年而能通三藏；日记万言，识者一见而知非常人也。《妙觉塔记》中记载，他在东京大诜和尚处听讲《华严经》玄旨，利根顿悟，听毕即能复诵出。诜曰：“法界宗乘，全在汝矣。”他喜欢阅读杜顺的《法界观门》、法藏的《妄尽还源观》等华严著作，思想观念上遵奉华严祖师的学说，应该算继承了华严宗的法系。

唐兴元元年（784 年），澄观于五台山大华严寺著《华严经疏》六十卷，三年后完成。唐代宗大历三年（768 年），不空法师于大兴善寺译经，澄观诏为润文大德。代宗皇帝一日问佛经大旨，澄观回答得井然有序，皇帝一下子明白了，于是事以师礼，恩遇隆厚。此后历德宗、顺宗、宪宗、穆宗、敬宗、文宗，为七帝门师，入宫说法，开悟帝心。德宗、顺宗先后赐封教授和尚、镇国大师。宪宗贞元十二年（796 年）被赐紫衣，封号清凉国师。公元 810 年被授予“天下大僧统”之印，令其主持全国佛教。穆宗、敬宗相继封他为大照国师，文宗加封为大统国师。由是华严宗达到其发展的又一高峰。

文宗开成三年（839 年），澄观大师圆寂，世寿一百又二。告弟子遗嘱：“当取信于佛，无取信于人！”意思是说你们要信佛说的，不要取信人，要依佛不依人。在修持方面，他说：“对境无心，逢缘不动，则不辜负我矣。”即对一切外境不要起妄心，不要攀缘，不要心随境转；不管什么事情，好的、坏的、不好不坏的干扰，心都不要动，要八风吹不动。这样一来，保持真心，就可以与一真法界相应，这个意趣就叫作“一相三昧”。

在华严宗的发展过程中，澄观是一位极为重要的承上启下的人物。法藏以后若无澄观，则其宗旨或恐因歧义而暗昧，其宗风恐亦未能如许之盛。故言华严宗之发展，必言澄观之创新，而择其大要，则约有数点可说：

第一，维护了华严宗的实际开创者法藏之学说的系统性与正统性，重新阐释了法藏的五判教释与十玄缘起等说，结束了华严宗内部的理论分歧，从而使该宗得以复兴，并由此开启了禅教合一之先河。

第二，吸取了天台宗的性具实相说，对法藏学说进行了某种理论修正，提倡“如来不断性恶”之说。这既增强了其宗派对于信徒的召感力，有利于其影响的扩大，又在理论上弥合了某种纰漏而使之臻于完善，从而使华严宗的性起教义获得了进一步丰富与发展。

第三，确立并系统阐发了“四法界”说，进一步完善了华严宗的理论体系。澄观的注疏即《华严法界玄镜》三卷，对杜顺“三观”作了系统疏解，并多有创造性的发挥。“四法界说”即于其中获得系统阐述，并成为华严宗理论体系中不可或缺的构成部分。

第四，澄观虽广辟佛教外诸“外道”，弘阐“西方之教”，非难“此方儒道”，反对“三教合一”之说，但与此同时，却又援儒入释，引儒家经义以解佛经。

澄观虽祖述师说而不拘泥于师说，虽尊《华严》而又融通禅教，虽崇释氏而又兼含儒道，故其思想学说在保持其宗派之鲜明特色的同时又以会通诸家之说而展示出了新的风貌。华严宗得澄观而中兴，良非无由。而其思想的整体特征，恰恰极为吻合于华严宗旨的“圆融”。这种思想上的会通与圆融，在澄观本人，固然以其溥博深厚之学问修养为基础，同时亦为其时代新风尚的一种要求。澄观精研内外典籍，会通禅教，兼摄儒道，不拘门户之见，显示了学术上的开阔视野。澄观对华严宗的发展做出了卓越贡献，以其博通之精神预示了中国佛学向禅教统一的新方向，其学说对于理学之崛起及其理论之整体建构，也产生深远的影响。

4. 五祖宗密大师的发展

宗密大师（780—841），因曾居住圭峰又号圭峰大师。生于唐德宗建中元年（780 年），四川西充人，俗姓何，世代业儒。早年习儒学，后入佛门。先入大云寺从道圆禅师读《圆觉经》，学得禅宗精髓。后于襄汉恢觉寺得到清凉国师所撰《华严经疏》等，览之，欣然曰：“吾禅遇南宗，教逢华严，何其幸哉！”元和六年（811 年）驻锡于永穆寺开讲《圆觉经》，一再宣讲。徒众有泰恭者，深受感动，断臂以酬恩。其后送信给澄观大师，欲执弟子礼，得其许可。宗密乃达帝都长安成为清凉国师弟子，两年间朝夕受教，日夜随侍，努力修习。深得清凉国师赞誉：“毗卢华藏能从我游者，舍汝其谁欤？”

元和十一年（816 年），宗密于终南山智炬寺闭关阅藏三年，撰著《圆觉经科文》及《圆觉经纂要》二卷。太和二年（828 年）四十八岁时，文宗召入内殿，闻诸法要，赐紫袍，封为“定慧大师”。留住京城三年间，与政要交往甚密，相国裴休尤加敬仰，山南温造时常上书问道。太和五年（831 年）回草堂寺，著书多种，思想体系一依清凉。武宗会昌元年（841 年）圆寂于兴福寺，世寿六十二。

宗密晚年已经意识到佛教将失去国家的保护，而且教内宗门纷争日益严重，外受儒道两家的批评与攻击，特别有必要确立佛教未来的新方向，平息禅教之争。于是他提出和论证了“禅教一家同为佛”的观点。又著《原人论》探求人类生命的本始源头，以五教论统合禅之三宗与教之三种，也是想化解二者的对立。

5. 隋唐华严宗思想组织的特点及其贡献

华严宗因奉《华严经》为根本经典而得名。其主要以五教来判摄整个佛教，教义有“六相圆融”“十玄缘起”“四法界”等，总称为“如来性起法门”，着重阐明法界缘起的道理和观行的方法。杜顺和尚著《五教止观》，为此宗判教的奠基者，被誉为华严宗初祖。智俨大师撰《华严经搜玄记》等，奠定华严立宗的基础，是为二祖。三祖法藏贤首大师，集华严宗的大成，建构以“法界缘起”为本宗思想体系的理论。四祖清凉澄观大师则渐融入天台、禅宗的思想。五祖圭峰宗密禅师，倡导教禅一致。

华严宗以五教十宗判释如来一代教法。五教系将佛陀一代教法依所诠法义的浅深分为：小乘教、大乘始教、大乘终教、顿教、圆教。十宗则依佛陀所说的义理区别为：我法俱有宗、法有我无宗、法无去来宗、现通假实宗、俗妄真实宗、诸法但名宗、一切皆空宗、真德不空宗、相想俱绝宗、圆明具德宗。前六为小乘教，后四为大乘教，依序即大乘始教、终教、顿教、圆教，第十即华严的教旨。

华严宗的核心教义是“法界缘起”，也称“无尽缘起”“性起缘起”，是对世界存在的方式和状态、对万事万物之间本来关系的说明。华严宗用以论证法界缘起的主要学说有“四法界”“六相圆融”“十玄门”等。

（1）“四法界”

“四法界”是澄观首次提出，由宗密最后完善和定型。据《华严法界观门》所述，“一真法界”就是“一心”，是产生万有的本原，它又能融入万有之中，成为一切现象的共同本质。作为“心”的表现，有四种相状，即是“四法界”。

第一，事法界，是现象界，其特点是事物各有分位，具有无限差别。人们的认识总是从认识带有个性的具体事物开始，但是，这属于世俗认识，华严宗不主张孤立地认识“事”。

第二，理法界，是本体界，理存在于一切事物之中，成为“无尽事法”的共同本质，它是精神性的东西，而不是物质性的东西。实际上，这个“理”就是佛智、真如，是华严宗认识真正开始的阶段。

第三，理事无碍法界，理遍在于事中，事无不全摄理，这叫“理事无碍”。认识事离不开理，认识理也离不开事。这是更高一级的认识。

第四，事事无碍法界，由于一切相互独立有差别的事物均含有相同的理，所以，它们之间也可以相互融通。由于事是无限的，那么这种融通关系也是无尽的。四法界的主旨是，不要孤立地以事为认识对象，而是要在理的指导下来认识，通过对理事关系的认识，最终达到对事事关系的认识。在这里，事事无碍的关系，也就是一切事物之间应该具有的理想关系。

（2）“六相圆融”

“六相圆融”也叫“六相缘起”，是说明法界缘起的重要学说之一。“六相”是指总相和别相、同相和异相、成相和坏相。在这三对范畴中，“总、别”一对最重要。“总相”是整体，是“一”；“别相”是部分，是“多”。从两者的关系上来讲，如果没有部分（别），就没有整体（总），这叫“以别成总”。另外，如果没有整体（总），也就无所谓部分（别），因为部分只有在整体存在的前提下才成为部分，这叫“以总成别”。因此，整体（总）和部分（别）之间存在着相互联系、相互制约和相互依存的关系。同时，华严宗又从整体与部分不可分割的关系中，得出了部分与整体相等的结论，这叫“总别相即”。“同、异”一对是从“总、别”中引申出来的。“同”指构成整体的各个部分具有同一性，“异”是指构成整体的各个部分彼此有差异。这是一个事物的两个方面。华严宗认为，“同、异”的关系也和“总、别”的关系一样，是“相即”的。各个部分在作为构成整体的必要条件时，叫作“成相”；各个部分保持自己特有性质，与整体不发生关系时，叫作“坏相”。例如，椽在作为构成房子的一个部件时，为“成相”，在不作为房子的一个部件时，它就不是椽，只是一根与房子无关的木头。成相和坏相也是一个事物的两个方面，它们之间也存在“相即”的关系。

“六相圆融”是让人们从总别、同异、成坏三个方面看待一切事物，认识到作为统一整体中的每一事物无论表面上看来有多么大的差别，本质上都处于“总别相即”“同异相即”“成坏相即”的圆融状态。

（3）“十玄门”

“十玄门”又称“十玄缘起”，是从十个方面论述法界缘起的道理：

第一，“同时具足相应门”。此门是从事物产生方面讲。世间千差万别的现象和事物，在产生时间上没有先后之分，这叫“同时”；在数量上也没有增减变化，这叫“具足”。

第二，“因陀罗网境界门”。此门是从比喻方面讲。因陀罗网是帝释天宫中一张挂满明珠的网，其上的每一颗明珠都映现一切珠子，也映现那一切珠子中所映现的一切。这个比喻说明，世间的一切现象都处于你中有我、我中有你的浑然一体状态。

第三，“秘密隐显俱成门”。此门是从因缘条件方面讲。由于所处的地位不同、条件不同，在观察同一事物时，有时看到的是“隐”藏状态（假象），有时看到的是“显”露状态（真相）。但是，无论是真相还是假象，都能反映本质，这叫“秘密”。比如，有时看到半月，有时看到满月，但这些都不影响月亮的本来状态。

第四，“微细相容安立门”。此门是从事物的相状方面讲。事物无论或大或小，都可以相互包容而不相妨碍。

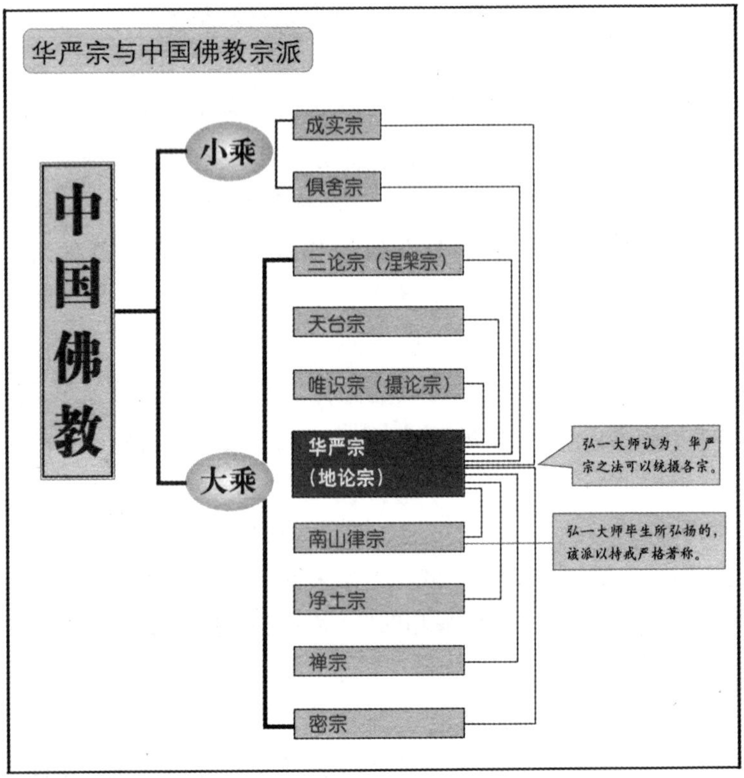

图4—9　华严宗与中国佛教宗派的关系

第五，“十世隔法异成门”。此门是从时间方面讲。过去、现在和未来是三世，其中又各有三世，合为九世，这是极长的时间，加上极短的时间“一念”，构成“十世”。这“十世”本来是有区别的“隔”，过去不等于现在，现在也不等于未来。但是，它们能够在修行者的思想中统一起来。所谓“异成”，就是有差别的统一。

第六，“诸藏纯杂具德门”。此门是从修行规定方面讲。完成了佛教一种法门的修行，也就获得了所有佛教法门的修行功德。这两者是不相妨碍的。

第七，“一多相容不同门”。此门是从“理”或“体”方面讲的，本体（一）与作用（多），本质（一）与现象（多），是不相同的，但是，它们又不相妨碍，这是它们的相容方面。

第八，“诸法相即自在门”。此门是从“事”或“用”方面讲的。作为统一整体中的某一部分，可以融摄其余的部分。例如，从修行阶位方面讲，就是“一地即摄一切地功德”。

第九，“唯心回转善成门”。此门是从“心”体方面讲，世间的一切现象和事物，都是如来藏自性清净心所建立的（唯心），所以或善或恶，都是由“心”所决定（回转）。

第十，“托事显法生解门”。此门是从佛智方面讲。佛经中所讲的比喻、神话、寓言故事等，都属于“事”，人们可以通过这些事来理解佛法的道理（生解）。所以，任意举一“事”，都可以见“理”。

以上介绍的“十玄门”，从十个方面讲法界缘起的内容，从而塑造了一个世界存在模式。从这里我们可以总结“法界缘起”的核心内容，就是：世界万物只不过是佛智慧本体（“佛性”“自性清净心”“一心”“法界”等）的表现或作用，它们同时产生，圆满无缺，均处于相互依存、相互等同、相互融摄、没有滞碍的和谐统一之中。这样，通过“法界缘起”，华严宗就描述了世间一切现象和事物应该具有的关系，这是一种理想的世界秩序。

中国古代文化中有一种追求“十全十美”的传统。这种审美理想和传统的形成原因固然很多，而隋唐间华严宗以“十”为美的理论和实践无疑是其中一大助力。华严宗初祖杜顺主张“一切入一”，为以“十”为美奠定了思想基础。二祖智俨主张“一”“十”圆融，为以

“十”为美作了重要铺垫和过渡。三祖法藏认为“十”可显“无尽”空义，所以是“圆数”，标志着以“十”为美的理论自觉。四祖澄观指出“欲令触日圆融，故多说十”，明确揭示出以“十”为美的真谛。华严宗学者“立十数为则”，以十十无尽重叠的方法行文说理，虽显得烦琐而牵强，但也顽固地实践、体现了其以“十”为圆妙之数的美学趣味。

6. 唐武宗灭佛后的华严宗及其谱系

唐武宗时，因皇帝个人偏好道教长生之术，再加上道士赵归真、宰相李德裕的反佛鼓动，终于催发一连串的毁佛事件。会昌五年（845 年）对全国寺院及僧尼数量予以严格规定，被毁大、中佛寺四千六百多所，小佛堂达四万余所，还俗的僧尼二十六万五百人，没入田园数千万顷，佛像及佛具改铸为货币或农具，使佛教遭受前所未有的劫难，总称“会昌法难”。虽宣宗复兴佛教，却已非往昔面貌。会昌灭佛之后五代战乱、世宗法难接踵而来，着重义理研究的佛教宗派盛况不再，唯剩着重实践的禅宗以及强调信仰的净土宗在民间流传着。

华严宗的发展与政府关系密切，这样的佛教宗派受到的影响更大。唐会昌灭佛后经历了长期的衰微，入宋之后得到净源的重兴。净源（1011—1088）被称为宋代华严宗的“中兴教主”，他振兴华严宗的工作包括四个方面：其一，建立了永久弘扬华严宗的基地——慧因寺；其二，终生致力于华严典籍的收集和整理，其三，提出华严宗新的传法世系；其四，以华严教义解释其他较流行的佛教典籍，促动华严学在整个佛学中的运行。但是相对于华严宗的盛世来看仅属于一定程度的恢复。

唐代华严宗创立以后，法脉承继绵绵不断，表 4—3 据《宝通贤首传灯录》与《灌顶伯亭大师塔铭》等资料，列举从杜顺大师到清初的华严宗法脉传承。注意：南山真萃以下“代”即代表传“贤首、慈恩宗法系”；表中“世”即代表《宝通贤首传灯录》所记“宝通法系”；表中“传”即代表《灌顶伯亭大师塔铭》所记“云栖法系”。

表4—3　　华严宗法脉传承表

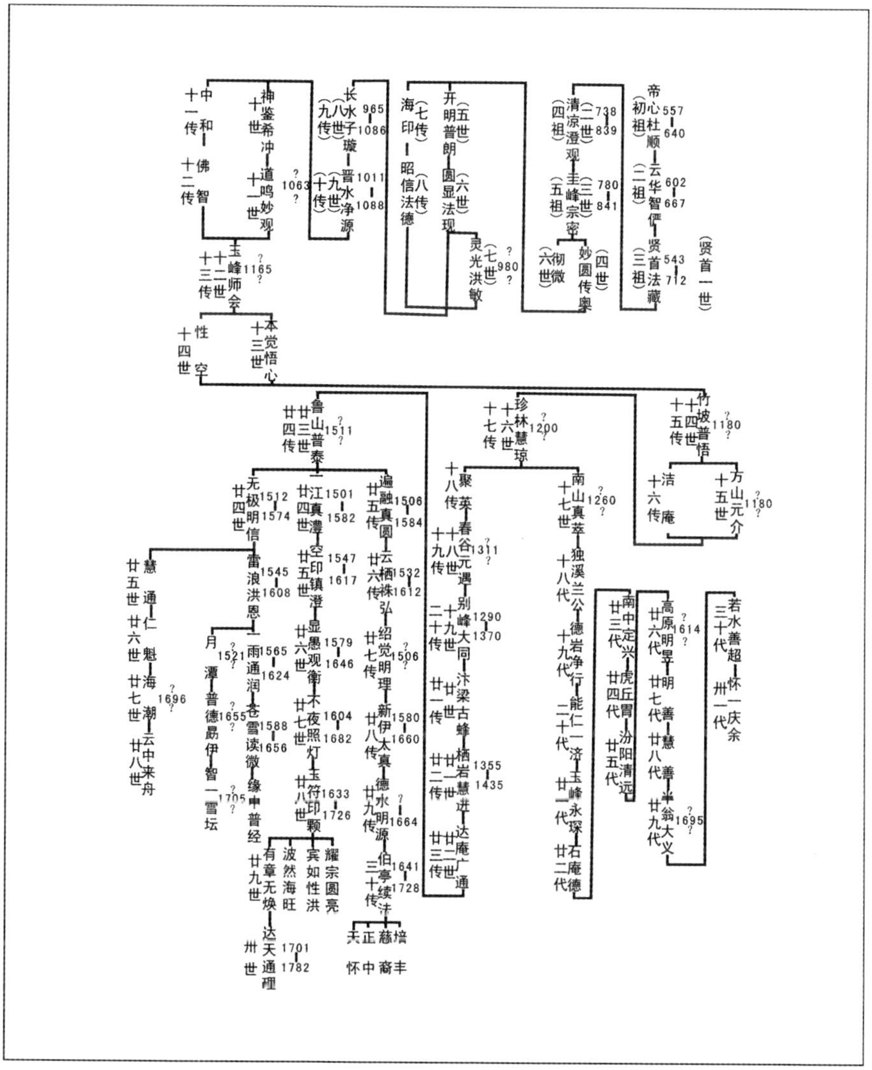

表 4—3　　华严宗法脉传承表续 1

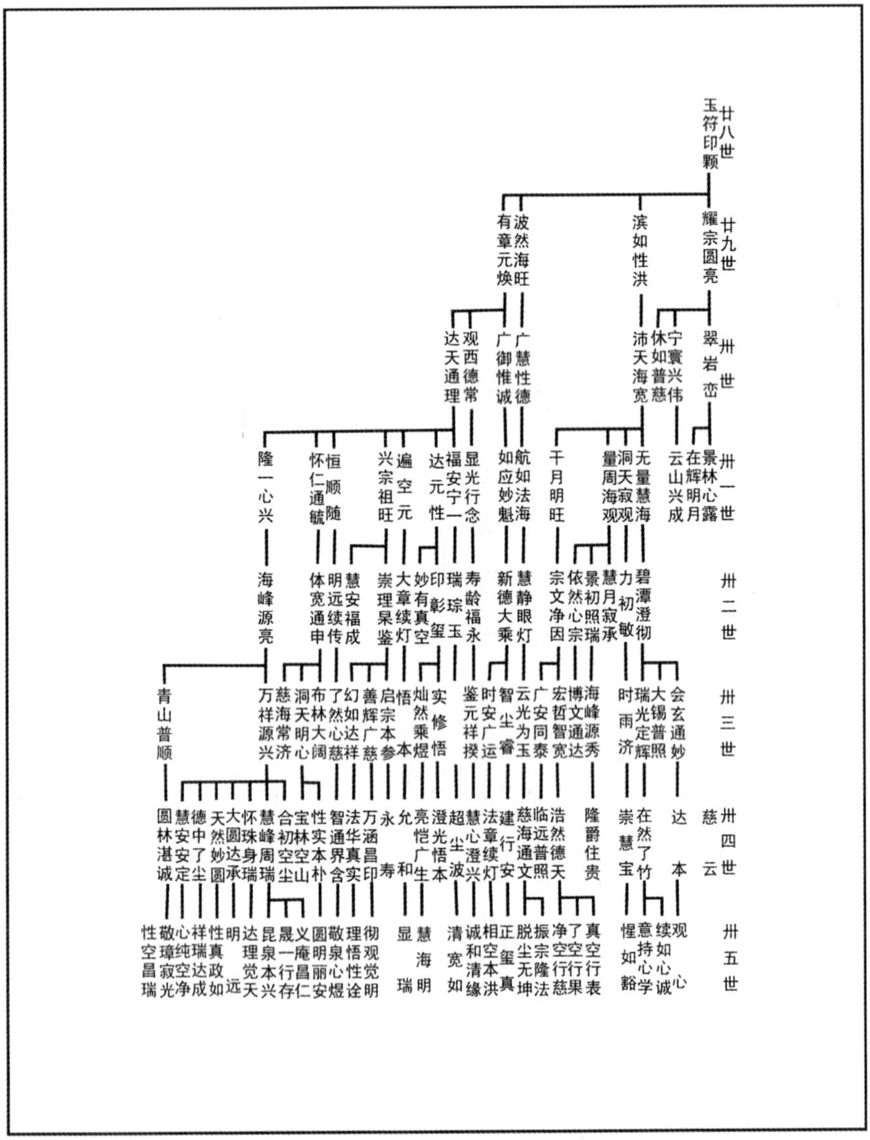

表 4—3　　华严宗法脉传承表续 2

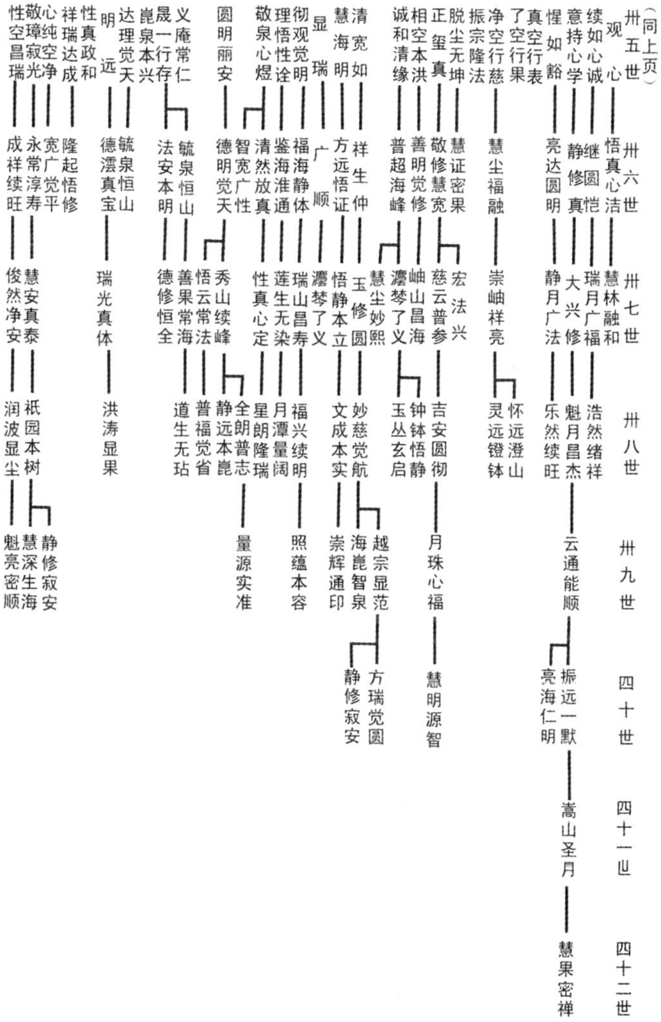

三 华严祖庭华严寺及其建筑园林特点

1. 华严寺的位置与建立时间

华严宗祖庭华严寺位于陕西西安市长安区少陵塬畔，这是学界公认没有异议的。因为华严寺依初祖灵塔所建，现在初祖灵塔犹存，从宋至今的历代文献记载也没有变化，所以华严寺的位置所在可以确认。具体位置就是位于长安区韦曲镇东南申店乡四府村北原，东距兴教寺 7 公里，西距牛头寺、杜公祠 2 公里，北靠少陵塬，南邻樊川，距西安城大约 15 公里。

华严寺建于唐朝也是没有问题的，但其建立的确切年代学界却流行着两种说法，而且差异很大，值得我们深入研究。一种说法是认为华严寺建于唐德宗贞元十九年，也就是公元 803 年。比如《全唐诗》注就说："华严寺：樊川八大寺之一。位于唐长安城南少陵塬的半坡，建于唐德宗贞元十九年（803 年），是佛教华严宗的发源地。"① 很多文献也是这种观点，连现在华严寺建设的相关专家也都赞同此种意见。2005 年重修杜顺禅师塔完成后撰写的《重缮华严初祖杜顺禅师塔记》现在刻在塔的北侧，其上第一句曰："少陵崖畔有寺曰华严，盖佛华严教宗发源之地焉。寺逾千二百年。"从撰写当年向上推 1200 年刚好在贞元十九年后两年，说明撰写者是坚持华严寺建成于贞元十九年之说的。如果撰写者赞同另一种观点即建成于唐太宗贞观年间，那可是公元 627—649 年，就一定会写成"寺逾千三百年"。

现在还没有看到第一种观点成立的具体理由，相反的却可以找到不少华严寺在贞元十九年之前已经存在的文献，说明这个观点很难成立。活跃在盛唐时期的诗人岑参写过一首诗，题目中就出现了华严寺的名字——《题华严寺环公禅房》②，而且从诗的描写来看就是现在少陵塬畔的华严寺，因为诗中所谓"寺南几十峰，峰翠晴可掬"，一定是从少陵塬向南遥望终南山的景观。岑参约 715 年出生，770 年去世，是与杜甫相唱和的诗人，它不仅写到了华严寺而且还提到了华严寺的环公禅房，这有

---

① 《全唐诗》卷 4，第 49 页。

② 《全唐诗》卷 198，第 64 首。

力地说明华严寺建立的年代在贞元十九年以前。还有类似的资料，比如诗人严维有一首《奉和皇甫大夫夏日游花严寺》。[①] 严维的生卒年未详，因为其于肃宗至德二年以“词藻宏丽”进士及第，而且与当时名辈岑参、刘长卿、皇甫冉、韩翃、李端等交游唱和，故推测约唐肃宗至德元年（756 年）前后在世。

华严寺的建立年代还有一种说法，就是建立于唐太宗贞观年间（627—649），《类编长安志》等更具体地确立在贞观十九年，即公元 646 年。“贞观十九年，华严禅师坐脱，肉身葬此，起华严寺。”[②] 其主要依据是华严寺是依华严初祖杜顺灵塔而建。杜顺圆寂于贞观十四年（640 年），而其灵塔建成于贞观十五年，在樊川北侧少陵塬畔，而且存在至今。《长安志》记载说：“华严寺会圣院真如塔在县南三十里，贞观中建。”[③] 杜顺大师开宗明义，创立华严宗，被尊为华严初祖。后学继承其宗为建灵塔，来此纪念而建立寺庙也是理所当然。况且唐代前期也确有依塔建寺的习惯，比如慈恩宗祖庭兴教寺就是这样建立的。

贞观年间依塔而建的寺庙是否就叫华严寺现在还没有确切文献证明，但据崔致远《唐大荐福寺故寺主翻经大德法藏和尚传》记载，景龙二年（708 年），华严三祖法藏大师以证圣、圣历间（695—698）所译八十卷本《华严经》已经大化于世，“因奏两都及吴越、清凉山五处建寺，均榜华严之号”。这一记载，起码说明长安之华严寺此时得到了正式命名。

综上所述，我们认为华严寺建立于唐太宗贞观年间，具体就是贞观十九年（646 年）是基本可信的观点，也是我们应该肯定的观点。

2. 华严寺的基本结构与规模

关于唐代华严寺的基本结构与规模，一种观点认为华严寺因塔立寺，应该是塔院的形式，其余建筑较少。另一种说法认为华严寺是一种“窑洞式寺院”，主要依据是杜顺圆寂后，其弟子“于樊川北原凿穴处之”，有人就认为这所凿之龛即华严寺，故称华严寺是窑洞佛寺，一直未有殿

---

① 《全唐诗》卷 263，第 24 首。诗中的“华严寺”一作“花岩寺”。

② 长安史迹丛刊《类编长安志》卷 9《胜游・樊川》，三秦出版社 2006 年版，第257 页。

③ 《长安志》卷 11《县一・万年》。

宇。不错，华严寺因背靠少陵塬有掘挖窑洞之便，且近现代仍有窑洞的存在，但绝不能因寺有窑洞就认为其为窑洞佛寺。笔者认为这两种观点其实都不准确。

华严寺依塔而建，其中有塔而且至少有两个是没有问题的，因为现在还存在一大一小两座唐代砖塔，在少陵塬畔半坡上东西相对。东边大的砖塔为华严初祖杜顺法师塔，平面呈正方形，塔高七层 13 米，塔顶为宝瓶式砖塔刹，塔身为楼阁式仿木建筑结构，每层各面都是三开间，均用砖雕砌出隐柱、斗拱、圆门。每层砖砌层叠飞檐，出檐远而厚重，飞檐间镶菱角牙雕饰，飞檐四角悬挂铁风铃，风起时响起清妙禅音。塔的最上层刻有横额“严主”二字，塔身第三层镶嵌青石刻有“无垢净光宝塔”。虽然历经千年风霜，砖塔古旧，但保存完好，依然妙相庄严。

图 4—10　华严两大祖师舍利塔

西边的小塔六面五层，通高七米，是历史上负有盛名的华严四祖——大唐清凉国师高僧澄观之塔[①]。这座小塔为实心砖塔，须弥座塔

① 澄观之塔因为少陵塬滑坡的关系在 20 世纪末曾经有过整体的位置移动。

基，塔顶有宝瓶形青石塔刹，五层六面也是仿木建筑结构、叠檐斗拱，精致玲珑。塔身第二层石面刻有“大唐清凉国师妙觉之塔”。虽说香火久断，当年宏伟庄严的佛教寺院建筑毁坏殆尽，可是这两座造型精美的高僧塔依然向世人述说着一千多年前处于封建盛世时大唐皇家寺院——华严祖庭的历史辉煌！

华严两大祖师的舍利塔相距较近，唐代可能建有塔院，后人分别称作真如塔与真如塔院，宋敏求《长安志》则称作“华严寺会圣院”。

从歌咏华严寺的唐诗来看，寺中有高僧大德的僧院（僧房）和高高的楼房。先说僧院（僧房），唐代诗人许浑有诗《寄题华严韦秀才院》，题目中就出现了“韦秀才院”。还有上文中提到岑参的《题华严寺环公禅房》，也有“环公禅房”的出现。唐代著名诗人张籍诗《赠华严院僧》[①]，说的也许是华严寺僧院中僧人的读经生活。

再说适于登高望远的楼房。唐代著名诗人孟郊就曾经登上华严寺的高楼，远望南山美景，并把此情此景用诗歌的形式赠给朋友。这里有其诗《登华严寺楼望终南山赠林校书兄弟》[②] 为证，诗曰：“地脊亚为崖，耸出冥冥中。楼根插迴云，殿翼翔危空。前山胎元气，灵异生不穷。势吞万象高，秀夺五岳雄。一望俗虑醒，再登仙愿崇。青莲三居士，昼景真赏同。”华严寺的楼很高，又坐落在少陵塬上，直插云端。站在楼上远望终南群峰，势吞万象，秀夺五岳，有出世登仙之念，令人感叹万分。

从方志文献来分析，唐代的华严寺还有东阁、法堂以及与华严寺院宇相邻的密教高僧遍觉大师智慧轮之塔院——澄襟院。宋代张礼游城南华严寺，留下游记详细地记载了华严寺及其东阁、法堂以及澄襟院的布局：“酒阑，过东阁。阁以华严有所蔽，而登览胜之。真如塔在焉。谓之东阁，以西有华严寺故也。今为草堂别院。下阁，至澄襟院。院引北岩泉水，架竹落庭，注石盆中，莹彻可挹，使人不觉顿忘俗意。时子虚、希古先归。院之东，元医之居也。予与明微宿焉。”张礼自己作注曰：“《长安志》曰：真如塔在华严寺。今其塔在东阁法堂之北，壁间二石记皆唐刻也，且载华严寺始末，则华严、东阁本一寺也。不知其后何以隶

---

① 《全唐诗》卷 386，第 37 首。
② 《全唐诗》卷 375，第 10 首。

草堂焉？澄襟院：唐左街僧録遍觉大师智慧之塔院也。碑云：起塔于万年县神禾乡孙村，今属鸿固乡。”

《类编长安志》卷之五《寺观·寺》所记的华严寺，“在樊川孙村之西。有华严塔，有东阁，为登眺游胜之所”。也可补证以上所说。

总起来看，从唐诗与方志文献可知，华严寺内有真如塔、会圣院、僧院、环公禅房、高楼、东阁、法堂以及其旁的澄襟院等建筑，充分说明当时的华严寺与其他寺院并无多大差别，而且规模不小，道场庄严。

3. 华严寺的景观特点及其吸引力

华严寺建在少陵塬南坡，潏水北岸，具有襟山带河的自然特点。华严寺是城南览胜的绝佳之地，其景观很有层次。首先其居高临下，近处俯瞰樊川，烟水明媚，风光如画。唐代诗人子兰所撰《华严寺望樊川》[①]诗云：“万木叶初红，人家树色中。疏钟摇雨脚，秋水浸云容。雪碛回寒雁，村灯促夜舂。旧山归未得，生计欲何从。”描写的是樊川秋冬之交的红叶疏雨、家园村灯。宋名相寇准在《游华严寺》诗中说道：“寺对南山积翠浓，水村鸥鹭下遥空。层楼望尽樊川景，恨不凭栏烟雨中。”描述的虽是宋代在华严寺所见樊川的景致，但由此可让我们想见唐代樊川的优美。

因为华严寺的建立及其欣赏樊川美景的便利，唐代樊川也叫作华严川，这在许多文献上都有记载。《类编长安志》曰：“樊川……起华严寺，俗呼为华严川。其山水之清，松竹之秀，花芳草绿，云烟披靡，晴楼巍巍，倚空而瞰山，洒然有江湖之趣焉。四时之间，春畦斗碧，夏云堆白，疏木霜秋，鱼村雪晚。人之游者，肩摩毂击，仆足茧而马虺隤，不知其倦焉。”[②] 明代《陕西通志》与康熙时《陕西通志》皆有此种说法[③]。

其次，遥望终南如屏，峰峦叠翠。唐岑参诗云：“寺南几千峰，峰翠青可掬。”宋张礼在《游城南记》说：“东上朱坡，憩华严寺，下瞰终南

① 《全唐诗》卷824，第8首。

② 长安史迹丛刊《类编长安志》卷9《胜游·樊川》，三秦出版社2006年版，第257页。

③ （明）《陕西通志》卷2《土地二·山川上》曰：“韦曲之西有华严寺，今以此川为华严川者，以寺名也。”（清）康熙《陕西通志》卷3《山川》云：“樊川……唐建华严寺改名华严川。”

之胜，雾岩、玉案、圭峰、紫阁，粲在目前，不待足履而尽也。”皆是说华严寺所见南山美景之盛。

华严寺登高览胜的绝佳自然环境，加上寺内殿宇庭院精致幽邃，园林景观优美，以及华严祖庭的宗教影响，使之成为唐代长安城南寺庙园林建设的典范，不仅吸引着华严宗的教徒，而且还有大量文化名人来此游览访学、雅聚创作，甚至还留下了唐朝皇帝的足迹。

盛唐时代有诗人岑参前来华严寺游赏，写下了《题华严寺环公禅房》的著名篇章。后来有诗人严维与大夫昆季同游华严寺，留下了诗歌《奉和皇甫大夫夏日游花严寺》。诗人冷朝阳与张秀才同游华严寺，写《同张深秀才游华严寺》[①] 曰：“同游云外寺，渡水入禅关。立扫窗前石，坐看池上山。有僧飞锡到，留客话松间。不是缘名利，好来长伴闲。”而且他还留在华严寺，与空上人同宿论道，其《中秋与空上人同宿华严寺》[②] 诗曰：“扫榻相逢宿，论诗旧梵宫。磬声迎鼓尽，月色过山穷。庭簇安禅草，窗飞带火虫。一宵何惜别，回首隔秋风。”唐代诗人赵嘏也有类似的经历，留下了诗篇为证。

华严寺可能还有文人留居读书的情况，唐代著名诗人孟郊撰诗《题林校书花严寺书窗》[③]，说的就是林校书在华严寺读书的情况。诗曰：“隐咏不夸俗，问禅徒净居。翻将白云字，寄向青莲书。拟古投松坐，就明开纸疏。昭昭南山景，独与心相如。”

在唐代，还有两个皇帝曾经来到华严寺，而且唐宣宗李忱还留下了一首诗歌。据《册府元龟》记载，唐敬宗宝历二年（826 年）十月丁未，“幸城南华严寺”。[④] 唐敬宗名李湛（809—826）在位 2 年，被宦官谋杀，终年 18 岁。唐宣宗是唐朝第十八位皇帝，公元 847—859 年在位，其《幸华严寺》[⑤] 诗曰：“云散晴山几万重，烟收春色更冲融。帐殿出空登碧汉，遐川俯望色蓝笼。林光入户低韶景，岭气通宵展霁风。今日追游何所似，莫惭汉武赏汾中。”

---

① 《全唐诗》卷 305，第 24 首。

② 《全唐诗》卷 305，第 25 首。

③ 《全唐诗》卷 376，第 22 首。

④ 《册府元龟》卷 114《帝王部 · 巡幸第三》。

⑤ 《全唐诗》卷 4，第 26 首。

第七节 论宋代关中小城镇的兴起、结构与布局

小城镇属于大中城市与农村之间的过渡性聚落类型。本节所论述的小城镇是广义的，不仅包括历代政府直接以“镇”命名的建制镇和农村定期集市所在的乡集镇，而且还包括县级行政机构的治所，即县城，因为即使是现在的县城一般也都有城关镇的设置。

以经济功能为主的建制镇是北宋开始的。北宋人高承给镇下的定义曰：“民聚不成县而有课税者则为镇，或以官监之。”① 说明官方对镇采取了既有别于县城又有别于农村的管理方式，而这是因为镇具有商品生产与交换场所的特殊性质，经济职能加强，一般称为“市镇”。宋代以前也有“镇”的设置，但那是以军事职能为主的，通常被称作“军镇”。

在宋代市镇制度形成和发展的过程中，关中具有独特和重要的地位。

一 宋代关中小城镇的快速兴起与发展

1. 县城数量的基本稳定与经济职能的加强

据《元丰九域志》卷3《陕西路》记载，大致在北宋元丰初年（1078年为元丰元年），关中东部为永兴军路所辖，涉及其属下一府六州之地的34个县城。京兆府有14县，除乾祐县位于秦岭南麓已逸出关中范围，长安与万年二县同治府城，规格超出本文规定外，其余11个县城位于关中；同州6个、华州5个、耀州7个、邠州4个县城也在关中范围；还有坊州属下的宜君县城。关中西部为秦凤路所辖，涉及其属下一府一州之地的13个县城，除凤翔府除天兴县与府城同治已超出规定外，其余9个县城和陇州的4个全部位于关中范围之内。关中在北宋元丰时共有47个县级城市。这个数量与唐朝中期本区同类城市数量大致相同，说明关中县级城市经过汉唐时代的长期发展，已经处于基本稳定的状态。

政和七年（1117年），以京兆府奉天县为州，更名醴州，次年割隶环庆路，使关中增加了一个路级和一个州级行政区，但其下属5县，有奉

① 《事物纪原》卷7《州郡方域部》。

天、武功、醴泉3县来自京兆府，永寿县自邠州来隶，好畤县自凤翔府来隶，县级行政区数量即县城仍没有改变。①

宋代关中县城数量基本稳定，设置方位也较少变化，与前代比较，县级城市改变最大的方面是其除了作为县级政治文化中心外，其经济的功能日益加强，这也是与宋代市场的开放、工商业的发达相适应的变化。

据《宋会要辑稿·食货》，北宋政府在各县城基本上都设立了收取工商业税的场务，还有酒麯经销的酒务，表4—4列举了关中熙宁十年（1077年）以前有酒麯税的县城和熙宁十年以后各县城收取商税的具体数额。由表4—4可知，绝大多数县城都有商税与酒税的征收，而且商税数额不小，其中个别县城没有商税数据，笔者很怀疑是文献有漏遗，比如蒲城县《宋会要辑稿》食货十五中有蒲城场，熙宁十年商税额为3816贯，其实这里的蒲城场即是设在蒲城县城内的，也可算作蒲城县城的商税。

由表4—4具体各县城商税额可知，除京兆府（万年、长安两县城）与凤翔府（天兴县城）二府城商税超过3万贯，正好此两城规格超出本文县城的规定而不计外，商税1万贯以上的县城有华州首县郑（今华县）、陇州首县汧源（今陇县）2个；商税0.5万—1万贯的县城有鄠（今户县）、奉天（今乾县）、同州（今大荔县）、华原（今耀县）、富平（今富平县北）、新平（今彬县）、三水（今旬邑北）、宝鸡（今宝鸡市），共8个；商税3—5千贯的县城有咸阳（今咸阳市东）、蓝田（今蓝田县）、礼泉（今礼泉东）、兴平（今兴平市）、武功（今武功西）、郃阳（今合阳县）、韩城（今韩城市）、蒲城（今蒲城县）、云阳（今泾阳西北）、淳化（今淳化县）、盩厔（今周至），共11个；商税1—3千贯的县城有泾阳（今泾阳县）、栎阳（今临潼北）、朝邑（今大荔县东）、白水（今白水县）、澄城（今澄城县），华阴（今华阴市）、下邽（今渭南市北）、美原（今长武）、宜禄（今耀县东）、永寿（今永寿北）、郿（今眉县）、汧阳（今汧阳县西北）、吴山（今汧阳南），共13个；只有临潼（今临潼区）、冯翊（今大荔县）、宜君（今宜君县）、扶风（今扶风县）、虢（今宝鸡县）、岐山（今岐山县）、普润（今汧阳县东北）7个县城商

---

① 《宋史》卷87《地理三·陕西》。

税额低于1千贯，最少者为宜君县城的358贯。

表4—4　　熙宁十年（1077年）关中各县城商税、酒税统计

府州别	县别	商税额（贯）	有酒税者	府州别	县别	商税额（贯）	有酒税者
京兆府	长安	38445	√	耀州	华原	6286	√
	万年		√		富平	5935	√
	咸阳	4112	√		美原	2607	√
	蓝田	3694	√		云阳	3211	√
	泾阳	2192	√		淳化	3127	√
	栎阳	2960	√		三原		√
	礼泉	3626	√	邠州	新平	7687	√
	鄠	5288	√		三水	5119	√
	临潼	695	√		宜禄	2195	√
	奉天	5038			永寿	1556	
	兴平	4866	√	坊州	宜君	358	√
	武功	4572	√	凤翔府	天兴	30463	√
	高陵		√		宝鸡	5652	√
同州	同州府	5662	√		扶风	574	√
	冯翊	559	√		虢	430	√
	朝邑	2612	√		岐山	641	√
	白水	2140	√		盩厔	4025	√
	郃阳	4116	√		普润	598	√
	韩城	3451	√		郿	1598	√
	澄城	2473	√		麟游		√
	夏阳		√	陇州	汧源	13034	√
华州	郑	17172	√		汧阳	1213	√
	华阴	1351	√		吴山	1136	√
	下邽	2461	√				
	渭南		√		陇安		√
	蒲城	（3816）	√				

资料来源：《宋会要辑稿》食货15《商税杂录》、食货19《酒麴杂录》。

2. 建制镇的普遍兴起与发展

宋代镇的建置是从唐代军镇发展演化来的。唐代军镇设立于交通要道或居民聚居处，容易发展起工商业，所以其经济职能也逐渐显现出来。唐末、五代，军镇附近的工商税收一般由当地驻军代征，宋代初年，为加强财政集权，将军镇驻军征收工商税的权力收归朝廷，于是，多数军镇便转化成以经济职能为主的新型的镇。

宋敏求《长安志》记载："开宝九年诏，建汉文帝庙去灞桥镇二十里，景帝庙去中桥镇十五里，宣帝庙去巡镇二十里，令本府各移镇就庙安置，镇将勾当洒扫，……如庙宇不曾摧毁，即依长定格式批例：殿最；其镇将若致舍屋摧毁，当议决断：勒停。"开宝九年是公元 976 年，北宋王朝初建，此时镇将就增加了一个保护地方文物即前朝皇陵的功能，军事性质逐渐消失。后来宋将镇的长官由镇将改为监镇，可以是武将也可以是文官充任，较大的镇同时设文武官员各一员，以文官为第一首长，其职能也主要是负责征收税课和地方治安。历太祖、太宗到宋真宗时代，"军镇向镇市的转化，基本完成其历史使命，正式纳入地方行政建制的轨道而开始了镇市发展史的新时期"。①

北宋学者王存所著《元丰九域志》详细记录了各县所设镇的名称和数量，据其所载，关中共有建制镇 62 个，具体名称见表 4—5。这基本是元丰三年（1080 年）的建制镇情况，其前期设镇的数量，没有完整而又系统的文献记录，只能依据相关资料进行推求。

《宋会要辑稿·食货》记有熙宁十年（1077 年）以前有商税与酒麹税的地方，其中县城以下都有不少明确记载为镇，还有一些称作场、务、寨的，按其性质及其他文献的称呼来判断，这些地方已经成为市镇是没有多大问题的，只其等级又下一等，与后来的集镇性质相似。据其所载，关中各县旧时有商税之处 24 处，有酒税之处 46 处，除去重复者外，关中熙宁十年以前旧有集镇数目为 51，具体镇名见表 4—5 与表 4—6。

拿元丰三年（1080 年）《元丰九域志》所载建制镇 62 个来与旧有市镇 51 个相比较，镇数增加了 11 个。这当然表现了镇在数量上的发展。实际上，以旧有集镇性质衡量，《元丰九域志》所载仅是建制镇，如把当

---

① 傅宗文：《宋代草市镇研究》，福建人民出版社 1988 年版，第 83 页。

表4—5　　宋代熙宁十年（1077年）前后关中镇（务）统计详表

府州	县别	镇别	旧有商税镇	旧有酒税镇	熙宁十年商税镇(额/贯)	《元丰志》载镇	府州	县别	镇别	旧有商税镇	旧有酒税镇	熙宁十年商税镇(额/贯)	《元丰志》载镇
京兆府	长安	子午			737	√	邠州	新平	白骥				√
	万年	鸣犊		√	543	√		宜禄	邵寨				√
		义谷		√		√		三水	龙泉		√	1083	√
		霸桥				√		永寿	麻亭寨				√
		城东				√	坊州		常宁寨				√
		城南				√	凤翔府	宜君	开平			539	√
	鄠	秦渡		√	768	√			北柘		√	514	√
		甘河		√		√		天兴	五里				√
	蓝田	焦戴				√			冯碛	√	√	509（务）	√
		堠子				√		岐山	驿店				√
	咸阳	中桥		√				扶风	岐阳	√	√	3361	√
	醴泉	甘北	√	√		√			法善		√		√
	泾阳	临泾		√	524	√		盩厔	清平	√	√	1629	√
	栎阳	粟邑		√	277	√		郿	虢川			3380	√
	高陵	毗沙		√	1252	√			斜谷		√		√
		渭桥		√	8	√			清湫		√		√
	临潼	零口	√	√	1331	√			横渠	√	√	1349（务）	√
	奉天	薛禄			1807	√		虢	阳平	√	√	1304（务）	√

续表

府州	县别	镇别	旧有商税镇	旧有酒税镇	熙宁十年商税镇（额/贯）	《元丰志》载镇
同州	冯翊	沙苑	√			√
	澄城	寺前	√	√	652	√
		良辅	√		1332	√
	朝邑	新市	√	√		√
		延祥	√	√	831	√
	郃阳	夏阳		√	548	√
	（韩城）	芝川务	√			
华州	郑	赤水	√	√	707（场）	√
	下邽	新市				√
		来化				√
	蒲城	荆姚	√	√	1370（场）	√
		常乐				√
	华阴	关西	√	√	1430（场）	√
		敷水		√		√
	渭南	赤水西				√
	？	故市		√		
		渭阳南场			1139	
耀州	云阳	孟店	√		890	√
	同官	黄堡	√	√	2467	√
凤翔府	宝鸡	武城		√		√
		车舍				√
		大散				√
	麟游	崔模		√	661（务）	√
	砲	骆谷务	√	√	1540	
		砲十务		√		
		平故务		√		
		赤谷务	√	√		
		长青务		√		
		闰西务		√		
陇州	汧源	定戎	√	√	919	√
		新关	√	√		√
		陇西				√
		古道场			681	√
	汧阳	安化		√		√
		新兴				√
	陇安	保宁	√		413	√
	？	银冶务	√	√		
		妙娥务		√		
		来远		√		
		五里务		√		

时有商税、酒税的场务寨等都看作集镇的话，元丰初年关中有集镇 75 个。以此与旧有集镇 51 个相较，增加了 24 个，几乎达到 50%，可见此时期经济功能为主的新型市镇包括建制镇确实有了较大的发展。

宋代关中新型市镇的发展除了表现在数量上的增加以外，更重要的还是在经济职能方面有较大的提高。《宋会要辑稿·食货》记载旧征商税的集镇 24 个，到熙宁十年（1077 年）已经发展到 34 个，而且各镇税额数量规模不小。据表 4—4 与表 4—5，虢川、岐阳二镇的商税超过了 3000 贯，黄堡镇也达到了 2467 贯，基本与较大规模的县城的商税额持平；税额在 1000—2000 贯的市镇有毗沙、零口、薛禄、良辅、荆姚、关西、渭阳南场、龙泉、横渠、阳平、骆谷、清平，共 12 个，大致相当于中等规模的县城；税额在 500—100 贯的市镇有子午、鸣犊、秦渡、临泾、渭桥、寺前、新市、延祥、夏阳、赤水、孟店、升平、北柘、冯蹟、崔模、定戎、古道场，共 17 个，它们与小县城商税额持平；只有粟邑、保宁两镇的商税额低于 500 贯。

从商税额度来讲，市镇的整体平均水平较县城稍有下降，但多数达到了中小型县城的规模，少数规模较大，远远超过了县城的平均数量。

表 4—6　　宋代熙宁十年（1077 年）前后关中镇（务）统计数据

府州别	旧有商镇数	旧有酒税镇数	旧有镇总数	熙宁十年商税镇数	《元丰志》载镇数	熙宁十年后镇总数
京兆府	2	11	11	9	17	17
同州	6	4	7	5	6	6
华州	3	5	5	4	8	11（10）
耀州	2	1	2	2	2	2
邠州	0	1	1	1	5	5
坊州	0	1	1	2	2	2
凤翔府	7	16	16	8	15	21（16）
陇州	4	7	8	3	7	11（7）
合计	24	46	51	24	62	75（65）

资料来源：见表 6—2，宋代熙宁十年前后关中镇务统计详表。

二　宋代关中小城镇的类型及相互关系

1. 多样的类型

本节以广义的小城镇为研究对象，不仅包括有建制镇和乡集镇，还有县级行政机构的治所即县城。宋代关中小城镇不仅存在上述三种类型，而且各类间转化关系复杂，其各类内部又有较大的差别，值得进行深入细致的讨论。

首先来分析县城这种类型。县是中国古代行政机构中较为稳定的基层组织，一般筑有土城，较为明晰。以下利用宋敏求《长安志》资料论述关中部分县城的城池形态及人口规模。

宋敏求《长安志》卷13至卷20记载了关中部分县城城池的规模和形制。在明确记载始建年代的三个县城中，高陵城为隋大业七年（611年）筑，兴平与渭南则为隋大业九年筑。说明了这些县城具有较强的历史继承性。蓝田县城是建置于前代峣柳城也叫作青泥城基础之上的，不过城墙规模大大地缩小了，原城“城周八里，今县城但存东南一隅而已，周三里余八十步”。①

表4—7　　　　宋代关中县城城池规模统计

县别	城墙周长	墙高（尺）	门数	壕深（尺）	壕宽（尺）	备注
咸阳	4里	15		9	12	
兴平	7里200步	20	6			隋大业九年筑
武功	3里220步	9	5			
鄠	2里24步					
蓝田	3里80步	16	3			原城周8里
醴泉	2里100步					
栎阳	3里					
高陵	2里120步					隋大业七年筑
渭南	3里20步	9				隋大业九年筑
蒲城	8里180步	7		4		

① 《长安志》卷16《县六·蓝田》。

续表

县别	城墙周长	墙高（尺）	门数	壕深（尺）	壕宽（尺）	备注
盩厔	5 里 125 步	22		13		
好畤	3 里 200 步	12				
富平	3 里 12 步	15		8	8	
三原	2 里 120 步	10				
云阳	2 里 110 步	9		2		
同官	1 里					无城壁
美原	2 里 80 步	15				

资料来源：宋敏求《长安志》卷 13 至卷 20。

据宋敏求《长安志》，比较特殊的县城有以下几个，一是同官县城，周长一里，却“无城壁”①，史籍没有说明没有城壁即城墙的城是怎样的，可能只有沟壕护卫吧！二是奉天县城，有子城与罗城之分，也是继承前朝的。宋敏求曰：“子城周五里四十步，城上阔一丈，下阔二丈二尺，崇二丈二尺。壕深一丈八尺，阔三丈。汉乾祐中重修古罗城，东北至子城西门外，自北三面有城墙，周一十一里，崇二丈二尺，上阔五尺，下阔一丈二尺；壕深一丈八尺，阔三丈。唐书曰：建中元年五月筑奉天城，四年十月德宗避难于奉天。初，术士桑道茂请城奉天，为王者之居。外象龟形，内分六街。德宗素神道茂言，遂命京兆尹严郢发众数千与六军士杂往城之，时属盛夏，而土功大起，人莫知其故，至朱泚之乱，播迁都彼，乃验。”② 据其所言，奉天县城规模较大，子城与罗城似东西并列，子城周五里余，罗城周十一里。其具体形制今后还应深入研究。第三个特殊形态的县城是华原城，其不仅有子城、罗城，而且还有夹城与羊马城、外城。宋敏求记载曰：“子城周二里二百八十四步，上阔七尺，下阔二丈，崇二丈一尺。罗城周七里四十步，上阔七尺，下阔三丈，崇二丈五尺。夹城壕阔三丈八尺。羊马城上不通人行，下阔二丈五尺，外城壕深二丈五尺，阔六十尺。”③ 其各城如何布局，有何深意，确实值得今后

① 《长安志》卷 20《县十 · 同官》。
② 《长安志》卷 19《县九 · 奉天》。
③ 《长安志》卷 19《县九 · 华原》。

注意。

除去以上几个特殊的县城，就城池面积大小来看，绝大多数县城的周长在2—4里之间，表4—7共列出《长安志》所载17个县城的城垣周长，除同官县城属特殊者外，只有蒲城、兴平、盩厔三县城属于例外，城池规模较大。

宋敏求《长安志》还开列有三个县的户口数据，为我们分析宋代县城人口规模提供了基础。据其所载："渭南，户五千六十三，口一万一千二百四十七；蒲城，户二万九百八，口三万二千五十五"；"盩厔，户五千四百五十三，口二万四千四百一十二"。以上是三县整个县域的人口统计数据，具体到县城内人口的规模，尚无准确数据。

其次，我们分析建制镇内部的不同。

由于宋代的镇是由前代的军镇演化而来，所以北宋早期的建制镇内部仍然有较大的差异。宋敏求《长安志》记录有关中部分州县的31个建制镇，其中有11镇与《元丰九域志》所记之镇不同，仔细分析很有意义。《长安志》记载了6个县城内的镇："醴泉镇在县城内"①，"栎阳镇在郭下"②，"泾阳镇在县城西街北"③，"高陵镇，在县城内"④，"渭南镇，在县郭下"⑤，"蒲城镇在县城内"⑥。猛一看镇名与所在县完全相同，又位于县城之中，具有今日城关镇的性质，实际上恐不尽然。笔者认为这几个镇仍然以军事功能为主，是旧有的"军镇"的遗留。《长安志》卷1《杂制》录有宋太祖开宝九年（976年）的一个诏令，其中提到了"富平县镇""三原县镇""云阳县镇"，而且提到了当时镇的县官为"镇将"。但是到了后来，各县城征收课税的场务与酒务发展起来，多为县令直接掌管，此类军镇逐渐被废弃，后期的文献中没有发现此类镇。还有一个证据可以说明当地没有经济或行政功能上的"城关镇"的设立，即

① 《长安志》卷16《县六·醴泉》。
② 《长安志》卷17《县七·栎阳》。
③ 《长安志》卷17《县七·泾阳》。
④ 《长安志》卷17《县七·高陵》。
⑤ 《长安志》卷17《县七·渭南》。
⑥ 《长安志》卷18《县八·蒲城》。

淳化四年（993年），“升耀州云阳梨园镇为（淳化县）县”[1]，此后商税场务均以淳化县为名，至今没有发现以镇代表具城即今城关镇性质者。

由上可知，在北宋初期，建制镇正处于由“军镇”向“市镇”的过渡阶段，因而建制镇中仍然是两种类型的镇并存，旧的以军事职能为主的镇逐渐消失，但还没有完全退出历史的大舞台。以上述观点推论，在县城外没有商税、酒税之征的《长安志》所记的车渡镇、汉帝镇、宁谷镇、棘店镇、杜角镇应该具有浓厚的军镇性质。后来随着历史的发展，有些如车渡镇、汉帝镇成为税课之处，也变成了新型的市镇，而有些可能就慢慢淘汰了。《长安志》也记载有此类被淘汰的镇，如京兆府万年县“莎城镇，唐昭宗乾宁二年由启夏门出居之，今废”。[2]

最后，我们来论述没有镇之名却有镇之实质的集镇或市镇的多种类型。

某些聚落发展起了固定的商品交易场所或手工业作坊，也聚集了较多的居民，有些甚至开始征收商税或酒税，但却没有建置为镇。这样的聚落我们称之为市镇或集镇，在宋代关中地区这样的市镇还是不少的，而且表现形式也有很多种，有称作场的，有称作务的，有称作寨的，有称作店的，也有称作监的，甚至有些村庄也因有课税而可以归入此类。

据《宋会要辑稿》食货15《商税杂录》，华州属下征有商税的有荆姚场1370贯、赤水场707贯、关西场1430贯；凤翔府属下有骆谷务1540贯、横渠务1349贯、崔模场661贯、阳平务1304贯、岐阳务361贯。而上述无论称“场”还是称“务”的地方在同一文献中都能找到，是属于建制镇的性质[3]。

《宋史》卷87《地理志》汧源县下记载：“熙宁八年（1075年），改秦州定边寨为陇西镇，隶县。”这是以寨设置镇的史实。《宋史》卷167《职官》有镇与寨的区别：“镇置于管下人烟繁盛处，设监官，管火禁或兼酒税之事。寨置于险扼控御去处，设寨官，招收土军，阅习武艺，以

---

① 《宋史》卷87《地理三》。

② 《长安志》卷11《县一·万年》。

③ 场务是征收商税的地方或机构，酒务是征收酒税的地方或机构，以“场”或“务”作为地名统称具有市镇或集镇性质是无可怀疑的。

防盗贼。”寨以治安军事功能为主，但很多时候会像军镇那样转变成商业发达场所。

店是北方称呼设在交通道路上专管招待行旅客人饮食住宿的地方或聚落，同时还出售一些商品，晋崔豹《古今注》曰：“店，所以置货鬻物也。”后来以其为中心成为工商业发达之聚落，也具有了集镇的性质。日本学者加藤繁提出了在宋代店即是相当于草市的镇的观点[①]，得到了多数学者的赞同。

这种在交通要道上发展起来的店，文献上称为“乡村道店”，《宋会要辑稿·食货·酒麹杂录》记载，宋太祖乾德四年（966 年）十一月诏：“两京及诸道州府禁法地分，并乡村道店有场务处，外来酒不许入界”，即是说这种“乡村道店”也有设置了课税的场务；又宋仁宗景祐元年（1034 年）正月二十七日，允许诸道府军监县镇等酒务在衙前与诸色人买扑条曰：“将城郭、草市、冲要道店产业充抵当，预纳一年课利买扑”，即只要将城郭、草市、冲要道店的产业作抵押，预纳一年课利，便允许承包。这里的冲要道店也就是指位于交通要道的店。

在关中，店也有成为镇的，比如耀州云阳县属孟店镇就应该是宋初或宋以前由店发展成镇的。据《宋会要辑稿·方域·市镇》，醴州武功县有长宁镇，其原称扶风店，后来演变为镇，在南宋高宗绍兴九年十二月十三日命名为长宁镇；而陇州来远镇乃宋仁宗乾兴元年（1022 年）置于南栅店。[②]《元丰九域志》卷 3《秦凤路·岐山》下记载的“驿店镇”也似乎是由驿道店发展起来的。即使有些店没有成为镇，也多设置了征收商税的场务或征收酒麹税的酒务，这样它也就成为名副其实的市镇。据《宋会要辑稿·食货·商税杂录》，醴州有李吴店、新店、梁店、蒿店，据《宋会要辑稿·食货·漕运》，华州有水泉店、石炭店，而这些店全部都是有商税或酒税之征的。

南宋绍兴九年（1139 年），宋金议和，金尽还河南、陕西之地给南

① ［日］加藤繁：《唐宋时期的草市及其发展》，载《中国经济史考证》，商务印书馆 1973 年译本。

② ［日］周藤吉之：《宋代乡村店的分布与发展》，向旭译，《中国历史地理论丛》1997 年第1 辑。

宋，郑刚中自临安（今浙江杭州）到陕西凤翔府。据郑刚中《西征道里记》记述，他由潼关至凤翔府一路就经过了10个店，计有潼关西的关西店，华州附近的柳子店，咸阳县的槠林店、沙坡偏店，兴平县的魏店、高店，扶风县的杏林店、罗店，岐山县的东新店，凤翔府的横水店。

综上所述，约有20个店分布在关中的主要交通线上，店里商业兴旺，很多都设置有场务或酒务以收商税、酒税，发展成市镇或集镇性质的聚落。

还有称作“监”的地方，有些也能发展成为集镇性质的聚落。关中地区设监较多，专管制铜、造钱、冶银等事务，只多设在府州县城附近，市镇的经济功能容易被附近的城市所替代，只有周至县的司竹监与冯翊南的沙苑监曾经发展成市镇性质的聚落，《元丰九域志》就有一个沙苑的镇，应该与沙苑监有密切关系。司竹监培育竹林，经营竹木产品，沙苑监专司养殖马牛，虽然是政府设置，但其产品有余也进入流通领域，都具有一定的商品生产的性质。

2. 既有等级差异又能相互转变的关系

关中宋代小城镇有三个大类，各类之间既有等级规格上的差异，但在一定条件下，又能相互转化。

县城是一个县域的行政中心，而且是此区域唯一的，同时还大多兼有经济中心、文化中心的职能；县是国家完整的地方行政体系中最基层的一个环节。设有县令、丞等长官；县级治所几乎都建有城池，置有衙门、监狱、县学等行政或教育设施。

建制镇在北宋还不是正式的完备的地方行政单位，旧有之“军镇”以军事职能为主，新兴之“市镇”以手工业生产与商业交换功能为主；市镇一般都有官方委派的监官，以负责征收课税，还兼负责地方治安；通常市镇没有城池等设施，人口规模较县城要小一些；一个县域内，县城只有一个也必须有一个，市镇则既可以是数个，也可以一个都没有。

市镇或称集镇，是固定的商品生产与交易场所，是比镇还要小一些的居民聚落，多数市镇没有官方委派的监官，市镇的规模一般小于镇，在一个县域内市镇的数量通常不止一个，一般来说比建制镇要多。

总起来看，县城、建制镇、市镇是三个不同等级的居民聚落。从官方职能来看，从县城的相对综合，到建制镇的经济与防御并举，而市镇只有工商业职能，越来越单纯，而人口数与范围规模也越来越下降。但是小的衰落了的县可以降格为镇，大的兴盛起来的镇也可以升格为县城；同理，建置镇与市镇也会有同样的相互转化，而且因为数量没有限制，转化起来更容易。“熙宁元年（1068 年），省升平县为镇入（宜君县）焉”，是把升平县降为升镇，隶宜君县。“熙宁四年（1071 年），省夏阳县为镇入（郃阳县）焉”①，则是把夏阳县降格为夏阳镇，隶于郃阳县。《宋史·地理志》渭南县条记载：“熙宁六年，省为镇入郑；元丰元年（1078 年），复为县。”这是渭南县先降为镇，后又复升为县的一例子。

建制镇人口多，规模扩大以后升格为县或更高级治所的例子更多了，“淳化四年（993 年），升耀州云阳梨园镇为县”；“大观元年（1107 年），以（盩厔）县清平镇置军”。② 其所置之军即清平军，是较县稍高的行政区划，《宋史·地理志》曰：“清平军，本凤翔府盩厔县清平镇。大观元年，升为军，复置终南县，隶京兆府。清平军使兼知终南县，专管勾上清太平宫。”

宋代的建制市镇是由唐代军镇演化而来的，这不等于说宋代的镇都是由前代军镇转变而成。实际上，宋代之镇一部分是由军镇转变成的，还有一部分是由前代草市、道店、墟市、手工业品产地等发展而来的。这从上文的诸多论述中可以明确看出，此不赘述。

北宋末年，随着县城以下市场的开放和工商业的发展，关中一些很小的村庄都有了场务或酒务的设置，也具有了乡集镇即市镇的性质。宋仁宗天圣六年（1208 年）正月，陕府西路转运司杜詹因西北沿边州县驻守军马金钱的供给，建议：“欲将近里州县每月课利，见钱勘会，就地里近便送纳，那近边场务课利见钱在边上送纳，免致阙绝，兼逐处场务勾当人但于就近处送纳，免差衙前般（搬）运陪备及兵士般（搬）担辛苦，枉破地里脚钱，从之。……邠州永昌、韩村、秦店、左胜、洪河、龙安庄、曹公庄、房陵村、李村买扑石炭，平定县、张村、陵头村等务并赴宁州，乾州麻亭、郭下、永寿镇、新店、平泉村、盖村、东大树村、北务村、巨家庄、马坊村、南舜城、羊马店、权家庄、下交、秋林村、梁

① 《宋史》卷 87《地理三·陕西》。

② 《宋史》卷 87《地理三·陕西》。

店、蒿店、常宁寨、平阳村、永宁村、白石泉等务并赴邠州；永兴军兴平县、甘北、醴泉县、临泾、武功县、甘河等务并赴乾州；凤翔府普润县、麟游县、崔模、法善寺、洛谷、扶风县、盩厔县、清平镇、岐阳镇、坜子坑等务并赴乾州；华州华阴县、关西镇、常乐、车渡、荆姚、汉帝、下邽、来化、敷水、（水）泉店、潼谷、蒲城、零起（口）、石炭店、渭津渡、晋兴渡、曹村渡、温汤渡、普济渡、黄城渡、索曲渡、渭津渡、严信渡、使渡等务并赴同州；韩城务赴丹州，白水务赴坊州。”① 这一段记载很有价值，它把北宋末年关中各地设置场务收有税课的地方尤其是小型市镇的名字罗列出来，让我们看到了北宋后期关中市镇经济有了新的发展与变化。除了表4—5列举的县、镇场务外，出现了许多新鲜的名称，其中有以“店”命名的7个，以“渡”命名的11个，竟有两个渭津渡同时出现，不知是文献重复致误，还是当时真有两个渭津渡同时设务收取税课；最引人注目的是那些以村或庄命名的地方达到了17处，充分说明了关中农村集镇的发展和普及。

上述资料以场务课税把县城、建制镇、乡集镇罗列出来，也充分表现了宋代关中小城镇三种类型既有差异又相互统一的一个方面。

三　宋代关中小城镇的分布特征及其影响因素

1. 宋代关中小城镇的分布特征

对宋代关中小城镇具体方位的仔细考证，可知宋代关中小城镇的分布特征如下。第一，集中分布于交通干道或河津渡口。宋敏求《长安志》不仅记载了31个建制镇的位置，而且还对不少镇位于交通要道或河津渡口进行了说明。卷11《万年县》曰：“灞桥镇在县东二十里，滋水驿疑在此”；“义谷镇在县南八十里，入乾祐道，俗曰谷口镇”；“秦杜镇在县西南沣水西，四十里，入鄠县路”。是说三镇分置于万年县向东、向南与向西交通线的要害地方，灞桥镇位于京兆府东向大道与灞河的交叉处，官方驿站似乎与镇同地；秦杜镇又叫秦渡，设置于趋向鄠县道路与沣河的交接点，从其名称来看，应该为涉沣水的渡口。

《长安志》卷17《栎阳县》记载：“粟邑镇在县东北三十里，石川河

① 《宋会要辑稿》食货42之12。

东”；“石川河渡二，并在县东：桥渡、粟邑渡”。明确记载粟邑镇是石川河上的一个渡口，为交通津要。而同书所载渭桥镇、中桥镇、临泾镇、赤水镇、车渡镇等诸镇的名称就可以判断，这些镇都发育在河流的津渡旁。前文所论关中近20个带“店”字的市镇以及十几个带“渡”字的市镇，都充分证明了定一点。

关中地区，东通西京，西南达蜀，西北趋西夏、河西，交通四达。在周秦汉唐的几千年开修道路的基础上，北宋时以京兆府（今西安市）为中心，形成了四通八达的交通网，与小城镇的兴起和工商经济的发展，相互促进，相得益彰。

第二，建制镇在大城市附近区域有成片分布的特征，尤其是在京兆府城（今西安市）周围，万年县就有5个，在全关中是拥有最多镇的县。这是因为大都市工商业发展，经济繁荣，对周边城镇有带动作用。而普通市镇由于向下层农村的辐射作用较大，是广大乡民购置、销售商品的场所，因而呈散状分布，只有各地皆有布设才能满足。据《宋会要辑稿》食货42之13，华州有25个征收课科的地方，而乾州也有21个设有场务或酒务的地方，已经具备了市镇的性质。华州共有5个县，则其下25场务每个县平均为5个，市镇发展水平较高。按理想状态把5个市镇布局为在城与东西南北四方各一个，正可满足乡民的交换需要，而又不跑很远的路程。

第三，在矿产地和手工业产品地发育着一些生产型为主的市镇。关中的煤炭在宋代已经被广泛开采使用，宋人朱弁在谈煤炭时说“今西北处处有之”。[①] 此处的西北即指陕西路。南宋人朱翌在《猗觉寮杂记》卷上中说：“石炭自本朝河北、山东、陕西方出，遂及京师。”知陕西路成为宋时煤炭的产地之一。据《宋会要辑稿》食货42之12，邠州有永昌、韩村、秦店、左胜、洪河、龙安庄、曹公庄、房陵庄、李村等多处“买扑石炭”，承包有挖煤的税，应该是产煤之处。邠州的煤炭，除供应本州炼铁和铁器工场生产火箸、剪刀等上贡物品外[②]，还运到宁州各地销售。这些矿产之地吸引了许多外地商人前来采买其产品，也吸引了附近农民

① 牛弁：《曲洧旧闻》卷4。

② 《宋史》卷87《地理三》。

前来出售农副产品。从而促进其商业的发展。据《宋史·地理志》，耀州贡瓷器，说明其瓷器生产即耀州瓷较为有名，这也是华原县经济发达的重要原因。

第四，关中内部小城镇的发展也有一定的差异。以府州为单位计算平均每县的建制镇数量，建置制以《元丰九域志》所载为准，则关中地区平均每县拥有1.2个建制镇，超过此标准的府州有5个，其中坊州宜君县一县2镇，陇州每县1.8镇，华州每县1.6镇，凤翔府每县1.5镇，京兆府每县1.4镇；低于平均水平的州有同州（每县1镇），耀州（每县0.3镇）；邠州与平均水平相当。

如以每县建制镇数来看，万年县5个、鄠县4个、汧源县4个、宝鸡县3个，是镇分布较多的县。

2. 宋代关中小城镇在全国的重要地位及形成背景

《元丰九域志》共记载了元丰初年全国建制镇总数约1900个，对该志所载镇的分布的研究，表明四川的成都府、梓州、利州等地的多数府州军监是当时全国范围内镇密度最高的区域，其次则是秦凤路所在的今关中地区。当时人认为“河东、陕西县多而镇少；河北、京东县少而镇多，其逐镇居民人烟过于河东县分”。[①] 陕西关中县多镇也多。

宋代关中小城镇的兴盛与发展受到以下历史地理因素制约。首先，关中是唐代京畿重地，前代设置军镇很多。北宋时关中设镇较多密度较高显然是受限于这种历史的原因。其次，北宋时的关中属于经济发达区[②]，北宋末年李纲曾说：“今自陕以西，关中之地沃野千里，古之所谓天府也。丰岁粒米狼戾，有司窘于钱帛，无以广籴。”[③] 社会经济的雄厚实力是小城镇兴起与发展的物质基础。第三，关中在宋代失去了全国政治中心的地位，但是由于宋夏对峙于陕北，宋人在边寨驻屯大量军马。为了供给军粮马草，政府召集商人在沿边入中粮帛等，政府给予一定的优惠即加价补偿。《续资治通鉴长编》卷100天圣元年（1023年）元月

① 《宋会要辑稿》刑法1之32。

② 程民生：《宋代地域经济》，河南大学出版社1999年版，第322页。

③ 《梁溪集》卷144《御戎论》。

壬午："自西北宿兵既多，馈饷不足，因募商人入中刍粟。……而入中者非尽行商，多是土人。""土人"乃相对于行商客旅而言，实指当地人，应包括有当地的商人、地主和一般农民。商业流通的加强必然能带动市镇经济的发展，这就是当时关中小城镇密度在全国居于前列的历史地理原因。

第八节　抗战时期西安城墙防空洞的修建与作用

西安城墙是古都西安最重要的地标式建筑之一，它在传统时代不仅是城区的界限，而且发挥着巨大的军事防卫作用。中华人民共和国成立后，西安城墙入选国务院正式批准的中国第一批全国重点文物保护单位，现在的西安城墙不仅得到了完整的保护与修复，而且被打造成"墙、林、路、河、巷"五位结合立体式的"环城文化公园"，实现了梁思成为保护北京城墙而设计的由"军事防御"功能向"文化公园"的转型。为什么西安城墙能够完成由传统"军事"旧城到现代"文化"新城的涅槃重生？笔者认为首先归功于城墙规制完备，固若金汤。其次是在抗日战争时期西安城墙上修筑了不少防空洞供民众躲避日本飞机的空袭，拓展出有飞机参与战争时代城墙的新功能。这种防空功能的发挥，使西安城墙在西安首轮城市总体规划中让人们看到了其符合人防备战要求，甚至被认为有利于防御原子弹的地面冲击波，于是制定了保留城墙的总体规划。本节主要利用民国档案、回忆录及相关论著探究抗日战争时期西安城墙防空洞修建的背景、过程与作用。

一　背景：日军飞机疯狂轰炸西安

"九一八事变"以后，国民政府的有识之士认清了日本军国主义必然会侵略中国的形势，开始关注西部开发的重大问题，西北重镇西安的城市建设与经济发展受到重视。1932 年，南京的国民政府通过决议，将历史古城西安置为陪都，相对首都南京名为西京，而且成立了西京筹备委员会和西京建设委员会这两个机构，为西安城市现代化做了大量工作。1937 年"七七事变"后，日本军发动全面侵华战争，年底首都南京沦陷，国民政府后来迁都重庆，沿海、京津地区大批工厂、学校内迁，作为连接东部、西南各省区的西安日益成为坚持抗日的后方基地，同时又是联系西北五省的枢纽，通往甘宁青的重要通道，在政治、军事、经济、文化等方面处于极为重要的地位。基于上述因素，西安遂成为战时日军轰炸的重要目标。

根据陕西师范大学出版社1996年出版的《抗战期间日本飞机轰炸陕西实录》，日本飞机轰炸西安市城郊，首次为1937年11月13日，最后一次为1944年12月4日，长达7年之久，使西安成为当时中国损失最为惨重的城市之一。尤其是中间几年，日机频繁袭击，狂轰滥炸，给西安人民的生命与财产造成了极大损失。几十年过去了，许多当时被炸的老建筑都不存在了，而光明巷的“日本飞机轰炸西安遗址”则保留下了当时建筑受毁的原样，向今天的人们诉说着那段充满伤痛的历史：“光明巷中部街东，有一处布满坑洞的青砖墙，砖墙上挂着一块不大的牌匾，上面刻着：‘1938.11.23 日本飞机轰炸西安遗址莲湖区人民政府二零零五年八月十五日’。这座砖墙是光明巷45号院的后墙，上面的坑洞是日军炸弹碎片飞溅的残存痕迹，同时被炸毁的，还有墙后的一间老屋。葛慧老先生参与了确认这处遗址的工作，他说，当时日本飞机在此投下了6枚炸弹，将老院的北院全部炸毁，幸存下来的南院，其西北角也被炸塌，现在这座西北角屋顶缺失的老屋仍然保留着。”①

表4—8　　抗战时期日机袭击西安历年统计②

年份	空袭次数	飞机架次	投弹枚数	死亡人数	受伤人数	毁房间数	侦查次数
1937	5	35	89	—	1	28	1
1938	21	234	390	162	266	313	9
1939	44	466	1392	1918	513	3501	3
1940	13	79	207	385	176	1524	1

① 《西安光明巷：留存“日本飞机轰炸西安遗址”》，《西安晚报》2013年12月16日。

② 详见中共西安市委党史研究室、西安市档案馆主编《日军轰炸西安纪实》（内部资料），2007年，第31—32页。《抗战期间日本飞机轰炸陕西实录》第26—27页也有相关统计，可供参考。

续表

年份	空袭次数	飞机架次	投弹枚数	死亡人数	受伤人数	毁房间数	侦查次数
1941	37	286	779	241	245	2534	4
1942	4	13	20	—	1	19	1
1943	—	—	—	—	—	—	—
1944	23	119	780	13	26	53	3
合计①	145 (147)	1106 (1232)	3440 (3657)	1244 (2719)	1245 (1228)	6783 (7972)	22

据不完全统计，这7年日军飞机空袭西安累计“147次，侦查22次，出动飞机共1232次，投弹3657枚，致死2719人，致伤1228人，炸毁房屋7972间”。② 具体参见附表4—8。根据报刊档案材料并结合表4—8来看，日军飞机对西安的轰炸大致可分为三个阶段，1937—1938年上半年为第一阶段，日机主要空袭西安的军事目标，而驻西安的国民党空军驱逐机队，还曾多次升空作战，同时也有高射炮部队参战。但这一局面并没有维持多久，很快该空军与高炮部队就被调离西安。1938年下半年—1941年年底为第二阶段，日机频繁袭击，对西安市实施无差别轰炸，加上防空能力的锐减，西安市人民生命财产损失极为惨重。1942年以后为第三阶段，太平洋战争爆发后，美军14航空队进驻西安，与中国空军11大队并肩作战，基本夺回了西安的制空权。这也迫使日机轰炸次数减少，破坏力减弱，再加上疏散和防空措施得力，损失较前两个阶段大为减少。

二 建设：自由井挖到政府组织

西安频遭日机的轰炸，民众的生命和财产受到极大的威胁，在防空能力有限的情况下，西安人民不能不采取消极防空的办法，也就是大量修筑防空洞、防空室、防空壕等设施。西安城墙高大厚重的墙体自然成为绝好的掩护。据实测资料，其墙体高12米，底宽16—18米，顶宽

① 总合计数与分年度总计数不同，括号内为分年度总计数。

② 中共西安市委党史研究室、西安市档案馆主编：《日军轰炸西安纪实》（内部资料），2007年，第7页。

12—14 米，周长 13.79 千米。[1] 西安城墙的厚度大于高度，稳固如山，特别适合建筑防空洞。正是在这样的背景下，城墙防空洞规模大增，成为保卫西安民众的一道坚实屏障。

在城墙本体上挖洞以备军事之用，应该在西安修筑城墙时就有，比如在四个城门瓮城内以及四城角登城马道附近就有藏兵洞。在 1926 年著名的“二虎守长安”时，将士们挖洞藏身以防炮轰，筑暗堡以备隐蔽突袭。1936 年“西安事变”时，西安城的军队就在城墙下掘筑不少防空洞，以防南京政府军队派飞机空袭。有档案显示：“查城墙防空洞自双十二事变时即为掘挖之始，但尔时为数尚少且所挖之洞皆宽大而不坚固。”[2] 现在日本的飞机来轰炸了，城墙下挖洞也就成为西安民众防空的自然措施之一。

城墙防空洞是战时西安防空避难颇具特色的防空工程，抗战初期多由民众或者机关自由挖掘，由于其布设混乱，影响治安，有些还造成城墙塌陷，故初时并不被政府提倡。1937 年 11 月西安市政工程处处长呈文：“查兴隆巷附近三十八军无线电台、电报局及开通巷李芝亭等，在南城墙根挖防空洞，计三十八军挖四洞、电报局六洞、李芝亭一洞。”[3] 由于未照章领照且有塌陷，请示如何处置。省政府及西京建委会均回复要一律禁止：“关于城墙挖洞，即（既）不适宜且足破坏城防，应即一律禁止挖掘，用免危险”；“现当抗战时期，巩固城防极为重要，业经本会代电西安行营禁止军民沿城根挖掘窑洞”[4]。尽管如此，城墙上依旧开挖了很多防空洞。有文献记载：“自七七事变起，敌机不时窜陕窥袭，因此各机关及民众均利用城墙防空，逐（遂）大肆自由穿挖，虽经防空部规定图式之办法，但遵办者恒鲜，故大小深浅多不合要求。”[5] 1939 年 2 月 15

① 陕西省文化遗产研究院、西安城墙景区管理委员会：《明清西安城墙申遗文本》（内部资料），2011 年 10 月，第 14 页。

② 《西安警备司令部召集各有关机关讨论堵塞防空洞会报记录》，载西安市档案馆编《民国西安城墙档案史料选辑》（内部资料），2008 年 12 月，第 89 页。

③ 西安市档案馆编：《民国西安城墙档案史料选辑》（内部资料），2008 年 12 月，第 45 页。

④ 西安市档案馆编：《民国西安城墙档案史料选辑》（内部资料），2008 年 12 月，第 47、50 页。

⑤ 《西安警备司令部召集各有关机关讨论堵塞防空洞会报记录》，载《民国西安城墙档案史料选辑》（内部资料），2008 年 12 月，第 89 页。

日，西安警备司令部与市政工程处对城墙防空洞进行了初步的调查，发现“城墙掘透之处颇多，其能容人出入，应行补修之洞孔者为数七十六个”。[①] 由于是私下里修建，防空洞规模较小而且环境很差，英国记者乔治·霍格于1938年6月抵达西安后，将其所目睹的城墙防空洞描述为“阴暗、潮湿、老鼠乱窜的地窖”[②]。

随着日军飞机空袭频次的增多与强度的加强，西安防空力的削弱，西京建委会为防空避难考虑对城墙防空洞的修建转变了态度，1939年4月11日西京市政建设委员会工程处给陕西全省防空司令部的公函称：“查日来本市迭受敌机扰乱，关于防空设置力求其完善，加筑公共地下室，开辟城墙窑洞，既由贵部主持进行，不久当可兴修。”[③] 其后开始部署在城墙上开辟防空洞供民众避难，并对正在开筑者进行规范：“由本会会同防空司令部、防护团划定地点并由防空司令部以新闻通告市民：1. 必照划定地点开洞；2. 领取开洞图样。”[④] 从此开启了政府组织修建城墙防空洞的历史，有具体地点的选择与开挖式样的规定，保证了城墙防空洞的布局合理，也可以减轻破坏城墙的负面影响。

政府组织修建城墙防空洞的具体进展尚不清楚，但据现在研究可知，1939年以后的两年时间内，这项活动很有成效。《西京日报》1939年6月报道：“本市环城防空窑洞，经防空司令部招工构筑，并派员日夜督饬，已大部完竣。”[⑤] 1941年1月23日陕西省建设厅还在发招标启事[⑥]；省防空司令部也曾就建筑防空洞口土墙进行招标[⑦]。不少学者称省防空司令部从1940年12月起，大量征发民工在西安城墙下修筑公共防空洞。此

---

① 《长坪路驻省办事处宋建庭为调查环城墙防空洞掘透情况给该处处长的签呈》，载《民国西安城墙档案史料选辑》（内部资料），2008年12月，第80页。

② ［英］詹姆斯·迈克马努斯：《黄石的孩子》，徐露丹等译，陕西师范大学出版社2008年版，第59页。

③ 西京建委会与省防空司令部之间的若干公函，载《民国西安城墙档案史料选辑》（内部资料），2008年12月，第76页。

④ 同上书，第77—78页。

⑤ 《本市防空洞室务须保持清洁完整》，《西京日报》1939年6月29日。

⑥ 《陕西省建设厅挖建防空洞招标启事》，《工商日报》1941年1月23日。

⑦ 《防空司令部工程招标启事》，《西京平报》1942年2月27日。

工程历时一年，沿城墙四周筑洞 625 个，总长 5100.3 米，洞高 1.5 米、宽 3.1 米，洞壁多用砖砌衬。[①]《陕西省防空志（1934—1990）》中也称："1940 年 12 月，陕西省防空司令部在西安城墙构筑了公共防空洞，工程由广盛公司中标，于 1941 年完工。"[②]

到了 1942 年年初，随着西安市防空能力的加强，防空司令部下令一律禁止开挖城墙防空洞，并规定有特殊情形者，须经审核，否则军法论处。[③] 可以认为，西安城墙修建防空洞的活动到此基本停止。

抗战时期开挖的西安城墙防空洞一般洞高 1.5 米以上，宽 1 米至 3 米，长度参差不齐。内部为保安全，多用木柱支撑，重点部位也有砌砖者。一般建设有通气孔，对私家挖掘无通气孔者尽量进行改造。公共防空洞出入口装置木门，以防盗匪和便于管理。

朱文杰是老西安人，自称对城墙上"抗战"时所修防空洞十分熟悉，据其回忆："西门里到西南城角登城马道处当年还有十几孔防空洞。这防空洞有几种样式：一是直通城外环城林的单洞；二是几个单洞中间有横通道的双联洞。洞口分三种，一是从城墙脚下挖的与地面一样平的低洞口，再是城外出口比地面高一米左右的高洞口。还有洞子朝上接近城墙顶的小号洞口，一般为空气流通的通气口，以防洞口被日本鬼子飞机扔下的炸弹炸塌，把藏在防空洞中的人闷死……防空洞巷道一般高一米五左右，主巷道有高接近二米的。洞内巷道每隔几米就朝洞旁边挖一个小洞，是专门藏人的洞。大一点够一家三四口人，小一点仅够两个大人容身。"[④] 这里说明了城墙防空洞的几种基本样式，还是可信的。

1940 年年初，胡思齐对全西安市城墙防空洞进行调查，并择其中损

---

① 肖银章、刘春兰：《抗战时期日本飞机轰炸陕西实录》，陕西师范大学出版社 1996 年版，第 106—107 页。《西安市志（军事志）》《日军轰炸西安纪实》、李宗海《抗战时期西安的城市防空建设论述》（《华北水利水电学院学报》（社会科学版）2010 年第 3 期）等亦持此说法。

② 陕西省人民防空办公室编：《陕西省防空志（1934—1990）》（内部资料），2000 年 2 月，第 97—99 页。

③ 《防空司令部严令禁止私挖防空洞》，《西京日报》1942 年 1 月 20 日。

④ 朱文杰：《抗战西安记忆》，载"西安朱文杰的博客"，2015 年 3 月 28 日，http://blog.sina.com.cn/u/1901149590。

坏较为严重者编制了调查表，记录了 24 座防空洞的长、宽和高。[①]。从大概情况分析，其高度均超过 1.5 米，除一个达到 2.6 米外，其余介于 1.5—2.0 米，平均洞高为 1.62 米，可容纳成年人在洞内临时活动。具体记载有长度的城墙防空洞共 22 个，按长度可分为三种，第一种是防空洞长度超过城墙宽度 16 米的共有 3 处，而且特长，其长度分别为 32、66 和 40 米，可算作超长型防空洞。它们应该是机关或者军队所建的公共防空洞。第二种为长度低于 10 米的小型防空洞，共 5 处，其平均长度仅 2.6 米，相对较小。它们主要是私家建的家庭式防空洞。第三种是长度介于 10—16 米的中型防空洞，共有 14 处，数量最多，是西安城墙防空洞的主要形式。现在含光门遗址博物馆里的城墙断面上还有一个防空洞口，据测量，“这个防空洞里面拐了两个弯，长 14 米，平均高度在 1.6 米左右，直径约 0.7 米”。这就是一个典型的中型防空洞遗存，见图 4—11，其中上身穿白衣的城墙保护人员正在洞内用特制土坯进行填充。[②]

图 4—11　西安城墙上的防空洞

① 《西安市城墙下防空洞危险情形调查表》，载《民国西安城墙档案史料选辑》（内部资料），第 82 页。

② 《瞧！西安古城墙里有个防空洞》，《西安晚报》2012 年 2 月 18 日。

三　作用：古城新功能也对墙体有损坏

抗战时期西安的城墙防空洞诚然如其名字那样，在防御日军空袭、保护民众的生命与财产安全、掩护特殊部门居住等方面起到了巨大的作用。首先这种作用表现在当时的老百姓相对喜欢与信任城墙上的防空洞。曾任西安市文物局总工程师的韩保全研究员曾经告诉记者说：他小时候住在城墙南门附近的一个巷子里，遇到日本飞机轰炸时候，城墙防空洞起了关键的保护作用。国民政府原本在一些大街上修了防空洞，砖砌的，宽 15 米，进深 100 多米，可是老百姓不愿意钻，因为有一次飞机轰炸炸开了西大街桥梓口的公共防空洞一处，一下子死亡几百人。老百姓就是喜欢钻厚厚夯土城墙下的窑洞，觉得结实。城墙里有 2000 多个防空洞，都是附近的居民和商户自发挖的。这些洞的进深大多在 15 米左右，有马面的地方则更深，达二三十米。为方便跑防空洞，当时城里人大都住在城墙边。① 笔者也曾当面聆听韩先生讲过类似的话，而且讨论得更加具体：西大街桥梓口防空洞的惨案发生在 1939 年 5 月 24 日，日军扔下来的炸弹炸塌了防空洞的洞口，几百名躲在里面的平民被活活闷死。而城墙上的防空洞依据的是立体性厚厚的墙体，洞口与通气孔不易堵死，相对于大街上的地下防空洞，本身就安全一些。城墙防空洞的防护之功确实值得信赖，这也得到当时文献的证明，《西京日报》称：“事实告诉我们，自西大街地下室震塌后，街市上的防空洞地下室多已无人问津。”② 李香普的回忆中也有这种认识：“机关内虽也挖有防空洞，但人多洞少，远不如城墙根防空洞坚固。”③

其次，西安城墙防空洞的数量不少，在抗战时期整个城市的防控体系中地位重要。据 1942 年的统计数据，当时西安城墙下有公共防空洞 625 个，可容纳 102000 人；私人防空洞 107 个，可容纳 12340 人，两者共计 114340 人。而西安包括防空洞等在内的所有防空设施共计可容纳

---

① 贾冬婷：《西安城墙与西安人：情感的守护》，《三联生活周刊》2014 年 11 月 14 日。

② 过客：《长安市上》，《西京日报》1940 年 10 月 10 日。

③ 李香普口述，刘金凯、苗芬整理：《日机轰炸西安目击纪实》，《碑林文史资料》第 2 辑，第 10 页。

294921 人[①]，城墙防空洞可容纳人数约占总容纳人数的 39%。这个数据可能存在一定误差，但基本可以说明城墙防空洞在整个西安防空体系中的重要性。正如霍格所言："当日军加强对国民党政府控制下的主要城市进行空袭时，这些城墙再一次成为这个城市第一也是最后一道防线。"[②]

再次，城墙下还有不少专用防空洞，作为电台与物资的存放处等，具体情况不一而足。1941 年一月，省防空司令部新建西安第二预备情报所就选在西北隅城墙，并开凿窑洞三间，原因就是看中了城墙的防空作用。[③] 1942 年获得上级批准，给长安长途电话机务站新站，"划拨北城药王洞之城墙一段，作为建筑地下机室之用"，且于同年八月完成该工程。[④]在城墙建窑洞作为仓库储藏物资的就更多了。

抗战期间，城墙上挖出的大大小小的防空洞在很大程度上保护西安军民熬过了八年的艰苦岁月，几十年后的今天大家对防空洞还记忆犹新。韦昕回忆说："只要钟楼上警报器呜呜响起，城墙的高杆上挂起一个红灯笼，人们便关门上锁，三五成群，从滴水河什字向南城门飞奔，出城门躲到城外的野地里去，或者钻入城墙下的防空洞里。"[⑤] 国民党荣誉主席连战访问西安时就说："我的出生地——西安，更是日机经常轰炸的地方。我至今记得西安城墙下那许多防空洞……我对于我们连家的历史，都是幼年在躲空袭之余，由父亲点点滴滴告诉我的。"[⑥]

韩保全先生的回忆更是全面有趣，据记者报道："韩保全的家离城墙防空洞也就 200 多米，一听到拉警报，全家就赶紧往南门方向跑。他印象最深的是半夜跑警报，小孩子还睡得迷迷瞪瞪的，大人给套上衣服，没

① 冯升云：《西安市一年来之民防设施报告》，《西京日报》1942 年 11 月 21 日。虽然民国西安 1942 年的人口总数尚无定数，但是根据《西安市志・总志》1941 年（251658 人）和 1943 年（345429 人）的统计来看，1942 年的人口不会超出这一范围，也就是说当时西安城内的防空设施大致可以将整个城区的人口覆盖，其防空能力不容小觑。

② ［英］詹姆斯・迈克马努斯：《黄石的孩子》，徐露丹等译，陕西师范大学出版社 2008 年版，第 59 页。

③ 《省防空司令部为在西北隅城墙开凿窑洞建情报所致市政工程处公函》，载《民国西安城墙档案史料选辑》（内部资料），第 94 页。

④ 《市政处工务局为请准在药王洞城墙暂建电话机务站员佐警卫房屋给该处的呈文》，载《民国西安城墙档案史料选辑》（内部资料），第 92 页。

⑤ 韦昕：《西京筹备委员会的防空洞》，《金秋》2006 年 6 月 1 日。

⑥ 连战：《西安城下防空洞》，《金秋》2006 年 1 月 1 日。

一个人说话，只听见脚步声‘咵咵’响。韩保全上的小学也在城墙根下，上课时一听见拉警报，小孩子们马上兴奋地从课桌上跳下来，冲出去。防空洞里憋闷，所以不拉紧急警报时都不进洞，就在防空洞外的人家坐着，居民家里还给供应些茶水、零食。韩保全说，他最喜欢去一家茶叶店，里面有个老先生会讲故事，爱讲《封神演义》，小孩子们都围着他听。有时候四五个小时警报不解除，就一直坐那儿听四五个小时。说来也奇怪，日本飞机从来没有炸到城墙上，里面的这 2000 多个防空洞也很安全，从来没出事。”① 谢子枫的回忆也很有意思：“为了防空，当局利用西安高大厚重的城墙，开挖了大量的防空洞，白鹭湾正处在西城墙下，离防空洞很近。城墙里的防空洞挖得很长，连成一串，而且我们这里钻防空洞很方便，原因是我们对门的一家豆腐坊，正门开在白鹭湾，后门开在南顺城巷，一出后门就可钻入防空洞，而且店主人很好，防空警报一响，便收拾摊子，吆喝四邻，快从他家穿过，钻防空洞。防空洞挖得虽然简陋，但却很结实，还有木栅栏门，洞内有的地方还有支护，给人以安全感，但也常见地上有粪便，因为处在国难时期，活命要紧，好像也没有人计较。”② 家住西羊市的 77 岁老人米玉莲说：“母亲缠小脚跑不动，只能躲在城墙洞里。日机夜间相对来轰炸得少，后来妇女嫌跑来跑去麻烦，白天就在城墙边纳鞋底、缝补衣服，有了警报就钻进防空洞，到天快黑回家。”③

城墙防空洞的建设是在飞机参与战争情况下产生的，也就是说古老的城墙在新形势下挖掘潜力，开发出“防空”的新功能，而且这在后来对西安城墙的存留还产生了不小的影响。那是中华人民共和国成立初期的事情，在制订西安第一个总体规划时，围绕城墙的保留和拆除发生过激烈的争论。西安市城市规划组提出总体设想：保留老城格局，工业区避开汉唐遗址，放在东西郊区，已知的名胜古迹遗迹将规划为绿地，城墙和护城河将作为公园绿地保留。在当时担任总图绘制工作的周干峙看来，城墙与护城河将成为“西安的一条绿色项链”。然而，当时有一些专

① 贾冬婷：《西安城墙与西安人：情感的守护》，《三联生活周刊》2014 年 11 月 14 日。

② 谢子枫：《在白鹭湾旁钻防空洞》，《西安晚报》2012 年 5 月 20 日。

③ 《西安大轰炸全记录》，www. xawb. com，2005 年 8 月 15 日。

家对这个方案很不满意，认为多家大型军工企业将在西安建成，大量北京、东北和四川的军工技术人员和工人将迁入西安，居住和交通是个大问题。因此，工业企业布局应该距离旧城更近，最好“拆掉城墙，发展更多的道路，解决当时的交通问题”。在一次时任国务院副总理李富春参加的研讨论证会上，大多数工业专家和仅有的两位规划专家的争论进入白热化。最终，几位老干部提出，抗战时期，城墙上就挖了不少防空洞躲避轰炸，可见“城墙有利于防原子弹，防地面冲击波，符合人防备战要求”。就这样，西安城墙才逃过一劫。据周干峙院士回忆：“当时也有一种意见，为解决交通问题要拆掉城墙。多亏许多老干部说，城墙有利于防空，符合人防备战要求，从抗战时就在城墙上挖了不少防空洞，还有作战的碉堡。城墙有利于防原子弹、防地面冲击波，就这样免遭厄运。我们在城墙城河外规划了环路，同样可以解决交通问题。”①

最后，我们也应该看到西安城墙防空洞的一些副作用，比如对城墙本体的破坏，以及由此引起的治安问题等。在城墙上开挖防空洞必然会给墙体带来很大的危害。这些洞穴破坏了墙体的整体性，一旦裂缝贯通其中，加上雨水的下浸作用，就会发生坍塌。据 1980 年 7 月 25 日西安城墙管理所发布的《关于西安城墙被破坏情况的调查》可知，当时西安城墙内外两侧被挖洞 1991 个②。这些孔洞必然给墙体带来裂缝、坍塌等很大的威胁。1983 年北门箭楼垮塌和 2004 年西门南侧第一马面夯土坍塌就是防空洞惹的祸。当前西门箭楼北侧地基下沉，也是因为防空洞所致。致使仅西门瓮城裂缝就有 76 条，裂缝最宽处达 10 厘米之多。③ 只是我们要说，这些都是历史的原因，尤其是抗战时期开挖城墙防空洞，这笔账应该算到日本军国主义头上。

四 结语

20 世纪初，随着战争技术的进步，古老的城墙逐渐丧失其防御功能，

---

① 周干峙：《西安首轮城市总体规划回忆》（2005 城市规划年会论文集特稿），《城市发展研究》2014 年第 3 期。

② 有些文献说是有窑洞 2100 个左右，需要指出其中抗日战争期间开挖的窑洞大约 732 个，其余是前后时代开挖的防空洞或者后来难民掏的居住窑洞。

③ 张强：《西安城墙裂缝初步探析》，《华夏文化》2014 年 12 月 25 日。

并阻碍了城市的交通，于是各地纷纷拆墙筑路。西安的城墙却不是这样，还能在火炮快枪时代发挥出巨大的“军事防御”功能。1926 年 4 月至 11 月，杨虎城、李虎臣率一万陕军坚守西安孤城，抵御刘振华号称十万的镇嵩军，顽强奋战八个月，完成了“二虎守长安”的伟大壮举，有力地支援了国民大革命的北伐战争。而在飞机参与战争的抗战时期，西安城墙开挖出几百个防空洞，保护了民众的生命与财产安全。虽然当时自己千疮百孔，但是却开发出一种新功能，为后来人们保护城墙奠定了基础。历史的发展也有它内在的逻辑规律，值得我们深思。

1927 年西安城墙差一点就被拆除，陕西省建设厅出台了《陕西长安市市政建设计划》，其中第五部分“拆城及修复城门楼”认为：“长安为古建都之地，故城墙特坚，世罕其匹，诚为弓矢戈矛时代最良之防御建筑物。然近世科学昌明，火器之进步，日新月异，巨炮之制造，有增无减，曩时所恃为御敌者，诚不足当中炮制一击，则长安雄城亦不过封建制度之遗迹，安足尽防御之能事?! 即云防险，亦只为供内乱之具，而妨碍都市之发展、阻滞交通之便利者实多。去岁八月‘围城’，为祸尤烈，尽人皆知。考欧美各邦之拆城事，已成过去，吾国东南通都大邑及交通便利处如天津、上海、广州、泉州、九江、杭州等处，亦早已实行。至武昌以围城之祸而毁城，尤为最近之适例。其得失利弊，识者早详言之。”① 其中说到拆城理由——防御功能衰减，阻碍城市发展和阻滞交通；也说到拆城的依据——欧美各邦早都拆了，“吾国东南通都大邑及交通便利处”也都拆了。这在当时是很普遍的认识，好在这个计划没有实行。

中华人民共和国成立后，继承近代拆墙筑路的传统，北京、南京为代表的一大批明清城墙多被拆毁，而西安的城墙却在武伯纶、习仲勋等专家领导的坚持下幸免于难。1961 年西安城墙入选国务院正式批准的中国第一批全国重点文物保护单位，而且是其中唯一的古城墙建筑。这充分说明西安城墙颇具典型意义，才会被作为“文物”最早地纳入了国家保护的体系。城墙性质的这一转变不仅为其得到完整的保护找到了法律依据，而且为其后来文化功能的转变奠定了基础。1983 年西安市成立环城公园建设委员会，对西安城墙进行以建设环城公园为中心的全面综合

① 商子雍主编：《西安城墙保护卷》，陕西出版集团 2012 年版，第 25—26 页。

治理。2004 年成立西安城墙景区管理委员会，对城墙景区进行统一管理与建设。经过几代人的不懈努力，现在的西安城墙不仅得到了完整的保护与修复，而且被打造成“墙、林、路、河、巷”五位结合立体式的“环城文化公园”，实现了梁思成为保护北京城墙而设计的由“军事防御”功能向“文化公园”的转型。

我们认为，未来城墙在西安城市现代化进程中的作用巨大。《说文》云：“城，以盛民也。”城墙不仅是一个“军事防御”的环线，而且还是城市区域的标志物。因此，西安城墙还有一个巨大的功能等待开发，就是说：我们不能仅仅把城墙建成西安的金腰带或者珍珠项链，还要把城墙围成的古城区——隋唐时代的皇城与部分宫城作为一个整体来建设，规划建成古城西安未来的文旅中心区（CTD）。发挥城墙的行政功能，为把西安建设成以历史文化为特色的国际化大都市，为中华文明的复兴多作贡献。西安古城区位于周秦汉都城的郊区，包括隋唐皇城全部及太极宫、外郭城的一部分，承载着周秦汉唐长安的古都文化；同时又是宋元明清以来西安人生活的区域，为现代城市；它与四大遗址区域的文化价值绝不相同，具有独特的魅力。笔者建议改变古城区分属三区管辖的各自为政的局面，专门设置古城文化行政特区。

第五章

赫连勃勃古都统万城

第一节　白城则村的前世、现实与未来

白城则村是陕西省北部一个普通的行政村，属于靖边县红墩界镇管辖，位于无定河谷地，地理坐标为东经 109.9°、北纬 37.59°。同时，白城则又是一个有着非凡历史文化意义的特殊地方：这个村庄的得名就是因为部分先民居住在匈奴大夏国的首都统万城遗址之中，其遗存下来的高大城垣及城内建筑看上去一片苍白，因而俗称“白城子”；用陕北方言来说的话，就叫作“白城则”了。从这个意义上来讲，白城则就是匈奴族遗留在中国境内的唯一都城——统万城。

鉴于统万城遗址极高的历史文化价值，1996 年国务院将其列为国家重点文物保护单位，现正积极进行大遗址保护的规划与建设，还计划将来申报世界文化遗产。位于毛乌素沙漠边缘的统万城是建立在原生沙质地层之上的，周围的环境变迁也颇具典型意义，有人又称其为“沙漠古都”。2002 年春季开始，中日两国绿化治沙志愿者在此建立了“统万城绿色都市恢复基地”，希望通过植树种草，恢复统万城地区原有的自然景观，六年来已经初见成效。在多次实地调查的基础上，笔者希望探讨一下逐步展开的文化与环保事业，如何影响白城则村的现实与未来。

一　前世：统万城与夏州——匈奴大夏首都与唐宋重镇

白城则也就是统万城，它是我国历史上五胡十六国时期“大夏”国的国都。其创建人是匈奴族后裔赫连勃勃，字屈孑。据《晋书》，他

本属匈奴族铁弗部人，因父西单于卫辰被魏杀害，遂投奔后秦，颇得信任。等羽毛渐丰，乃拥兵自立，于公元407年，以鄂尔多斯为根据地建立了割据政权，国号“大夏”。疆域极盛时，据有今陕北、关中、内蒙古河套地区、甘肃东南部、山西西南及河南西北部，成为北方一大强国。

公元413年，即他称帝6年时，“乃赦其境内，改元为凤翔，以叱干阿利领将作大匠，发岭北夷夏十万人，于朔方水北、黑水之南营起都城。勃勃自言：‘朕方统一天下，君临万邦，可以统万为名。’阿利性尤工巧，然残忍刻暴，乃蒸土筑城，锥入一寸，即杀作者而并筑之。勃勃以为忠，故委以营缮之任。……复铸铜为大鼓、飞廉、翁仲、铜驼、龙兽之属，皆以黄金饰之，列于宫殿之前”。① 历时6年方完工，建成后的统万城规模宏大，建筑壮丽，城内人口最多时达到七八万人。作为大夏国都的统万城，集政治、文化、军事中心于一身，达到空前的繁荣。

统万城城址分为外城廓、东城与西城三部分，当地群众称作头道城、二道城与三道城。外郭城依无定河北岸原边地势而建，破坏严重，仅能看到基本的轮廓。东城是公廨衙署集中地，西城为皇城。两城略呈长方形，由一道隔墙分成东西两部分，北垣在一条直线上，东城的南垣向外突出，西城的西垣有一个曲折。西城城垣保存较好，现存遗址高于地面4—10米。其周长2470米，包括西垣721米、东垣692米、南垣500米、北垣557米。东城周长2566米，包括西垣774米、东垣737米、南垣551米、北垣504米。见图5—1。

西城四面各建有一个城门，南曰朝宋门，北曰平朔门，东曰招魏门，西为服凉门。西城的四角都有高大的墩台，西南墩台残存高度31.62米，数十里外都能看到。城垣四周加筑马面，由于各垣的长度不同，马面有多有少，而西城南垣的马面较为特殊，既高大又宽厚，还有中空者，藏有粮食与兵器。②

城内只有一个高大建筑基址保留至今，现代人称永安台。据《统万城铭》记载，统万城内宫殿建筑宏伟壮观，除了皇宫正殿永安殿外，还

---

① 《晋书》卷130《赫连勃勃载记》。

② 陕西省文物管理委员会：《统万城城址勘测记》，《考古》1981年第3期。

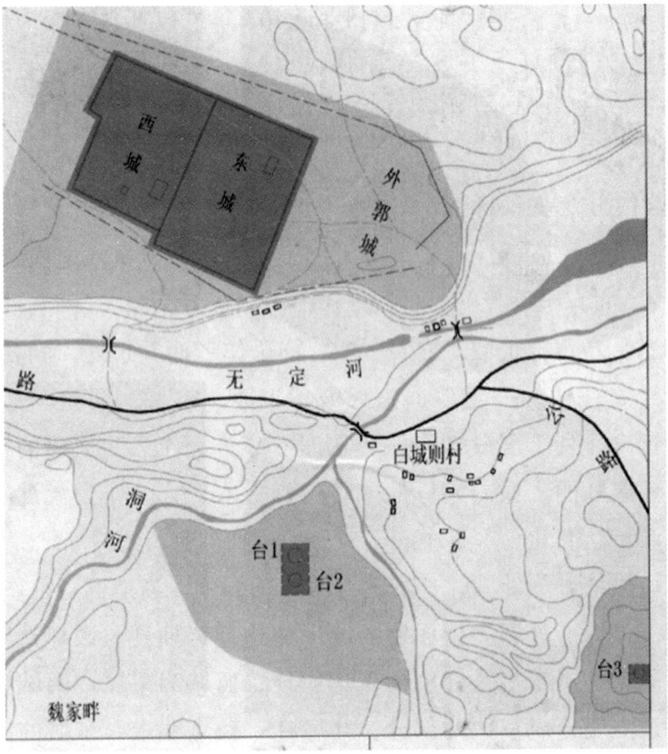

图5—1　统万城遗址平面布局及周边环境图

有过冬的温室、避暑的凉殿等。明堂、社稷祭礼设施按照礼制布设，亭台楼榭、花园苑囿应有尽有。还铸造了大量的铜鼓、飞廉、翁仲、铜驼、龙兽等器物，上饰黄金，陈列于宫殿门外。以至于北魏太武帝破统万城后看到这种豪华的景象叹息说："蕞尔小国，而用民如此，虽欲不亡，其可得乎！"

公元425年，赫连勃勃病死于统万城，其子赫连昌继位。北魏始光四年（427年），魏世祖拓跋焘攻陷统万城，改统万城为统万镇。到了太和十一年（487年），改设夏州①。隋时统万城属朔方郡管辖，大业（605—617）末年地方豪强梁师都窃据统万城，登皇帝位，国号梁。唐

---

① 《魏书》卷106下《志第七·地形二》："夏州（赫连屈孑所都，始光四年平，为统万镇，太和十一年改置。治大夏。）领郡四县九。"

贞观二年（628 年）破梁师都，以其地复为夏州，置都督府。唐天宝元年（742 年）改为朔方郡，乾元元年（758 年）复为夏州，统万城仍为州治所在。①

这一时期，统万城基于政治中心所形成的社会经济环境，仍然为鄂尔多斯高原南部最重要的城市和中心。特别是在晚唐、五代、宋初，统万城与敦煌、河西间交通和交往频繁，其间的主要通道均以统万城为中心，连接关中、中原与西域，是当时丝绸之路最重要的主干道之一。中和元年（881 年），唐僖宗封党项部族首领拓跋思恭为夏州节度使，统万城于是成为党项部族的根据地。党项人建立政权西夏后，统万城成为宋夏争夺之地。

赫连勃勃在拒绝臣下建都高平的建议后，曾游历毛乌素沙地南缘之契吴山，登临此山而感叹曰："美哉，斯阜！临广泽而带清流，吾行地多矣，自马岭以北，大河以南，未之有也！"② 这段对于毛乌素沙地南缘自然环境的赞美之语曾经广为流传，至今仍为很多研究毛乌素沙地环境变迁的历史地理学者们津津乐道，以证明十六国时期当地生态环境的优良程度。之后由于长期大规模的民族间战争所造成的兵燹、践踏以及日常垦殖，地表植被遭到破坏，引起下覆暗沙翻为明沙，在风力作用下，形成流沙移动和地面沙丘堆积。这种沙漠化过程在唐代即开始有记载。

北宋淳化五年（994 年），宋军攻破统万城，宋太宗以统万城"深在沙漠"，难防羌族窃据为由，下令毁废统万城，迁民 20 万人于今横山、米脂、绥德一带居住。此后有西夏党项人来此经营军事，尚偶尔见之于史籍。及至元明时，此处为蒙古游牧地，他们不居城市，统万城便在浩瀚的毛乌素沙漠中沉睡，默默无闻。直到清道光二十一年（1841 年），陕西怀远知县何炳勋奉命调查统万城遗址，确定了该遗址即为统万城和夏州城，统万城遗址才渐为学界所知。③

① 《旧唐书》卷 38《志第十八·地理一》。

② 《元和郡县志》卷 3《关内道·原州》。

③ 侯甬坚：《道光年间夏州城故址（统万城）的调查事由》，《走向世界的沙漠古都——统万城》，《中国历史地理论丛》2003 年专辑。

白城则的前身可谓辉煌，它不仅具有 15 年作为大夏国都的地位，而且还有 600 多年北方军事重镇的历史。而且据《水经注》记载，统万城是在西汉奢延县城基础上扩建而成，如此一来，其建城的最早年代可以上推到两千多年前的西汉时代，更显其历史的悠久。

二 近代：白城则——走西口依城而居，"文革"中始迁河北

白城则即统万城在明长城以外近百里的地方，清前期为蒙古人游牧地。康熙五十八年（1719 年），清政府开延、榆近边荒地，许汉蒙民伙种，并"于口外二三十里不等，设立交界"。此后，走西口开垦蒙地的内地贫民越来越多，起初还是春去秋还的燕行人，后来逐渐落户于边外，形成了当时的口外村庄，当时人称"伙盘"。"所谓伙盘者，民人出口种地，定例春出冬归，暂时伙聚盘居，故名之，犹内地之村庄也。"① 至少在道光时期，统万城附近已有汉民移居，而且其汉民事务划归怀远县（治今横山县）处置，所以，当时的陕西怀远知县何炳勋能够顺利地找到"旧相传之白土城"——统万城遗址。从其就旧城中钟楼椽木损坏事宜向当地居民询问来看，统万城遗址近旁或内部似已有汉民居住。道光二十一年，何丙勋复榆林李太守熙龄查夏州城故址禀称："土人云，每逢朔望，清晨空中现有城垣楼阁。……偏询老民，佥称此城之外，怀邑草地并无另有城基。"②

据当地一姓高的老者介绍，其家最早来到白城子居住的是他爷爷的爷爷。他那一年（2002 年的访谈资料）71 岁，向上推三辈③，每一辈以 25 年计算，则高家移居统万城遗址约在 146 年前。这与何炳勋来此考察的时代很接近了，而他家似乎还不是最早移居统万城的。乡民们一致认为，在统万城遗址最早挖窑洞居住的是马家与高家两姓，高家原籍横山县之高新庄，马家原来也是横山的，而且马家来此落户似乎还要早一些。

1937 年复设靖边县时，有长城区驻海则滩，下辖五乡之中有统万城

---

① 道光《怀远县志》卷 4《边外》。

② 民国《横山县志》卷 4《艺文·杂记》

③ 其始祖迁居时应该有一定年龄，故少算一辈。

所在的红墩涧（现写作红墩界）。似乎白城子村应该在此时或其前由横山县划归靖边县。后来一直未变，只有1954年重新划界时，统万城西侧的巴兔湾（今巴图湾）划归了内蒙古乌审旗。

清代中期，汉民落户白城子以后，逐渐形成了两个居民点。一是以渡口台为中心，多在无定河的南岸。二是在统万城遗址内部，挑选西城城垣背风朝阳处挖掘窑洞，形成了小村落。建在统万城上的窑洞见图5—2。在遗址内居住者吃水特别困难，虽然费力凿了井，但却很少出水，只好到下面的河谷中拉水，更多的是挑水、背水。尽管如此，他们仍然顽强地生存繁衍下来，到20世纪70年代移出时，人口发展到30余户，近200人①。除了在城墙上挖窑洞居住的人家以外，还有几户住在东城以外属于外郭城的地方，这里地面平坦，不适于挖窑洞，于是他们在地面上建筑房子居住。

图5—2　建在统万城南垣上的窑洞（最早来此的马家）
（2005年4月1日）

① 据2005年实地调查，整个统万城遗址在有人居住时，共有34户院落，窑洞120孔，另有偏窑6孔、小窑2孔。总人口190多人。见侯甬坚等《统万城遗址内现存窑洞调查报告》，《2005年统万城遗址调查资料汇编》。

1974 年，当地居民凿开渡口台的石梁，无定河湾的水位下降，湾谷川地大片地干枯成陆，城内的居民才陆续搬迁到河北岸居住，这件事对白城则的内部保护与周边环境影响很大。

要弄清此事的来龙去脉，必须从无定河在此处的地质水文特征说起。无定河发源于白于山区，年径流量可达 4730 万立方米，河谷呈“U”字形，宽约 400—500 米，下切深 30—50 米。在渡口台地方，下垫面较为特殊，有一宽约 400 米的红砂岩石梁横截河床，故此处成为传统渡口所在地，估计统万城的选址也与此特征有关。这里河流的流速较快，水位变化较大，当时还没有能够建设一座桥梁，无定河南北两岸的交通特别不便。

同时，由于此一石梁的天然壅水性，促使上游水位抬升，而其上游除有无定河以外，还有一个小的支流汇入，那就是圪洞河。这样一来，大河（无定河又称大河）湾与小河（圪洞河又称小河）湾交汇地方谷宽湾广，长年积水，形成不小的水面，呈现一个湖泊的景观。相对广大的水面还有较高的地下水位，使渡口台前大片地方不能耕作，也不适宜建筑村庄，当时人们只能居住于地势较高的东西梁上。

图 5—3　1974 年开凿的人工河道（2008 年 8 月 7 日）

假如能够凿开石梁，使流水基准面下降，则上游的水能顺利下泄，其上宽谷即可成为高阶地，生产与生活用地也就有了保障。想出这个办法而且付诸实施的是白城子的老支书高振亮先生。按这个办法，人们从高处搬迁到河谷低处，吃水方便；还可以增加耕地面积，而且这些地基本上都可改造成高产稳产的水利田。枯出来的地方特别容易修渠，引水浇灌特别方便。1974 年，高振亮毅然决定开凿一条宽 3—4 米、深 7 米、长约 400 米的石槽，先用炸药炸，续用人工凿，终于成功了。图 5—3 就是这个人工河道的样子。

人工河道一修，上游湾内的水迅速排去，明水与地下水位都下降不少，枯出来了一定面积的土地。这里不仅可以由上游开渠引水灌溉种地，开辟出白城则村最好的耕地，而且高处还可以建设永久性居住村落。于是人们陆续由统万城遗址的窑洞中搬到河沿边上居住了，这就是上城子、下城子的形成。从 1975 年到 1979 年，统万城遗址内居住者基本上都搬到下面去了，只有几户在平地上的居住者没有迁下来。同时，耕地多了且能够水浇，粮食产量也大大地提高了，白城子大队成为靖边县先进典型，在全县当时 180 个大队中名列前茅。①

从清代中期以来白城则村形成与发展的历史来看，有两件事对统万城遗址影响巨大。汉族农民的移住开垦，在城墙上挖窑居住，在城内外垦殖农田，给统万城遗址中的建筑及周边环境带来了负面影响，破坏是巨大的。1974 年凿石梁，开发河谷地，搬迁城址内居民，除了扩大农业生产的经济效益以外，现在看来还产生了一个重大的文化功绩，这就是促使统万城遗址不再继续遭受人为挖掘窑洞的破坏。

三　现实：小康村——世纪之交的巨变

白城子行政村土地面积广大，共有 25. 4 平方公里。现有居民 248 户，人口 1274 人。由 8 个村民小组构成，从各村名称及位置可以看出其村在近现代的发展轨迹。②

---

① 本段资料是笔者多次向高振亮先生访问所得。

② 本节前半段的资料主要来源于对马俊发的访谈，他是白城则村现任党支部书记。还参考了多次对几个村民小组的实地调查和对村民们的随机访问。

渡口台村在今公路桥南岸近旁，此处原来为无定河南北渡口。虽说是渡口却没有船，只有在石梁上摆一些大石头，构成不连续的石墩，供人们来往。因容易为水冲坏，故专有一户人家在此照顾石墩及来往行人。此处是白城子最早的聚落地，原叫波罗池梁，是以蒙古人的名字命名的。现为白城子行政村部所在，为全村中心，是一般地图标注的地方，渡口台村现有 234 人。

渡口台东南侧有一条高梁，表层为黄土，其下为红砂石，当地人以其方位称其作东梁。其梁上发现很多唐人墓葬，故又称作乱坟梁。其村居民 250 余人。

渡口台西侧有一条由南而北流入红柳河的支流，人称圪洞河，又称小河。无定河南侧谷地遂称小河湾，原来称作索罗布湾，也是以蒙古人的名字命名的。这里是 1974 年凿开渡口台石梁后枯出的河湾地，居民移住较晚，故曰新村，共有居民 74 口。

圪洞河西岸是高台地，与东梁相对应，此处被称作西梁，有居民 130 余人。

渡口台北岸，东侧红柳河谷有一个宽大的谷地，叫沙柳湾，应该是以沙生植物命名的，又称前湾。有居民 130 余人。

红柳河北岸正对统万城的河谷地，是新枯出的湾地，当地人称大河湾，以与南岸的小河湾相对应。居住者多是从统万城遗址内迁移下来的，分成两个村民小组，其中上城子村 240 余人，下城子村 90 余人。

由今公路桥向西三公里左右，红柳河南岸有个河湾叫奶妈地湾，也是以蒙古人的名字来命名的。此处现有居民 120 余人，称作后湾。

除后湾村较远外，白城子村民相对集中于红柳河与圪洞河交汇的河谷地带及其附近梁畔。南侧由于冬季位于迎风坡，风蚀作用强，露出了黄土覆盖的台梁，是居民最早的聚居地，且乡民建筑基址相对位置较高。南侧的渡口台、东梁、新村、西梁四个村民小组共有居民 700 余口。

北侧因风沙堆积作用较强，高地多沙丘，无法居住，村民全部集中于红柳河谷地，共有居民 570 人以上，其中上下城子全部是新迁移来的。

白城子全村现有“耕地 2616 亩（其中水地占 1530 亩），林地 32000

亩（经济林200亩）”，其余皆是荒沙地。[①] 农民温饱问题早已经解决，生活水平在红墩界镇属于中上等，而红墩界镇在靖边县居于中等水平。

稻田全部分布于红柳河谷地，除必要的引河水浇灌外，平时基本上是用淋水，即从沙地里渗出来的水，比较省事。本村很早就有水稻的种植，只是原来的种植方法较为粗浅，用镢头平地，直接撒播，亩产大米多在80—90斤。现在还是用镢头整地，但是用育苗插秧方法栽植，加上品种改良，施用化肥，管理也有进步，亩产可达800斤左右。我们中午在白城子饭店吃的米饭，据说就是当地所产大米，质量还算不错。

水浇地也多在河谷，以1974年开凿石梁改造的河滩地为主。近几年来村民还在沙漠中打井，用推土机平整沙丘，搞水田建设，已造出水田100亩以上。在统万城西南角楼正北约600米处，2002年下半年有人打了一口井，应该是浇地用的。

20世纪80年代以来，当地实行了联产承包责任制，土地基本上承包到家庭。村民主要收入来自粮食种植和畜牧业收入。若按绝对收入来讲，多数家庭的畜牧业收入所占比重较多。所养家畜主要有羊、猪、黄牛、驴、骡子等。其中养羊最为普遍，数量也最多，几乎家家都有，数量多者至上百只，少也有十几只。需要说明的是，近几年开始的“一村一品”的建设也让村民得到了一定的实惠，政府补助在白城则村建成标准化羊圈舍33个，使其村白绒山羊的养殖取得很大成果，现在已成为榆林市乃至陕西省的“一村一品”的示范村[②]。原来是放养，近几年因为环境保护的原因，实行禁牧政策，故多为圈养，夏秋季节割草喂羊，冬春季节主要喂玉米秸。[③] 养猪农户每户有2—6头猪不等，主要是用自家种植的玉米做饲料，将粮食转化成畜牧产品，经济收入基本没有增加，但猪粪则成为农民的赚头。黄牛、驴和骡子每户数量较少，各一只或两只不等，

---

① 这是写在白城则村村委办公室墙上的材料，笔者在当地的访谈资料与此略有不同，有的村民认为全村有“水浇地2200亩，稻田500亩，旱地4000亩，林地3万亩”。产生差异的原因很多，比如最近几年实行的退耕还林政策的影响、耕地的统计标准以及年际的变化。

② 《陕西省实施一村一品千村示范万村推进工程规划》（陕政发〔2007〕1号）的文件上，确定了周至县二曲镇下孟家村等1177个村为全省“一村一品”示范村，其中有白城则（白绒山羊）。相关专家实地考察了当地的舍饲养羊后给予了高度评价：这里的绒山羊体质结实，体格大，生长发育良好；农民创造的羊棚圈科学实用，不影响寒冷酷暑对羊体的刺激，经验值得推广。

③ 仍然有个别偷偷牧羊的现象，甚至于晚上牧羊，使羊都成了夜光眼。

主要用于田间和日常劳作。

根据2006年的调查所得，东梁村居民家庭收入主要有三大来源：首先是种植业收入，如玉米、水稻；其次是畜牧业收入，如养羊和猪；最后是外出打工收入。总体上，东梁村各户每年收入平均在5000—7000元左右。这是我们在村民中的调查所得，比后面要讲到的村上领导的统计数据稍低一点。

图5—4 白城则东梁村民小组居住景观（2008年4月1日）

白城则的聚落以散居型为主，仅红柳河北岸聚落呈条带状集居式。以东梁村为例，东梁村所有聚落分布于由靖边县通往统万城公路东侧，各个聚落相对分散，彼此间隔距离50—300米不等，几乎没有两家是完全相邻的状况。居民住宅主要是平房和窑洞，起脊式瓦房分布极少。图5—4是东梁村的一角。

2002年年底，白城则村已被授予市级小康村和计划生育自治村。据白城则村村委办公室墙上的统计资料：当年的全村农村社会总产值2435.6万元，人均纯收入达到1950元。基本设施方面，全村共有机井20眼、高抽站18处、农用车34辆、高压电路6千米、变压器4台（容量总和180千瓦）、无线电话10部，横穿本村的张巴公路正在施工硬化。村委办公室房屋2处，计240平方米。村小学一处，占地2000平方米。村级医疗所一处。

2008年的3月底和8月初，笔者两次到实地考察，据村支书马俊发介绍，白城则村现在的基本情况如下：从2003年到2005年，用三年时间，全村实现了社会总产值翻一番，达到5000万元，农民人均纯收入达到3000元。2007年的人均收入达到了5000元。实现了每户都能用上现代化家电，看上有线电视，吃上自来水，生活水平明显提高。

2003年完成了张巴公路的硬化工作，有较为便利的交通条件。2006年，韩国有等3位村民集资30万元，建立了红墩渔场，在渡口台的下游建成了2亩大的生态流水鱼塘，开始饲养虹鳟、金鳟等名贵鱼种，供游人垂钓就餐。[①] 另有一股激流顺着1974年开凿出的河槽奔涌而下，形成壮观的“小三峡”水流，供游人赏景。村里的小学已经撤销，孩子们统一到尔德井中心小学就学，这是免费的义务教育。实际上不少家庭是把学生送到县城就读的，还有个别学生送到了省城西安的中学里上学，因为那里的教学质量要好，但是这样就要交一笔比较高的学费。

四　未来：新农村——文化生态建设的前沿基地

已经开始的几项实在的看得见的文化与生态环境保护建设工作，让村民们看到了未来的美好前程。首先是邻村尔德井村的新农村建设。

2003年陕西省山川秀美办公室、省水保局为了探索全省山川秀美水保生态环境建设的新路子，在靖边县的海则滩乡成立了治沙示范基地，并把与该基地相邻的红墩界镇尔德井村作为治沙基地首批辐射带动的村镇，确定了发展生态型循环经济，建设风沙区和谐新村的目标，同步进行生态经济型村镇建设典型示范。

近几年来，国家对尔德井村共投入“捆绑项目”资金300万元用于基础设施建设。万丰泉村是红墩界镇尔德林所辖的一个村小组，全组有17户农户，72人。据2005年的报道：近三年来，全村退耕280亩，土地面积2000亩，耕地180亩，林草地1200亩。新植常青树650亩，植被覆

---

① 2008年8月初笔者访问马俊发支书，得到的资料是已经累计投资100万元。

图 5—5 万丰泉村新建农家住宅

盖率达 58%。全村每户村民都建成了 1 个 300 平方米的标准养羊圈舍和 1 个青储窖。每户村民都各自兴建了一栋“欧式”住宅，人均住房面积由过去的 10 平方米增加到近 50 平方米，并配套实施了改灶、改水、改电、改路、改厕，以及绿化美化等工程，彻底告别了世代居住简陋土窑的历史，脏乱差的现象得到了有效治理。图 5—5 是此村的住宅景观。

全村新修硬化村级道路 14 公里，其中万丰泉自然村实现了“五通”，即通路、通电、通水、通无线通信、通卫星电视。2003 年还建成年产 1200 万机砖厂一个，当年实现纯收入 20 万元，2005 年纯收入达到 40 万元。2005 年，万丰泉小组农民人均收入突破 1 万元。该村还修建了中心小学，修建了村委办公室、文化站、科技馆、卫生所、兽医站。“十星级文明户”“五好家庭”等精神文明创建活动全面开展起来，农民群众的精神面貌有了很大变化，讲文明、破陋习、树新风逐渐成为村民的自觉行动。[①] 今天，这个村已被省水土保持局和榆林市确定为“社会主义新农村

① 靖宣:《揭秘陕北“欧洲村”》,《西部大开发》2008 年第 1 期。

建设的典范”。

万丰泉村就是白城子村的邻居村落，其村庄的旧貌变新颜也让白城则村的村民们称羡不已，觉得看到了新农村建设的榜样，也就好像找到了自己的明天。

二是中日治沙志愿者在统万城周边进行的“统万城绿色都市恢复基地”建设。在2000年与2001年实地调研与协商的基础上，陕西师范大学西北环发中心与东城宪治先生领导的日本黄土高原绿化治沙小组作为发起单位，联合陕西省林业厅、陕西省文物局、榆林市林业局、靖边县林业局等，确定2002年春季在统万城建立绿色都市恢复基地，开始进行植树活动。希望用自己的智慧与双手在统万城地区营建一个绿化治沙基地，植树种草，恢复其原有的自然景观，在毛乌素沙漠边缘地带重建绿色都市。经过一段时间的努力，建成一个国内外绿色志愿者从事治沙实践活动的营地，同时也是西北环发中心再造西北秀美山川科研活动的实践基地，其后将逐步发展成为一个具有旅游、科研、教学、沙产业综合开发等多种功能的示范区。2002年4月，一批樟子松树苗移载于无定河畔的统万城遗址边，标志着“统万城绿色都市恢复基地”的正式建立。

此后每年基地建设者们都来，他们已经坚持植树7年，总共投资187万余元，种植樟子松26000棵，杨树8000棵，柠条12000棵，臭柏6000棵，在统万城遗址的南面和西面形成了一个绿化景观带。同时，基地科研工作者还开展统万城环境变迁的历史地理学研究，推动陕西省文物局与靖边县人民政府联合，在2003年9月召开了“沙漠古都统万城学术研讨会”，编辑出版有《走向世界的沙漠古都——统万城》与《统万城遗址综合研究》①。

绿化基地每年都有不少外国志愿者来此植树，宣传绿化治沙与环境保护的意义。当地村民积极参与，增强了对家乡故土的热爱与对环境建设的认同。

第三，文物考古部门的大遗址保护规划与发掘工作，综合开发与旅

① 侯甬坚、李令福主编：《走向世界的沙漠古都——统万城》，《中国历史地理论丛》2003年专辑；陕西师范大学西北环发中心编：《统万城遗址综合研究》，三秦出版社2004年版。

游者、考察专家的增多，也让当地村民逐步认识到统万城的文物价值与经济价值，实际上很多村民已经开始认识到统万城作为历史古都对当地农村经济发展的重大意义。

1996 年统万城遗址成为国家文物保护单位以后，陕西省文物局为了做好相关保护与管理工作，安排榆林市文管办负责编写统万城的保护规划。在对统万城进行相对比较深入细致全面的考古调查以后，保护规划的征求意见稿以及制作的幻灯片、照片、测绘图等于 1997 年 2 月送交文物局。

21 世纪初叶，陕西省文物局考虑到统万城遗址作为目前世界上能够保存下来的匈奴古都的唯一性、城垣本体及建筑遗存的相对完整与特殊性、坐落于沙漠之中的环境典型性等，提出将统万城遗址申报为世界文化遗产的设想，而且上报到国家文物局，成为陕西省申报世界文化遗产五个预申报名单之一。

2002 年，陕西省考古研究所为配合保护工程对统万城遗址进行了部分发掘工作，取得了可喜的收获，基本搞清了西城西南隅墩台及永安台的范围、结构及地层叠压关系，首次发现并清理出一段护城壕遗址，为统万城遗址的研究及保护提供了难得的资料。当年 10 月，陕西省考古研究所联合中国历史博物馆遥感考古中心，用小型飞机对统万城进行了航空遥感探测。

2007 年，统万城遗址进入“十一五”时期全国 100 处重点大遗址保护规划名单，开始编制具体保护方案。2008 年 4 月初，靖边县召开三大规划征求意见座谈会。陕西古建筑研究院工程师、西安好景旅游规划公司等单位专家、市旅游局和县上有关领导参加座谈会。会上介绍了《统万城文物保护总体规划》《统万城景区旅游发展总体规划》和《统万城景区旅游发展详细规划》征求意见稿，参会单位有关领导、编制单位、部门负责人听取情况介绍后，提出了意见和建议。5 月初，《统万城遗址保护总体规划》初稿通过专家评审，修订后的规划文本报至国家文物局，通过批准后，最后由陕西省人民政府予以公布实施。

2008 年，开始了具体的文物保护建设工程建设，在陕西省抢救性文物保护设施建设投资计划中，为“统万城保护设施建设”专项投资 402 万元，分两年完成，每年 201 万元，其中中央预算内投资 160 万元，地方投资 41 万元。主要用于建设看护管理用房 600 平方米，防护围栏 2650 米，简易保护棚 600 平方米。陕西省考古研究所 2008 年又开始对西城西门进行考古发掘，遗址内耕地 2009 年没有让耕作，说是国家购买土地的经费已经到了县上。

当前存在的问题是，这些规划对当地农民、农村的考虑不够，基本上没有关于白城则村的未来发展设计，也就是说没有同当地的新农村建设相结合或者协调起来。

统万城东西城遗址内尚有 1300 亩土地，目前还在农民手中，去年还在种植大豆；遗址保护范围内目前尚有多户农民未能搬迁出来。当地政府如何征地？怎样组织村民搬迁？是个很重要的问题。同时，在统万城遗址综合保护的过程中，妥善安置白城则村民的生产和生活，调动其积极性，发挥其主人翁精神，是统万城遗址保护工作能够真正搞好的重要条件。

2008 年 8 月初，笔者去过实地调查，村民们反映，对城址内耕地的征用计划采取异地置换的办法，在十余里外的地方给予耕地，按一亩给二亩的标准给予补偿。村民们普遍不同意，说是没有考虑他们的利益，到十里外的地方种植二三亩地得不偿失。而且他们祖祖辈辈居住的土地一说征用就没有了，也让他们想不通。如果是进行文物保护，他们也表示特别支持，可是今后要进行旅游开发，可能会有一定的收益，为何不能把土地算作村民的股份投资呢？

笔者觉得这确实是进行大遗址保护过程中的一个难题，统万城这里已经是相对简单的了，只有白城则一个村庄。我们的决策者们应该知道，统万城与白城子是历史相继的前世今身，在统万城这个国保单位的规划建设中，如果能够考虑这些白城则主人的利益，则是双赢之势：统万城古都之幸，白城则农村之福。这里有沙漠古都统万城，有无定河与适宜建成湖面的水体，有沙漠景观，有农牧文化，有纯正的农村饮食文化，适合于建设成旅游文化村，吸引游客到农家体验民风民情，这样既解决了游客的食宿问题，又满足了一些外地游客尤其是来自城市游客的好奇心理；同时也很自然地建设成国内外治沙志愿者实践与科研人员试验的基地；村民们因为统万城遗址富裕起来，当然也就成为保护统万城遗址的积极参与者。

在做好统万城大遗址保护的同时，把白城则村建设成具有文化生态建设功能的前沿基地。这不仅是中国大遗址保护的理想模式，也可作为中国新农村建设的特殊典型。

第二节 陕蒙地区治理沙漠的四种成功模式

中国关于治理沙漠措施的研究开展得较早，而且出现了兰州中国治沙研究所那样的取得举世瞩目成就的科研机构。20 世纪 70 年代后期，许多县社也成立了治沙推广站，但因当时经费严重不足，计划经济体制也调动不了大家的积极性，故一些成功的治沙措施并没有能够推广普及开来。随着 20 世纪 80 年代初农村联产承包责任制的成功推行，多种形式的承包制也推广到沙漠治理上来；同时开放进程不断加快，中外文化交流逐渐加强，外国绿化志愿者也开始参与到中国的绿化治沙活动中来；利用沙区丰富的光热资源发展“沙产业”的口号也在 20 世纪末提出并在部分地区付诸实践，中国的沙漠治理活动更上一层楼，增加了综合开发的内容。

2000 年秋季与 2001 年春天，笔者受日本沙漠实践协会东城宪治先生的邀请，在毛乌素与库布其沙漠部分地区进行了实地考察，亲眼看见了许多绿化治理沙漠并进行综合开发的典型。他们不仅在沙漠中营造出大片绿洲，实现了局部地区的人进沙退，而且通过沙产业的经营使一些人首先富裕起来。本节向大家介绍位于陕北、内蒙古地区的治理沙漠的四种成功模式。

一 恩格贝模式：中外合作绿化开发沙漠的典型

恩格贝原是内蒙古鄂尔多斯市达拉特旗乌兰乡的一个小村庄，地处库布其沙漠中段南侧黄河的北岸。库布其沙漠地表以下 3—5 米处，广泛分布有 1—3 米厚的草炭层。这是 2000—3000 年前此区为大草原的证据。花粉分析等资料也证明了当时植物繁茂的实际。在恩格贝沟的草炭层下部还发现有一个直径 40 厘米的榆树树干，C^{14}测定为 10070—10110 年即约 1 万年前的树。说明一万年前恩格贝地区是草原与森林相间分布的景观。①

150 年前，这里是恩格贝召所在，其旁有西园寺、德盛成两个村庄，当时虽已有五里明沙的存在，但周围地方植被良好，羊柴一丈多高，是优良的牧场。

清代末期的放垦使这里增加了种植业的成分，1943 年日本军在此伏击了傅作义的一个师，毁坏了召庙，蒙古人大部分迁徙。后来汉人大量进入垦殖，造成了草场被毁，沙漠扩大，五里明沙逐渐变成了十里明沙、二十里明沙甚至三十里明沙。沙漠化成为当地村民的最大威胁，三个村庄的民众纷纷外迁。

20 世纪 50 年代末在兴修乌兰水库时，为防止洪水带来的泥沙淤塞水库，就在上游开凿分洪沟以便把洪水引入沙漠之中，恩格贝沙也属引洪区。于是洪水之害随之而来，地下水位上升，盐碱化严重，在沙漠的部分低洼地区常常可以看到大片吐絮的芦苇，原因就在于此。

沙漠化是过度放牧、垦殖造成的，而洪水之害更是人为原因。新中国成立初恩格贝有百余户农牧民，后陆续外迁，到 20 世纪 70 年代末只剩下 3 户半，西园寺与恩格贝相同，德盛成村稍好，也约有 1/3 人口外徙。②

1979 年，乌兰乡在恩格贝成立了治沙试验站，站长是农民土专家杨宏。杨宏开始试验三力治沙，即人力植树种草绿化治沙，风力吹平沙丘治沙，水力即引洪水淤平沙丘治沙。尤其是水力治沙方法意义重大，因为它能够“以洪害除沙害，以沙害消洪害，化害为利”，有效地消除了沙漠化与洪水之害，为恩格贝示范区的建立提供了技术保证。

1989 年，鄂尔多斯羊绒厂为培育与饲养中华绒山羊良种，以每亩 5 角钱的低价购买了恩格贝治沙站所属的土地，王明海是羊绒厂的业务副厂长，主管此项工作。羊绒厂每年投入 100 余万元，主要用于绿化治沙、培育草场、养殖绒山羊。

---

① 泽井敏郎：《恩格贝沟断崖出土树木是一万年前的榆树》，《沙漠》17 号。《沙漠》杂志是日本沙漠绿化实践协会出版的不定期刊物，日语写作《さばく》。2001 年 4 月初，笔者得到该协会赠送的 1991 年至 2000 年共 30 期《沙漠》，本节各种数据等源于此，不再注出。

② 李令福：《论恩格贝的环境变迁及其原因》（待刊稿）。

远山正瑛，日本国山梨县人，1906年出生。农学博士，大学教授，毕生致力于沙漠开发。20世纪30年代和80年代多次考察中国的沙漠地区，1990年与王明海相遇，王明海把他请到恩格贝。当远山先生看到五里明沙地区被引洪淤平的大片沙地后，当即拍板决定在恩格贝建立植树绿化基地。1991年2月他创立了“日本沙漠绿化实践协会”，自任会长，开始募集资金并率领“绿色协力队”到恩格贝开展“五年植树百万棵”运动。

远山先生在日本媒体上疾呼：“有力者出力，有钱者出钱，有技术者出技术，有时间者出时间”，到内蒙古库布其沙漠中植树治沙。当年共组织3次协力队约70人，来到恩格贝植树，募集资金7834万日元。经过五年的努力，到1995年8月完成了栽植100万株树的初期目标。

表5—1　　本绿色协力队（志愿者）每年数量统计

年份	1991	1992	1993	1994	1995	1996	1997	1998	1999	2000
一般队	67	246	209	143	189	169	165	152	161	199
别次队	0	57	132	256	248	540	530	660	908	837
总计	67	303	341	399	437	709	695	812	1069	1036

日本绿色化治沙志愿者踊跃来恩格贝植树，有组织的协力队每年人数见表5—1。其中1996年与1999年有较大的发展，原因可能是远山正瑛先生分别在北京与日本北海道受到了江泽民主席的接见，宣传效应起了很大作用。

还有很多个人自发地到恩格贝植树，如东城宪治先生自1994年起每年在恩格贝40天左右，进行林木的管护。

栽树数量最大的方式是在日本募集资金，然后请中国当地农民在植树季节植树，如1996年日方共植树56万棵，其中协力队植树6万棵，其余50万棵全为雇佣民工完成。

远山先生募集资金数量很大，笔者从日本沙漠绿化实践协会主办的《沙漠》杂志上查到几个年份的数据，见表5—2。大约每年折合人民币都在500万元以上。

表 5—2　　日本沙漠绿化实践协会募集资金统计

年份	1991	1995	1996	1997	1999
日元数	7834 万	7344 万	8998 万	8829 万	9998 万

在远山正瑛先生领导的绿色协力队的感召下，北京、呼和浩特、东胜、包头等地的机关、学校、民间团体也都组织了自己的绿化治沙实践团队，来到恩格贝植树，如北京植树队、包头第二中学植树队、绿色家园植树团、自然之友植树团等。每年也达到了千余人。

美国人、英国人、德国人、法国人、奥地利人、韩国人、澳大利亚人，以及中国香港、台湾、澳门的同胞，也都陆续来到恩格贝，参加了植树绿化活动。

恩格贝的示范作用影响深远，在此参加绿化治沙活动而后又分出去按恩格贝模式建立的绿化基地已经有六七家，其中菊地丰先生在通辽市建立的“乌云林场”植树数量甚至超过了恩格贝。教育部人文社会科学重点研究基地陕西师范大学西北历史环境与经济社会发展研究中心将要建立的“统万城绿色都市恢复基地”也是以恩格贝为榜样的。

1994 年，鄂尔多斯羊绒厂因为投资太大而决定撤销此项目，王明海在经过一番思考后，毅然辞去副厂长职务，决心来到沙漠中独自经营恩格贝。王明海向综合开发沙漠方向努力，除搞好原有的中华绒山羊试验养殖场外，还建成了矿泉水厂、驼鸟养殖场、孔雀养殖场，修建成 4 个水库，在水库中养鱼，开辟有基本农田和苗圃，新落成的恩格贝宾馆和蒙古包可以同时接待近千客人。从王明海带领志愿人员进驻恩格贝，到 2001 年年底，他成功地探索出一个集农林牧渔、旅游、工业、科研等于一体综合开发沙漠的经济模式，真正地走出了一条环境保护与经济可持续发展相结合的新路子。

恩格贝是国内外绿色志愿者建立的绿化沙漠的乐园，是综合开发沙产业的典范，现在已成为伊克昭盟（今改称鄂尔多斯市）库布其综合开发示范区。

二　牛玉琴模式：家庭承包绿化治沙的楷模

牛玉琴住在陕西省靖边县东坑镇金鸡沙村，这个村庄紧靠毛乌素沙漠南缘，而牛家又位于这个村庄的西北角，因而牛玉琴较一般人更能体会到风沙侵蚀危害之剧烈。1984 年深冬季节，靖边县政府提出了允许家庭或联户承包在全县范围内荒沙的政策，受尽风沙折磨的牛玉琴和丈夫孙家旺决定联合左邻右舍在沙漠里大干一场，植树种草，绿化固定沙丘，也为后代造福。可她俩走乡串户联系承包者时，人们却因惧怕荒沙或治沙投入大而收益无法保证都不敢应声。在无人应包的情况下，牛玉琴夫妇决定自家独担风险，毅然于 1985 年元月正式同乡上签订了独户治理万亩荒沙的承包合同书，并在乡三级干部会上作了表态发言。

治理万亩荒沙对一个家庭来说，确实有资金、技术与劳力上的诸多困难，而且承包的"一把树"这片流沙离村庄十几里远，不说是栽树，光是运送树苗和障蔽材料也能把人累垮。牛玉琴夫妇对此也有充分的思想准备，用她自己的话说："就是瞥死骡子挣死马，也一定要干下去。"而且他们制订了详细的治理计划，设计了进沙路线，选择了安营扎寨之处，准备把万亩荒沙分成三大段，每段又按生态条件分成几个小的区域，某区以杨树为主，沙蒿沙负为次，某区以沙柳与柠条为主，沙蒿为次。这个规划制定于 1985 年 3 月 1 日，被孙家旺绘成草图名称叫作"承包万亩荒沙基本草图及初步造林规划"，现在就镶嵌于玻璃框内，挂在牛家正房大厅中。规划图的下面一栏还有不少文字，"如一年栽上，三年补齐，五年见效"，这是其实施的步骤和总体计划，而"一年之计在于春，一月之计在于旬，一日之计在于晨"则表达了他们决心只争朝夕，忘我奋斗的精神。这幅地图是牛家的传家宝，也是整个沙区劳动人民的精神财富，它编绘出人们改善生存环境、建设优美家园的宏伟蓝图。

造林是有季节的，耽误了春季就要拖后一年。为凑足买树苗的钱，牛玉琴把家中值钱东西的全卖光了，还向亲友四处借贷。他们雇了 16 个劳力，加上全家男女老幼一齐上阵，经过一个多月的拼命苦干，共栽高杆柳 100 亩，沙柳 364 亩，杨柳 470 亩，榆树 300 亩，种沙蒿 1000 亩，首战告捷。第二年，万恶的病魔向孙家旺袭来，但他为了不误种植季节，坚决不愿住院治疗，由牛玉琴学会了打针，在家打完针后，就又带领人马，拉着树苗进沙造林。这一年他们奋斗 40 余天，造林 6000 余亩，初步完成了万亩荒沙的造林任务，政府又把与其连接的 3 万亩荒沙承包给了他们。

1988 年，大漠之子、治沙英雄孙家旺壮志未酬，不幸辞世。失去了生活的伴侣和治沙的战友，牛玉琴万分悲痛，但她没有听信“把造好的林子卖了，准能过一辈子好日子”的劝告，而是决心继承丈夫遗志，把治沙绿化事业干好。于是她擦干眼泪，勇敢地用她的双肩挑起了治沙与家务两大重担，亲手操办起雇工请人、联系种苗、设计规划、安排劳力、家务生活等全部工作。在沙窝里盖了三间房，打了一口井，无论春夏秋冬，全家人都干在沙窝里，加快了植树步伐，保证了造林质量。到 1996 年，共栽植杨树 4140 亩，榆树 300 亩，柳树 350 亩，沙柳 4937 亩，柠条 650 亩，沙米沙负 2467 亩，紫穗槐 1200 亩，沙蒿 3940 亩，桑树 40 亩，共计 18034 亩，搭设障蔽 500 多万丈，治理区林草覆盖率达到了 30% 以上，流沙基本得以固定，四万亩荒沙中出现了大片绿洲，也有了一定的经济效益①。

有了收益后，牛玉琴并没有用于改善自己的生活，而是更大规模地投入治沙绿化事业与村民的文化教育事业中去。1997 年，她又承包了内蒙古伊盟乌审旗河南乡尔林川村的万亩沙丘，承诺“借你一片荒沙，还你一片绿洲”。1999 年，又承包了靖边东坑镇伊当湾村的 7 万亩荒沙，总治沙规模达到了 12 万亩。1992 年，牛玉琴为解决周围孩子上学难的问题，节省和贷款资金各一万元，盖起 8 间校舍，建成远近闻名的“旺琴小学”，学校用牛玉琴夫妇名字的各一个字来命名。为了学校的发展，她后来又陆续投资 20 万元余扩建学校。宽敞明亮的教室盖起来了，而直到 1999 年，牛玉琴都住在低矮破旧的老房子里。

牛玉琴自己小时候识字不多，经过她努力自学，现在已经能够读书看报，学习先进的科技知识，也能写作各种报告，总结治沙绿化经验以与同行们进行交流。她还注重培养青少年治理沙漠绿化家园的意识，每年春季邀请靖边县 3000 多名中学生进入沙区进行植树实践活动，她提供工具、饮食、树苗与技术指导。孩子们亲自栽种的一棵棵树苗在沙漠中生根发芽，茁壮成长，而且这些小树将在孩子们幼小的心田长成浓郁的树林，使其终身受益。牛玉琴最小的儿子孙立强考上大学后，进入西北

① 牛玉琴：《历尽千辛万苦，“一把树”变绿洲，勒紧裤腰带，育树又育人——牛玉琴同志在全省地市林业局局长会议上的发言稿》，1996 年。

农业科技大学学习先进的绿化治沙知识，毕业后回到榆林治沙研究所工作，同时兼任牛玉琴沙治理区试验新品种的技术员，仍然战斗在与风沙作斗争的第一线。

牛玉琴以家庭形式承包治理沙漠，16 年来埋头苦干和无私奉献，成为沙区的一面旗帜。至 2001 年，她共承包治理荒沙 12 万亩，种草植树 4 万余亩，其中杨树 8798 亩，沙柳 11674 亩，榆树 300 亩，柳树 560 亩，柠条 650 亩，花棒 5000 亩，沙蒿 7846 亩，沙米 5367 亩；投资于治沙的雇人工资与买树苗、草籽钱共 854364 元；同时她热心公益事业，给村里办起了小学，修通了公路，架上了电线，接通了自来水，安装了电话。由于对社会的突出贡献，她被评为“全国十大女杰”“全国劳动模范”“全国三八红旗手”“全国优秀共产党员”“全国十大绿化标兵”“全国十大农民女状元”，当选全国人大代表，1993 年还获得了联合国粮农组织颁发的“拉奥博士”奖章。

在 20 世纪 80 年代中期以来的榆林人民治理荒沙、加速生态环境建设的热潮中，以家庭为单位的治沙形式最为普遍，也极易成功，牛玉琴就是成百上万个家庭治沙成功的典型代表。要探讨为什么牛玉琴模式最为流行又极易成功，笔者觉得这主要是因为家庭是中国基本劳动单元的历史文化传统特别适合绿化治沙这种工作的特点。几千年来，家庭一直是中国最基层独立核算的经济单元，每个成员的内部劳动是义务的，可以不计成本，其报酬当然是他在家庭中的生活权益。这一点与栽树种草治理沙漠的劳动特点相适应。每年春季栽树要求集中较多劳力，家庭劳力不足时可以采用雇工的方式解决，其余时候的草木抚育管理、收集种子、栽播灌草、设立障蔽、看护林草等众多活计则是全天候的或随机而行的，也是男女老少咸宜的，都很难计算成本与价格，很难采用雇工形式完成；有些活计则是零星的、分散的和多项穿插在一起的，需要自觉来完成才能有超过成本的效益，无法采取集团的形式。以家庭形式却能充分发挥家庭内部成员中男女老幼的劳动能力，且家庭是最小的经济单位，其收益直接关系到自己的亲身利益，故工作积极性最高。牛玉琴的公婆在其创业的艰难阶段，不顾年老体弱，吃住在沙窝里，看护幼苗收集各种草木种子，阴雨天随时撒播下去，这种不分阴晴昼夜的劳作只能是家庭责任制的产物。而牛玉琴的孩子当时年纪尚小，但也利用放假时间进沙干一些力所能及的活。总之，绿化治沙的劳动特点与我国农村传统经济特点相近，而在中国传统农业时代，小农即家庭经济是促使其走向兴盛的基础，这也是中国的粮食问题为什么能在实行家庭联产承包责任制后迅速得以解决的最主要原因。由此可知，当前植树种草治理沙漠的最普遍也最易成功的是家庭承包制的牛玉琴模式。

三　石光银模式："公司+农户产业化"治沙的代表

石光银是陕西省定边县海子梁乡四大壕村农民，年少时为沙漠化的恶劣环境所迫，不得不多次搬家，这反而增强了他与沙漠恶魔作斗争的意志和能力。1963年，他当上生产队长后就开始进行"治理荒沙，保卫家园，为国分忧，为民造福"的事业，其后3年，他带领群众治沙造林万余亩，使海子梁乡出现了一片人工绿洲。这第一次尝试更坚定了他绿化沙漠的信念。

1984年，国家出台了允许单位或个人承包治沙的政策，石光银组织成立了7户农家参加的治沙联合体，他们与乡政府签订了治理3000亩荒沙的承包合同。为筹集资金，石光银带头变卖家畜、家产，并向亲朋和信用社借贷，终于及时凑足了购置树苗的10万元现金。当年春秋两季，七户农家男女老幼齐上阵，在荒沙地栽上了旱柳、沙柳、榆树等，经精心抚育，次年的成活率达到了87%。沙漠绿化效果十分明显，也标志着联户治沙作为一种模式应运而生且初见成效。

为更大规模地治理荒沙，1985年春天，石光银又承包了国营长茂滩林场长期无力治理的5.8万亩荒沙，成立了新望林牧场。经过充分的协商和准备，他于1986年在联户承包治沙的基础上创建了全国第一家由农户组成的治沙公司——绿源治沙有限责任公司。公司把股份制与家庭承包制引入运营机制之中，与每个承包户签订合同，承包户负责林草的栽植与管护，新望林牧场作为公司的下属单位提供树苗、技术及打井等基础服务；农户以工入股，四六分成，承包户得大头。农民缺少现金，有的却是用不完的力气，这种入股与分配原则，保证了有力者出力，实现了多劳多得，调动了大家的积极性。公司规模迅速发展到邻近的5个乡8个村，共127户482人。在保障群众利益的基础上，公司也可以凭借利润的积累，扩大业务，不断发展。

经过十多年的不懈努力，公司先后投资600多万元，其中除石光银个人筹集45万元、贷款200万元外，均来自股民的资本和公司的利润积累。这些投资主要用于造林、打井、平地、架线、办厂等，开发出许多昔日沙窝里人想都不敢想的沙产业项目来。第一，建立了稳定的种植业基地。在条件好的治理区内打井，平整出水浇地2000余亩，种植粮食作物和药材。公司现在年产粮食23万公斤，职工人均占有粮食950公斤。第二，建立了良种育苗基地。在300亩苗圃中培育有美国大杏、法国葡萄、俄罗斯大粒沙棘、金丝柳等50多个品种的经济林种与治沙生态树种。第三，大力发展养殖业。饲养牛羊2800多头，1996年投资8万元办起的养猪场，目前年产肉猪200头，纯利润4万多元。第四，利用沙区资源，开办起小型工厂。如利用当地盛产的沙芥菜、苦菜、沙葱等绿色野菜，创办了绿色食品罐头厂，市场发展良好；兴办的复合饲料加工厂与机砖厂年利润分别达到了10万元和20万元；现在正在筹备与天津中堂房地产公司合作创建药材加工厂，把药材的种植与加工在当地结合起来。

目前石光银治沙公司的年收益已达100万元，在充分考虑广大股民投资红利后，公司会把部分资金投到沙漠治理中去，不仅基本治理了原来承包的荒沙地，而且又扩大范围，承包了更多的沙碱地。据2000年6月定边县林业局《石光银承包治沙简介》："石光银治沙成效显著，造林保留面积达57022亩（其中乔木林28422亩，灌木林17785亩，沙蒿10815亩），林草植被覆盖率达74.5%，立木蓄积达25609.4立方米。荒沙全部固定或半固定，达到预期目标，治理区内生态环境明显改善。"① 1997年3月，石光银又承包了国营长城林场的荒沙5万亩，承包了县盐化厂的荒沙1.5万亩，承包了草滩墩农场的荒沙829亩。次年又签订了承包治理5.5万亩盐碱滩的合同。

石光银十几年的艰苦探索，走出了一条公司加农户的产业化治沙道路，他创办的治沙公司把沙漠绿化事业推进到综合开发沙产业的高度，公司利用股份制筹集资金，利用现代企业方式经营沙产业，又用农户承包形式绿化治理沙漠，植树种草；利用综合开发积累的资金不断增加绿

① 有文献资料说，石光银15年来先后承包治理荒沙15万亩，沙区植被覆盖率达到92%。承包荒沙面积基本正确，植被覆盖率恐估计太高。

化治沙的投资，而治沙的成功又为沙产业提供了丰富的原料和必要的生态环境，形成了良性循环，是一种“林农牧厂多业并举，绿化治沙与综合开发相结合，以治理促开发，以开发保治理，带领群众走向共同富裕之路”的成功模式，是谓“石光银模式”。

四　大伙场模式：村集体治沙的榜样

大伙场是榆林市榆阳区牛家梁镇所辖的一个村集体，由 5 个自然村组成，位于榆林市北侧约 15 公里的古长城边上，现有人口 1361。从村庄的名称可知其形成很早，原来伙场也叫“伙盘”，“所谓伙盘者，民人出口种地，定例春出冬归，暂时伙聚盘居故名之，犹内地之村庄也”。[①] 这种情况是从清朝康熙年间开始的，此时也奠定了大伙场村的基础。

大量地开垦边外草地导致其就地起沙，使其本来已经恶劣的生态环境更加恶化，沙漠化进程加剧。据研究，榆林地区“在新中国成立前的一百多年里，流沙越过长城南侵 50 公里，吞没农田牧场 210 万亩，沙区仅有的 165 万亩农田处于沙丘包围之中，沙区 6 个城镇和 421 个村庄受到风沙侵袭压埋”。[②] 大伙场村当然也不可避免，到 20 世纪 80 年代，其村耕地面积下降到接近人均一亩，再这样发展下去，村民的基本生活都将难以维持，其生存受到了严重威胁。

1984 年开始，村干部就带领村民在每年春秋两季植树种草治沙，坚持与沙漠化作斗争，积累了不少经验。1994 年开始，日本国鹿儿岛市组织的绿色遣唐使团队连续七年来到大伙场进行义务植树，同时在村民的积极参与下，沿长城两侧植树万余株，绿化沙漠 200 余亩，被命名为中日友谊林。村干部认识到群众这种积极性可以充分利用，于是提出了一个改造长城外侧一千二百亩沙丘为良田的方案，计划利用其村不远处有河渠与黄土资源的有利条件，引水拉沙，剥平沙丘，然后再铺上一层黄土建成基本农田，不仅可缓解人口对耕地造成的压力，而且能提高村庄的整体经济实力，使人民生活奔向小康。村民们高度赞同这种符合自己切

① 道光《怀远县志》卷 4 下。

② 中共榆林市委室传部课题组：《坚持生态优先，再造秀美山川——榆林沙区生态环境建设的启示》，《陕西日报》2001 年 3 月 10 日第 2 版。

身利益的计划，按照有劳力者出力代资、有钱者出钱的原则，集中起资金和劳力。先修水库与水渠，很快建成了自己的塔岸畔水库，又修干渠8公里由塔岸畔和石峁两水库引来大水进行拉沙，剥平沙丘后，再“引水送土”，把黄土送到平整好的沙地表层，当然有些水力无法达到的地方则用推土机械拉土来铺上黄土，使其成为真正的黄土壤，以利于保肥保水。沙丘造田后，引水渠道改造成灌溉水渠，水利配套，田地形成规整的方格状，并在水渠道路两旁留出绿化带，植树建成网框式的农田保护林。通过这样艰辛的劳动，把高大沙丘改造成水渠道路防护林纵横交错的浇水农田。经过5年不懈的努力，到2000年大伙场村民完成了当年的计划，新造成1200余亩水利田，而在此之前全村耕地面积尚不足1200亩，也就是说村民用自己的心血和汗水真正再造了一个大伙场村。

除营造中日友谊林与平沙造田外，村干部还对整个大伙场村的村落、道路、基本农田、林草沙地进行长远的规划。他们预留了一片沙丘来作为改造村民住宅的材料基地，新修了5公里长的乡村柏油干道，对剩余的5800亩荒沙进行绿化治理，因地制宜地实行林灌草结合的方法，已经基本达到了沙丘的固定或半固定。基本农田稳定在2400亩以上，从两水库引水，全部改造成水浇地，在村民每人分配一亩口粮田外，农田实行大面积的承包制，鼓励村民承包并实行集约化经营，种植麻黄、西瓜、土豆之类经济作物以及经济林木如水果、树苗等，来实现创收增值。

通过两次实地考察，亲眼看见了大伙场村治沙造田、乡村建设的成就，笔者感到由衷的高兴和欣慰，也很想探索这种村集体治沙成功模式的意义，并向榆林市主管林业的领导与当地村干部们进行咨询。大伙场村村长张银堂先生介绍说：以村为单位治沙至少有以下两大好处，这也是我们村治沙初见成效的原因。一是治理的多是自己身边的沙丘，也就是建设自己的家园，建好后自己以及后代子孙永远受益；同时，我们利用以劳代资形式，即有力者出工，出工就计钱，不搞义务工。现实的和长远的利益都是看得见，摸得着的，这当然能够调动大家的积极性。二是村集体形式能够集中起相对多一些的资金和劳力，为运用大型机械和先进技术打下基础，六七年来我们总共投资120万元以上的人民币，其中除日本绿色遣唐使志愿者捐助的钱物合计48万元外，全部是村民自己投入的。我们修路、修渠、修水库，需要劳力很多，在平沙推土方面也使用大型的推土机。更重要的是可以保证大规模的造田，像我们这样成片几百以至千亩地造成水浇地，在现在的情况下只有以村集体为单位才能干成。如在家庭承包形式下，因为家庭的资金与劳力资源毕竟有限，或是怕投资大，收益时限短不合算，容易造成无能力或不想去进行这样大面积大投资地改沙造田，只能小打小闹，在沿河滩地造地二三亩，非常零星，水渠不连贯，农田不平整不连续，不利于长远的发展。

榆林市林业局绿化办杜主任则能从更高的角度给大伙场村这种村集体治沙模式给予更高评价，他认为这种形式与乡村最基层行政组织相结合，可以把全村的宅基、道路、水渠、农田、林牧场、沙地等进行统一规划，实行一个村庄的综合治理，并依据资金与劳力的投入按计划逐步地实施，建设好自己的家园，实现村民的共同富裕。现在大伙场村已成为沙区远近闻名的小康示范村。小康代表着其村居民生活水平已达到一定程度，经济发展走在了前面，而示范则更多的是指这种村集体治沙模式符合新时代乡村建设的需要，应该多宣布和推广。

五　余论

总起来看，治理沙漠，开发沙产业应该区分多种层面。第一层是种草植树，把沙丘固定下来，实现生态环境的改善，考虑最多的是生态效益，而林牧业经济也有了基础。这是最基本的层面。第二层是引水平沙造田，改造沙丘为网格状林带防护下的水利田。种植粮食、蔬菜、经济作物与经济林果等，治沙以促进种植业的发展。第三层是利用沙区资源和现代化技术进行沙产业的综合开发，这包括农业、工业、养殖、旅游等各个方面，如恩格贝的矿泉水厂、鲜花种植园、鸵鸟养殖场，石光银的绿色食品罐头厂、中药加工厂等。这三个层面不是相互排斥的，而是紧密结合在一起，而且又可以相互促进。

第一层面的工作是传统型的，长时段的，很难计算成本与直接效益，故以家庭形式来承担为最佳模式。第三层面是现代化技术的产物，具有企业化性质，资金、技术、人才要求较高，相对地便于集中管理，必须用公司制度来经营。在多种层面交织在一起的时候，综合开发沙漠的产业利用企业制管理，绿化治沙的项目利用家庭承包制实施，多种形式并举，也是可行的和必要的，绝对不可以强求一律。也就是说，应该根据各地治沙工作的性质选择不同的治理模式，不要硬性规定走相同的道路。

中国的沙漠地区相对贫困落后，来自外部的人力、物力、财力的支援是非常必要的，具有强大的推动力，像恩格贝综合开发的成功离不开远山正瑛先生领导的日本国绿色协力队的无私援助，而大伙场村的成功也得益于日本国绿色遣唐使团这个原动力的推动。沙漠绿化治理是与全人类生态环境密切相关的大事，沙区以外的个人、企业、机关、学校，乃至国内外绿色志愿者都有义务来助沙区人民一臂之力，有力出力，有钱出钱，有志者多做宣传。假使全世界的人们都能在自己的心田营造一片属于人类的充满生机的森林，则荒寂沙漠的威胁就会降低到最低点。

我们在强调对沙漠的绿化治理与综合开发之时，一定不能片面地夸大人类自己的力量，应该尊重自然，因地制宜。比如绿化治沙只有在次生沙漠中可以获得成功，而且应该“以水定草，以水定树”。要认识到一棵树好比一个小抽水机，耗水量大大超过灌木草丛，植树不当反而会加重沙化。要种树先种草，不能不切实际地扩大乔木林的面积，要知道森林除了有蓄水的功效外，还有大量耗水这一对环境的不利影响。要在沙区开垦出农田更是需要特殊的地理环境条件或高超的现代技术。在原生沙漠地区以开发沙产业为主。这就告诉我们，在毛乌素、库布其沙漠中成功的模式，不一定适用于塔克拉玛干沙漠之中，即使在同一个沙漠的不同区域也应该选择不同的治理方法。

除了上述诸多成功的模式和典型以外，我们也应看到沙漠化问题的严重性，除局部地方实现了“人进沙退”外，全国大多数沙区还依然是“沙进人退”，沙尘暴的强度、频率与影响范围仍没有得到有效的控制，据说还有越来越严重之趋势。即是在本节所说的成功模式背后，我们也还是能够看到存在一些影响其继续发展的问题，应该引起我们足够的重视。比如绿化治沙投入大，收益的却是生态效益，这就限制了绿化者的继续投资。现在有些人已经提议国家实行生态绿地收买政策，国家投资从绿化者手中购入，作为国有生态林场，实行封育，让绿化治沙者有经济上的回报，也能保证其不断地更加积极地为更大范围的沙漠披上绿装。还有一个问题即是科技含量普遍较低。今后应该利用政策导向，使实践者与科研单位相结合，而科研人员更应该积极主动地投身于实践之中，使自己的科研成果应用到实际生产中去，并且还可以在实践中得到检验，不断地深化自己的研究！

西北内陆地区是中国沙漠分布的主要区域，而治理与开发沙漠的限制因子是缺水，现在中国正在实施的西部大开发和将要实施的南水北调是否可以结合起来，调来的南水除了解决北方工业之需外，还可向沙漠中输送一些，用以改善环境，开发沙产业。如果西北大沙漠能够得到水的滋润，笔者相信西部大开发离成功也就不远了，西北就能够为国家作出更大的贡献。从这个意义上来说，远山正瑛先生所说的“21 世纪是沙漠的时代”是很有预见性的。

附记：本文初稿完成于 2001 年 11 月。2002 年 4 月，笔者带领“统万城绿色都市恢复基地”绿化小组在统万城旁植树，并第一次拜访了石光银，第三次访问了牛玉琴家。2002 年 4 月 16 日根据最新访问材料定稿。在此谨向治沙英雄远山正瑛、东城宪治、牛玉琴、石光银等致以崇高的敬意，并向三次考察中给予方便的各级林业部门的同志表示真诚的谢意。

第三节　弘扬榆林传统文化，创建五省交界中心城市

榆林市委市政府提出建设西部经济强市、绿色生态名市的同时，还要求把榆林建设成为特色文化大市，这种发展战略是特别高瞻远瞩的。由于现代经济开发较晚，榆林市保存了相对完整的典型陕北文化，民歌、民乐、曲艺、石雕、泥塑、剪纸在国内外影响很大，加上汉唐上郡、夏州的区域中心地位，是明代九边重镇之一，榆林市成为第二批全国历史文化名城及省级历史文化名城。榆林市确实有建成特色文化大市的基础条件，关键是要采取更加切实可行科学合理的文化发展措施。首先要摸清文化资源的家底，组织专家学者开展研究。在全国地级市城市中，有许多已经走上了文化兴市的道路，出版有多卷本历史文化丛书的城市数不胜数，在陕西省，宝鸡、汉中、延安、咸阳也都有自己的成套研究论著，走在了榆林市的前面。其次是对历史文化资源与现代城乡文化给予

正确的定位和评价，这也是合理开发利用以及制定保护措施的基本条件。第三就是既要大张旗鼓地宣传，还要不遗余力地开发。以下分享笔者对榆林市历史文化资源特征及价值的基本认识及开发建议。

一 榆林市是陕蒙晋宁甘五省区交界地区中心城市的最佳选择

陕蒙晋宁甘五省区交界地带，西北以黄河“几”字形弯道为界，东括黄河沿线的山西忻州市、南达陕西延安、甘肃庆阳地区，包括陕西、内蒙古、山西、宁夏、甘肃五省区的几十个县市。该区域地理环境趋同，资源组合良好，区位优势明显，具有发展资源工业与农牧业的优越条件，是大家密切关注的能源基地和经济生长点。在陕蒙晋宁甘交界地区，由于山同脉、水同源、人同种、话同语，又属于鄂尔多斯台地与黄土高原之交界地带，故在历史上形成了密切的地缘关系。

先说陕西与内蒙古之间的关系，秦汉时代此处称为河南地，属上郡、北地郡管辖，上郡治所肤脂即今榆林市南郊外，当时为行政、经济、军事中心；唐代本区则全为关中道所辖，后来因为历史原因多以风沙黄土交界线作为汉蒙分界，但民族交流和边塞贸易一直十分密切。

陕晋的地缘结合在这里也很密切，从先秦开始，河套的开发都是晋国、赵国与秦国交替进行的，上郡的设置也可见一斑。先是晋国经营此区，设置上郡，以北方为上，故名。后来，魏国占有河西之地，也有上郡之设，只是后来秦人强盛，魏纳上郡十五县给秦国。西汉时，分上郡滨河一带专设西河郡，辖有黄河东岸大片土地，也是为了照顾黄河对岸的防务。到了唐宋时代，府州为河东道所辖，也是照顾黄河两岸的经济开发与军事攻防，而且在社会实践中确实发挥有重大作用。

陕西与宁夏的关系更是非同一般，唐末兴起的党项族，其发祥地即是位于今天榆林靖边县白城子的夏州，后其攻占灵州，建立西夏割据政权，其王朝名字即以夏命名。明代宁夏同属陕甘行省，后来才分割开来。今日宁夏的名字也与夏州之夏有着直接关系。

在陕蒙晋宁甘五省交界的广大地区，东有太原、西有银川、北有包头、南有西安，中间没有大的中心城市。这个被称作五省交界区的广大区域，除了历史上密切的地缘关系以外，现在又是能量资源富集的地区，本区煤炭储量 2505 亿吨，约占全国保有储量的 1/4 还多；预测资源量

11211 亿吨，占全国的 22. 2%，尤其是优质动力煤，占全国保有量的六成以上。同时，这里还是大型油气田的开发新区，盐矿的富集区，土地与其他矿产资源也很丰富，因而，在全国经济对能源与化工原料有特别需求的 21 世纪，形成了陕蒙晋宁甘五省区的能源新兴区域。

可是，由于行政界限的分割，这个区域的中心都市没有明确，难以形成带动区域经济快速发展的增长极和制高点。从区位环境、历史文化及交通条件等多个方面来分析，榆林具备本区域中心城市的最佳条件。

首先是榆林市的地理位置适中。相对而言，鄂尔多斯市这几年经济突飞猛进，创造了“鄂尔多斯奇迹”，但其不利因素是距北缘经济都会包头太近，且东西交通联系不够。相对而言，榆林居于鄂尔多斯市与延安的南北之间，东有忻州，西连银川，区位优势明显。

从生态环境现状来看，榆林作为五省交界区中心都市也有一定优势。内蒙古鄂尔多斯与宁夏河东地方有毛乌素、库布齐两大沙漠，至今环境问题仍未得到根本改善，风沙大，容易引起沙漠化的危害；而山西沿黄河地带与甘肃东北地方则是典型黄土高原地区，沟壑纵横，植被稀少，水土流失问题严重。相对而言，榆林地区为黄土与风沙区的过渡地带，水土资源相对较好；而且地理单位的交界地区更是发育大都市的区位关键。

从历史发展脉络来看，秦汉时期设在榆林市区的上郡，是本区域的政治、经济、军事与文化中心，其区出土的大量汉画像石资料可以证明此中心的存在。到了十六国北朝时代，统万城（夏州）成为本区的中心都市，而它也位于榆林市域范围之内。明代榆林市在秦汉上郡之基础上重新崛起，发展成了本区的军政指挥中心，后来更成为行政与经济中心。这种历史文化上的优势是形成本区中心都市的重要基础之一。

从交通条件上看，从古至今榆林都是五省交界区的东西南北交通中枢。秦汉时代的直道、驰道经过上郡，秦皇汉武都曾来此巡视；唐宋时代夏州更是参天可汗道、回纥道等丝绸之路和茶马贸易主干道上的贸易中心，明清时则是东西交通之所必经，康熙皇帝西征喀尔丹就经过榆林城。而到了 21 世纪的今天，榆林则更发展成为中国东西南北现代交通干线的重要枢纽。高速公路方面，包茂高速是全国南北交通大动脉，而青银高速则贯穿中国东西部，两条交通干线交汇在榆林境内。铁路方面，西安至包头的南北线早已建成，现在榆林地段正在铺设双轨；而东西方面大同至银川铁道已经奠基，其交汇点也在榆林市域范围。而榆林市的新机场早已建成营运。这四通八达的现代化交通网络的中心正是榆林，乃榆林市建成为本区中心都市的必要条件之一。

为了实现把榆林建设成陕蒙晋宁甘五省交界区中心城市的目标，未来榆林市委市政府应该高瞻远瞩，坚定信念，实行大规划，发展大战略；增强实力，拓展辐射面，增强吸引力；同时，加快城市建设和环境整治，强化城市功能，逐步把榆林建设成为历史文化特色突出、经济繁荣、环境优美的大都市。

榆林市的能源开发、农牧业创新等经济发展战略，使榆林市做大做强，是创立榆林区域中心城市的基础条件。同时，笔者要强调的是文化产业的创意也是榆林市增强城市魅力，可持续发展的重要途径。“城市即文化”，文化是一个城市自信心和魅力之源，现在已经成为共识。以下笔者就结合榆林市丰富多彩、源远流长的历史文化资源，谈谈近期榆林市文化产业大发展的几点意见。

二　积极开展申报世界文化遗产工作，扩大榆林文化影响力

第一点，注重历史文化的发掘与研究，对现有的地面文化遗产进行科学的价值评价，制定保护与开发利用方案，积极开展申报世界文化遗产活动，扩大榆林文化影响力。

根据笔者的研究，现在榆林市已经有“长城”这个世界文化遗产，同时还有3个具有申报世界文化遗产潜质的遗存。这在五省交界区域是没有其他城市能够比拟的。

首先是现在位于沙漠之中的匈奴古都统万城，其价值首先在于它是1500余年前的匈奴族大夏政权的首都，这在世界上具有唯一性；其次，遗址保存状况良好，建筑形制独特，具有视觉震撼力；最后，统万城现在处于沙漠之中，而初建时这里却是“水草丰美”，因而具有环境变迁研究的指示意义。

笔者认为，统万城遗址完全具有世界文化遗产的价值，在2006年以前，陕西省有五个单位列入了中国世界文化遗产的预申报名单，大夏古都统万城即是其中之一。可是，由于联合国教科文组织规定，每年每个

国家或地区只能申报一项，中国疆域广阔，历史文化遗产丰富多彩，于是只有减少申报项目或联合进行申遗工作，我们榆林的统万城遗产仍然是中国的预申报名录之一，但在 2019 年属于暂未提交至世界遗产中心的预备项目，排名靠后。

实际上，我们今后可以以丝路申遗扩展项目的名义，进行申遗活动。这样就可能在未来两年内进入世界文化遗产名单。那样将大大提升榆林市的文化地位，带动榆林文化旅游事业走向新高度。

笔者认为这是很有可行性的。首先，统万城及后来的北朝时代的夏州确实是丝绸之路的重镇，在中西方交通过程中发挥有重要作用；过去我们研究得较少，宣传得也不够。其次，丝路申遗成功后，世界遗产中心相关办事机构就在陕西省文物局，他们存有过去统万城申遗的一些资料，应该很容易地接受榆林市的意见，而且可以很快地完成扩展申报的文本材料。最后，统万城遗址周边现在只有一个行政村，遗址内部居民已基本搬迁出来，环境整治工作相对容易得多。

第二点，是近几年考古发现的石峁遗址。遗址总面积约 408 万平方米，由 190 万平方米的外城、210 万平方米的内城和 8 万平方米的皇城台三座基本完整并相对独立的城址组成，是目前所见中国规模最大的龙山时期至夏代早期阶段城址。

石峁遗址具有规模宏大的格局、完备的城防设施、层次分明的聚落布局及精美的玉器文化，是中国北方地区一处大型中心聚落遗址，为探究中华文明起源形成的多元性和发展过程提供了考古依据。2019 年 5 月 9 日，国家文物局批准，石峁遗址列入世界文化遗产预备名单。

第三点，榆林城墙加入中国“明清城墙”申报世界文化遗产的筹备准备活动之中，积极创造条件，首先成为中国“明清城墙”申报组织的一员，在其统一要求下开展工作，为将来的联合申报创造条件。

国家文物局在 2006 年已经把“中国明清城墙”公布为中国世界文化遗产预备名单，当时是陕西西安城墙、江苏南京城墙与辽宁兴城城墙三家共同打包组团，联合进行申遗活动。2007 年，湖北荆州城墙又加入这个名单，扩大为四个古城城墙。

根据国家文物局专家的研究，中国目前列入各级文物保护单位的城墙有 100 余座，主要都是明代以来的城墙。如果能把工作做好，在未来四五年时间内，中国将有8—10个明清城墙遗存，完成环境整治工作，达到世界文化遗产的标准，申报成功应该没有问题。

榆林古城是明代所建的九座重镇之一，处于长城沿线，军事价值和古建筑意义很大，尤其是“六楼骑街”的布置。如果我们现在开始就充分认识其文化价值，开展修复、研究与保护工作，整治古城及其周边环境，加入“中国明清城墙”联合申报世界文化遗产的团队也是大有希望的！

三 在榆林市建设上注重文化传承和山水地理条件

在城市建设方面，有以下几点应该特别关注。一是科学规划榆林市的扩展，注重文化传承和山水地理条件，把榆林建设成承古开今，既具历史文化传统魅力，又有现代科技都市色彩的区域中心城市。二是统筹全市范围内的城镇体系建设与布局规划，加强各地小城镇建设，重点发展榆林市周边的神木、靖边与绥德三个县城，使其尽快撤县设市，发挥补充辅助中心城市的功能。三是研究府谷与佳县两个省级历史文化名城的文化与建筑特点，以其为主体带动黄河沿线城镇体系的形成和发展，打造沿黄文化与风光旅游线路，使之与已经基本连接起来的明长城沿线城镇带、无定河谷城镇带，共同构成榆林城市发展的三角稳定结构。

榆林市的渊源可以追溯到秦汉时代的上郡，但由于历史久远，政论中心的转移，上郡遗址破坏严重，对今天城市建设的参考价值不大。而明代兴建的重镇榆林是我们现代城市的前身，其选址布局、扩展过程与周围环境建设的思想理念与具体实践，有许多特别引人注目的地方，值得我们研究借鉴。

榆林最初依桃花泉水兴起，整个大城北据红山，西凭榆溪河，东依驼峰山，南邻榆阳水，形成了自然山水四面环抱之势，是一种最佳的区位选择。据著名规划专家韩骥先生介绍，榆林古城的选址与扩展是中国古典风水经验的结晶，即在今天仍有较强的科学意义和应用价值。

图5—6榆林城山水形势图显示，古城北部的红山、中部的驼峰山与南部的青云山基本连成一片，而且呈南北走向，是古代榆林城址选择的

龙脉所在。驼山正好向东弯曲，在山体与榆溪河之间形成了较大的河谷盆地，像怀抱的形势，具有风水上“穴”的特点，是得天独厚的建设城市的环境。

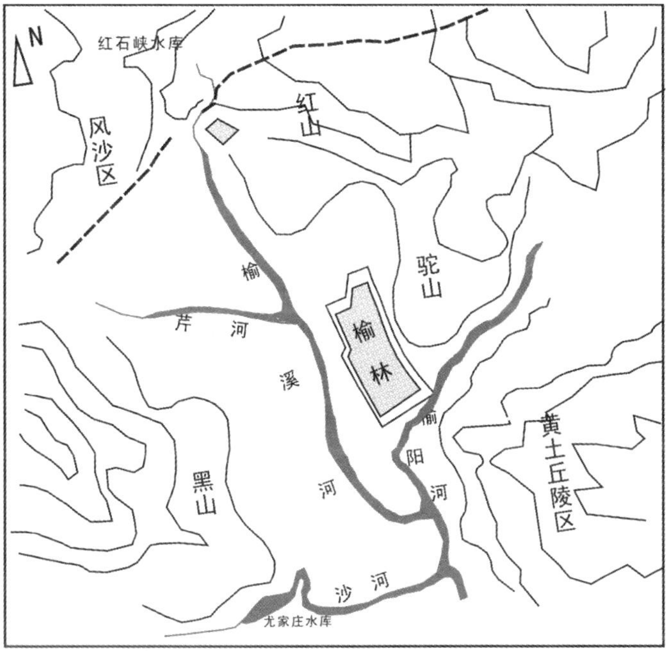

图 5—6　榆林城山水形势图

除了自然形成的地形龙脉以外，古人讲究“龙首当镇”，于是在红山与长城交汇处建设镇北台，成为榆林市的镇山。榆林城在明朝兴建以后，有过多次的扩建，而每次扩建都主要是向南北方向扩展，城市主要街道也是南北布设，以顺应这种龙脉的形势。在南门外修建凌霄塔也有风水思想的存在。北部城垣不开城门，除了军事防卫价值以外，也有一定的文化与环保意义。榆林地处风沙边缘，北墙不开城门可以抵御西北风带来的沙尘，而且也有一定防寒防风的实际效用。

研究榆林古城选址与布设的南北龙脉和轴向，对于今天榆林的现代化城市建设与规划具有参考价值。首先明确榆林的景观主轴是南北走向，这是历史发展与地理形势所决定的，我们今天的各种建设都要尊重这一特色，如果能够加强这一轴线景观，当然更好，绝对不能横向扩展，以防止挖断龙脉。

中华人民共和国成立以来榆林城市有了重大发展，首先建成了南郊的工业园区，其后榆溪河两岸新区拔地而起，北郊和东沙也向外扩展形成了新的建城区。见图 5—7 榆林城市景观空间演化示意图。榆林市的范围大大扩展，榆溪河成为现代榆林市的内核，因而也将成为榆林市的主脉所在，这也特别符合干旱区城市发展对水源较强依赖性的需要。即在明清榆林城市建设过程中，对水的重视仍然值得我们研究，在传统的榆林八景之中，水文景观占了绝大多数。

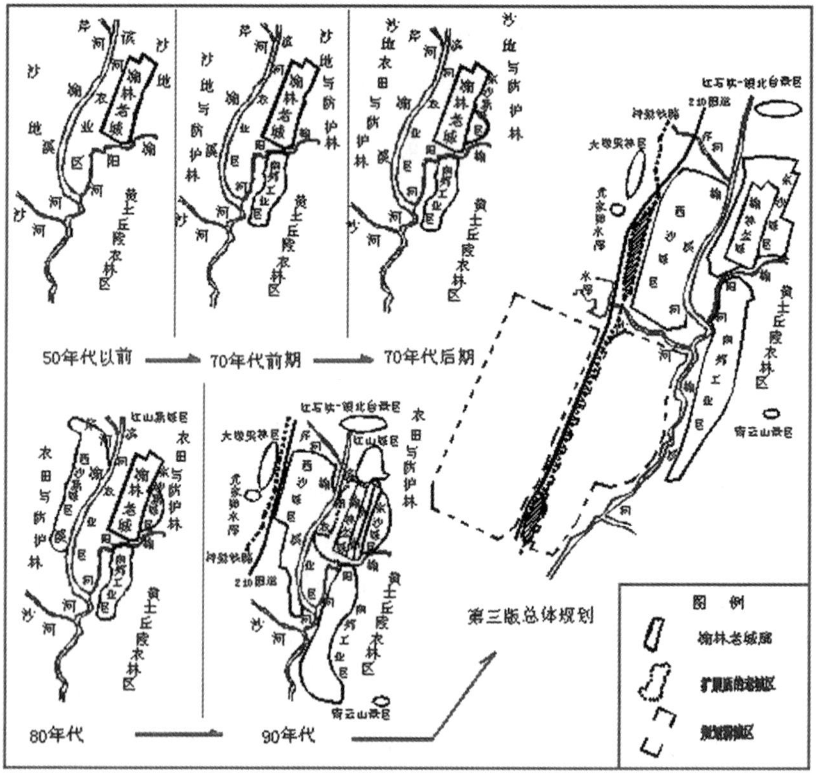

图 5—7　榆林城市景观空间演化示意图

八景之一的“南塔凌霄”是人文建筑景观，“红山夕照”与“驼峰拥翠”是自然山丘的利用，除此三者之外，全都与自然水源有关。“芹涧春香”是说城区西北部的芹河，它从西北部山涧流出，在市区王家楼村汇入榆溪河。河水清澈，古时常年不断，两岸绿草成茵，野花竞放，姹紫嫣红，芳香袭人。“寒泉冬蒸”说的是城内的普惠泉，在严寒的数九寒天仍然热气腾腾，永不结冰。“驼城十里涌寒泉，冬日云蒸众壑前”，是对此景的真实写照。“柳河秋色”指城区西南部的一条河，长约五公里，现被拦蓄成水库，沿岸稻花飘香，柳树千行，风景秀丽。“水帘飞雪”是指榆溪河流经红石峡南部，崖岩泉水潺潺流下，形成飞瀑似玉珠垂帘。“龙潭藏珍”是说城南黑龙潭的奇观。潭位于镇川镇红柳滩村东，有泉源九泓，又名“九龙潭”。传说其有灵异，祈雨特别灵验，而且将瓶放在泉眼下还会有古钱、珍宝流入瓶中。

榆林八景是古城山水特征的主体部分之一，它反映了古人的思想方式与周围环境的密切关系，人们对自然山水敬畏、崇拜乃至适应，同时还尽可能地利用，发展到对山水的审美并最终逐渐将其纳入自身的生活中，体现了中国传统思想“以人为本，天人合一”的主旨。

山水人工景观形成的“榆林八景”，还体现了古人巧于因借、富于联想、人文色彩浓厚的环境观。八景分布在古城的内部及东西南北郊外，“众星捧月”似地包围着古城，是古城整体环境的主要组成部分。其以较为松散的格局，成为被城墙包围的古城与周围自然环境间的一种延伸过渡，构成了平衡与补充的图画，在景观上丰富了古城的空间层次和内容，同时还体现了鲜明的地方特色。

这点也特别值得我们在现代城市规划和建设过程中合理借鉴。比如现在已经制定的榆溪河及其滨河地区整治规划，计划建立一个占地370公顷的景观生态公园，将榆溪河建成集防护、游憩于一体的生态河，成为榆林城的一道亮丽的风景线。这当然是很好的，同时还应注意沿榆溪河的文化建设。笔者认为榆溪河不仅是绿地系统的承载者，而且还是榆林的水脉，是其特色文化显示的主脉。有人认为榆溪河是榆林市的母亲河，笔者觉得这种观点值得提倡，而且会对我们建设榆林市时重视水文泉源起到一定的促进作用。

榆林周边河流不少，除主干榆溪河外，西北有芹水，南部有榆阳河，东南有沙河。我们在城市建设中要注意保护各河的自然流向，减少污染，使其流水清澈，绝对不能让它们在我们的手中消失或者湮废。

保护好自然河流对于改善塞外名城榆林市的整体环境意义非凡。榆林新城区多是建设在沙地之上的，离开了水源，其景观建设将受到极大威胁。1949 年，榆林城东西北三面明沙起伏，直逼城根，生态环境较为恶劣。榆林现在的城区是在城郊治沙的基础上，向四周扩展的，东沙、西沙与红山三个新城区原来都是沙漠景观，南面的沿河工业园区建设在黄土地上。城市里城区扩展迅速，符合建设区域中心城市的需要。

但是，还要看到榆林市人居环境的改善还有较长的路要走。一个人居环境良好的城市，要求森林或绿地面积能够达到碳氧平衡，城市绿地面积应达到城市总面积的 40%，常住人口人均绿地面积应达到 40 平方米。而榆林城区人均绿地面积仅为 2.6 平方米，与良好标准差距很大，而且与全国 6.52 平方米的平均水平相比，也没达到其半数。

图 5—8 榆林步行街的环境与绿化

榆林老城区的空气污染问题也还没有解决，近几年实行的步行街改造项目和大街天然气供气工程，使大街两侧 100 米范围内的店面、民宅用上了天然气等清洁能源。这对于改善城市空气质量有很大贡献，也提高了居民的生活质量。但从整个旧城区来看，这仅是一条线的改造，仍然有大量居民使用煤炭取暖炊事，排放烟尘污染严重。我们在东城墙考察时，仍然看到旧城区的每个屋顶上有 2—3 个烟囱的情况。为何不能利用盛产天然气这地主之便，尽快地促进旧城区煤改气工程的完成，还城市一片蓝天。

借鉴古代城市环境建设的经验，可以促进榆林市文化保护与环境建设二者相得益彰，和谐发展，为榆林市的做大做强、可持续发展多做贡献。

第 六 章

中原古都洛阳与郑州专题

第一节　白居易履道里宅园的景观建设及其布局特色

白居易（772—846）不仅是中唐时期的诗人和官员，还是一位优秀的造园艺术家。他一生酷爱园林，或迁或谪，居必营园，尤其是他在洛阳履道里所营建的宅园更是达到其一生造园技艺的顶峰，成为中唐文人园林的典范之作，受到学术界的广泛关注①。但以往研究多着力于其造园思想和艺术特征的抽象化概括，对履道里白氏宅园建设过程、构景要素和布局特色的研究还不多见。笔者试图通过对其诗文的整理，加以考古资料的帮助，再现白居易履道里宅园景观，并在此基础上分析宅园的布局特色。

一　造园履道里的环境基础

对于园林建设来说，水是最基本的因素。而唐代洛阳城“前直伊阙，后据邙山，左瀍右涧，洛水贯其中”②，水资源相当丰富；其中，伊水、涧（谷）水、瀍水三水为洛水支流，涧水、瀍水直接流入城内汇入洛河，

---

① 王铎：《白居易的造园活动及其园林思想——兼论洛阳履道坊白氏故里园》，《武汉城市建设学院学报》1990 年第 4 期；岳毅平：《白居易的园林意识初探》，《安徽师范大学学报》（哲学社会科学版）1998 年第 2 期；白丹、闫煜涛：《白居易的园林情结及其对传统私家园林的影响》，《广东园林》2007 年第 3 期；还有一些论述私家园林艺术技巧、文化内涵的文章也多次以白居易所造宅园为例。

② 《新唐书》卷 38《地理二》。

而伊水则掠城东南而过。除这几条大的自然河流外，城内还有泄城渠、通济渠、通津渠、运渠、漕渠、泻口渠等人工渠道纵横交织。伊水虽然不直接入城，但是从城南十八里的龙门堰引水的伊水支渠，分为东西两支入城，分别流经洛城东南的归德、正俗、永丰、修善、嘉善、陶化、兴教、宣教等坊，合流于集贤坊西南，再流经履道、履信、永通、利仁、归仁五坊，最后流入运渠。[①] 可以说唐代的洛阳城就是一座漂在水上的都市，日本学者妹尾达彦称唐后期的洛阳城“呈水渠交错的庭园城市的风貌”[②]，是恰如其分的。

伊水支渠辐射东南诸坊，是这一地区城市生活用水及园林建设用水的主要来源。对于伊水渠作为园林水源的独特地位，李格非在《洛阳名园记》中也曾讲到：“伊、洛二水自西南分注城中，而伊水尤清澈，园亭喜得之。若又当其上流，则春夏无枯涸之病。”[③] 白居易的宅园就位于履道里西北角、伊水支渠汇合后折向东流的地方[④]，水量丰沛而稳定，为园林用水提供了充分的保障。白居易评价此处是占尽了“东都风土水木之胜”。[⑤] 除了水源之外，洛阳城肥沃的土地、温和的气候也非常适宜花卉竹木的生长，东南诸坊尤以水竹著称，此为园林建设得天独厚的自然基础。

从另一方面来看，中唐以后东都洛阳宽闲的人文环境也是白居易等一批官员、文人选择在此定居的关键因素。唐代自玄宗开元二十四年（736 年）以后，皇帝不再巡幸东都，洛阳城的政治气氛也随之淡薄下来，成为闲散之地。东南诸坊又因远离城市中心而地广人稀，但其幽静怡人的自然环境为失意官吏和文人学者所青睐，纷纷置别业于其中，以备退闲养老之用，如与白居易同一时代的裴度、李德裕、牛僧孺等高官显贵都在此处置有宅业。而且在唐代可以统计到的 29 位分司官中，25

---

① 田莹：《论隋唐洛阳城的池沼》，《唐都学刊》2008 年第 1 期。

② ［日］妹尾达彦：《9 世纪的转型——以白居易为例》，载《唐研究》第 11 卷，第 497 页。

③ （宋）李格非：《洛阳名园记 · 吕文穆园》。

④ 中国社会科学院考古研究所洛阳唐城队：《洛阳唐东都履道坊白居易故居发掘简报》，《考古》1994 年第 8 期。

⑤ 《池上篇并序》，《白居易全集》卷 69，上海古籍出版社 1999 年版，第 954 页。

位都居住在这一区域[①]，显示出他们对这一区域不约而同的喜爱。

“洛中多君子，可以恣欢言”，利于交游的人文环境大概也是白居易择居履道里的关键因素。白居易是新吏隐观念——“中隐”说的始创者和践行者，其《中隐》[②] 诗曰：

大隐住朝市，小隐入丘樊。丘樊太冷落，朝市太嚣喧。
不如作中隐，隐在留司官。似出复似处，非忙亦非闲。
不劳心与力，又免饥与寒。终岁无公事，随月有俸钱。
君若好登临，城南有秋山。君若爱游荡，城东有春园。
君若欲一醉，时出赴宾筵。洛中多君子，可以恣欢言。
君若欲高卧，但自深掩关。亦无车马客，造次到门前。
人生处一世，其道难两全。贱即苦冻馁，贵则多忧患。
唯此中隐士，致身吉且安。穷通与丰约，正在四者间。

这首作于大和三年（829 年）的诗作，总结性地概括了他卜居履道里的原因，即正好符合了中隐之士追求恬退闲适的旨趣和需要，在“穷通”与“丰约”间找到了难得的平衡点。

白居易从杭州回到洛阳初购房宅时，作《洛下卜居》诗，其中有言：

遂就无尘坊，仍求有水宅。东南得幽境，树老寒泉碧。池畔多竹阴，门前少人迹。[③]

几句话道出了当时宅园内外的概况，即人迹稀少、幽静清雅、水量充沛；一个“仍”字体现了作者对江南水乡的眷恋和选择住处的标准，同时也暗示了洛城东南堪比南国的优越自然条件。

---

① 勾利军：《唐代东都分司官居所浅析》，《史学月刊》2003 年第 9 期；妹尾达彦：《隋唐洛阳城の官人居住地》，《东洋文化研究所纪要》第百三三册，平成九年。

② 《中隐》，《白居易全集》卷 22，上海古籍出版社 1999 年版，第 331 页。

③ 《洛下卜居》，《白居易全集》卷 8，上海古籍出版社 1999 年版，第 105 页。

二　白氏宅园的建设过程

长庆四年（824 年）五月白居易杭州刺史任满，秋至洛阳，为避开混乱的长安官场而自求分司，自此始卜居于洛城东南的履道里，买田氏宅（原为故散骑常侍杨凭宅），积蓄不足，无奈又以两匹马补足了宅资。① 白居易购下这处宅园后，于宝历元年（825 年）三月出任苏州刺史离开洛阳，到大和元年（827 年）初归洛做短暂停留后，又被征为秘书监居于长安新昌里宅第。大和三年（829 年）三月罢刑部侍郎、以太子宾客分司东都，四月回到洛阳，此后一直居住在履道里宅园直到会昌六年（846 年）八月去世。因此笔者把其宅园的建设过程分为杭州刺史任后、苏州刺史任后和罢刑部侍郎之后三个阶段。

1. 宅园的前期建设（824 年秋—825 年三月）

履道里宅园即为旧宅，购入时就已经有了一定的建筑基础。在白居易晚居洛阳的诗作中，对这处宅园中的宅院部分很少提及，应未加补建，仍为原来的旧制。考古发掘显示，其宅院位于这处宅园的北部偏东的位置，是一座南有门房，北有上房，中间为一中厅，东西有厢房的两进式院落；但基址保存较差，也没有发现什么遗物，可见这处宅院是很简陋的。②

白居易入住履道里宅园之后，主要精力放在了对园林部分的增筑和改建工程上。《池上篇并序》有言：

> 初乐天即为主，喜且曰："虽有池台，无粟不能守也"，乃作池东粟廪。又曰："虽有弟子，无书不能训也"，乃作池北书库。又曰："虽有宾朋，无琴酒不能娱也"，乃作池西琴亭，加石樽焉。

可知在初购宅园之时，他就在池东建"粟廪"（即粮仓），池北作"书库"，又在池西造"琴亭"。《池上篇并序》接着写道：

---

① 《洛下卜居》，《白居易全集》卷 8，上海古籍出版社 1999 年版，第 105 页。

② 中国社会科学院考古研究所洛阳唐城队：《洛阳唐东都履道坊白居易故居发掘简报》，《考古》1994 年第 8 期。

乐天罢杭州刺史，得天竺石一，华亭鹤二以归。始作西平桥，开环池路。

可见白居易从杭州归洛时，还不辞辛劳地运回了具有江南特色的天竺石和华亭鹤①，此时也成为充实园林之物。又于池中“作西平桥”，岸上“开环池路”，进一步改善水池周边的环境。白居易没有显赫的家世又为官清廉，购此宅园时还搭上两匹马才够房资，此时造桥的费用只能靠友人王起的资助②。

新添了园内建筑，开通了道路，要使园内有生气，还得栽花种树增添绿色，白居易作为一个优秀的造园家，深谙这一点，诗句“平旦领仆使，乘春亲指挥。移花夹暖室，洗竹覆寒池。池水变绿色，池芳动清辉”③ 说的就是他亲自带领仆人，乘着春暖花开之季，栽花种树美化园林的事情。更为难得的是，白居易已经掌握了修剪树木的技艺：

结构池西廊，疏理池东树。此意人不知，欲为待月处。

持刀间密竹，竹少风来多。此意人不会，欲令池有波。④

从诗中可知，白居易对水池周围的树木和竹子按照自己的审美观进行了剪裁，以利于听风赏月。

2. 宅园建设的停滞期（825 年三月—829 年四月）

宝历元年（825 年）三月，白居易被任命为苏州刺史，不得不离开洛阳去苏州赴任。大和元年（827 年）春从苏州回到洛阳，三月即被征为秘书监赴长安任职；年末奉使洛阳，居履道里宅园，至大和二年（828 年）三月回长安复命，此后直到大和三年（829 年）四月一直居于长安新昌

① 另有《洛下卜居》（《白居易全集》卷 8，上海古籍出版社 1999 年版，第 105 页）记载为：“天竺石两片，华亭鹤一只”，与《池上篇并序》中的记载有所不同。

② 朱金城：《白居易年谱》：“春葺新居，王起为宅内造桥”，从时间上看，所造的即当此“西平桥”。

③ 《春葺新居》，《白居易全集》卷 8，上海古籍出版社 1999 年版，第 107 页。

④ 《池畔二首》，《白居易全集》卷 8，上海古籍出版社 1999 年版，第 107 页。

里。这段时间白居易只是零零星星地在洛阳住了几个月，履道里宅园的建设也只能忙里偷闲，略加修整，《池上篇并序》记载：

罢苏州刺史时，得太湖石五、白莲、折腰菱、青板舫以归，又作中高桥，通三岛径。

这段记载说明白居易从苏州归洛时，携带有五块太湖石以及白莲和折腰菱等观赏植物，还有一艘小画舫，这些都是园林布景的要素，自然也成了履道里宅园的造园之材。白居易曾在会昌六年（831 年）赋诗一首：

素房含露玉冠鲜，绀叶摇风钿扇圆。本是吴州供进藕，今为伊水寄生莲。

移根到此三千里，结子经今六七年。不独池中花故旧，兼乘旧日采花船。①

从诗文之意和时间上推算，池中的白莲和画舫正是来自吴中水乡之物。《池上篇并序》中提到，这一时期还于池中建有高桥一座（加上之前所造的西平桥），使池中三岛之间得以连通，为其后白居易入池观景提供了便利。遗憾的是，三岛的具体位置和名称不得而知，推测应只是简单堆筑的无名小岛而已，现已无迹可寻。

3. 宅园的后期建设（829 年四月以后）

白居易于大和三年（829 年）三月罢刑部侍郎，以太子宾客分司东都，四月归居洛阳履道里宅，直至会昌六年（846 年）八月寿终，有十六七年的时间。此时，白居易官居闲职而俸禄不薄，有充足的时间和财力打理自己心爱的宅园。《池上篇并序》：

罢刑部侍郎时，有粟千斛，书一车，洎臧获之习管磬弦歌者指百以归。先是颍川陈孝山与酿酒法，味甚佳；博陵崔晦叔与琴，韵甚清；蜀客姜发授《秋思》，声甚淡；弘农杨贞一与青石三，方长平

---

① 《六年秋重题白莲》，载《白居易全集》卷 26，上海古籍出版社 1999 年版，第 407 页。

滑，可以坐卧。

罢刑部侍郎时，积攒下来的粮食、书籍和管弦乐谱使池东的粟廪、池北的书库得以充实，池西的琴亭也增加了弹奏之材；而亲朋好友赠送之物使白氏晚年的活动更加多彩。

这一时期，池沼周边的景观建设已大体定型，园内的其他区域得以继续开发。园中新筑台、阁各一座，白居易还在台上与刘禹锡宴饮畅谈；[①] 另外，根据他作于大和九年（835 年）至开成元年（836 年）间的诗句“新结一茅茨，规模俭且卑”[②] 可知，此时还新建了一座充满山林野趣的小草亭。白居易晚年又把宅西临近伊水渠的区域开发出来，成为其一个新的活动场所，这里充分利用了邻近伊水支渠的优势，于水中置石栽莲，渠边开设小滩、建造楼亭。

三 白氏宅园的构景要素

这处宅园本为故散骑常侍杨凭所建，后又为一田姓人家居之，其间一直都在使用中，并未荒废，因此虽为一处旧宅，宅园之内已经具备了一定的景观基础，白居易又进一步营造完善其构景要素，使整个园林的内容更加丰富齐备。

白居易初为其主时已是“竹木池馆，有林泉之致”[③]，“地方十七亩，屋室三之一，水五之一，竹九之一，而岛树桥道间之”[④]。由此可知宅园的大概规模，即总面积为 17 唐亩，其中屋室约占 5.7 唐亩，水域面积约为 3.4 唐亩，还有 1.9 唐亩那么大的竹林。[⑤] 由“履道幽居竹绕池”[⑥] 和“池畔多竹阴”[⑦] 这样的诗句可知，竹子是集中种植于水池周围的。白居易在《泛春池》诗中介绍这处池沼：

---

① 《忆梦得》，载《白居易全集》卷 26，上海古籍出版社 1999 年版，第 409 页。

② 《自题小草亭》，载《白居易全集》卷 33，上海古籍出版社 1999 年版，第 500 页。

③ 《旧唐书》卷 166《白居易传》。

④ 《池上篇并序》，载《白居易全集》卷 69，上海古籍出版社 1999 年版，第 954 页。

⑤ 隋唐时的长度单位与今制不同，有大小两种尺度，以唐大尺米计算，一亩略为今 0.783 市亩。

⑥ 《吾庐》，载《白居易全集》卷 23，上海古籍出版社 1999 年版，第 352 页。

⑦ 《洛下卜居》，载《白居易全集》卷 8，上海古籍出版社 1999 年版，第 105 页。

谁知始疏凿，几主相传受。杨家去云远，田氏将非久。天与爱水人，终焉落吾手。[①]

诗下有小注："此池始杨常侍开凿，中间田家为主，予近有之。蒲浦、桃岛，皆池上所有。"明确说明了池沼在其购宅时已经存在，而且岸上植有柳树、水边长有蒲草、池中有桃花岛，闲来无事可以乘小舟享受一下"或绕蒲浦前，或泊桃岛后。未拨落杯花，低冲拂面柳"[②] 的闲适与惬意。池沼的水源来自坊西墙下的伊水渠。池周建有琴亭、书库和粮仓，这三处工程的建设，不仅使池周免去了空寂落寞之感、增添了生活气息，而且都具有很强的实用性，体现了兼顾美观与功用的造园技巧。池中有三座小岛，岛间以平桥、高桥相连接。其作于大和四年（830 年）的《桥亭卯饮》诗中有"卯时偶饮斋时卧，林下高桥桥上亭"[③] 之句，由此可知，桥在白居易的宅院中不仅起连接作用，桥上建亭，还可以供主人在此观景休息。

池中小岛上原有一座亭阁，白居易归居洛阳，想在池上越冬，自然要对池上的旧亭进行一番修葺：他在小阁的向阳面开窗以取暖，背阴处挂蒹幕以御寒，阁顶重新封土涂蜡焕然一新，室内还加筑了火炉，如此他就可以夜宿池上，围炉小酌了。[④] 白氏宅园水池的水源来自履道里西边的伊水支渠，为了保持水流的通畅，白居易还经常在闲暇时对引水的溪流加以疏导。[⑤]

伊水支渠从履道里西的坊墙下流过，在白氏宅北折向东流，为利用伊水支渠造景提供了有利条件。白居易有诗句："伊水分来不自由，无人解爱为谁流。家家抛向墙根底，唯我栽莲起小楼。"[⑥] 说明了他在伊水渠

---

① 《泛春池》，载《白居易全集》卷 8，上海古籍出版社 1999 年版，第 108 页。

② 同上。

③ 《桥亭卯饮》，载《白居易全集》卷 28，上海古籍出版社 1999 年版，第 432 页。

④ 《葺池上旧亭》，载《白居易全集》卷 22，上海古籍出版社 1999 年版，第 333 页。

⑤ 《引泉》诗中有"静扫林下地，闲疏池畔泉"之句（《白居易全集》卷 22，上海古籍出版社 1999 年版，第 331 页）。

⑥ 《宅西有流水墙下构小楼临玩之时颇有幽趣因命歌酒聊以自娱独醉独吟偶题五绝》，载《白居易全集》卷 33，上海古籍出版社 1999 年版，第 515 页。

中种莲、渠边建楼的事实。“烟萝初合涧新开，闲上西亭日几回”[①] 是白居易作于会昌元年（841 年）的诗句，这里的“西亭”不再是池西的琴亭，而是新建于宅西伊水渠畔的“新涧亭”，此亭专为观水听风而作，因为白居易在此新开一小滩[②]，新涧亭正是面滩而设。

在宅园之中空旷之处，还分布建筑有阁、台、亭各一座。《小阁闲坐》曰：“阁前竹萧萧，阁下水潺潺。”[③] 只有溪流之中才有潺潺的流水声，如果是近池而坐，就听不到流水声而只能看到平湖一片了，所以根据水声可以判断这座小阁是近泉而非近池建造。另有《罢府归旧居》“松枝阁酒杯”之句，可知松竹这对白居易青睐有加的搭档，把一座小阁笼罩其中，使诗人可以感受“拂簟卷帘坐，清风生其间”[④] 的惬意。其作于大和九年（835 年）的《小台》有诗句：

> 新树低如帐，小台平似掌。六尺白藤床，一茎青竹杖。
> 风飘竹皮落，苔印鹤痕上。幽境与谁同？闲人自来往。[⑤]

树木新栽还未长成，可见这座小台建成的时间应该也不会太久；台上应植有竹林，不然也就不会有微风吹起竹皮潇潇落下的幽深意境了。

考古工作者还在白氏宅园的西南部发现了一处圆形砖砌遗址，表面平整光滑，由上口周壁、台面及中心圆坑三部分组成，坑底尚残存有一层 3 毫米厚的草木灰，草木灰下为红烧土，考古人员推测其为一处酿酒作坊遗址。[⑥] 白居易自称为“醉吟先生”[⑦]，嗜酒如命，据统计其以酒为题的诗不下百首，从其中的一首《对新家酝玩自种花》诗中有“香麹亲看造，芳丛手自栽。迎春报酒熟，垂老看花开”[⑧] 之句也可以推测在白氏

---

① 《新涧亭》，载《白居易全集》卷 35，上海古籍出版社 1999 年版，第 550 页。

② 《新小滩》，载《白居易全集》卷 36，上海古籍出版社 1999 年版，第 566 页。

③ 《小阁闲坐》，载《白居易全集》卷 36，上海古籍出版社 1999 年版，第 554 页。

④ 《罢府归旧居》，载《白居易全集》卷 31，上海古籍出版社 1999 年版，第 471 页。

⑤ 《小台》，载《白居易全集》卷 30，上海古籍出版社 1999 年版，第 463 页。

⑥ 中国社会科学院考古研究所洛阳唐城队：《洛阳唐东都履道坊白居易故居发掘简报》，《考古》1994 年第 8 期。

⑦ 《醉吟先生传》，载《白居易全集》卷 70，上海古籍出版社 1999 年版，第 977 页。

⑧ 《对新家酝玩自种花》，载《白居易全集》卷 36，上海古籍出版社 1999 年版，第569 页。

宅园中是存在酿酒设施的。

白居易晚年笃信佛、道诸教，尤其信奉佛教，这种思想上的倾向在其宅园之内也有实物为证，考古发掘在其西南部发现了两片经幢残件，上面残存“开国男白居易造此佛顶尊胜大悲”等字迹，可以推测其原为白氏宅园之物。①

从白氏宅园的总体布置来看，池沼周围和宅西的伊水渠畔为景观相对集中的两个区域。经过近二十年的不断建设和完善，履道里宅园最终落成，成为白居易晚年游赏娱乐、治学读书、修道习禅、雅集聚会的理想场所。其基本构景要素如图6—1所示。

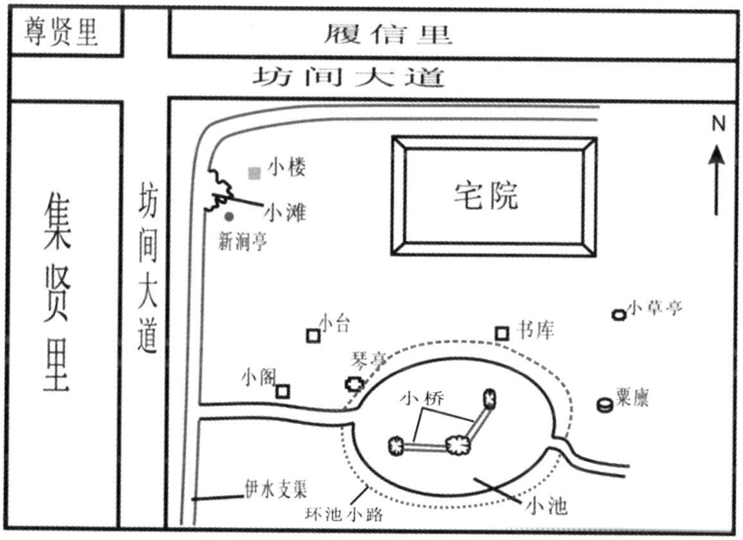

图6—1　履道里宅园示意图

白居易称其宅园为：“有水一池，有竹千竿……有堂有亭，有桥有船，有书有酒，有歌有弦……灵鹤怪石，紫菱白莲，皆吾所好，尽在我前。”② 从中不难看出，他对自己修建的这处宅园的喜爱和满意。

---

① 中国社会科学院考古研究所洛阳唐城队：《洛阳唐东都履道坊白居易故居发掘简报》，《考古》1994年第8期。

② 《池上篇并序》，载《白居易全集》卷69，上海古籍出版社1999年版，第954页。

四 白氏宅园的景观布局特色

履道里宅园总面积不过 17 唐亩，北面的宅院又占去了近 1/3，园林面积仅有十余唐亩，这样的规模在当时的私家园林中也只能算一个小园而已；但是经过白居易的精心打造，也成为独具特色的一代名园。

1. 总体布局以水景为基础

水是园林的“命脉”，白居易又以水为友[①]，理水造景自然成为白氏宅园的主题。履道里宅园充分利用了毗邻伊水支渠的优势，引水入园，作为贯穿整个园林的动脉，造成动态的流水之势，使整个园林变得鲜活起来。白居易作于大和三年的《引泉》诗曰：“静扫林下地，闲疏池畔泉。伊流狭似带，洛石大如拳。”[②] 1992 年的考古发掘也表明，在唐代伊水渠道以东、白氏宅园遗址发掘区域的南面发现了大片的淤土，可能为宅园中的池沼所在，并有一条小水道向西一直到与唐代的伊水渠相通。[③]这条水道就是其“引泉”的路线，也是履道里宅园的生命线。

经过考古工作者的勘探和发掘表明，南园中的淤土面积达 3300 平方米，深 1.9—3.2 米[④]，应该为池沼和泉水所在的地方。在白氏宅园中，池沼所处的区域无疑为景观相对密集的主景区。白居易入住后，首先改造的就是南园中的池沼区。他近池营造粟廪、书库和琴亭等建筑单体，疏通引水渠道；修剪池周树木，铺筑环池廊道；于池中建“西平桥”和“中高桥”，植白莲、折腰菱等观赏植物，还有入池游乐的小画舫，这些布置使得岸边竹木掩映中有亭阁环绕，水面之上更增加了曲折幽深之感。

白居易晚年在宅西伊水渠侧开发出另一个水景区，与南园中的池沼区相比，这里更具流水的动态之势。白诗《亭西墙下伊渠水中置石激流

---

① 《池上竹下作》中有诗句“水能性淡为吾友”（《白居易全集》卷 23，上海古籍出版社 1999 年版，第 354 页）。

② 《引泉》，载《白居易全集》卷 22，上海古籍出版社 1999 年版，第 331 页。

③ 中国社会科学院考古研究所洛阳唐城队：《洛阳唐东都履道坊白居易故居发掘简报》，《考古》1994 年第 8 期。

④ 中国社会科学院考古研究所洛阳唐城队：《洛阳唐东都履道坊白居易故居发掘简报》，《考古》1994 年第 8 期。

潺湲成韵颇有幽趣以诗记之》[1] 写道："嵌巉嵩石峭，皎洁伊流清。立为远峰势，激作寒玉声。夹岸罗密树，面滩开小亭。"从题目和诗文可知：白居易在掘伊水渠流入宅园之处作了处理，造成水势的回环婉转，在水流湍急处放置峭立的嵩山石，造成水流击石成韵的声音美；沿着溪流两岸密树成林，树木掩映之下"面滩开小亭"，目的是听"滩声"[2]。白居易还巧妙地利用了"近水楼台"的地理位置，借用了坊西墙下的伊水渠，在渠畔起楼栽莲[3]，使人身处其中，既可以俯瞰莲荷翩翩，俯听水石激荡，而且登上小楼，远观而去，还可以借得墙外街景。白居易在楼西种植柳树，作诗《喜小楼西新柳抽条》：

> 一行弱柳前年种，数尺柔条今日新。渐欲拂他骑马客，未多遮得上楼人。
>
> 须教碧玉羞眉黛，莫与红桃作麴尘。为报金堤千万树，饶伊未敢苦争春。

设想一下，身处高楼，看到渠边柳条垂下，好像快要触到来往于坊间大道上骑马的行人了；而且在春暖花开之季，新栽柳树抽条，与道旁的桃树相映生辉，好一片桃红柳绿的景象。白居易闲来无事之时，出得宅院，既可以端坐高楼借看墙外坊间大街上的喧闹景象，又可以独处亭间品评潺湲的灵动滩声，真可谓是动静得中间。

2. *以名石单置或群组成景*

"构石"之风始于东晋、南朝的士人园林，中唐时玩石赏石已经蔚然成风，[4] 如与白居易同时代的李德裕、牛僧孺等人对奇石都有着特别的爱好。但是白居易最早从理论上对石类进行分级，论说它在园林中的美学

---

① 《亭西墙下伊渠水中置石激荡潺湲成韵颇有幽趣以诗记之》，载《白居易全集》卷36，上海古籍出版社1999年版，第559页。

② 白居易《滩声》："碧玉班班沙历历，清流决决响泠泠。自从造得滩声后，玉管朱弦可要听？"从这首诗中我们可以感受到主人对滩声的陶醉。

③ 《宅西有流水墙下构小楼临玩时颇有幽趣因命歌酒聊以自娱独醉独吟偶题五绝》之一，载《白居易全集》卷33，上海古籍出版社1999年版，第515页。

④ 曹林娣：《中国园林艺术论》，山西教育出版社2003年版。

意义，他认为“石有族聚，太湖为甲，罗浮、天竺之徒次焉”①，因此对园内的奇石珍视重于一切——“归来未及问生涯，先问江南物在耶？引手摩挲青石笋，回头点检白莲花”。② 履道里宅园中石类主要有五种，即罢杭州刺史后带回的一片天竺石、罢苏州刺史时所得的五块太湖石、友人杨贞一赠送的三块青石、无名山客赠送的磐石和伊水渠中所置的嵩石。

白居易根据自己的审美情趣和石类的奇巧姿态把它们分置于园中，与流水、建筑和植物相互配合、相映成趣。引进的太湖石、天竺石形状奇巧，被单置或三两群组于溪畔、湖边，表达了“石令人古，水令人远”的高洁雅意；嵩石为本地所产，虽缺乏突出的姿态，但白居易将其置于伊水渠中，水流激荡之下也生出了几分音韵和气势之美。

值得一提的是，名石在白居易的园林中也不单单局限于玩赏，他还巧妙地借助石头的形状满足实用，如大青石“方长平滑，可以坐卧”。③ 另有《问支琴石》④ 诗一首，明白地道出了石在白园中的功能——观赏之外还可以作为琴托使用，真可谓匠心独运，巧得天工。

3. 园内建筑自然素朴，兼顾实用

履道里宅园内的建筑作为景点和观景点，亭阁楼台大多近水而作；建筑多采用原生材料，不事雕琢，表现出自然野趣；形制简单朴拙，意境自然淡雅，不求奢华，体现出造园者不同流俗的审美情趣。如其《自题小草亭》诗：

新结一茅茨，规模俭且卑。土阶全垒块，山木半留皮。
阴合连藤架，丛香近菊篱。壁宜藜杖倚，门称荻帘垂。⑤

说明其新做的草亭虽用材俭卑，但却是天然风貌，在周围花木植物的映托下散发出清新幽雅的气息，别有一番韵味。又如其建在南园池周的粟廪、书库、琴亭，溪畔的小阁，伊水渠侧的小楼，规模虽简，但均

① 《太湖石记》，载《白居易全集》补遗二，上海古籍出版社 1999 年版，第 1014 页。
② 《问江南物》，载《白居易全集》卷 27，上海古籍出版社 1999 年版，第 414 页。
③ 《池上篇并序》，载《白居易全集》卷 69，上海古籍出版社 1999 年版，第 954 页。
④ 《问支琴石》，载《白居易全集》卷 31，上海古籍出版社 1999 年版，第 472 页。
⑤ 《自题小草亭》，载《白居易全集》卷 33，上海古籍出版社 1999 年版，第 500 页。

能做到与周围的环境和谐统一，相互协调和衬托，共同组成质朴天然景物空间的艺术效果。

这些园内建筑除了组景配景之外，本身还有很强的实用功能，跟园主人的生活息息相关。有《桥亭卯饮》诗①可证其一早起来就来到园中，于高桥上的小亭内饮酒赋诗；《葺池上旧亭》有“中有独宿翁，一灯对一塌”② 这样的诗句，说明白居易夜晚也会宿于池亭之中；而在一天之内“小阁闲坐”，登楼观景的活动更是在其诗文中随处可见，显然这些建筑单体在很大程度上满足了白居易的生活需要。

4. 动植物选择重在品质高洁

白居易是一个喜爱花木之人，从其留下的大量诗文中看，他在任职之处和居住之所都热衷于植树种花。履道里宅园种植的多为作者所钟情的青松、翠竹，青松配植于亭阁等建筑之侧③，翠竹栽种于池畔溪旁，以其苍翠挺拔增添幽雅意境；水中植物以高雅的白莲和折腰菱为主。这些植物早已被文人士大夫赋予了“人格化”的特征，如青松刚正不屈，翠竹虚心有节④，白莲高尚莹洁，白居易在自己的宅院中配植这些植物，暗示着他不同流俗、趋雅尚洁的人格精神。在动物方面，白居易在诗文中多次提到与他相伴多年的华亭双鹤，白鹤具有卓然不群、洁身自好的象征意义，携鹤同游于园林⑤，于无形中体现了白居易超然闲逸的隐逸心态。

白园内还有柳、桃、紫藤、蒲草等植物，鸡、鸢、鹅等常见的禽类，显示出园林动植物的多样性，也达到了雅俗共赏的艺术效果。动植物的活动和姿态变化，给园林增添了不可缺少的灵动意境。

从以上的叙述中我们也可以看出，白居易在营造宅园时，还引入了大量的江南元素，如太湖石、天竺石、白莲、华亭鹤、折腰菱、青板舫等，使本处北方的履道里宅园充满了诗情画意的江南水乡气息。

---

① 《桥亭卯饮》，载《白居易全集》卷 38，上海古籍出版社 1999 年版，第 432 页。

② 《其池上旧亭》，载《白居易全集》卷 23，上海古籍出版社 1999 年版，第 333 页。

③ 《罢府归旧居》中有诗句：“石片抬琴匣，松枝阁酒杯。”（《白居易全集》卷 31，上海古籍出版社 1999 年版，第 471 页）

④ 白居易在《池上竹下作》中称：“竹解心虚即我师。”（《白居易全集》卷 23，上海古籍出版社 1999 年版，第 354 页）

⑤ 《家园三绝》：“何似家禽双白鹤，闲行一步亦随身。”（《白居易全集》卷 33，上海古籍出版社 1999 年版，第 502 页）

白居易的履道里园林虽处处充满诗情画意，但并没有着意为园林和其中的各处景点命以雅称，只是出于记诗之便，偶以“南园”“西亭”“白莲池”等方位词或是特色称之，可见白居易并不刻意追求形式上的附庸风雅，而淡泊和闲适才为其主旨。也正是在这种思想的指引下，白居易以自己对人生哲理及世事感怀情绪凝铸在造园艺术之中，成就了这一具有隐逸特点的园林杰作。

至于这处宅园的归宿，《新唐书》卷 119 白居易本传记载：“后履道第卒为佛寺，东都、江州人为立祠焉”；《河南邵氏闻见后录》卷 25：“大字寺园，唐白乐天园也。……今张氏得其半为会隐园。水竹尚在洛的，但以其图考之，则凡曰某堂有某水，某亭有某木，至今犹在，而曰堂曰亭者，无复仿佛矣。岂因于天理者可久，而成于人力者不足恃也，寺中乐天刻石尚多。”可见白氏宅园至宋被分为两部分，北面的宅院改建为大字寺院，南面的园林部分成了张氏的会隐园，园内的建筑虽因构造简陋历久消失，但水面和竹木仍为胜景，也昭示了履道里宅园的历史价值。

第二节　郑州列入“中国八大古都”的原因、过程及启示

2004 年 11 月 5 日，中国古都学会常务理事会通过决议，郑州成为中国八大古都之一。郑州能够列入“中国八大古都”主要是因为考古发现的郑州商城为商代早期之首都所在，同时也是郑州市领导与专家学者积极推动包括中国古都学会、中国殷商文化学会等多个学会共同研究的重大学术结果。在郑州列入“中国八大古都”十周年之际，本节总结其原因与过程，并在此基础上思考中国大古都的基本标准。不当之处，敬祈指正。

一　原因：郑州商城的考古发现及其商早期首都性质的学术认定

1950 年秋，郑州市南学街小学教师韩维周先生在郑州市二里岗和南关外一带进行业余调查时，采集到一些商代遗物。1952 年秋，全国第一期考古工作人员训练班在郑州二里岗文化遗址内进行了一个多月的田野考古发掘实习，拉开了郑州商城遗址科学考古的序幕。1955 年秋，安金

槐先生带领河南省文物工作队在此钻探出商代二里岗期的一座夯土城垣，这座商代城垣略呈长方形，其东墙、南墙各长约1700米，西墙长约1870米，北墙长约1690米。在城内东北部发现了东西长约750米，南北宽约500米，面积37万多平方米的宫殿区遗址。其外有外郭城，城墙东起凤凰台，南部穿过货栈街、新郑路、陇海路，向西折向福寿街、解放路、太康路、北二七路，北部从金水路穿过花园路、纬五路与经三路一带，东部与古湖泊、沼泽地相接，大致呈圆形。[①] 经过后来的发掘，证实郑州商城是一座拥有宫城、内城和外郭城墙、护城河组成的城址，规模约13平方公里，正位于约25平方公里的二里岗文化遗址之中部。[②] 郑州商城平面布局见图6—2。

从郑州商城发掘的情况来看，它无疑是商代早期的都城。首先其规模宏大，郑州商城内城周长达到7公里，相较偃师商城约大2/3。其次在于其三重城垣的格局，将宫城、内城和居民区相分离而开，宫城为帝王贵族居住区，外城为一般平民区和手工业作坊。第三是有着完整的军事防卫体系，夯土城垣高大，郭城之外有护城河，内城外围有护城壕，东面利用了湖泊沼泽的天然防卫优势，保障郑州商城的安全。第四是城内有完整的供水排水设施。考古发掘中发掘出的蓄水池、水井和排水管道，同壕沟一起，为城市的供水排水提供方便。最后是城内拥有较为发达的祭祀遗存。城内的多个地点均发现了卜骨遗存，还有埋葬人、猪、狗、牛等骨架的灰坑，当然还有不确定的诸多宫殿基址中的祭祀遗址、大型的制铜作坊遗址，这些都是作为王都存在的必要条件。

学者在郑州商城是商代前期都城的认识上基本一致，但对于它究竟是商朝的哪座都城，却形成了两种截然不同的观点，即隞都说和亳都说。隞都说是安金槐先生于1961年提出来的，他根据当时所掌握的考古和文献材料，认为郑州商城可能是商代第11任王“仲丁迁于隞”的隞都遗址。[③] 随后将近20年学术界大多接受了这一观点。

---

① 刘彦锋、吴倩、薛冰：《郑州商城布局及外夯土墙基走向新探》，《郑州大学学报》（哲学社会科学版）2010年第3期。

② 王星光、马伟华：《从二里岗遗址到第八大古都——郑州成为中国第八大古都的发展历程》，《档案管理》2006年第1期。

③ 安金槐：《试论郑州商城遗址——隞都》，《文物》1961年4、5期合刊。

①第1夯土区	①—⑩ 夯土区为70年代探出部分已经过考古发掘	⑳ 东大街中段夯土区	8.南关外遗址发掘区2处	18.郑州五中	28.铭功路制陶作坊	38.省保险公司
②第2夯土区	⑪ 黄委会43号院夯土区	㉑ 管城房管局夯土区	9.河南省商业储备公司	19.郑州十五中	29.大石桥	39.郑州八中
③第3夯土区	⑫ 河南油田驻郑办事处夯土区	⑪—㉑ 夯土区均经过考古发掘	10.火车站	20.德化街	30.市儿童医院东部发掘区	40.河南省政协
④第4夯土区	⑬ 郑州民族小区夯土区	1.杨庄墓葬区	11.紫荆山路中南段	21.银基商贸城	31.省图书馆	41.紫荆山铸铜遗址
⑤第5夯土区	⑭ 紫荆山路中段夯土区	2.商代23号墓	12.南关外铸铜遗址	22.二七路	32.省轻厅	42.河南报业大厦
⑥第6夯土区	⑮ 郑州电力技校夯土区	3.郑州玻璃厂	13.郑州市木材公司	23.黄泛区园艺场	33.省豫剧团	43.制骨作坊
⑦第7夯土区	⑯ 郑州万辉大楼夯土区	4.郑州毛巾厂	14.烟厂墓区	24.郑州金博大商场	34.省二附院	44.省电信局
⑧第8夯土区	⑰ 郑州永恒房产夯土区	5.郑州皮鞋厂	15.烟厂家属区	25.杜岭街	35.军区幼儿园	45.白家庄墓区
⑨第9夯土区	⑱ 中凯置业夯土区	6.河南电机厂	16.河南服装总厂	26.人民公园青年湖	36.省委大院	46.回族食品厂青铜器窖藏坑
⑩第10夯土区	⑲ 长江置业夯土区	7.二里岗遗址发掘区	17.河南省客运公司	27.九州城	37.省委家属院	47.南顺城街窖藏坑

图6—2 郑州商城遗址示意图

北京大学教授邹衡先生在1978年发表的论文中提出了"郑亳说"，认为郑州商城应是商代开国君王汤所建的亳都，其主要依据以下几个方面：

(1)《左氏春秋》襄公十一年："公会晋侯、宋公……，秋，七月己未，同盟于亳城北。”杜预作注言“亳城，郑地”，将郑州视为亳地，正与文献记载相契合。

（2）郑州亳城出土的陶文中，其中一个为“侩”字，余九字是“亳”字，证明在东周时郑州商城依然被称为亳城。

（3）从汤伐桀的路线论证亳在郑州。商汤伐桀经过四个地方，其中首伐的葛正是汤都亳的邻国，在郑地；韦即《吕氏春秋·具备篇》：“汤尝约于郼薄”的郼，地在郑州商城附近；顾在怀庆府廓弋县境；昆吾在新郑密县一带。四地的方位均位于郑州附近，因此亳在郑州地。

（4）早商文化是郑州商城的繁荣阶段。可分为两段四至五组，若每组以四五十年计，共为一百五十年到二百年。商自成汤都亳至仲丁迁隞共为五世十王，若每世以三十年计，则共为一百五十年，考古文化与历史记载相符。[①]

邹衡先生的“郑亳说”提出后，大批学者如许顺湛、郑杰祥、陈旭、张国硕等均撰文支持此说。[②] 经过长期的学术论争，郑亳说的阵营越来越强大，不少学者改变观点支持郑亳说。从巍峨浑厚的城垣（见图 6—3）、深邃而威严的宫殿群落、贵族墓葬以及出土的青铜器物来看，郑州商城在商代前期诸城当中，地位当是最高的。尤其是从商城内出土的窖藏大方鼎和窖藏大圆鼎来看，其造型浑重，大气磅礴，王气十足（见图 6—4），不仅映衬出郑州商城的王都地位，而且反映出商王朝的强盛，而这种状况，只有商汤的亳都才能与之相称。1999 年完成的《夏商周断代工程成果报告》中指出：商汤始建国约为公元前 1600 年，郑州商城始建年代也在公元前 1600 年前后，两者时代基本吻合。郑州商城与偃师商城基本同时或略有先后，是商人最早的两个具有都邑规模的遗址，推断其分别为汤所居之亳和汤灭夏后在下洛之阳所建之宫邑“西亳”。[③] 这一论断代表了当前学术界对于郑州商城性质的总体认识。

---

① 邹衡：《郑州商城即汤都亳说》，《文物》1978 年第 2 期。

② 许顺湛：《夏文化探索》，《河南文博通讯》1979 年第 3 期。郑杰祥：《商汤都亳的考证》，载《夏史探索》，中国古籍出版社 1998 年版。陈旭：《郑州商代王都的兴与废》，《中原文物》1987 年第 2 期。张国硕：《郑州商城与偃师师商城并为亳都说》，《考古与文物》1996 年第 1 期。

③ 夏商周断代工程专家组：《夏商周断代工程 1996—2000 年阶段成果报告（简本）》，世界图书出版公司 2000 年版。

图6—3 郑州商都城墙遗址

图6—4 郑州商城出土青铜器

郑州商城亳都地位的确立有着重要的学术意义。郑州商城是我国目前已发现的商代城址中规模最大和地面城墙保存最好的一处，它的发现大大地丰富了商代史的研究内容，为商代历史特别是晚商以前的历史研究提供了极为珍贵的实物资料，促使探索夏文化的课题提上了日程。由于郑州商城在中国古都发展史、中国文明史以及世界文明史上都占有重要的地位，国务院于1961年3月4日将“郑州商代遗址”公布为全国第一批重点文物保护单位之一。郑州1994年又被国务院批准为历史文化名城。郑州商城也被评为“20世纪河南十项重大考古发现”和“中国20世纪100项考古大发现”之一。

郑州商城沉睡地下数千年，安金槐先生用科学的考古手段把他发掘了出来，邹衡先生用缜密的考证方法揭示出其商代早期150余年首都的性质，为郑州名列“中国八大古都”奠定了基础。

二　过程：郑州市积极推动多个学会共同研究11年终获成功

郑州商城的考古发掘以及为商初亳都的认定，明确了它是迄今所知我国商代最早而且当时最大的一座王都，显示出该城在中国文明史上的重要历史地位。其气魄宏伟而规范严整的布局，开创了我国历代都邑建筑的先河。郑州商城出土的青铜礼器，其数量之多，形制之大，铸造花纹之精致，都是前所未有的。因而学界有识之士开始认识其价值，呼吁应该把郑州纳入中国八大古都的行列，甚至有人建议应该申报世界文化遗产。

1993年，由中国殷商文化学会组织的“郑州商城与殷商文明国际学术研讨会”在郑州召开，受与会的中国殷商文化学会会长胡厚宣教授，副会长田昌五教授、邹衡教授、李民教授，中国古都学会副会长蒋若是研究员等32位国内外著名专家学者的委托，德高望重的河南博物院馆长许顺湛研究员起草了一份《把郑州列为中国八大古都之一的倡议书》[①]。8月19日，倡议书在大会上宣读后，得到100多名与会代表的全体通过。但事后，有关方面没有付诸行动。[②] 尽管如此，还是应该看到，这是最早以全国性学术团体名义发出的倡议，为郑州跻身中国八大古都之列提供了最权威的理论依据。

---

① 《郑州商城与殷商文明国际学术研讨会与会专家建议把郑州列为中国八大古都之一的倡议书》，《古都郑州》，中州古籍出版社2004年版，第12—13页，有32个亲笔签名倡议人的名字。

② 许顺湛：《古都郑州》，中州古籍出版社2004年版，序。

2002年11月5日，《东方家庭报》在封底彩版刊发了独家报道《郑州完全有资格成为中国第八古都——原郑州大学文博学院副院长陈旭教授专访》，又一次在各界引起了极大反响。其后又连续采访了北大教授宿白、邹衡、李伯谦与刘绪先生，原国家文物局局长张文彬先生等多名学者和领导，在2003年5月以后的《东方家庭报》连续刊登。所有专家学者都充分肯定了郑州商城的崇高历史地位，还表达出他们的心愿："我们建议以政府的名义主持召开'纪念郑州建都3600年国际学术研讨会'，并申报成为我国的'八大古都'，以此提高郑州的知名度。"[①] 这次民间报道的推动作用特别显著，2003年9月18日，郑州市委市政府召开了"郑州商城申报中国八大古都及庆祝郑州建都3600年庆典"的筹备工作会议，计划接受大家的建议，开始申报中国八大古都的行动。[②]

2003年11月1—4日，中国古都学会与新密市人民政府在新密召开了"黄帝故都（轩辕丘）专题研讨会"。郑州市委书记李克与市长王文超等领导知道了这个消息，抽出时间专门两次会见了中国古都学会会长朱士光等学者一行，并向古都学会提出：希望承办2004年中国古都学会年会，在郑州建城3600周年之际，请全国各地的专家围绕"古都郑州的历史地位"展开学术研讨。学者们参观了郑州商城城墙博物馆、郑州市博物馆与城隍庙，于5日上午同郑州市相关领导举行了座谈会。座谈会上，大家认为郑州市的古都文化资源特别丰厚，当地学者的研究成果比较充分，尤其是郑州市领导非常重视，下年年会的召开应该没有问题。为了会议成功并能够持续推进郑州古都文化的研究工作，朱士光会长与李令福秘书长等建议：立即成立"郑州古都学会"，并申请成为中国古都学会的单位会员，专门负责组织与指导郑州古都文化的研究与宣传工作；搞好前期考古与历史研究成果的整理与出版工作，编撰出高水平有分量的《古都郑州》等学术专著；北京大学教授邹衡先生首先提出"郑州商城亳都说"，其德高望重、一言九鼎，请其出山助阵可以马到成功；应该组织多学科学者联合研究，达成基本共识，比如十年前倡议"把郑州列为中国八大古都之一"的中国殷商文化学会的学者们。郑州市委常委、宣传

---

① 《古都郑州》，中州古籍出版社2004年版，第376页。

② 《东方家庭报》2003年9月19日。

部长杨丽萍作了总结发言，当即布置由郑州市文物局负责具体工作的执行。与会的书画家周景濂先生听了大家的发言，特别激动，当场挥毫题写了“大古都，新郑州”，其情其景如在眼前。①

从 1993 年算起，10 年之后郑州市真正地接受了“把郑州列为中国八大古都之一的倡议”，紧锣密鼓地行动起来。

2003 年 11 月 6 日，郑州市城市科学研究会古都研究课题组提出了“关于郑州古都地位的课题研究报告”，他们不仅开始编撰《古都郑州》，而且研究出郑州古都的多个特征：郑州商城是商王朝开国之君成汤的亳都，郑州古都是一个庞大的古都群体，古都积年达 1337 年等。②

2003 年 11 月 30 日，在郑州大学陈旭教授的建议下，中国殷商文化学会、中国古都学会和郑州市人民政府联合举办的“郑州商都 3600 年学术座谈会”在北京市好苑商务酒店二楼小会议厅举行，来自全国各地的 22 位专家认真讨论，又联名倡议：将郑州列入中国八大古都。这些学者很有学术代表性，其中有六大学会的领导，如中国殷商文化学会会长王宇信研究员、中国古都学会会长朱士光教授、中国博物馆学会会长与中华炎黄文化学会会长张文彬、中国考古学会副理事长邹衡与严文明、中国先秦史学会会长孟世凯研究员。由此可以说，古都郑州列入“中国八大古都”这一成果是近年来中国古都学与考古学、先秦史学、殷商文化、博物馆学等多学科联合研究所取得的，得到了众多学者的赞同。③

2003 年 12 月 21 日，郑州市政府邀请 20 位国内外知名的文保与规划专家召开了《郑州商城遗址保护规划》的评审会。该规划为清华大学建筑学院制定，其中详叙了近、中、远期整治方案和具体保护措施。市政府计划 2004 年把郑州商城保护与开发列入了市政建设的重点工作之一，并且根据《文物保护法》规定，对全市各级文物保护单位重新制定了保护范围和建设控制地带，使古都保护与城市建设协调发展。④

2003 年 12 月 28 日，郑州古都学会正式成立，郑州市副市长孙新雷

① 以上资料见笔者日记，2003 年 11 月 1—5 日。

② 《古都郑州》，中州古籍出版社 2004 年版，第 7 页。

③ 以上资料见笔者日记，2003 年 11 月 30 日。

④ 《古都郑州》，中州古籍出版社 2004 年版，第 402—403 页。

当选为学会会长。学会将全面致力于郑州古都内涵的研究和释读，在保护与利用商城遗址，展示古都文化方面做出应有工作，同时向中国古都学会提出郑州列入中国八大古都的学术认定。[①]

2004年4月24日，郑州市还主办了以“青春与古都同行”为主题的青少年历史文化火炬传递活动，邀请中国古都学会会长朱士光教授等专家进行了专题演讲，宣传郑州古都的历史文化。[②]

郑州市委市政府相关领导与相关职能部门如郑州市文物局相互协调，尤其是郑州古都学会的建立，关于郑州古都研究及其古都历史文化资源保护开发利用工作逐步广泛深入地开展起来，并积极在学术上为召开中国古都学会2004年年会做好准备。

2004年11月1—5日，由郑州市人民政府与中国古都学会联合举办的“郑州商都3600年学术研讨会暨中国古都学会2004年年会”在郑州举行。北京大学教授邹衡、李伯谦，原国家文物局局长张文彬，中国社科院考古所所长刘庆柱，中国古都学会会长、陕西师范大学教授朱士光，河南博物院原馆长许顺湛研究员等180余位专家学者围绕郑州商城的地位、郑州商都的建都时间等展开深入讨论。会议形成纪要：专家们认为，经过50余年的考古发掘和相关学科专家学者的深入研究，郑州商城作为商代早期建立的一座都城，至今已有3600年历史，其建筑规模之大，规划布局之严整，文化内涵之丰富，堪称当时世界之最。郑州商城作为商代早期政治、经济、军事、文化的中心，是中国古都发展史上一个重要的里程碑，在探索夏商周三代文明发展中具有承上启下的重要作用。以商都为代表的郑州地区还发现了西山、新砦、古城寨、大师姑等一批古代城址，春秋战国时期的郐国、虢国、郑国、韩国等诸侯国也曾先后定都于此，这些都表明郑州所在地域存在一个古都群，进一步确立了郑州在中国古都发展史上的重要地位。与会代表一致赞同古都郑州可与西安、北京、洛阳、开封、南京、杭州、安阳七大古都一起并称为“中国八大古都”。由中国七大古都到中国八大古都的发展，是中国古都学与考古

---

① 《东方家庭报》2003年12月29日。

② 《中国古都研究》（21），三秦出版社2007年版，第2页。

学、先秦史学等学科研究的新进展，是中国古都研究不断深入的结果。①

2004 年的中国古都学会年会上，郑州列入中国八大古都之所以水到渠成，1993 年学者们的倡议当然功不可没，实际上郑州市领导与专家学者积极努力，成立郑州古都学会，采取开放的态度，多方面推动包括中国古都学会、中国殷商文化学会等五六个学会开展共同研究，达成学术共识，才是最大的成功之处。

三　启示：客观的考古发现是基础，大家的学术论证为依据

从上述郑州列入“中国八大古都”的原因与过程来看，与安阳大古都成立的原因与过程基本相同。二者都是考古发掘的古代都城，都是由一个著名学者提出的学术观点，在中国古都学会的学术研讨后以决议的形式向社会公布。安阳是商代后期的都城，是中国考古学者最早开展科学发掘工作的地方，不仅有宫殿、手工业作坊、墓葬等建筑遗存，而且出土了大量甲骨文，从文字与实迹遗物双重证据证明了殷墟的存在，弥补了历史文字记载的空白；复旦大学著名历史地理学者谭其骧教授认为安阳殷墟与三国魏北朝时代的邺都位于一个都市空间之中，当了商殷王朝二百七十三年的首都，因而殷墟所在的安阳加上邺都完全有资格成为中国的大古都。1988 年，中国古都学会接受谭先生的观点通过了七大古都的决议，安阳正式名列其中。② 郑州商城是商代前期的都城，安金槐先生考古发掘出来，邹衡先生学术考证其都城性质，中国古都学会认定为八大古都。

一般认为大古都应该达到以下标准：这个古都在一段时间内作过中国正统王朝的政治中心，比如现在公认的“八大古都”，都曾是全国的政治、经济、文化中心城市，这是基本条件；第二个条件是这个古都在中国的历史上起过很特殊的作用，在这一点上“八大古都”均有自己独特的价值；第三是这个古都要和现代的城市有某种关联，“大古都”的选址都应有一定的延续性。郑州是完全符合这三个条件的。首先，郑州作为商都，曾经是商朝的政治、经济和文化中心，这已经是没有疑问的；其

① 《中国古都研究》（21），三秦出版社 2007 年版，第 25—26 页。

② 陈桥驿主编：《中国七大古都》，中国青年出版社 1991 年版。

次，在夏商时代，郑州市域的嵩山被看作是中国的阿尔卑斯山，是中原文化的发祥地，这是很独特的作用；最后，郑州现在仍然是河南省的省会，是一个很重要的枢纽城市，这也符合第三条的要求。可以说，郑州入列“大古都”当之无愧。

李令福曾经在2004年撰文论述古都郑州的特殊历史地位，认为“郑州在中国古代都城发展史上的地位特别重要，基本特点有以下几点：一是郑州曾经作过全国性一统王朝夏与商的都城。二是在中国历史的早期发展阶段起过特殊的作用。作为夏、商两大王朝早期的都城，郑州成为华夏文明的起源中心地，在中华文化发展史上可谓独一无二。三是3600年前选择的都城地址与今天城市完全重合，以古都到现代化城市的文脉令人振奋。四是古都群的确认和深入研究在中国古都学上具有重要的学术意义”。① 这一结论到现在仍然基本准确。论文还分析了郑州成为中国古代政治中心区域的历史地理原因。

据学者研究，包括杭州在内的“中国六大古都”观点形成于20世纪30年代，较之于“中国五大古都”之说的提出约晚十年时间。② 这两种观点历时已久，似乎得到了大多数学者的认可，也主要是民国学者从历史文献中总结出来的基本规律。而安阳与郑州作为大古都首先得力于它们分别是商代前后期都城这个历史事实。因其历史久远而文献记载未能明确其重要地位，长期没有受到重视，好在通过中国现代新引进考古学的发掘，安阳殷墟与郑州商城遗址重现天日，得以昭示出中国历史的源远流长。除了考古发掘成果向前延长中国历史以外，两位大学问家的研究也是安阳与郑州大古都地位能够得到公认的原因。众所周知，前者是历史地理学大家复旦大学教授谭其骧，后者是被誉为商周考古第一人的北京大学教授邹衡。延长中国古都历史、作为考古重大发现成果而又被学术大师充分肯定，成为学界广泛认同的“中国大古都”自然天成。

“中国八大古都”在中国历史上的作用虽有一定的差异，但笔者认为

① 李令福：《古都郑州的特殊历史地位及其文化发展战略》，载《中国古都研究》（21），三秦出版社2007年版，第25—26页。

② 毛曦：《中国究竟有几大古都——民国以来中国大古都不断认定的来龙去脉》，《学术月刊》2011年7月。

还是可以成立的，只是要充分认识到它们在中国都城历史上的地位也是有层次的。从“内制外拓”两方面来看，长安（西安）与北京因为面对着中国历史前半期与后半期军事斗争的焦点与重点区域，又便于控制中原，从而成为各自时期首都的相对优势选择。中国古代都城史有学者称为长安时代与北京时代，道理就在于此。如果考虑到洛阳在华夏文明形成的早期古都地位特别重要，也可以说北京、西安与洛阳属于第一等级。从古都区域变迁来看，周秦汉隋唐时代，以洛阳与长安的东西二京制为主；元明清民国至今，以南京与北京的南北二京制为主；宋代开封为都是东西两京时代向南北两京时代的转折期。相对而言，西安、北京、洛阳、南京和开封这“五大古都”的选址与建设更具有全国意义，是南京和开封基本可属于第二等级。杭州是五代时吴越国和南宋王朝两代的首都，但南宋偏居江南，彼时的杭州只能算半个中国的都城，只是因为其都城的繁华不亚于甚至超过五大古都，而且至今也还是著名大城市，才被学者们认定为“大古都”。安阳是商代后期的都城以及三国魏与北朝的邺都所在，郑州主要是夏商时代的王都以及郑韩诸侯之都，在中国历史早期的都城地位特别重要。从全国意义来看，此三大古都基本可属于第三等级。也就是说“中国大古都”的大也是有等级的，第四等的古都相对于第五等也是大，但我们不能把等级降得太低了。

第三节　古都郑州的特殊历史地位及其现代发展战略

中原政治经济文化中心——郑州市不仅是一个新兴的现代化城市，而且还是一个具有悠久历史文化的古都城市，尤其在中国古代都城发展的早期居于独一无二的重要地位。本节充分利用历史文献与考古发掘资料来论述古都郑州在中国古代都城发展史上的特殊地位及其形成的历史地理原因，并在此基础上探讨现代“大郑州”建设的文化战略。

本节所谓的郑州市是一个区域概念，除了包括郑州市区以外，还包括今郑州市所管辖的市县范围。这也很好理解，因为一个王权政治中心的选择首先是个区域概念。当年娄敬、张良建议刘邦定都关中或秦地就是一个区域，并不是一个具体的地点。所谓的古都西安，也是包括周的丰镐、秦的咸阳与汉唐长安城四大古代都市，而秦都咸阳的主体更逸出了今西安市所辖范围，但我们仍然认为它属于古都长安城市发展链条上不可或缺的一个环节，因为它兴起与发展的地理基础并没有发生大的改变。同理，在对古都安阳的综合研究中，学者也是把位于今天河北省的古代邺城纳入一个体系之中的。①

一　郑州在中国古代都城发展史上具有特殊的重要地位

首先，从文献和考古资料考证，郑州地区可能是夏代早期的都城。诸多文献记载认为“禹都阳城”，其地望应在今郑州市登封告成镇附近。考古工作者又在此处发现战国陶器有“阳城仓器”的戳记，证明战国时此地仍可能叫作“阳城”。同时，在告成镇西北不远处，考古工作者还发现有一处古城遗址，所处时代正包含夏禹时代，故多数学者认为登封王城岗一带是“禹都阳城”所在地。②

当前学术界基本达成共识的是，偃师市境的二里头遗址是夏王朝的都城所在，此处发现有宫室建筑遗存，而且在二里头文化范围内不再有可与此遗址相比的城址。而据科学测定，二里头文化第一期的绝对年代为公元前1900—前1850年，距史载夏王朝始建年代尚有百余年的差距，即可以说，二里头是夏代中晚期的都城。如此一来，夏代早期的都城在何处就成了问题。除了上述禹都阳城以外，近几年在郑州新密新寨遗址的考古发掘工作，推动了这一问题的深入研究。

20世纪70年代，赵芝荃先生提出，在河南龙山文化与二里头文化之间还存在一个以新密新寨遗址为代表的过渡期遗存。如果新寨期能够确认，则早于二里头的文化正好接近夏王朝的始建年代，即新寨文化可能就是大家正在寻找的早期夏文化。1999年以来，考古工作者连续多年在新寨遗址进行考古发掘，基本确认了新寨文化期的存在，认为“新寨期即使不是最早的夏文化，也是探讨早期夏文化的新支点”。③

---

① 朱士光主编：《中国八大古都》，人民出版社2007年版。

② 安金槐：《对河南境内夏商城址的初步探讨》，载田昌五主编《华夏文明》（第1集），北京大学出版社1987年版。

③ 赵青春：《新寨期的确认及其意义》，《中原文物》2002年第1期，第21—23页。

新寨遗址范围广大，以其为中心，遗存分布密集。有不少学者认为，夏代早期的都城很有可能在此找到。如此，中国古都研究的第一页就将在郑州市的大地上翻开。

其次，商王朝早期的都城位居今日河南省省会郑州市的市中心，这一点特别重要。20 世纪 50 年代中期，在郑州市区发现的郑州商城规模大、规格高，而且延续时间长。邹衡先生提出的郑州商城为商汤所建之都的学术观点，逐渐得到学术界较多的专家学者认可。“九五”期间国家重点科技攻关项目“夏商周断代工程”的基本结论认为：“郑州商城和堰师商城基本同时或略有先后，是商代最早的两处具有都邑规模的遗址，推断其分别为汤所都之亳和汤灭夏后在下洛之阳所建立‘宫邑’亦即‘西亳’的意见具有较强的说服力。”①

郑州商城是商王朝早期的首都，而郑州是河南省的政治经济文化中心，这两者在区域上的重合在中国古都发展史上具有特殊地位。

再次，以新郑郑韩故城为代表，郑州市域范围内存在一个数量众多的古代都城群体。有人统计西周至春秋战国时代的诸侯建都于郑州者已经超过 20 个。其中有些比如郑韩故城在历史上起到过重要的作用。郑是春秋时期较强的十二诸侯之一，韩是战国七雄之一，郑韩经济、文化发达，其定都前后相继，在郑州新郑市区。郑韩故城现存有高大的东西并列城墙、高台建筑基础，发掘出来的郑国社稷与郑国宗庙遗存，出土的精美青铜文物，给我们留下了丰富多彩的文化遗产。

最后，郑州作为古都的时间较长，够大古都的资格。张新斌根据史念海先生确定的古都标准，尤其是古都积年标准，结合夏商周断代工程的最新成果，将商都 180 年加上郑韩之都 175 年，认为郑州大古都的积年为 355 年，“而目前已确定的其他七大古都的古都积年依照史念海先生的计算结果是，西安 1077 年，北京 903 年，洛阳 885 年，南京 450 年，开封 366 年，安阳 351 年，杭州 210 年。与其相比，郑州可以排在开封与安阳之间，居于第六位。因此，郑州作为中国的大古都，从年代学上应该

① 夏商周断代工程专家组：《夏商周断代工程 1996—2000 年阶段成果报告》，世界图书出版公司 2000 年版。

是没有问题的”。①

总之，郑州在中国古代都城发展史上的地位特别重要，基本特点有以下几点：一是郑州曾经作过全国性一统王朝夏与商的都城。二是在中国历史的早期发展阶段起过特殊的作用。作为夏、商两大王朝早期的都城，郑州成为华夏文明的起源中心地，在中华文化发展史上可谓独一无二。三是3600年前选择的都城地址与今天城市完全重合，以古都到现代化城市的文脉没有改变，这一点令人振奋。四是古都群的确认和深入研究在中国古都学上具有重要的学术意义。

二　郑州成为中国古代政治中心区域的历史地理原因

郑州所在是中华文明的起源中心地，这是郑州能成为中国古代政治中心区域的历史基础。

西山古城是中国北方现在已知的年代最早的史前城址，大致处于仰韶文化晚期，距今4800—5300年。这个古城就位于现今郑州市区范围。

文献与考古资料都表明，五帝时代最重要的王国就位于郑州范围，具体就在今新密与新郑两市之间。从各种史料可知，黄帝故里、黄帝所居轩辕墟也可以说是黄帝故都在新郑与新密地方；而古城寨龙山城的考古确认，则使这种文献或传说资料有了进一步密切结合起来的可能性。

黄帝是中华民族共同的祖先，是中国英雄时代最大的部落联盟首领。在“夏商周断代工程”以后进行的中华文明探源工程预研究中，正在重点试掘的4个古城遗址除山西的陶寺遗址外，其余3个即王成岗、古城寨、新寨都在郑州地区，这充分说明了郑州地区是中华文明的发祥地。文明起源的中心区域当然是政治中心的首选地。

郑州古都地位重要的地理原因，可以从以下几个方面进行具体分析：

首先，从宏观角度分析，郑州位于中原的中心地带，居天下之中的郑州在中国地缘政治上居于重要地位，是理所当然的。

其次，从微观区域角度而言，山陕黄河以至太行山地方的今山西地区古时候称为河东，晋豫黄河以南、贾鲁河以西的广大地方古时候称河

① 张新斌：《郑州大古都年代学研究》，载《郑州商都3600年学术研讨会暨中国古都学会2004年年会论文选编》，中州古籍出版社2005年版。

南，贾鲁河与太行山东侧的黄河、济水冲积扇三角洲古时候称河内。三河之地正是中国古代早期文化的中心区域，这在司马迁的《史记》中有明确记载。

三个区域相比较，河南区的政治中心地位更加重要，原因有二：一是河东区为黄土高原区，以较高的平台、丘陵地形为主，河流较少；河内区地形较低下，黄河、济河、淮河上游支流流经此区；而河南区地形以黄土台原为主，多中等的台地、冈原，短促河流较多，是早期文化的最佳环境选择。二是位置居中，可以照应三河地区，因为古今东西交通多在黄河以南，黄河北岸太行山南北横，阻碍交通，而南岸是秦岭余脉的邙山，东西走向，与黄河平行，浅山土丘较多，交通道路开辟较为容易。郑州正位于古代所谓的河南地，而且与河东区接近，区域地理优势明显。

再次，从神山崇拜来看，郑州地方正位于嵩山与丕山两大神山主轴的东侧，成为政治中心的地理条件绝佳。

《国语·周语》："昔夏之兴也，融降于崇山……商之兴也，梼杌次于丕山；周之兴也，妄称鸑鷟鸣于岐山。"这是说，夏人的神圣之山是崇山，即今嵩山，在郑州登封市境内，后来成为中岳，在中国古代神灵崇拜中地位重要。商人的神圣之山叫丕山，笔者觉得即是《禹贡》中的大伾山，即黄河南岸的成皋大伾山，位于今郑州所辖的巩义县境内。这判断有充分的文献依据，也符合商人由东向西发展的历史事实。

嵩山—大伾山两个神山构成的主轴是中国远古文化的龙脉。二里头、堰师商城分布在这条龙脉的西边，古城寨、新寨、王城岗、郑州商城、西山古城分布在这条龙脉的东边。夏商时代，文化中心偏于东侧，故郑州的地位相对重要。此后周人兴起于关中，使文化中心向西偏移，洛邑的地位才逐渐重要起来。

最后，从水文交通地理条件来看，郑洛所在的河南区除北部的黄河外，共分为两大流域：一是流入黄河的洛水，二是向东南注入淮河的贾鲁河、双洎河与颍河。相比较而言，淮河流域的水系条件更佳，文化交流面更宽，向东北接近济水，更容易向广阔的济水流域发展。可以说，郑州居于控制东北河、济流域与东南淮河流域的最佳位置，是成为远古时期政治中心城市的重要原因之一。

三 “大郑州”建设的文化战略

20世纪末，席荣光等学者提出，国家和河南省应加快大郑州都市区建设，并依托以郑州为核心的中原城市群，构筑中原都会带，催生郑州特大城市的诞生。①

这种建设大郑州的观点，得到了许多学者和城市建设者的赞同。笔者也很认同“大郑州建设”的思路，只是要强调自己的观点：支撑“大郑州建设”走向成功除了大家现在关注的经济因素外，还应充分发挥文化的基本核心作用，即文化战略。

首先，在观念上要认识到文化的巨大力量，给城市文化以特别重要的地位，因为现代城市是以文化论输赢的。

“城市即文化”，这个流行语应该说反映了现代城市建设的真实含义。一个城市的魅力和吸引力，主要是靠文化，文化能展示城市的价值品位和可贵的风尚。文化是一座城市的凝聚力和自信心的源泉，也成为城市的综合实力与竞争力。

“城市绝非简单的物质现象，绝非简单的人工构筑物。城市已同其居民们的各种重要活动密切地联系在一起，它是自然的产物，而尤其是人类属性的产物。”城市作为“人类属性的产物”②，其根本内涵是城市符合人类的生存发展，具有文化精神。城市文化是城市的历史文化、建筑风格、形态格局以及市民的综合素质、文明程度、价值取向、精神风貌的综合反映，是城市物质、制度与精神在文化意识上的集中体现。

文化是人类的灵魂。同样，文化也是城市建筑的灵魂。因此，现代城市发展要把文化放在重要地位，要高度重视城市文化建设和文化产业的发展。

其次，“大古都”文化为郑州市自身的做大、做强带来了契机，又成为其加强区域中心都市地位的纽带，冲出中国走向世界的资本。

---

① 席荣光、张丹等：《中原城市群与郑州大都会建设的战略思考》，《地域研究与开发》1997年（16卷增刊）。

② ［美］R. E. 帕克等：《城市社会学：芝加哥学派城市研究文集》，宋俊岭等译，华夏出版社1987年版，第1—2页。

郑州市是现代中国人口最多的省份河南省的省会，是中原地区经济实力居于首位的城市。但在此之前很长的时间内，郑州在本省的首位度偏低，辐射带动能力不算太强，也影响到其向外的张力，这与其城市文化的认知水平有相当大的关系。

一般人认为，郑州是清末民初依靠发达的交通条件发展起来的新兴城市，到20世纪中叶才取代开封成为河南省首府，在中华文明发祥的中原地带，其文化底蕴不够深厚。其西侧的洛阳居天下之中，为中国十一朝古都，河洛文化发源于此，是华夏文明的源头及流传光大的中心。东有开封，为北宋首都，号称东京。后来长期作为河南省行政中心，一直经济繁荣，文化发达。北部的安阳也以殷墟闻名世界，并成为中国七大古都之一，文脉绵长。

经过学术界半个多世纪的努力，郑州商城遗址被考古发现，并逐步公认为是商汤之首都，同时，郑州市辖范围古都群观点的提出，使大家对郑州悠久文化传统和历史资源有了崭新的认识。1993 年就有不少学者倡议，郑州应该列为中国八大古都，2004 年这个倡议通过中国古都学会年会的学术讨论，成为大家的共识。

郑州成为八大古都之一，不仅准确地评价了郑州在中国古都发展史上的地位，而且为现代郑州城市发展创造了一个好时机。郑州的悠久古都文化与灿烂的现代文明连接成一条源远流长的文化河流，也成为创新现代城市文化的基因库。

郑州文化地位的抬升对其发挥省会城市的核心功能将起到很大的促进作用。从其历史地理背景分析来看，郑州与洛阳的区位基础从人环境上来看基本一致，皆是依托嵩山与黄河，只是发展趋向稍有差异，这为郑洛联合找到了历史渊源与地理机制。作为商朝前期都城的郑州，与商朝后期都城的安阳，由一条政治脐带自然地连在了一起。开封更由于地缘近便，与郑州早已密切联合，现在已有学者提出了郑汴一体化的设想。

作为中国八大古都之一的郑州市，现今已经成功加入“世界历史都市联盟”，为郑州市走向国际城市舞台开通了一条光明坦途。

最后，大郑州建设文化战略的具体措施，是要做好以下四个层面的工作：第一层面是加强科学研究，制订合理的城市发展规划和详细的专题规划，大力保护与开发利用商都文化，不仅要把郑州市本体规模做大，而且要在文化与经济实力上做强，真正发挥出中部崛起龙头的核心作用。

为此，要在政府牵头下，集中国内外学术界的力量，在三个方面对商都文化继续进行深入研究。第一方面是考古钻探与发掘工作，逐步搞清商都的具体布局，这是更好更科学地实施商都遗址保护与开发利用的基础；第二方面是历史文化资源（包括显性与隐性的）的整合与评价，弄清3600年悠久历史的古都郑州城市文化的源流发展、主要内容与特色精神，这是全面系统开发商都文化的基础；第三方面是古都文化保持与开发利用的综合研究，以求古为今用，可持续性发展的文化创意，打通商都文化与现代文明连接的郑州城市文化脉络。

在郑州市城市更新扩建的过程中，坚持郑东新区的基本设计方案，进行功能分区整合与重建，把郑东新区建设成现代化的商贸工业区，而对旧城区也就是以商都遗址为中心的现代区域进行文化事业的建设，发展成为郑州未来城市的精神家园。发达的现代物质文明与创新的古今相通文化在郑州形成双轴心形制。这种旧城新区分离的城市建设策略，真正在实践中成功实施，将走在全国各大城市的前面，成为历史文化名城创新的楷模。

第二层面是注重领导和组织郑州市所辖范围内古都群的考古与历史文化研究，在统一规划之下保护与开发，创造条件，联合申报世界文化遗产。

第三层面是加强与洛阳、开封、安阳等古都城市间的文化建设与交流工作，以“中国四大古都论坛”的形式，不断向外公布自己的文化研究成果和城市发展创意。

第四层面是，古都郑州应该充分发挥区位与交通优势，联络中国八大古都城市的学术界与领导层，利用中国古都学会在郑州设立“八大古都联络处”的条件，让古都郑州在全国大古都城市中发挥核心作用。在适当的时候，申请在郑州召开“世界历史都市联盟”大会，进一步扩大郑州在世界的影响力。

第七章

中国古代都城变迁的规律及其启示

一个王朝或国家的都城一般都是其统治范围的政治中心和文化中心，有时候可以与其经济中心和军事中心分离开来，但一定是其经济管理中心和军事指挥中心。都城集政治统治、文化礼仪、经济管理、军事指挥于一体，决定一个国家的兴衰成败，地位极其重要。

中国历史悠久，上下五千年；华夏版图辽阔，纵横上万里。从古至今各王朝或政权都城的选址变迁复杂而又频繁。据史念海先生研究："就广义的古都来说，自三代以下，我国共有古都217处，涉及的王朝或政权277个。这里面包括建立在中原内地的古都164处，建立在周边各地的古都53处。如果就狭义的古都而言，本文初步提出65处。这是重点研究的古都。"[①] 深入研究中国古代都城变迁的历史过程，分析其原因与影响，总结出基本规律，对我国现代的首都建设以及开发利用陕西省古都文化资源还是颇有启示的。

第一节　五大古都、陪都与迁都现象具有现实价值

一　"中国八大古都"的学术认定

在中国的217座都城里，根据建都时间长短及其在全国的影响力，20

---

① 史念海先生：《中国古都和文化》，中华书局1996年版，第178页。所谓广义的古都："作为一个独立的王朝和政权，不受外来的控制，其都城已成为政治中心，就皆应视为古都。"狭义的古都："古都不仅是独立王朝或政权的都城，抑且还应该具有较为长久的而不是过分短暂的年代，其遗址的现在地理位置应是确切的而不是推论的臆定，还应是距现在有关的城市较近，而不是相离很远的废墟。"

世纪初有学者提出了“五大古都”的概念，就是西安、北京、洛阳、南京和开封。传统的“五大古都”说流传较广，学术影响也大。后来有学者把“杭州”加上就有了“六大古都”之说。[①] 到了80年代，又加上一个“安阳”成为“中国七大古都”。2004年，河南郑州以商代早期之亳都等的学术认定也成为中国的“大古都”。这就是现在古都学界流行的“中国八大古都”之说。[②]

有资格成为中国“大古都”的城市必须是我国历史上正统或主流王朝或政权的都城，而且建都时间不能太短，即在一段时间内作过全中国的政治与文化中心，在中国的历史上起过很特殊的作用。同时，失去都城地位后仍作为区域中心城市持续发展，至今还保有较大规模的都城遗址或者标志性文化遗产。

二 “五大古都”最具全国政治中心的意义

“中国八大古都”在中国都城历史上的地位也是有层次的。杭州是五代时吴越国和南宋王朝两代的首都，但南宋偏居江南，彼时的杭州只能算半个中国的都城，只是因为其都城的繁华不亚于甚至超过五大古都，而且至今也还是著名大城市，才被学者们认定为“大古都”。安阳是商代后期的都城以及三国魏与北朝的邺都所在，郑州主要是夏商时代的王都以及郑韩诸侯之都，在中国历史早期的都城地位特别重要。

相对而言，西安、北京、洛阳、南京和开封这“五大古都”的选址与建设更具有全国意义，它们是中国多民族统一王朝——秦汉隋唐宋元明清以至民国、中华人民共和国的首都。

“中国八大古都”在中国历史上的作用虽有一定的差异，但笔者认为此说还是可以成立的。杭州在内的“六大古都”几乎与“五大古都”之说同时提出来，历时已久，似乎成为大多数学者认可的观点。而安阳与郑州作为大古都首先得力于它们分别是商代前后期都城这个历史事实。

---

① 毛曦：《中国究竟有几大古都——民国以来中国大古都不断认定的来龙去脉》，《学术月刊》2011年第7期。

② 李令福：《郑州列入“中国八大古都”的原因、过程及启示》，《古都郑州》2013年12月。

因其历史久远而文献记载未能明确其重要地位，但是通过中国现代引进考古学的发掘，安阳殷墟与郑州商城遗址重现天日，昭示出中国历史的源远流长。除了作为考古发掘成果向前延长中国历史以外，还有两位大学问家的研究也是安阳与郑州大古都地位能够得到公认的原因。众所周知，前者是指历史地理学大家复旦大学教授谭其骧，后者是被誉为商周考古第一人的北京大学教授邹衡。延长中国古都历史、考古重大发现成果且又被学术大师充分肯定，安阳与郑州成为大家较为认同的“中国大古都”自然天成。

三　陪都制

陪都指一个国家或政权在首都之外另外设立的都城，一般不设中央政府机构，不是全国的政治中心，多是经济或者军事中心。陪都制度只存在于以古代中国为中心的东亚文化圈各国，它始于中国西周时期镐京与洛邑的“两京制度”，是中国古代政治制度史上的创举。

四　迁都现象

迁都是指相对于王朝建立初期的定都，王朝或者政权中期为了一定的政治目的或者军事行为而迁移自己首都的行为。

诸侯之都、割据之都、行都或霸都等或者仅具区域意义，或者是特殊行为，颇具学术研究价值，但是对今天的现实借鉴意义不大。

第二节　“五大古都”变迁的过程、规律、原因与影响

一　“五大古都”的变迁过程、城市规模与建都时间

1. 中国历代王朝的都城变迁

首都的建立肇始于国家政权的诞生。就中国来说，文献记载有三皇五帝之都，但尚没有考古资料来证实。夏商两代的都城稳定性差，直到盘庚时期定都于安阳，才比较稳定。王国维总结，有商一代都城迁移频繁：前八而后五，至盘庚已经十三次。《古本竹书纪年》记载：“自盘庚徙殷，至纣之灭，二百七十三年更不徙都。”目前学术界认定属于夏代晚

期的都城遗址是洛阳的偃师二里头，商代都城遗址是商代早期的郑州商城与偃师商城，商代晚期的安阳殷墟。

《史记·货殖列传》记载周人迁都的历史："公刘适邠，大王、王季在岐，文王作丰，武王治镐。"公元前11世纪，周文王作丰邑，后来周武王又定都镐京，至公元前770年周平王东迁洛邑，近300年间，丰、镐二京一直是西周王朝政治、经济、文化的中心。西周丰镐是西安作为中国首都城市的开始，在中国古代都城发展史上占有重要的地位。

西周末年，周幽王无道，招致西夷犬戎的入侵，丰镐被攻陷，平王东迁西周时期的陪都洛邑（洛阳），建立了东周。

秦都咸阳自秦孝公迁都至秦朝亡，为秦都凡历9君145年。这期间，咸阳发生过许多惊心动魄的重大事件，尤其是秦始皇以咸阳为指挥中心，扫灭六国，统一天下，使之成为我国第一个大一统帝国秦王朝的都城，并在这里制定了一整套完备的中央集权制度，影响深远。

司马迁《史记》记载，西汉初年娄敬说刘邦定都关中时说："陛下入关而都之（关中），山东虽乱，秦之故地可全而有也。夫与人斗，不搤其亢，拊其背，未能全其胜也。今陛下入关而都，案秦之故地，此亦搤天下之亢而拊其背也。"张良也认为："关中左殽函，右陇蜀，沃野千里，南有巴蜀之饶，北有胡苑之利，阻三面而守，独以一面东制诸侯。诸侯安定，河渭漕挽天下，西给京师；诸侯有变，顺流而下，足以委输。"关中居天下之上游，从山水地理形势来讲，为黄河中游，渭河中下游，中国地形第二阶梯的中段，其对关东诸侯用兵，正如田肯对汉高祖所说，犹如高屋建瓴，势若破竹。

西汉灭亡后，刘秀重建帝国，定都洛阳，史称东汉。《后汉纪校注·后汉光武皇帝纪》："其后世祖都洛阳，除秽布新之象。"魏晋与北朝政权多以长安、洛阳、邺都为首都，南朝多以建康（南京）为都。

隋文帝于开皇二年（582年）正式颁诏，创建大兴城。《两京新记》曰："隋文帝开皇二年夏，自故都移今所，……左仆射高颎总领其事，太子左庶子宇文恺创制规模，谓之大兴城。"隋末李渊在太原起兵，首先直取都城大兴，定都于此，并更名为长安城。现在一般统称为隋唐长安城。

五代时期，除后唐外，后梁、后晋、后汉、后周先后定都于开封。公元960年，后周殿前都点检赵匡胤在开封城北40里的陈桥驿发动"陈桥兵变”，建立宋朝，仍定都开封。北宋历经 9 帝 168 年，在开封建都史上最为灿烂辉煌。

辽于会同元年（938 年）起在北京地区建立了陪都，号南京幽都府。金贞元元年（1153 年），金朝皇帝海陵王完颜亮正式建都于北京，称为中都。元世祖至正四年（1267 年）忽必烈决定迁都位于中都（今北京），并开始营建新都城：“至元四年，始迁中都之东北置今城而迁都焉。”① 在今北京定都，名为元大都。

明太祖洪武元年（1368 年）称帝，诏以金陵为南京；洪武十一年（1378 年）定为京师。明成祖永乐元年（1403 年），把北平作为北京。永乐十九年（1421 年）新都告成，正式迁都北京：“（永乐）十九年正月，改北京为京师。”② 迁都后实行两京制，南京为留都，仍为两京之一。清代以北京为首都。

2. 中国大古都城市都城规模的发展规律

为客观反映上述都城的基本规模，一是利用考古勘探和研究成果，二是将某些尚未考古勘探的都城根据文献资料进行换算，可以获得如下都城或者遗址的规模数据（单位：平方公里）：

属于古都洛阳者：1. 偃师二里头（夏代晚期都城）：5—6；2. 偃师商城（商代早期都）：2；3. 洛阳西周成周城遗址：10；4. 洛阳东周王城遗址：10；5. 洛阳东汉、曹魏、西晋雒阳城：10；6. 洛阳北魏洛阳城遗址：58；7. 洛阳隋、唐东都城遗址：50 以上。

属于古都郑州者：郑州商城（商代早期都城）：25。

属于古都安阳者：安阳殷墟（商代晚期都城）：30。

属于古都西安者：1. 西安西周丰京与镐京（西周都城）：25；2. 咸阳秦都（秦都城）：28；3. 西安西汉长安城（西汉都城）：34；4. 西安隋大兴城（隋都城）：80；5. 西安唐长安城（唐都城）：83。

属于古都开封：北宋汴梁城：50。

属于古都杭州：南宋临安城：50。

属于古都北京：1. 元大都遗址：50；2. 北京明、清北京城：62。

---

① 《元史》卷 58《地理志》中书省条。

② 《明史》卷 40《地理志》京师条。

属于古都南京：南京明京城：55（还有一些城郊不好计算）。

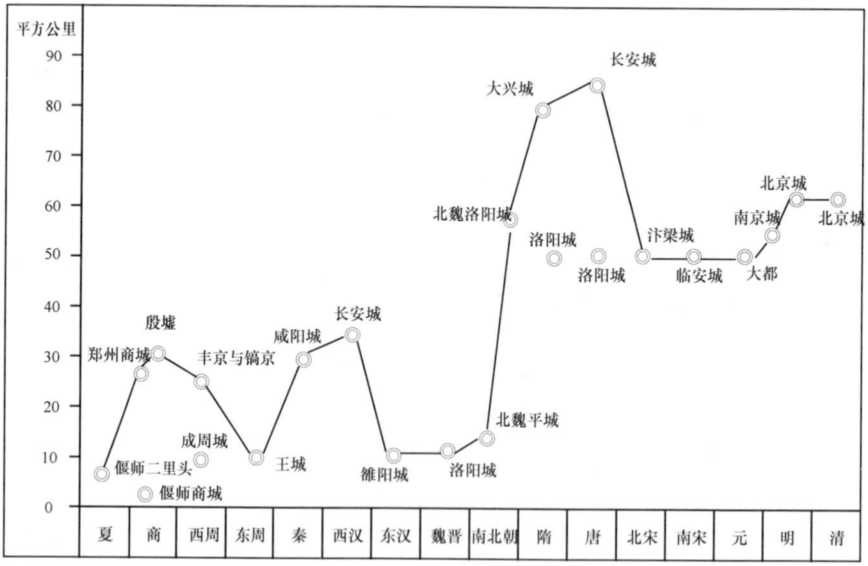

图7—1　中国大古都城址面积演变示意图

根据上文数据绘制中国大古都城址面积演变示意图。由图7—1可知：①我国古代大古都城市（城池）规模的扩大，从夏代晚期的不足10平方公里，逐渐扩大至东汉、曹魏、西晋的10平方公里，再扩大至隋、唐、宋、元、明、清的50平方公里以上。②在都城城市（城池）规模的扩大过程中，出现了三个高峰期，其一是商代和西周时期，城池面积扩张至25—30平方公里；其二是秦、西汉时期，城地面积扩张至28—34平方公里；其三是隋、唐时期，首都大兴、长安城城池面积达到79.9—83.1平方公里。③隋唐长安城规模最大，超过了80平方公里，是第一等级；北魏洛阳、北宋开封、南宋杭州、元明清的北京与南京城市规模都达到了50平方公里，为第二等级；属于古都郑州的商城遗址、属于古都安阳的殷墟遗址与属于古都西安的西周丰镐二京遗址、秦都咸阳遗址、西汉长安城遗址规模都达到或超过了25平方公里。[1] 这些正好都属于中

① 叶万松等：《试论中国大古都城市的构成要件与生成环境》，中国古都学会2013年开封年会论文集。

国八大古都的范围，其中前两个等级属于中国六大古都。

3. 中国五大古都的建都积年

据中国古都学会创始人历史地理学家史念海先生的研究成果制作成表7—1，以反映文献记载的中国五大古都的朝代与积年。表中先列各都城的现在所属城市，接着举出都城本来的名称和建立都城王朝或政权以及作为都城的具体年代，以资比较。

表7—1　　中国五大古都的朝代与积年

古都城市	具体朝代与年份	积年	朝代
西安	(1) 镐：西周都，268年；(2) 咸阳：秦都，145年①；(3) 长安：西汉都，208年；(4) 长安：新莽都，15年；(5) 长安：汉（刘玄）更始都，3年；(6) 长安：赤眉都，2年；(7) 长安：东汉献帝都，6年；(8) 长安：晋惠帝愍帝都，7年；(9) 长安，前赵都，10年；(10) 长安：前秦都，35年；(11) 常安：后秦都，32年；(12) 长安：西魏都，23年；(13) 长安：北周都，25年；(14) 大兴：隋都，26年；(15) 长安：唐都，266年；(16) 长安：齐（黄巢）都，4年；(17) 长安：大顺（李自成）都，2年	1077年（去掉四个农民起义政权的时间11年，共1066年）	十七朝（一般认为：去掉四个农民起义政权，共十三朝古都）
北京	(1) 蓟：战国时燕都，178年；(2) 蓟：燕（韩广）都，3年；(3) 蓟：燕（臧荼）都，5年；(4) 蓟：燕（彭宠）都，4年；(5) 蓟：前燕都，8年；(6) 蓟：燕（五代时刘仁恭）都，7年；(7) 中都：金都，62年；(8) 大都：元都，109年；(9) 北京：明都，242年；(10) 京师：清都，268年；(11) 北京：民国，17年	903年	十一朝

① 镐与咸阳皆距长安甚近，实互为表里，建都时期虽前后不同，实应视为一体，故并列于此。

续表

古都城市	具体朝代与年份	积年	朝代
洛阳	（1）雒邑：东周都，515年；（2）雒邑：河南王（秦末申阳）都，1年；（3）雒阳：东汉都，167年；（4）洛阳：曹魏都，46年；（5）洛阳：西晋都，47年；（6）洛阳：北魏都，42年；（7）洛阳：隋都，15年；（8）洛口：魏（李密）都，1年；（9）金墉城：魏（李密）都，1年；（10）洛阳：郑（王世充）都，2年；（11）洛阳：唐都，26年；（12）洛阳：后梁都，5年；（13）洛阳：后唐都，14年；（14）洛阳：后晋都，3年	885年（去掉四个农民起义政权时间5年，共880年）	十四朝（一般认为：去掉四个农民起义政权，共十朝古都）
南京	（1）秣陵（建业）：吴都，61年；（2）建康：东晋都，104年；（3）建康：南朝宋都，60年；（4）建康：南朝齐都，24年；（5）建康：南朝梁都，56年；（6）建康：南朝陈都，33年；（7）丹阳：吴王杜伏威都，3年；（8）丹阳：宋帝辅公祏都，3年；（9）金陵：南唐都，39年；（10）南京：明都，38年；（11）天京：太平天国都，13年；（12）南京：民国都，15年	449年	十二朝
开封	（1）大梁：战国时魏都，141年；（2）开封：后梁都，14年；（3）开封：后晋都，9年；（4）开封：后汉都，4年；（5）开封：后周都，9年；（6）开封：宋都，168年；（7）开封：金都，21年	366年	七朝古都

资料来源：史念海先生：《中国古都和文化》，中华书局1996年版，第136—139页。

应该说明的是，表7—1中年份为历史文献所记载的建都时间，其中洛阳现在考古发现夏代晚期都城二里头遗址，百余年。则古都洛阳历时也可能超过了1000年，只是其作为象征意义东周王朝都城的时间较长，地位下降不少。同时，史先生把农民起义政权建都时间计算在内，因为时间都较短，基本不影响积年的结果。

表 7—1 数据固然能说明各个古都城市深厚的文化积淀，但必须指出的是，为这些城市奠定中国大古都地位的，是他们都曾经作为中国历史上主干（主体、主流）王期的都城为中国历史做出过特殊贡献。比如西安为西周、秦、西汉、隋、唐的都城，北京为辽、金、元、明、清、民国的都城，洛阳为夏、东周、东汉、魏、晋、隋、唐等的都城，南京为东晋南朝以及明代、民国的都城，开封为北宋的都城。

古都北京、西安是多个统一的主干王朝的都城，既是我国古代重要的政治、文化中心，也是名誉世界的国际大都会。从某种意义上讲，北京、西安在中国大古都的地位，是其他大古都城市无法比肩的，可列为中国大古都第一级别。现代有谚语说“三千年历史看西安，五百年历史看北京”，是也。

二 “五大古都”变迁的规律

周秦汉隋唐时代，以洛阳与长安的东西二京制为主，沿黄渭河的东西向线为中华政治主轴，长安为都时代国家相对更加强盛。

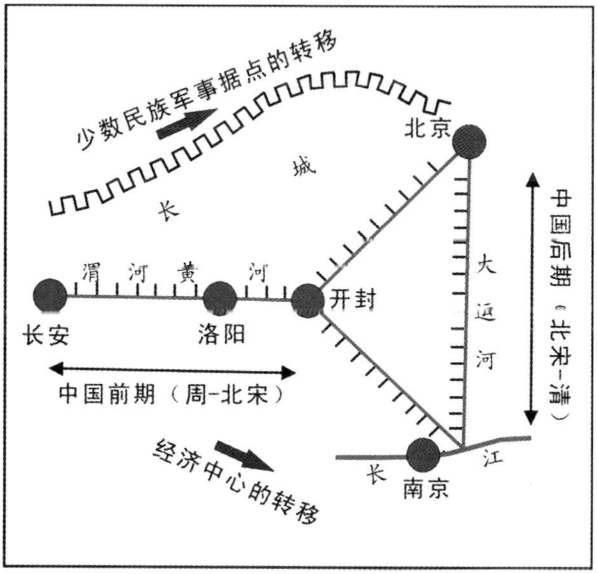

图 7—2 中国五大古都变迁的空间模式

长安是中国历史前半期最繁荣昌盛王朝西周、秦、西汉与隋唐的都城，对中国历史影响巨大：周文化是王国文化的代表，促成了华夏民族的形成，而且周礼的制定为中华文化奠定了礼乐文化的性格；西周的分封制与宗法制紧密结合，达到了王国时代统治管理的最高水平；周公作礼，大化天下，为儒家思想的源头。

秦是中国多民族中央集权帝国时代的开创者，贡献有制度文明的创新；商鞅变法，秦始皇统一天下，推行皇帝制与郡县制，“百代皆行秦制度”。

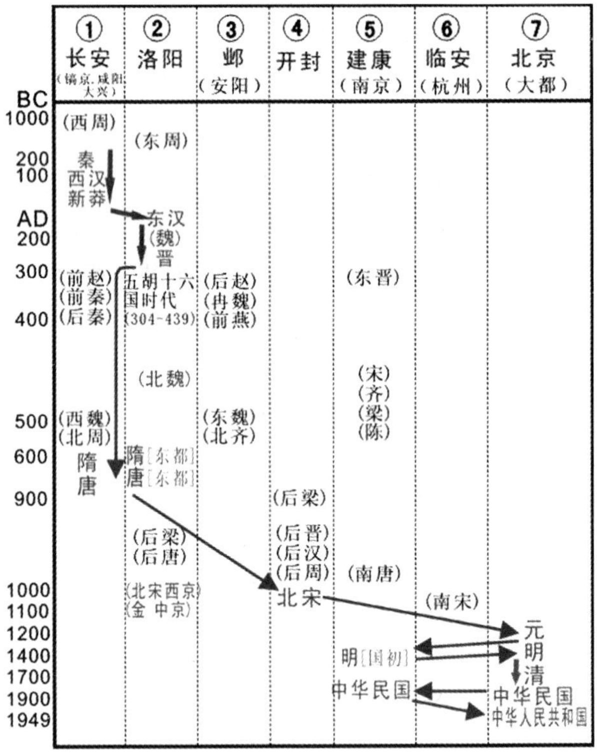

图 7—3 中国历代都城变迁的时空统计

西汉是汉民族的形成期，北逐匈奴与东北置郡，统一西南与设置西域都护，基本奠定了帝国的传统疆域；实现了文景之治，达到了汉武盛世，物质与精神文明得以空前发展；张骞“凿空”开辟了丝绸之路，加速了东西方文化交流。

隋唐时代实现了中华民族的形成，从“开皇盛世”经“贞观之治”达到“开元盛世”，中华政治经济文化达到鼎盛时期，并通过繁忙的丝绸之路影响到全世界；长安成为“天可汗之都”，是东亚文化圈的中心，万国来朝，边疆少数民族及外国使节、留学生、商人汇聚长安，使隋唐长安成为当时无与伦比的国际化大都市，占据着7世纪至9世纪世界文明的制高点。

相对而言，洛阳的古都地位在华夏文明形成的早期较为重要，后来东周与东汉皆为首都，但其繁盛却无法分别与其前的西周与西汉相比；隋唐时代为东都，与长安号称东西二京，但主次之分显而易见。

元明清民国至今，以南京与北京的南北二京制为主，沿大运河的南北向轴线为中华政治的主轴，北京为都时代不仅时间相对较长，而且国家相对更加强盛。

整体而言，中国传统时代都城的最佳选择有两个，前半期是长安，后半期为北京。这一趋势也被认为是中国古都发展的“西安时代到北平（北京）时代”①。

宋代开封为都是东西两京时代向南北两京时代的转折期，有学者认为：“北宋的开封时代，可视为西安时代到北平时代间的过渡时代。”②

以上是中国五大都城变迁规律的具体分析，见图7—2中国五大古都变迁的空间模式与图7—3中国历代都城变迁的时空统计。

三　“五大古都”变迁的原因

“五大古都”变迁的原因，主要是中国特殊地理环境决定下的地缘政治，包括民族布局、经济形态、军事对立，以及经济与军事中心的转移。

---

① 沙学浚：《西安时代与北平时代》对此的总结：“用建都地点来划分中国历史，约可分为两期：前期为周（西）、秦、汉、隋、唐，特重汉隋唐，称为‘西安建都时代’，简称‘西安时代’；后期指辽、金、元、清四代，与明代分别论列，称为‘北平建都（或称南侵据点）时代’，简称‘北平时代’。洛阳建都虽有八百六十二年的历史，多数为西安建都或开封建都有了困难，不得不东迁或西迁之结果。”《地理学论文集》，台湾商务印书馆1994年版，第115页。

② 沙学浚：《西安时代与北平时代》，载《地理学论文集》，台湾商务印书馆1994年版，第115页。

中国地处亚洲大陆的东端，东边是浩瀚的太平洋，西端是辽阔的亚洲大陆。两条由帕米尔高原分别向东南和东北延伸的巨大山系，构成了封闭中国的骨架，造成古代中国与外部世界交流的困难。中国地域自成一个地理单元，其与外界的交通，陆路通道主要有绿洲与草原二条，可以通向印度、中亚、中近东和欧洲。也有海路，经南海到南洋群岛、印度、阿拉伯、非洲和欧洲。后来成为绿洲、草原与海上“丝绸之路”。

中国早期文明从黄河流域率先发达起来，形成了以函谷关为界的关东与关西的区域差异，“关东出相，关西出将”；唐宋时代，中国的经济中心逐渐向东南转移。见图 7—2 中国五大古都变迁的空间模式。这是决定中国政治轴线由东西变为南北的经济基础。

中国大陆内部形成三大自然地理类型区：东部季风气候区，西北内陆干旱区与青藏高寒区。农业、牧业、狩猎等都能因地制宜得到发展，纷然并存，竞相争胜，给我国各族人民祖先的经济发展与经济交流带来了有利的条件，也带来了各地区各民族经济生活与社会发展的差异性与不平衡性。

中国内地是农本主义，南稻北麦为农耕文化特征，基本是定居与素食民族；中国西北边疆地区为草原绿洲植被，发展起来了游牧经济，逐水草而居，形成以肉食为主的骑马民族。

内地汉族农耕文化与西北边疆骑马民族游牧文化的差异构成了中华内部并立互补的主旋律，而其统一与对立的焦点地区在历史上也有变化，早期秦汉隋唐时代的主角主要是匈奴与突厥，交流的主要区域在西北；宋元明清变成了蒙古、契丹与女真，交流者的主要地区在北方与白山黑水的东北，向东方有一定的转移。中国传统时代的游牧文化生生不息，还不断向内地进入，成为中华文化常新的外部推动力。这是决定中国政治轴线由东西变为南北的军事原因。

从“内制外拓”两方面来看，长安与北京因为面对着中国历史前半期与后半期军事斗争的焦点与重点区域，又便于控制中原，从而成为各自时期首都的相对优势选择。有学者称中国古代都城史为长安时代与北京时代，道理就在于此。沙学浚《建都论战之批判》认为，国都为一国盛衰安危所系，大抵由北治南者强，由南治北者弱，而国亡随之。

在中国地图上，一看长安（西安）的位置特征，便会发觉它不是中国内地的中心，它偏于中国的西北部，位于中国内地和中国西北边疆交界的地域。这一点，和北京基本一致。在中国漫长的历史中，西安和北京，是地位最重要历史最长的国都，其能持续下去的根本理由，就是因为这两个都城均是位于中国内地和中国边疆的交界地域。见图 7—4 中国的空间构成与长安、北京。

作为国都的机能——维护国内统治和通融对外关系是必须同时具有不可欠缺的两个条件。由于来自中国西北边疆的压力，作为中国边疆和中国内地结合部的都城，中国史前半期的西安是最合适的，后半期北京则是最合适的。直面西北风的刺激，可以使头脑时刻保持清醒，因而皇帝守边是进取的表现，“直把杭州作汴州”则被看成退却的行为，因为其很难在对外交流中获得主动。在中国的蒙古和东北地区，强有力的游牧、狩猎民族的出现，同时中国的长江下游流域成为主要经济区，作为其时首都的北京登场以前，西安长时期是中国最重要的政治中心。

中国历史后半期建都北京有三大好处，第一，其面朝中原，有大运河直通经济中心，便于控制与利用内地。第二，向北直通东北与蒙古高原，少数民族入主中原建立的元与清政权定都北京，直接其发祥地，具有心理优势；明朝汉族政权北修长城，右控辽东，左制蒙元，进退有据。第三，北京靠近渤海，还有控制海疆之便，天津最初就是北京的出海口岸，从其名字就可以看出来。其前两点与古都西安特别相近，第三点就成为自己独特的优势，尤其是在海洋文明影响越来越大的情况下。海洋文明在中国的传统时代也有所发展，尤其是宋元时代，海上丝绸之路得到较快的发展，但没有成为影响中国文化性格的重要因素。现在的中华文明是海洋文化的天下，游牧文化基本退出历史的舞台。

唐代中期的安史之乱不仅是中国历史由盛转衰的节点，而且还是中国地缘转向北方的契机。唐代后期的藩镇割据到北宋幽云十六州的不能军事统一，对中国传统社会后期的军事大势影响深远。

相对来说，洛阳与开封为“天下之中”，四方贡赋道里均，在经济上得天独厚。但是在军事上却成为“四战之地”，尤其是开封，有四条运河汇聚，经济繁荣，成就了“清明上河图”的盛景，但其无险可守，要八十万禁军守卫京师。

从历史发展来看，五大古都的变迁代表着中国政治中心的转移，运河则是政治中心与经济中心区域的连线，长城的布设无疑具有重大军事意义。而古都、运河和长城建设与布局的背后离不开基础的地理因素。见图 7—2 中国五大国都变迁的空间模式与图 7—4 中国的空间构成与长安、北京。

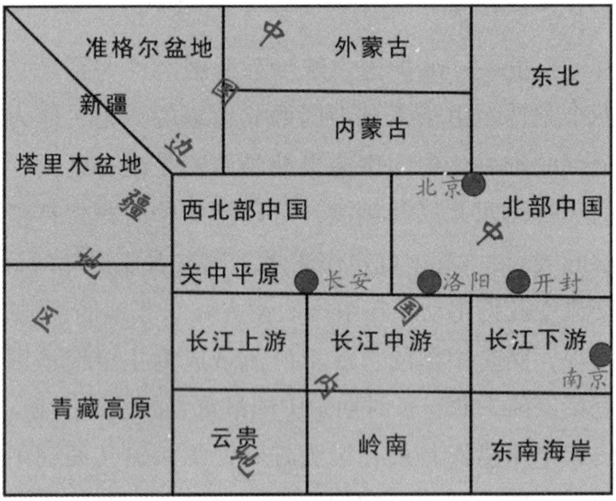

图 7—4　中国的空间构成与长安、北京

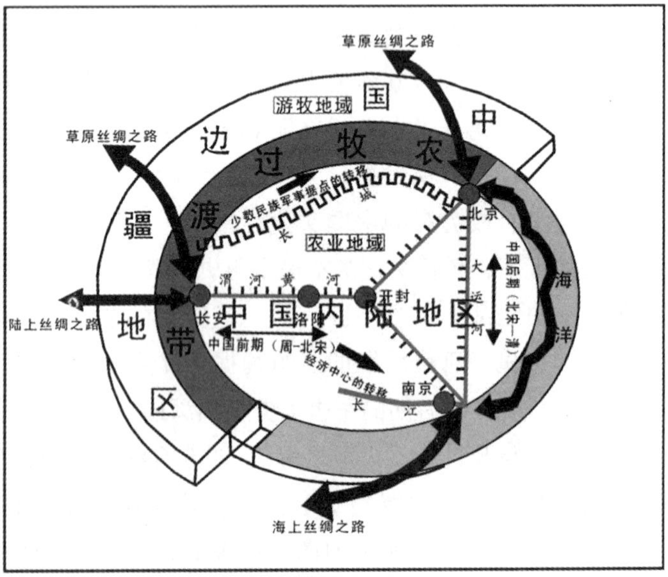

图 7—5　中国古都变迁对丝绸之路的影响

四　“五大古都”变迁的影响

以中原地区衡量，长安偏西，故现在叫西安；北京偏北，顾名思义。因为位置关系，它们都远离当时的经济中心。但是通过修建通向经济繁华区的运河，达到了政治中心与经济中心的紧密连接，实现了中国内地的统一与繁荣。见图7—2中国五大古都变迁的空间模式。

长安时代西安西北内陆发展，开辟了陆上丝绸之路；北京为都的元明清时代，海上丝绸之路取得较大发展。实现了中华文明的外向扩展与影响力。见图7—5中国古都变迁对丝绸之路的影响。当然，中国传统时代是以农业为主的大陆文明，相对缺乏海洋文化的外向发展，这种不足直到现在的21世纪初期才有所改善。

中国五大古都的变迁形势一直影响到现在，比如中国的高铁建设，最早建成的三条分别是武（武汉）广（广州）线、郑（郑州）西（西安）线、京（北京）沪（上海）线。可能设计与建设者没有考虑古代文化与经济轴线的影响力，但我们对照着图7—2中国五大古都变迁的空间模式，仔细分析就可知道：武广线是中国近现代的政治经济轴线；郑西线可以看作中国古代历史前半期东西向的古都轴线，由西安经过洛阳到达郑州（开封距郑州很近，现在有郑汴一体化的建设；再说，郑州也是八大古都之一）；京沪线可以看做中国古代历史后半期南北向的古都轴线，只是南部端点由南京向南延伸到了现代的经济中心都市上海，说明了南京的地位被上海所取代，但这个政治经济轴线还持续存在。

第三节　陪都与迁都现象

一　基本成功的陪都制与多都制

西周时以洛邑为陪都，开创了陪都制度。首都不在全国的地理中心而偏于边地，不利于统治者管辖全境，故有必要在位置适中的地方设置陪都，加强对全国的控制。西周初年营建洛邑，不仅有经济上的原因，乃其位居“天下之中，四方入贡道里均”①；而且便于控制东方各诸侯，

① 《史记》卷4《周本纪》。

所以驻扎有“成周八师”。明朝初年设置北京开封府与此同类。

君主的兴起之地（或出生地、祖籍），常被称为“龙兴之地”，为了突出其地位以显示与其他地区不同，有时候也被设置为陪都。如武周的北都并州、明朝的中都凤阳府。边地的少数民族入主中原，为了便于控制汉族农耕地区而迁都内地，同时将原来的首都改为陪都，是为“根据地原则”。

多都制度中，除首都外均有陪都性质，曹魏始建五都就很典型。据《水经·浊漳水注》：“魏因汉祚，复都洛阳，以谯为先人本国，许昌为汉之所居，长安为西京之遗迹，邺为王业之本基，故号五都也。”其中有以前朝的都城为陪都者。唐朝两次实行过五都制度，辽金两国也建置五京。[①]

二 主动迁都需谨慎，特殊者达到了目的

迁都成功者基本上都是有特殊性的。比如北魏孝文帝迁都洛阳，主要是为了实行其汉化改革。但是后来的六镇之乱却基本毁掉了北魏的统治基础；武则天在洛阳建神都，基本成功；明成祖迁都北京是迁到自己的王都，而且符合上述分析的历史大趋势，同时又建立了南北二京制。

公元1149年，海陵王完颜亮杀死了金熙宗，成为金国第四个皇帝。完颜亮决定把金国的都城从上京会宁府（现在的黑龙江省阿城县南部）迁到燕京（现在的北京市），有一定意义，但其后来兴兵伐宋，却被叛军杀死。

失败者：隋炀帝兴师动众营建东都，虽然符合经济中心的东移趋势，但是结果不好，被认为是其客死他乡并导致隋朝灭亡的原因之一。李渊从太原起兵，占领了长安，并以长安为基地统一了天下。

迁都的好处是，远离原有政治中心，重新开辟新天地。但上述成功者多是边疆政权向内地的迁都，或者符合首都建设大趋势的迁都。

三 被迫迁都

统治者因躲避战乱临时迁移自己的都城，南迁能够恢复失地还都者

---

① 史念海：《中国古都和文化》，中华书局1996年版，第130—132页。

还没有，比如东晋、南宋、南明；而西迁者多能够恢复失地，比如抗日战争迁都重庆等。[①]

第四节　中国都城变迁的现代启示

一　对中国首都北京建设的启示

1. 北京仍是现代中国相对最优的都城选址

信息化的时代对都城的选址要求并不苛刻，科技手段可弥补空间距离的不足；世界全球化进程加快的今天，中华民族开始走向全面复兴的时代，海洋意识强烈，但没有改变中国的基本历史地理大势，内陆地缘没有大的变化，经过历史选择而且证明很成功的北京优势未失。上面已经论述过，北京不仅可以兼顾中原、蒙古与东北，而且还可以照顾海洋，这是其不可替代的原因。

2. 北京的“首堵”等问题是现代城市建设问题，可以逐步解决

“首堵”等现代北京的“城市病”不是都城选址造成的，是现代城市规划与建设中出现的问题，可以在调研与科学论证的基础上逐步消化与解决。改变北京城市多功能的性质，工业外迁等。

3. 借鉴古代运河与丝绸之路的经验，建立对内联系经济中心、对外海陆扩展的轴线

4. 现实的中国不可迁都，最多选择文化之都或立法之都的多都制

一是北京水资源困乏的问题，中国自古没有因资源而迁都的事例，因为都城是地缘政治与军事的选择。唐朝初期“就食”洛阳，但绝不迁都。

二是“天子守边”的忧虑没有必要。首先现代战争无前后方，这是一方面；其次古代长安时代与北京时代的经验就是定都于军事的最前沿，清醒进取。相反，“直把杭州作汴州”的退避，“四战之地”的近距离防守等并不理想。

三是迁都虽有一定好处，但中国历史上还缺乏全局性迁都的成功经验。

---

① 沙学浚：《南渡时代与西迁时代》，载《地理学论文集》，台湾商务印书馆1994年版。

四是最多考虑借鉴古代陪都制度和现代国际上的经验，在首都北京之外选址建立文化之都或者立法之都。

二 对陕西省及西安市文化建设的启示

1. 陕西省是古都文化资源特别丰厚的地区

表7—2 陕西省古代都城分布及时间

行政区	都城称谓	定位与著名人物事件	时间	具体地点与现存状况
西安市（咸阳市）	丰、镐、咸阳、长安	见文中	1077年	西安市、咸阳市
靖边	统万城	沙漠古都、匈奴族之都	十六国时代夏都，413—427年，共15年	靖边县白城子
略阳	武兴	氐王杨文弘之都	十六国时代，477—506年，30年；533—551年，19年，共49年	略阳县
凤翔	秦雍都、前秦雍都，五代时岐都（唐代陪都）	秦穆公霸西戎	春秋战国秦国都，自前677年至前383年，建都达294年，历19位国君。十六国时代前秦（苻登）都，共9年（386—394）。五代时李茂贞岐都，17年。共320年	凤翔县南
临潼	栎阳	战国秦国都，商鞅第一次变法处，移木赏金	秦献公二年（前383年）—秦孝公元年（前350年），共34年	临潼区栎阳镇东二十五华里武屯镇
岐山	西周岐周	西周圣都（青铜器之乡），凤鸣岐山	由先周到西周灭亡	岐山县境

从古都学角度来看，陕西省的文化资源得天独厚。首先，古都西安是中国第一等大古都，为华夏文明之根。西安是十三朝古都，建都时间

超过了千年。西安的建都史不仅朝代多时代长，而且是中国传统时代最繁荣昌盛王朝周秦汉唐的首都，国内外影响力无与伦比。唐长安城之国际化大都市地位在中国历史上独一无二，甚至可以说到今天仍然没有城市可以达到其当年的水准。

长安文化影响力的圈层效应：一是中华汉族文化圈的西部地方，二是大中国的区域中心，即农业文化与游牧文化的交界地带，三是东亚文化圈的政治影响力，四是印度、中亚、西亚（波斯、大食）的直接交往，五是与欧洲及非洲的间接交流。东西方交流的路线，一是陆上丝绸之路，二是海上丝绸之路。长安主要是西北陆上的绿洲与草原丝路。笔者给西安的定位：西周秦汉之长安：华夏文明形成与发展的原点；汉唐长安：东西方文明的交汇点；隋唐长安：中华文明辉煌与东亚文化圈的制高点；古都西安：现代中华文明复兴的文化起点。

其次，位于陕北沙漠之中的匈奴古都统万城具有世界文化遗产的潜质，其价值有四：一是她为1600年前匈奴族大夏政权建立的首都，这在世界上具有唯一性；其二，其遗址保存状况良好，建筑形制独特，具有视觉震撼力；第三，统万城现在处于沙漠之中，而初建时这里却是“水草丰美”，因而具有环境变迁研究的指示意义；其四，从统万城的地位来看，榆林市是陕蒙晋宁甘五省区交界区域中心城市的最佳选择。

最后，陕西省古都分布广泛，遍及关中、陕北与陕南。上文列举的关中的古都西安与陕北的统万城以外，关中西府还有西周圣都岐周与秦都雍城，关中中部有古都栎阳，均为国家重要的大遗址。陕南的略阳也有十六国时代的氐王杨文弘之都，值得我们去开展深入的研究。

2. 对陕西省古都文化建设的具体建议

陕西省是古都文化资源丰厚的地区，在古都文化保护与开发方面也作出了不少成绩。以古都西安周边为例，周秦汉唐四大遗址得到了基本保护，其中的唐大明宫与汉长安城均已建成了国家级考古遗址公园；世界文化遗产秦始皇陵及兵马俑、汉阳陵与秦咸阳城也已建成或将要建成国家级考古遗址公园；陕西历史博物馆的建设；西安城墙经过保护与修复，被打造成“墙、林、路、河、巷”五位一体的“环城文化公园”，实现了梁陈方案；曲江旅游度假区文化产业的开发，在全国也算走出了独特的道路；张锦秋大师对西安古城风貌的新唐风打造，使古都西安城市建设基本保持了统一。

也应该看到，与陕西古都的崇高地位相比，跟其他省市某些先进的理念与做法相比，陕西省古都文化的科学研究与现代开发还有不少可以提升的空间。同是第一等大古都，北京有世界文化遗产 6 处，陕西省仅有 1 处。河南省的不少文化建设举措对我们还是有借鉴意义的，比如洛阳龙门石窟、安阳殷墟与郑州嵩山古建筑群等世界文化遗产都是近几年申报成功的，说明他们在这方面的不懈努力；河南省长徐光春就亲自撰写了一本叫得特别响的书——《一部河南史半部中国史》，来推广介绍河南历史文化；新郑黄帝故里三月三拜祖大典盛况空前（他们提出“黄帝生在新郑，葬在黄陵”，避免了冲突；让中央电视台设计仪式并全程转播）；河南省的姓氏寻根文化的全面开花，开封清明上河园的建设，焦作市云台山的开发与列入预备申遗名单，都颇有文化创新价值，值得我们好好研究与学习。

陕西省要把古都文化资源优势转化为产品优势还有很多工作要做。这不仅是一项文化事业，需要政府大力投入资金与人力，而且还是一项文化产业，要创造条件科学开发，打造精品，创新名牌，实现建设陕西文化大省以至文化强省的目标，为中华传统文化传承与创新，实现中华文明全面复兴的中国梦多作贡献。

（1）把陕西省会西安市建设成中国的文化中心都市，建立中国古都博物馆

现代城市是以文化论输赢的，“城市即文化”是现代学者公认的新的理念。文化才是城市的灵魂，突出西安文化上的优势，才能树立西安的崭新形象。

21 世纪初期的西安人提出了“中国西安，西部最佳”的口号。2002—2003 年，笔者在帮助曲江进行文化建设时指出：这只是从经济上着眼，在西部称王，实际上还可以突出自己的特点，才能再上一个档次。现在北京、上海分别成为中国的政治中心都市与经济中心都市，在开发西部，实现中华文明伟大复兴的中国梦的新世纪，西安完全可以把自己定位在中国的文化中心都市这个位置上。这样，中国版图上三足鼎立的北京、上海、西安三大城市则分别肩负起中国政治、经济、文化中心都市的功能，奠定了中华文明全面复兴的大格局。思想上的开放能够融汇

古今中外优秀文化传统，创新的西安才能重振汉唐雄风。国际上也有这方面成功的先例，比如在日本，首都东京是全国的政治、经济中心，而古城京都却建成为全国的文化中心，独占半壁河山。

现在西安市继北京、上海以后成为国务院批准的第三个规划建设国际化大都市的城市，而且我们的建设规划定位在具有历史文化特色的国际化大都市。这就要求我们加强历史文化研究与开发，积极完成丝路申遗工作，做好大遗址保护工程，推进西安文化的大发展与大繁荣。具体建议可参考肖爱玲博士后《关于在西安建设中国古都博物馆的建议》，而且提议把博物馆建在隋唐天坛的旁边。此处属于陕西师范大学与曲江的交界处，可以发挥双方的优势。陕西师范大学有成立了30周年的中国古都学会，还有妇女博物馆、历史文物博物馆与书画博物馆的基础。

（2）发挥城墙标志城区的功能，把古城区打造成西安未来的文化核心区

20世纪初开始，随着战争技术的进步，古老的城墙逐渐丧失其防御功能，并阻碍了城市的交通，于是各地纷纷拆墙筑路，而西安的城墙却在武伯纶、习仲勋等专家领导的坚持下幸免于难。1961年西安城墙入选国务院正式批准的中国第一批全国重点文物保护单位，而且是其中唯一的古城墙建筑。城墙性质的这一转变不仅为其得到完整的保护找到了法律依据，而且为其后来文化功能的转变奠定了基础。1983年西安市成立环城公园建设委员会，对西安城墙进行以建设环城公园为中心的全面综合治理。经过几代人的不懈努力，现在的西安城墙不仅得到了完整的保护与修复，而且被打造成“墙、林、路、河、巷”五位结合立体式的“环城文化公园”，实现了梁思成为保护北京城墙而设计的由“军事防御”功能向“文化公园”的转型。

城墙在西安城市现代化进程的作用巨大。《说文》云：“城，以盛民也。”城墙不仅是一个“军事防御”的环线，而且还是城市区域的标志物。因此，笔者认为西安城墙还有一个巨大的功能等待着去开发，就是说：我们不能仅仅把城墙建成西安的金腰带或者珍珠项链，还要把城墙围成的古城区——隋唐时代的皇城与部分宫城作为一个整体来建设，规划建成古城西安的文化核心区，为建设西安以历史文化为特色的国际化大都市，为中华文明的复兴多作贡献。

（3）借鉴秦汉历史经验，加强首都圈的卫星城建设

西汉长安城就是以陵邑为卫星城形成关中为三辅的首都圈。以都城为核心的城市群布局，在秦汉时期就已经出现，可以称之为“古代的首都圈”。西汉时期七座正式的陵邑中高祖长陵、惠帝安陵、景帝阳陵、武帝茂陵、昭帝平陵都坐落在渭河北岸的咸阳塬上，史称“五陵”。作为京畿特别行政区，陵邑对于京师长安大都市功能的实现多有裨益，被认为是都城长安的“卫星城”。班固《西都赋》云：“若乃观其四郊，浮游近县，则南望杜霸，北眺五陵，名都对郭，邑居相承，英俊之域，黻冕所兴，冠盖如云，七相五公。与乎州郡之豪杰，五都之货殖，三选七迁，充奉陵邑。盖以强干弱枝，隆上都而观万国。”

《汉书·地理志》载长安“户八万八百，口二十四万六千二百”。陵邑人口与其相当甚至茂陵与杜陵还超过了都城长安。《汉书·地理志》载茂陵邑：“户六万一千八十七，口二十七万七千二百七十七。”长陵邑：“户五万五十七，口十七万九千四百六十九。”据王云渠先生估算，杜陵更在二陵之上，当为30万左右。渭北五陵卫星城功能的发挥很大程度上得益于沟通渭河两岸的交通网络，尤其是复道、阁道、甬道等特殊的立体道路形式与“西渭桥”“中渭桥”和“东渭桥”渭河三桥。

这一文化现象可以用来为实现西安—咸阳一体化建设做出文化创新的概念设计。也可以为首都北京来做设计：可规划建设以北京为中心的“首都圈”卫星城，京津冀一体化，形成大北京的京畿区；再加强环渤海经济圈的建设，把渤海设计成中国的“地中海”，作为首都的前庭与腹地。

后　记

从 1987 年开始历史地理学研究至今，笔者从事历史地理学研究已经 32 个年头了。感谢陕西师范大学西北研究院编辑出版历史地理学术文库，鼓励科研人员编辑发表的论文结集出版。笔者回顾自己的学术历程，整理科研文章，发现第三个十年主要研究的是城市历史地理与文化名城保护，具体对象集中在中国古代的都城尤其是西安市，也就是“西安学”与“中国古都学”方面。遂有本书的编辑。

本书为作者集合十几年研究城市历史地理与文化名城保护专题论文的基础上修改增补而成，内容以古都西安历史地理为主。这次编辑过程中，虽有文句与史料上的校正，但由于时间紧张不能有较大篇幅的删改与增补，致使部分章节的文字有少许重复，个别统计数据也只能截至论文写作时，学界的最新成果没能有所评论。好在论文写作时代并不遥远，而且文责自负，笔者对自己的学术观点还很有信心。书稿在 2019 年 5 月提交陕西师范大学社科处，获得“陕西师范大学优秀学术论著资助”，并得到专家的指导意见，让笔者在章节编排上做了个别调整。

笔者的前两部书稿均是中国社会科学出版社出版的，张林女士作为责任编辑认真负责，有时为一个字会给作者专门电话讨论，这让笔者很感动，也决定这部书稿仍然交给中国社会科学出版社，并由张林女士做责编。2019 年国庆节的作者校改中，笔者根据编审意见对部分文字做了删改、补充，对第三章的内容与结构也做了较大修改与调整。非常感谢张林女士对本书编校与出版付出的辛勤劳动。